HISTOIRE
DES
INSTITUTIONS POLITIQUES
DE L'ANCIENNE FRANCE

PAR

FUSTEL DE COULANGES
Membre de l'Institut (Académie des sciences morales)
Professeur d'histoire en Sorbonne

LA GAULE ROMAINE

OUVRAGE REVU ET COMPLÉTÉ SUR LE MANUSCRIT ET D'APRÈS LES NOTES DE L'AUTEUR

PAR

CAMILLE JULLIAN
Professeur à la Faculté des lettres de Bordeaux

DEUXIÈME ÉDITION

PARIS
LIBRAIRIE HACHETTE ET Cⁱᵉ
79, BOULEVARD SAINT-GERMAIN, 79

HISTOIRE
DES
INSTITUTIONS POLITIQUES
DE L'ANCIENNE FRANCE

—

LA GAULE ROMAINE

OUVRAGES DU MÊME AUTEUR

PUBLIÉS PAR LA LIBRAIRIE HACHETTE ET Cie

Histoire des Institutions politiques de l'ancienne France :

La Gaule romaine.	7 fr. 50
L'Invasion germanique et la fin de l'Empire	7 fr. 50
La Monarchie franque..	7 fr. 50
L'Alleu et le domaine rural pendant l'époque mérovingienne..	7 fr. 50
Les Origines du système féodal : le Bénéfice et le Patronat pendant l'époque mérovingienne..	7 fr. 50
Les Transformations de la royauté pendant l'époque carolingienne.	7 fr. 50

Recherches sur quelques problèmes d'histoire.... 10 fr. »

La Cité antique ; 12e édition. 3 fr. 50
Ouvrage couronné par l'Académie française.

46360. — Imprimerie LAHURE, 9, rue de Fleurus, à Paris.

HISTOIRE
DES
INSTITUTIONS POLITIQUES
DE L'ANCIENNE FRANCE

PAR

FUSTEL DE COULANGES
Membre de l'Institut (Académie des sciences morales)
Professeur d'histoire en Sorbonne

LA GAULE ROMAINE

REVUE ET COMPLÉTÉE SUR LE MANUSCRIT ET D'APRÈS LES NOTES DE L'AUTEUR

PAR

CAMILLE JULLIAN
Chargé de cours à la Faculté des lettres de Bordeaux

I

PARIS
LIBRAIRIE HACHETTE ET Cie
79, BOULEVARD SAINT-GERMAIN, 79

1901

Droits de traduction et de reproduction réservés.

1

PRÉFACE

Ce volume est le premier de ceux que M. Fustel de Coulanges devait consacrer à l'*Histoire des institutions politiques de l'ancienne France*, tel qu'il avait conçu le plan de son ouvrage sous sa forme définitive. Il traite de l'état de la Gaule avant la conquête romaine et de son organisation politique pendant les trois premiers siècles de la domination impériale. Dans les deux premières éditions du tome Ier des *Institutions* (1875 et 1877), deux cents pages seulement étaient réservées à ces sujets : le présent livre n'est donc pas une simple réimpression, mais une refonte complète de la rédaction primitive

---

[1] M. Fustel de Coulanges explique ainsi, dans une préface provisoire de cette troisième édition, les motifs de ces changements :

« Il faut que j'explique un changement qui frappera d'abord entre cette édition et les précédentes. Celle-ci est plus étendue, et j'ai eu pour cela deux raisons.

« La première est qu'en relisant mon livre, il m'a semblé que certaines choses n'étaient pas suffisamment claires ; j'ai dû m'exprimer plus longuement pour m'exprimer plus clairement.

« J'ai eu une seconde raison, et j'ai quelque peine à m'en expliquer. J'appartiens à une génération qui n'est plus jeune, et dans laquelle les travailleurs s'imposaient deux règles : d'abord d'étudier un sujet d'après toutes les sources observées directement et de près, ensuite de ne présenter au lecteur que le résultat de leurs recherches ; on lui épargnait l'appareil d'érudition, l'érudition étant pour l'auteur seul et non pour le

Tous les chapitres qui composent ce livre sont l'œuvre intégrale de M. Fustel de Coulanges : aucun changement n'a été apporté dans le texte aux idées ou à l'expression; aucun fait nouveau n'a été ajouté; aucune suppression n'a été faite. Nous avons ainsi, sur la Gaule indépendante et la période du Haut-Empire, la dernière pensée de l'historien, et telle qu'il l'avait lui-même arrêtée dans sa forme.

La conclusion seule a dû être ajoutée. J'ai essayé d'y résumer, aussi fidèlement que possible, les idées de l'auteur, telles qu'il les avait exprimées à la fin des différents chapitres.

On remarquera que dans la deuxième partie, consacrée à *l'Empire romain*, il n'est question ni du régime de la propriété, ni du droit des personnes, ni de l'état

---

lecteur; quelques indications au bas des pages suffisaient au lecteur, qu'on invitait à vérifier. Depuis une vingtaine d'années les procédés habituels ont changé : l'usage aujourd'hui est de présenter au lecteur l'appareil d'érudition plutôt que les résultats. On tient plus à l'échafaudage qu'à la construction. L'érudition a changé ses formes et ses procédés; elle n'est pas plus profonde, et l'exactitude n'est pas d'aujourd'hui; mais l'érudition veut se montrer davantage. On veut avant tout paraître érudit. Plusieurs tiennent même beaucoup plus à le paraître qu'à l'être. Au lieu qu'autrefois on sacrifiait volontiers l'apparence, c'est parfois la réalité qu'on sacrifie. Au fond les deux méthodes, si elles sont pratiquées loyalement, sont également bonnes. L'une régnait il y a vingt-cinq ans, lorsque j'ai écrit mes premiers ouvrages; l'autre règne au jour présent. Je me conforme au goût d'aujourd'hui, comme ces vieillards qui ne poussent pas le mauvais goût jusqu'à s'obstiner dans les habitudes du passé. Mes recherches changeront donc, non quant au fond, mais quant à la forme. Ou plutôt, j'en fais l'aveu, elles ne changeront qu'en apparence, et voici pourquoi : lorsque j'ai écrit mes premiers ouvrages, la première rédaction était précisément dans le genre de celle-ci, longue, hérissée de textes et pleine de discussion; mais cette rédaction première, je la gardais pour moi, et j'employais six mois à l'abréger pour le lecteur. Aujourd'hui, c'est cette rédaction première que je donnerai. »

social de la Gaule. M. Fustel de Coulanges avait, dans la seconde édition de son ouvrage, réservé à l'étude de ces questions les derniers chapitres du livre sur *l'Empire romain*. Nous n'avons pas cru devoir les insérer dans le présent volume; il nous a semblé qu'ils seraient à leur vraie place dans le tome suivant, *l'Invasion*. L'auteur s'est visiblement reporté, pour les écrire, aux derniers temps de l'Empire, au moment même de l'arrivée des barbares; on s'en rendra compte en les lisant, il l'avoue lui-même au début[1]. D'ailleurs, M. Fustel de Coulanges paraît avoir eu l'intention d'adopter ce plan[2], et de ne s'occuper, dans ce premier volume, que de l'état politique de la Gaule sous le Haut-Empire : on pourra constater, en lisant notre conclusion, que la disposition qu'il préférait, loin d'enlever à ce volume son unité, en fait ressortir l'idée maîtresse. Le dernier chapitre que nous avons imprimé ici, *de la Justice*, terminait naturellement ce livre, et l'auteur y avait résumé dans les derniers mots la pensée fondamentale de *l'Empire romain*. Ajoutons enfin qu'à partir du chapitre sur *le Droit de Propriété* la rédaction de l'œuvre n'a pas été remaniée de la même manière par M. Fustel de Coulanges.

La question des notes a été délicate à résoudre. Nous en avons intercalé un grand nombre de nouvelles,

---

[1] « Nous nous placerons par la pensée au milieu du IV° siècle de l'ère chrétienne, entre les règnes de Constantin et de Théodose », 2° édit., p. 224.

[2] « Tout ceci serait mieux au 2° volume », a-t-il écrit en marge d'un exemplaire annoté de la 2° édit., à propos des affranchis.

toutes rédigées, mais éparses dans les fiches laissées par l'auteur. Nous en avons supprimé quelques-unes, qui ne semblent pas aussi exactes qu'elles pouvaient l'être il y a trois ans, avant l'apparition des derniers recueils sur l'épigraphie de la Gaule (la rédaction de ce volume date de 1887). Nous avons remanié quelques citations et renvoyé, pour les inscriptions de la Gaule narbonnaise, au recueil de M. Hirschfeld, que M. Fustel de Coulanges n'avait pas eu le loisir d'étudier. Il nous a paru inutile, pour les autres inscriptions, de rappeler sans cesse le *Corpus* de Berlin, l'auteur ayant désiré faire surtout connaître les recueils, plus accessibles, d'Orelli-Henzen et de Wilmanns. Toutes les additions sont mises entre crochets.

Il eût été facile de développer singulièrement les notes relatives à la Gaule romaine. Les publications récentes, en particulier celles de MM. Hirschfeld et Allmer, offraient un très grand nombre de nouveaux et précieux matériaux : sur les noms des divinités gauloises, sur les noms de personnes, sur les tribus, sur les colonies, on aurait pu ajouter des dissertations à l'infini. Il est possible que M. Fustel de Coulanges eût remanié une fois encore son volume à la suite de ces publications : on ne nous en voudra pas si nous n'avons point tenté de le faire, et si nous avons tenu à ne point toucher à la rédaction des notes laissées par l'auteur, dût-elle, à certains égards, paraître écourtée ou trop ancienne. M. Fustel de Coulanges a écrit lui-même qu'il ne regardait son œuvre que comme provisoire[1]. En cela d'ailleurs sa modestie le trompait. On pourra se donner le facile plaisir de compléter ses statistiques et ses citations, ses théories et ses discussions ne s'en trouveront ni amoindries ni fortifiées; et, dans ce livre, c'est la pensée qui constitue l'œuvre essentielle et le mérite permanent de l'historien.

C'est un devoir pour moi d'ajouter franchement que, sur plus d'un point, je ne puis partager l'opinion de l'auteur, par exemple sur la question des colonies, de la disparition de la langue celtique, de l'organisation municipale, de la fusion des races, des juridictions provinciales. Il ne m'a pas semblé bon d'ajouter, même en note, un mot qui ressemblât à une réserve personnelle. Je ne dois au public, en lui livrant cet ouvrage, que la pensée de M. Fustel de Coulanges, et je la lui dois complète, avec toute sa force et dans toute sa puissance.

[1] Voyez le présent volume, p. 145.

Bordeaux, 1ᵉʳ juillet 1890.

CAMILLE JULLIAN.

INTRODUCTION

Nous n'avons songé en écrivant ce livre ni à louer ni à décrier les anciennes institutions de la France; nous nous sommes uniquement proposé de les décrire et d'en marquer l'enchaînement.

Elles sont à tel point opposées à celles que nous voyons autour de nous, qu'on a d'abord quelque peine à les juger avec un parfait désintéressement. Il est difficile à un homme de notre temps d'entrer dans le courant des idées et des faits qui leur ont donné naissance. Si l'on peut espérer d'y réussir, ce n'est que par une étude patiente des écrits et des documents que chaque siècle a laissés de lui. Il n'existe pas d'autre moyen qui permette à notre esprit de se détacher assez des préoccupations présentes et d'échapper assez à toute espèce de parti pris pour qu'il puisse se représenter avec quelque exactitude la vie des hommes d'autrefois.

Au premier regard qu'on jette sur ces anciennes institutions, elles paraissent singulières, anormales, violentes surtout et tyranniques. Parce qu'elles sont en dehors de nos mœurs et de nos habitudes d'esprit, on est d'abord porté à croire qu'elles étaient en dehors de tout droit et de toute raison, en dehors de la ligne régulière qu'il semble que les peuples devraient suivre, en dehors pour ainsi dire des lois ordinaires de l'humanité. Aussi juge-t-on volontiers qu'il n'y a que la force brutale qui ait pu les établir, et qu'il a fallu pour les produire au jour un immense bouleversement.

L'observation des documents de chaque époque nous a amené peu à peu à un autre sentiment. Il nous a paru que ces institutions s'étaient formées d'une manière lente, graduelle, régulière, et qu'il s'en fallait beaucoup qu'elles pussent avoir été le fruit d'un accident fortuit ou d'un brusque coup de force. Il nous a semblé aussi qu'elles ne laissaient pas d'être conformes à la nature humaine; car elles étaient d'accord avec les mœurs, avec les lois civiles, avec les intérêts matériels, avec la manière de penser et le tour d'esprit des générations d'hommes qu'elles régissaient. C'est même de tout cela qu'elles sont nées, et la violence a contribué pour peu de chose à les fonder.

Les institutions politiques ne sont jamais l'œuvre de la volonté d'un homme; la volonté même de tout un peuple ne suffit pas à les créer. Les faits humains qui les engendrent ne sont pas de ceux que le caprice d'une génération puisse changer. Les peuples ne sont pas gouvernés suivant qu'il leur plaît de l'être, mais suivant que l'ensemble de leurs intérêts et le fond de leurs opinions exigent qu'ils le soient. C'est sans doute pour ce motif qu'il faut plusieurs âges d'hommes pour fonder un régime politique et plusieurs autres âges d'hommes pour l'abattre.

De là vient aussi la nécessité pour l'historien d'étendre ses recherches sur un vaste espace de temps. Celui qui bornerait son étude à une seule époque s'exposerait, sur cette époque même, à de graves erreurs. Le siècle où une institution apparaît au grand jour, brillante, puissante, maîtresse, n'est presque jamais celui où elle s'est formée et où elle a pris sa force. Les causes auxquelles elle doit sa naissance, les circonstances où elle a puisé sa vigueur et sa sève, appartiennent souvent à un siècle fort antérieur. Cela est surtout vrai de la féodalité, qui est peut-être, de tous les régimes politiques, celui qui a eu ses racines au plus profond de la nature humaine.

Le point de départ de notre étude sera la conquête de la Gaule par les Romains. Cet évènement est le premier de ceux qui ont, d'âge en âge, transformé notre pays et imprimé une direction à ses destinées. Nous étudierons ensuite chacune des périodes de l'histoire en examinant toutes les faces diverses de la vie publique; pour savoir comment chaque génération d'hommes était gouvernée, nous devrons observer son état social, ses intérêts, ses mœurs, son tour d'esprit; nous mettrons en face de tout cela les pouvoirs publics qui la régissaient, la façon dont la justice lui était rendue, les charges qu'elle supportait sous forme d'impôts ou de service militaire. En parcourant ainsi les siècles, nous aurons à montrer ce qu'il y a entre eux, à la fois, de continu et de divers : de continu, parce que les institutions durent malgré qu'on en ait ; de divers, parce que chaque évènement nouveau qui se produit dans l'ordre matériel ou moral les modifie insensiblement.

L'histoire n'est pas une science facile; l'objet qu'elle étudie est infiniment complexe; une société humaine est un corps dont on ne peut saisir l'harmonie et l'unité qu'à la condition d'avoir examiné successivement et de très près chacun des organes qui le composent et qui en font la vie. Une longue et scrupuleuse observation du détail est donc la seule voie qui puisse conduire à quelque vue d'ensemble. Pour un jour de synthèse il faut des années d'analyse. Dans des recherches qui exigent à la fois tant de patience et tant d'effort, tant de prudence et tant de hardiesse, les chances d'erreur sont innombrables, et nul ne peut se flatter d'y échapper. Pour nous, si nous n'avons pas été arrêté par le sentiment profond des difficultés de notre tâche, c'est que nous pensons que la recherche sincère du vrai a toujours son utilité. N'aurions-nous fait que mettre en lumière quelques points jusqu'ici négligés, n'aurions-nous réussi qu'à attirer l'attention sur des problèmes obscurs, notre labeur ne serait pas perdu, et nous nous croirions encore en droit de dire que nous avons travaillé, pour une part d'homme, au progrès de la science historique et à la connaissance de la nature humaine.

[1875]

FUSTEL DE COULANGES.

LA GAULE ROMAINE

LIVRE PREMIER

LA CONQUÊTE ROMAINE

CHAPITRE PREMIER

Qu'il n'existait pas d'unité nationale chez les Gaulois.

Nous ne voulons pas tracer ici une histoire des Gaulois ni un tableau de leurs mœurs. Nous cherchons seulement quelles étaient leurs institutions politiques au moment où Rome les a soumis.

La question, même réduite à ces termes, est difficile à résoudre, à cause de l'insuffisance des documents. Les sources gauloises font absolument défaut; les Gaulois de cette époque ne nous ont laissé ni un livre ni une inscription[1]. La principale et presque l'unique source de nos informations est le livre de César. Polybe était d'une époque antérieure, et il n'a guère connu que les Gaulois d'Italie et ceux d'Asie Mineure, lesquels pouvaient n'avoir qu'une ressemblance très éloignée avec

---

[1] J'avoue n'avoir pas la hardiesse de ceux qui se servent de lois galloises ou irlandaises du moyen âge pour en déduire ce que furent les Gaulois d'avant notre ère. [Cf. p. 120.]

ceux qui vivaient en Gaule cinquante ans avant notre ère. Diodore, Strabon, et plus tard Dion Cassius, n'ajoutent que peu de traits à ce que dit César.

Or César lui-même n'avait pas pour objet de nous renseigner sur les institutions des Gaulois. Il écrivait ses campagnes en Gaule. Il est un chef d'armée romaine, il n'est pas un historien de la Gaule. Aussi n'a-t-il pas décrit une seule des constitutions qu'il a pu voir en vigueur dans les divers États gaulois. Il a seulement quatre ou cinq pages sur les mœurs générales du pays. Ce qui est plus précieux pour nous que ce tableau trop général et nécessairement vague, ce sont quelques traits épars dans le cours du récit; ici nous apparaissent des faits précis et caractéristiques. C'est là, avec quelques mots de Strabon, le fondement unique de nos connaissances sur l'état politique de la Gaule à ce moment.

Ainsi, il faut tout d'abord nous bien convaincre que nous n'arriverons, sur le sujet que nous voulons étudier, qu'à des connaissances fort incomplètes. Prétendre bien connaître ces peuples serait une grande illusion. Nous ne pouvons même pas retracer une seule de leurs constitutions politiques. A plus forte raison faut-il être très réservé quand on parle de leur droit, de leur religion, ou de leur langue[1].

Nous nous contenterons de dégager quelques vérités qui nous semblent ressortir des textes que nous avons.

---

[1] Quant aux travaux modernes, après les livres d'Amédée Thierry et d'Henri Martin, on pourra consulter: Laferrière, *Histoire du Droit français*, 1847, t. II; Chambellan, *Études sur l'histoire du Droit français*, 1848; de Valroger, *La Gaule celtique*, 1879; Ernest Desjardins, *Géographie de la Gaule romaine*, 1875-1885; Glasson, *Histoire du Droit et des Institutions de la France*, 1887; [Viollet, *Institutions politiques de la France*, t. I, 1890]; enfin plusieurs travaux de M. d'Arbois de Jubainville dans la *Revue celtique* et la *Revue archéologique*.

La première qu'on peut constater est que la Gaule, avant la conquête romaine, ne formait pas un corps de nation. Les habitants n'avaient pas tous la même origine et n'étaient pas arrivés dans le pays en même temps[1]. Les auteurs anciens assurent qu'ils ne parlaient pas tous la même langue. Ils n'avaient ni les mêmes institutions ni les mêmes lois[2].

Il n'y avait pas entre eux unité de race. On n'est pas sûr qu'il y eût unité religieuse; car le clergé druidique ne régnait pas sur la Gaule entière[3]. Certainement il n'y avait pas unité politique.

On voudrait savoir si la Gaule avait des assemblées nationales pour délibérer sur les intérêts communs du pays. César ne signale aucune institution qui ressemble à un conseil fédératif. Nous voyons, à la vérité, dans quelques occasions, les députés de plusieurs peuples se réunir en une sorte de congrès et se concerter pour préparer une entreprise commune; mais ce que nous ne voyons jamais, c'est une assemblée régulière qui se tînt à époques fixes, qui eût des attributions détermi-

---

[1] Voir Alex. Bertrand, *Archéologie celtique et gauloise*, 1876; *De la valeur des expressions* Κελτοί *et* Γαλάται, dans la *Revue archéologique*, 1876; *Celtes, Gaulois et Francs*, 1873; *La Gaule avant les Gaulois*, 1884; d'Arbois de Jubainville, *Les premiers habitants de l'Europe* [2ᵉ édit.].

[2] César, *De bello gallico*, I, 1 : *Lingua, institutis, legibus inter se differunt.* — Strabon, IV, 1 : Ὁμογλώττους οὐ πάντας. — Ammien Marcellin, XV, 11 : *Lingua, institutis, legibusque discrepantes.*

[3] E. Desjardins a essayé, avec une grande vraisemblance, de déterminer le terrain du druidisme ; il en exclut l'Aquitaine, la Narbonnaise et les pays voisins du Rhin (*Géographie de la Gaule romaine*, t. II, p. 519). — L'unité du clergé druidique (César, VI, 13) n'est pas une preuve de l'unité religieuse de la Gaule; car dans la religion gauloise tout n'était pas druidique. [Cf. p. 111.] M. d'Arbois de Jubainville semble croire qu'il y ait eu à Lugudunum une fête religieuse du dieu Lug, qui avait été commune à toute la Gaule. Cette hypothèse n'est appuyée d'aucun texte et paraît plutôt démentie par l'ensemble des faits connus. [Nous reviendrons là-dessus.]

nées et constantes, qui fût réputée supérieure aux différents peuples et qui exerçât sur eux quelque autorité.

Les mots *concilium Gallorum* se trouvent, [il est vrai,] plusieurs fois dans le livre de César. Il faut en chercher le sens, et, comme la vérité historique ne se dégage que d'une étude scrupuleuse des textes, il est nécessaire d'examiner tous ceux où cette expression se rencontre.

César rapporte dès le début de son ouvrage[1] qu'après sa victoire sur les Helvètes, des envoyés de presque toute la Gaule, chefs de cités, se rendirent vers lui pour le féliciter et lui demandèrent « qu'une assemblée de toute la Gaule fût convoquée, en faisant savoir que c'était la volonté de César qu'elle eût lieu ». Avec l'assentiment du général romain, « ils fixèrent un jour pour cette réunion ». Il ne se peut agir, dans ce passage, d'une assemblée régulière, légale, périodique; si une telle institution avait existé, l'autorisation de César n'était pas nécessaire, puisque César n'avait pas encore commencé la conquête du pays et n'y exerçait aucune espèce de domination. Ces Gaulois le priaient, au contraire, de prendre l'initiative de la convocation d'une sorte de congrès, *uti id Cæsaris voluntate facere liceret*; et la suite du récit montre assez quelles étaient leurs vues.

Ailleurs[2] César mentionne des assemblées de Gaulois qu'il convoquait lui-même et devant lui : *Principibus cujusque civitatis ad se evocatis*.

Assurément, ce n'étaient pas là des assemblées natio-

---

[1] *De bello gallico*, I, 30.
[2] Pour se concilier la Gaule pendant une expédition en Germanie, V, 54.

nales. Il s'agit, au contraire, d'un usage tout romain. C'était la règle qu'un gouverneur de province réunît, deux fois par an, le *conventus* ou *concilium provincialium*, « l'assemblée des provinciaux[1] »; là il recevait les appels, prononçait sur les différends, répartissait les impôts, faisait connaître les ordres de la République ou les siens. C'est cette habitude romaine que César transporta dans la province de Gaule. Deux fois par an, il appelait à lui les chefs des cités; dans la réunion du printemps, il fixait le contingent en hommes, chevaux et vivres que chaque cité devait fournir pour la campagne; à l'automne, il distribuait les quartiers d'hiver et déterminait la part de chaque cité dans la lourde charge de nourrir ses légions[2]. Il n'y avait que les peuples alliés ou soumis qui envoyassent à ces assemblées; César le dit lui-même; l'an 53, « il convoqua, suivant sa coutume[3], une assemblée de la Gaule; tous les peuples s'y rendirent, à l'exception des Sénons, des Carnutes et des Trévires, dont l'absence pouvait être regardée comme un commencement de révolte[4]. »

Nous devons nous représenter le général romain présidant cette assemblée qui n'est réunie que par son commandement; il siège sur une estrade élevée et prononce ses ordres, *ex suggestu pronuntiat*; il transfère l'assemblée où il veut; il la déclare ouverte ou levée, suivant qu'il lui plaît[5]. Parfois, du haut de ce tri-

---

[1] [Cf. à la fin de ce volume, livre deuxième, les chapitres sur le *concilium* et le *conventus*.]
[2] V, 27, etc.
[3] *Primo vere, ut instituerat.*
[4] VI, 3.
[5] VI, 3 et 4.

bunal, la foule des Gaulois étant à ses pieds, il exerce son droit de justice et prononce des arrêts de mort[1]. De telles réunions ne ressemblent en rien à des assemblées nationales.

Que César ait lui-même, pour donner des instructions générales, convoqué les représentants de tous les États, par exemple quand il veut passer le Rhin et qu'il a besoin du concours de la cavalerie gauloise[2], ou encore quand, maître de presque toute la Gaule et devant y marquer les quartiers d'hiver de son armée, il convoque un *concilium Gallorum* à Amiens[3], cette obéissance des Gaulois au vainqueur ne prouve pas qu'ils eussent l'habitude d'assemblées de cette nature. Que Vercingétorix ait formé des réunions de chefs de toutes les cités gauloises pour organiser la résistance, cela ne prouve pas que le conseil fédéral fût une institution[4].

On ne doit pas douter d'ailleurs que les États gaulois ne pussent s'adresser des députations et former entre eux des congrès. Ainsi, en 57, les peuples belges tiennent un *concilium* pour lutter contre César; mais ce *concilium* est si peu une assemblée régulière du pays, que les Rèmes, qui sont Belges, n'y figurent pas, et ne savent que par ouï-dire ce qui s'y passe[5]. Ailleurs[6], Ambiorix dit qu'une ligue, *conjuratio*, s'est formée entre presque tous les peuples et qu'une résolution

---

[1] VI, 44.
[2] IV, 6.
[3] V, 24.
[4] VII, 1 : *Indictis inter se principes Galliæ conciliis silvestribus ac remotis locis.* — VII, 63. Dans un débat entre Vercingétorix et les Éduens, *totius Galliæ concilium Bibracte indicitur; eodem conveniunt undique frequentes; multitudinis suffragiis res permittitur.* — VII, 75. Pendant le siège d'Alésia, *Galli, concilio principum indicto*, etc.
[5] II, 1-4.
[6] V, 27.

commune a été prise, *esse Galliæ commune concilium*. Ce sont là des réunions qui n'ont pas les caractères d'une institution régulière et avouée : « Elles se tenaient la nuit, dans des lieux écartés, au fond des forêts[1]. » La réunion des guerriers qui se tint, l'an 52, dans le pays des Carnutes, et dont les membres prêtèrent un serment sacré sur les insignes militaires[2], n'est pas présentée par César comme un conseil commun de la nation, et l'on ne voit jamais que Vercingétorix agisse au nom d'une assemblée.

L'institution d'un conseil fédéral n'est jamais mentionnée par César, et l'on sent assez que, si ce conseil avait existé, il apparaîtrait vingt fois, par des actes ou des protestations, dans cette histoire de la conquête.

Dira-t-on que c'était César qui l'empêchait de se réunir? Mais dans le passage de son livre où il décrit en historien les institutions de la Gaule, il n'aurait pas pu oublier celle-là, qui eût été la plus importante de toutes à ses yeux. Strabon et Diodore en auraient fait mention; on la verrait se montrer avant la conquête, à l'occasion de l'affaire des Helvètes, par exemple. Aucun écrivain ne parle de cette assemblée, aucun événement ne nous la fait apercevoir[3].

Les peuples de la Gaule se faisaient la guerre ou concluaient des alliances, entre eux et même avec l'étranger, comme font les États souverains. Il n'y a pas

---

[1] VII, 1. [Cf. la note 4 de la p. 6.]
[2] [Cf. plus bas, p. 31, n. 2.]
[3] M. d'Arbois de Jubainville croit à une fête religieuse pour toute la Gaule, la fête du dieu Lug. *Cycle mythologique irlandais*, p. 5, 138, 139; et *Revue de Droit*, 1881, p. 193. — M. Glasson prétend, p. 293, que « les assemblées générales des peuples de la Gaule étaient populaires, comme nous l'apprend César lui-même ». Mais César ne dit pas un mot de cela.

d'exemple que, dans leurs entreprises, ils aient dû consulter une assemblée centrale ou recevoir d'elle des instructions. Aucun pouvoir supérieur ne s'occupait de régler leurs querelles ou de mettre la paix entre eux. Quelquefois le clergé druidique se posait en médiateur, ainsi que fit plus tard l'Église chrétienne à l'égard des souverains du moyen âge[1]. Mais il paraît bien que son action était peu efficace, car les guerres étaient continuelles. Le résultat le plus fréquent de ces luttes qui ensanglantaient chaque année le pays[2] était que les peuples faibles étaient assujettis par les peuples forts[3]. Il pouvait arriver quelquefois qu'une série de guerres heureuses plaçât un de ces peuples au-dessus de tous les autres; mais cette sorte de suprématie instable, qui n'était qu'un effet de la fortune des armes et qui se déplaçait avec elle, ne constituait jamais une unité nationale.

CHAPITRE II

Du régime politique des Gaulois.

La première chose à constater est que César ne fait aucune mention de tribus ni de clans. On ne rencontre dans son livre ni ces deux mots, ni aucun terme qui

---

[1] Strabon, IV, 4, § 4, édit. Didot, p. 164.
[2] César, VI, 15 : *Ante Cæsaris adventum, aliquod bellum fere quotannis accidere solebat.*
[3] De là les peuples clients d'autres peuples, César, I, 31 : *Æduos eorumque clientes.* — IV, 6 : *Condrusi, qui sunt Treverorum clientes.* — V, 39 : *Eburones, Nervii atque horum clientes.* — VII, 75 : *Eleuteti, Cadurci, Gabali, Vellavi, qui sub imperio Arvernorum esse consuerunt* — V, 39 : *Ceutrones, Grudios, Levacos, Pleumoxios, Geidumnos, qui omnes sub Nerviorum imperio erant.*

en ait le sens, ni aucune description qui en donne l'idée. On peut faire la même remarque sur ce que Diodore et Strabon disent des Gaulois.

Le vrai groupe politique chez les Gaulois, à l'époque qui précède la conquête romaine, était ce que César appelle du nom de *civitas*. Ce mot, qui revient plus de cent fois dans son livre, ne signifiait pas une ville. Il désignait, non une agglomération matérielle, mais un être moral. L'idée qui s'y attachait, dans la langue que parlait César, était celle que nous rendons aujourd'hui par le mot État. Il signifiait un corps politique, un peuple organisé, et c'est en ce sens qu'il le faut prendre lorsque cet écrivain l'applique aux Gaulois[1].

On pouvait compter environ 90 États dans la contrée qui s'étendait entre les Pyrénées et le Rhin[2]. Chacun

---

[1] Sur ce sens de *civitas*, les exemples sont nombreux dans César lui-même. V, 54 : *Senones, quæ est civitas magnæ auctoritatis.* — V, 3 : *Treveri, hæc civitas equitatu valet.* — VII, 4 : *Celtillus ab civitate erat interfectus.* — I, 4 : *Cum civitas armis jus suum exsequi conaretur.* — I, 19 : *Injussu civitatis.* — V, 27 : *Non voluntate sua, sed coactu civitatis.* — VI, 3 : *Parisii confines erant Senonibus civitatemque patrum memoria conjunxerant.* — V, 53 : *Omnes civitates de bello consultabant.* — VI, 20 : *Quæ civitates commodius suam rem publicam administrare existimantur, habent legibus sanctum si....* — VII, 13 : *Avarico recepto, civitatem Biturigum se in potestatem redacturum confidebat.* — IV, 12 : *In civitate sua regnum obtinuerat.* — La différence entre *urbs* et *civitas* est bien marquée ici : *Avaricum urbem quæ præsidio et ornamento sit civitati* (Biturigum), VII, 15.

[2] Il est impossible de donner avec certitude le nombre des peuples avant César. César ne s'attache pas à en donner une liste complète. Ce nombre même pouvait varier suivant que tel petit peuple était considéré comme indépendant ou comme subordonné. On compte ordinairement 30 peuples dans la partie de la Gaule qui avait été conquise entre les années 125 et 121 et qui formait la *Provincia*. Dans la Gaule restée indépendante, comprenant l'Aquitaine, la Celtique et la Belgique, on peut compter 60 peuples ou *civitates*, dont voici les noms. [Nous écartons, bien entendu, toutes les questions relatives à leur orthographe, pour lesquelles nous renvoyons aux monographies spéciales; nous ne prétendons pas non plus arrêter une nomenclature définitive.] 1° En Aquitaine, *Convenæ, Bigerrionenses, Benarnenses, Ituronenses, Tarbelli, Atu-*

de ces États ou peuples formait un groupe assez nombreux. Beaucoup d'entre eux pouvaient mettre sur pied 10 000 soldats, plusieurs 25 000, quelques-uns 50 000¹. Les Bellovaques pouvaient armer jusqu'à 100 000 hommes, ou, en ne prenant que l'élite, 60 000². On peut admettre que la population d'un État variait entre 50 000 et 400 000 âmes. Un peuple gaulois était, en général, une collection plus grande qu'une ancienne cité de la Grèce ou de l'Italie.

La *civitas* occupait un territoire étendu. Il était ordinairement partagé en plusieurs circonscriptions, auxquelles César donne le nom latin de *pagi*³. Dans ce territoire on trouvait, le plus souvent, une ville capitale⁴,

---

renses, *Elusates, Ausci, Lactoratenses, Bituriges Vivisci, Vasates, Nitiobroges, Cadurci, Ruteni, Gabali, Helvii, Vellavi, Arverni, Lemovices, Petrocorii, Santones, Pictones, Bituriges Cubi*; 2° dans la Celtique : *Turones, Andecavi, Namnetes, Veneti, Osismi, Curiosolitæ, Redones, Ambivariti* ou *Abrincatui, Uxelli, Viducasses, Lexovii, Aulerci Eburovices, Aulerci Cenomani, Aulerci Diablintes, Carnutes, Parisii, Senones, Ædui, Lingones, Sequani, Segusiavi, Helvetii*; 3° dans la Belgique : *Caletes, Veliocasses, Ambiani, Bellovaci, Atrebates, Morini, Menapii, Nervii, Viromandui, Suessiones, Remi, Eburones, Treveri, Leuci, Mediomatrici*. — Nous ne plaçons pas dans cette liste quelques peuples subordonnés, comme les *Meldi*, qui se rattachaient aux *Parisii*, les *Mandubii*, que quelques-uns rattachent aux *Ædui*.

¹ César, II, 4. On voit dans ce passage que les Suessions promettaient de fournir 50 000 soldats, les Nerviens pareil nombre, les Ambiens 10 000, les Morins 25 000, les Aduatuques 19 000.

² César, II, 4 : *Hos posse conficere armata millia centum, pollicitos ex eo numero electa sexaginta.* — Ailleurs, VII, 75, César fournit d'autres chiffres; mais il faut faire attention que ce sont les chiffres d'une seconde levée; les Éduens donnent encore 35 000 hommes, les Arvernes un même nombre, les Bituriges 12 000.

³ César, I, 12 : *Pagus Tigurinus pars civitatis Helvetiæ. Omnis civitas Helvetia in quattuor pagos divisa est.* — IV, 22 : *Pagi Morinorum.* — VI, 11 : *In omnibus civitatibus atque in omnibus pagis partibusque.* — VII, 64 : *Pagos Arvernorum.*

⁴ César, VII, 15 : *Avaricum pulcherrimam urbem.* — Quelquefois César désigne cette capitale par le mot *oppidum*; Bibracte, Gergovie, sont appelées par lui *oppida* (I, 23; VII, 4 et 34).

plusieurs petites villes[1], un assez grand nombre de places fortes[2]; car il y avait longtemps que chaque peuple avait pris l'habitude de se fortifier, non contre l'étranger, mais contre le peuple voisin[3]. Dans le territoire on trouvait encore une multitude de villages, *vici*[4], et de fermes isolées, *ædificia*[5].

[1] César, VII, 15 : *Viginti urbes Biturigum.* — VII, 23 : *Ad defensionem urbium.*

[2] César, I, 11 : *Oppida Æduorum expugnari.* — I, 28 : *Oppida Helvetiorum.* — II, 4 : *Suessionum oppida duodecim.* — II, 29 : *Cunctis oppidis Aduatucorum.* — II, 6 : *Oppidum Remorum, nomine Bibrax.* — III, 12 : *Oppida Venetorum.* — VI, 4 : *Jubet in oppida multitudinem convenire.* — III, 14 : *Compluribus expugnatis oppidis.* — M. Glasson (page 95) représente ces *oppida* comme de « simples enceintes fortifiées, lieux de refuge en temps de guerre, inhabitées en temps de paix ». César ne représente pas de cette façon les *oppida* gaulois. Dans son récit un *oppidum* est un lieu d'habitation, souvent une petite ville, quelquefois même une grande ville. Exemples : *Vesuntio, oppidum maximum Sequanorum* (I, 38); *Noviodunum, oppidum Æduorum ad ripas Ligeris* (VII, 55); *Lutetia, oppidum Parisiorum* (VII, 57); *Bibracte, quod est oppidum apud Æduos maximæ auctoritatis* (VII, 55); *Alesia, oppidum Mandubiorum* (VII, 68); *Vellaunodunum, oppidum Senonum* (VII, 11). — Remarquez que César appelle Gergovie à la fois *oppidum* et *urbs* (comparer VII, 4 et VII, 36); de même *Alesia* est qualifiée *oppidum* et *urbs* dans le même chapitre (VII, 68); *Avaricum,* qui est un *oppidum* (VII, 13), est en même temps une *urbs pulcherrima* (VII, 15). — Dans les *oppida* vivait une population de marchands; ainsi l'*oppidum Genabum* (VIII, 5) était un centre commercial (VII, 3); dans l'*oppidum Cabillonum* il y avait des hommes qui habitaient *negotiandi causa* (VII, 42); il y en avait dans beaucoup d'autres, *mercatores in oppidis vulgus circumsistit* (IV, 5). César mentionne plusieurs fois une population urbaine qu'il appelle *oppidani* (II, 33 ; VII, 13; VII, 58; VIII, 27; VIII, 32).

[3] Sur les murailles et les fossés de ces *oppida*, voir César, II, 12; II, 32; [et surtout] VII, 23. — César mentionne plusieurs fois des *castella* : *Cunctis oppidis castellisque* (II, 29); *castellis compluribus* (III, 1). Il appelle *Aduatuca* un *castellum* (VI, 32).

[4] Les *vici* sont plusieurs fois mentionnés par César : I, 5; I, 11; I, 28; VI, 43; VII, 17; VIII, 5. — Il ne les décrit pas. C'étaient visiblement des agglomérations de paysans; VII, 17 : *Pecore ex vicis adacto.* Le *vicus Octodurus* était visiblement un très gros bourg, puisqu'il put y loger huit cohortes (III, 1).

[5] César appelle *ædificia* les habitations rurales : *Vici atque ædificia*

Il importe, au début de nos études, de faire attention à cette répartition du sol gaulois. Les siècles suivants n'y ont apporté que de lentes et légères modifications. Les trois quarts de nos villes de France sont d'anciennes villes gauloises. Plus que cela, les *civitates* elles-mêmes ont conservé, jusqu'à une époque assez voisine de nous, leurs anciennes limites. Les *pagi* ou *pays* subsistent encore; les souvenirs et les affections du peuple des campagnes y restent obstinément attachés. Ni les Romains, ni les Germains, ni la féodalité n'ont détruit ces unités vivaces, dont les noms mêmes ont traversé les âges jusqu'à nous.

La forme du gouvernement n'était pas partout la même[1]. Chaque peuple, étant souverain, avait les institutions qu'il voulait avoir. Ces institutions différaient aussi suivant les temps; car la Gaule avait déjà traversé plus d'une révolution et se trouvait dans une époque d'instabilité.

La monarchie n'y était pas inconnue. César signale des rois chez les Suessions, chez les Atrébates[2], chez les Éburons[3], chez les Carnutes, chez les Sénons, chez les Nitiobroges[4], chez les Arvernes. D'ailleurs, il ne définit pas avec précision cette royauté et ne dit pas quelle était l'étendue de ses pouvoirs. Plusieurs régimes très divers

---

(III, 29; VI, 6; VI, 43; VII, 14); c'étaient des constructions légères, dont César ne parle guère que pour dire qu'il y faut mettre le feu. Quelquefois pourtant l'*ædificium* était la vaste demeure d'un chef : *Ambiorix, ædificio circumdato silva, ut sunt fere domicilia Gallorum qui vitandi æstus causa plerumque silvarum atque fluminum petunt propinquitates* (VI, 30).

[1] César, I, 1 : *Hi omnes... institutis... inter se differunt.*
[2] César, II, 4; IV, 21.
[3] César, V, 24 : *Eburones, qui sub imperio Ambiorigis et Catuvolci erant.* — V, 38 : *Ambiorix in Aduatucos qui erant ejus regno finitumi proficiscitur.* — VI, 31 : *Catuvolcus, rex dimidiæ partis Eburonum.*
[4] César, V, 25; V, 54; VII, 31.

peuvent porter le nom de royauté. Les rois dont il parle paraissent avoir été électifs. Au moins ne parvenaient-ils au pouvoir qu'avec l'assentiment du plus grand nombre. Il ne semble pas non plus que cette royauté fût omnipotente. Peut-être n'était-elle pas autre chose qu'une forme de la démocratie. L'un de ces rois dit un jour à César « que la multitude avait autant de pouvoir sur lui que lui sur la multitude[1] ». En général, cette royauté apparaît, non comme une institution traditionnelle qui reposerait sur de vieilles habitudes ou sur des principes de droit public, mais plutôt comme un pouvoir révolutionnaire qui surgit dans les troubles publics et qu'un parti crée pour vaincre l'autre parti[2]. Ainsi Vercingétorix, au début de sa carrière, chassé de sa cité « par les grands », y est ramené par un parti populaire et y est proclamé roi par ce même parti[3].

Chez la plupart des peuples, la forme républicaine prévalait, et avec elle l'aristocratie[4]. La direction des affaires appartenait à un corps que César appelle du nom de sénat[5]. Par malheur il ne nous apprend pas

---

[1] César, V, 27 : *Ambiorix (dixit).... non voluntate sua fecisse, sed coactu civitatis, suaque esse ejusmodi imperia ut non minus haberet juris in se multitudo quam ipse in multitudinem.* [Cf. p. 43.]

[2] Ainsi, après la mort d'Indutiomare, *Cingetorigi principatus atque imperium est traditum* (VI, 8).

[3] César, VII, 4 : *Vercingetorix... prohibetur a principibus... expellitur ex oppido Gergovia... Coacta manu egentium ac perditorum... rex ab suis appellatur.*

[4] Strabon, IV, 4, 3 : Ἀριστοκρατικαὶ ἦσαν αἱ πλείους τῶν πολιτειῶν.

[5] César, VII, 55 : *Magnam partem senatus* (chez les Éduens). — I, 31 : *Omnem nobilitatem, omnem senatum, omnem equitatum amisisse* (même peuple). — II, 5 : *Omnem senatum ad se convenire jussit, principumque liberos ad se adduci* (chez les Rèmes). — Il signale ailleurs un sénat chez les Sénons, V, 54; chez les Vénètes, III, 16; chez les Éburovices et les *Lexovii*, III, 17; chez les Nerviens, II, 28; chez les Bellovaques, VIII, 21.

comment ce sénat était composé. Nous ignorons si l'on y entrait par droit de naissance, par élection, par cooptation, ou de quelque autre manière[1].

Le pouvoir était confié, là où il n'existait pas de rois, à des chefs annuels. César les appelle du nom romain de magistrats[2]. Ils étaient élus ; mais nous ne connaissons pas assez les règles et les procédés de l'élection pour pouvoir dire si la magistrature avait une source populaire ou aristocratique. Il semble qu'il n'y ait eu, dans beaucoup d'États, qu'un seul magistrat suprême[3], et que ce magistrat ait exercé un pouvoir absolu jusqu'à être armé du droit de vie et de mort[4]. Nul doute, quoique César n'en parle pas, qu'il n'y eût au-dessous de lui quelques magistrats inférieurs[5].

On serait désireux de savoir si ces constitutions politiques des divers peuples étaient mises en écrit, ou si elles se conservaient seulement à l'état de coutume. Il est certain que les Gaulois se servaient de l'écriture, en particulier « pour les choses du gouvernement[6] ». Ils

---

[1] Quelques mots donnent à penser qu'en général il identifie le sénat avec la *nobilitas*. Par exemple, I, 31, lorsqu'il dit *omnem nobilitatem, omnem senatum Æduos amisisse*, il paraît employer les deux termes comme à peu près synonymes.

[2] César, VI, 20 : *Ad magistratum.* — VII, 55 : *Convictolitavim magistratum.*

[3] César, VII, 32 : *Cum singuli magistratus antiquitus creari consuessent.* — I, 16 : *Liscus, qui summo magistratui praeerat.*

[4] César, I, 16 : *Magistratui... quem vergobretum appellant Ædui, qui creatur annuus et vitæ necisque in suos habet potestatem.* — VII, 32 : *Cum singuli magistratus regiam potestatem annuam obtinere consuessent.* — Mais notons toujours que ce que César dit des Éduens n'était peut-être pas vrai des autres peuples, ni surtout de tous.

[5] Cela résulte des mots *qui summo magistratui praeerat*, I, 16, et aussi du pluriel *intermissis magistratibus*, VII, 33.

[6] César, VI, 14 : *In publicis rationibus, graecis litteris utuntur.* — Dans ce passage l'écrivain latin note que les druides ne se servent pas de l'écriture, mais il ajoute aussitôt que les Gaulois savent écrire. — Ils se

avaient des registres publics. Ils savaient mettre en écrit le recensement de leur population, et l'état nominatif des habitants et des soldats¹. Ils pouvaient donc avoir aussi des lois écrites². Nous ignorons si César s'est fait lire ces textes ou s'est fait rendre compte de ces coutumes. Deux ou trois traits, qu'il rapporte en passant, donnent à penser que ces constitutions étaient rédigées avec un détail assez minutieux, comme il convenait à des peuples déjà avancés. Par exemple, la constitution des Éduens fixait avec soin le mode d'élection du magistrat, le lieu, le jour³; elle établissait que des prêtres y devaient être présents⁴; la présidence de l'assemblée électorale appartenait au magistrat en charge, et c'était lui qui proclamait l'élu⁵. César ajoute ce trait qui l'a frappé : la loi ne permettait pas à deux

---

servaient aussi de l'écriture pour les actes privés, *in privatis rationibus* (ibidem). Strabon ajoute que les Gaulois connaissaient l'usage des contrats écrits, IV, 1, 5, édit. Didot, p. 150 : Ὥστε τὰ συμϐόλαια ἑλληνιστὶ γράφειν. Mais par le mot ἑλληνιστί Strabon entend-il dire qu'ils écrivaient en langue grecque ou avec l'alphabet grec ?

¹ César, I, 29 : *In castris Helvetiorum tabulæ repertæ sunt litteris græcis confectæ, quibus in tabulis nominatim ratio confecta erat qui numerus domo exisset eorum, qui arma ferre possent, et item separatim pueri, senes mulieresque.*

² Et César le donne à entendre dans ce passage : *Civitates... habent legibus sanctum, si quis...* (VI, 20). Le mot *leges* désigne d'ordinaire un texte écrit. — Il emploie le même terme encore ailleurs, VII, 35, en parlant de la constitution des Éduens ; VII, 76, en parlant de celle des Atrébates ; II, 3, en parlant de celle des Suessions.

³ César, VII, 33. Il note comme une violation des lois que Cotus ait été élu *alio loco, alio tempore atque oportuerit.*

⁴ César, VII, 33 : *Qui per sacerdotes more civitatis esset creatus.* Notons toutefois que ce passage prête à une double interprétation, suivant la manière dont on comprend les deux mots *intermissis magistratibus*. Il se pourrait qu'il s'agît ici d'une élection faite sous la direction des prêtres à défaut des magistrats.

⁵ Cela ressort des mots : *Fratrem a fratre renuntiatum* (ibidem). En effet, Cotus était le frère de Valetiacus, vergobret de l'année précédente (VII, 32).

frères d'être magistrats du vivant l'un de l'autre; elle ne permettait même pas que deux frères siégeassent ensemble au sénat[1]. Ces prescriptions semblent l'indice de la jalousie mutuelle des grandes familles, attentives à ne laisser aucune d'elles l'emporter sur les autres.

Une autre règle digne d'attention était que plusieurs de ces peuples, les Éduens par exemple, séparaient nettement la magistrature suprême du commandement de l'armée[2]. Enfin, César rapporte ailleurs une particularité qui nous paraît significative. « Ceux des États qui savent le mieux se gouverner ont établi dans leurs lois que, si un homme a appris des étrangers quelque chose qui intéresse le bien public, il doit le faire savoir au magistrat, mais n'en donner connaissance à aucune autre personne. Les magistrats cachent les faits ou les exposent au public suivant ce qu'ils jugent utile. Il n'est permis de parler des affaires publiques qu'en conseil[3]. »

La lecture du livre de César montre assez que ces règles si précises et si bien conçues n'étaient guère

---

[1] César, VII, 33 : *Cum leges duo ex una familia, vivo utroque, non solum magistratus creari vetarent, sed etiam in senatu esse prohiberent.*

[2] Cette règle nous paraît résulter de ce que dit César, VII, 33 : *Quod, legibus Æduorum, iis qui summum magistratum obtinerent, excedere ex finibus non liceret.* Aussi remarquons-nous un peu plus loin, au chapitre 37, que, Convictolitavis étant vergobret, ce n'est pas lui qui commande l'armée : *Litavicus exercitui præficitur.* — Strabon, IV, 4, 3, confirme ce que dit César : Ἕνα ἡγεμόνα ᾑροῦντο εἰς ἐνιαυτόν, ὡς δ' αὕτως εἰς πόλεμον εἰς ἀπεδείκνυτο στρατηγός. Il ajoute ce détail, que le chef militaire était élu ὑπὸ τοῦ πλήθους.

[3] César, VI, 20 : *Quæ civitates commodius suam rempublicam administrare existimantur, habent legibus sanctum, si quis quid de republica a finitimis acceperit, uti ad magistratum deferat, neve cum quo alio communicet... Magistratus quæ visa sunt occultant, quæque esse ex usu judicaverunt multitudini produnt. De republica nisi per concilium loqui non conceditur.*

observées. Mais nous devions les citer pour montrer que les Gaulois, même en matière de gouvernement, n'étaient plus une société primitive.

Ils connaissaient les impôts publics. César ne les définit pas. Il laisse voir seulement qu'ils étaient de deux sortes. Il y avait des impôts directs ; il les appelle *tributa*, et donne à penser qu'ils étaient déjà excessifs [1] ; tous les hommes libres y étaient soumis, à l'exception des druides [2]. Il y avait en même temps des impôts indirects ; César les appelle *portoria* et *vectigalia* [3], et il n'est pas douteux qu'il n'entende par ces mots des droits de douane ou des droits sur les transports. Ces impôts étaient affermés à des particuliers qui, moyennant une somme convenue qu'ils payaient à l'État, les percevaient à leur profit et s'enrichissaient [4]. Le système des fermes, qui a duré à travers tous les régimes jusqu'en 1789, était déjà pratiqué chez les Gaulois.

Le service militaire était dû à l'État par tous les hommes libres. Suivant César, les druides seuls en

---

[1] César, VI, 13 : *Plerique magnitudine tributorum premuntur.*

[2] César, VI, 14 : *Druides... neque tributa una cum reliquis pendunt.* — M. Glasson, p. 103, pense que les nobles aussi étaient exempts ; mais aucun texte ne le dit. De ce que César parle du poids des impôts sur la *plebs* (VI, 13), il ne suit pas que les nobles n'en payassent pas.

[3] César, I, 18 : *Portoria reliquaque Æduorum vectigalia.* — *Portoria* se dit le plus souvent des péages au passage des rivières, aux ponts, ou sur les routes. *Vectigalia* pourrait avoir un sens plus étendu et s'appliquer, par exemple, aux revenus de terres publiques ou de terres des peuples sujets, ou à des impôts payés par ces peuples. — Un autre passage de César, relatif aux Vénètes, III, 8, permet de croire qu'il y avait des douanes à l'entrée des ports.

[4] César, I, 18 : *Dumnorigem, complures annos, portoria reliquaque omnia Æduorum vectigalia parvo pretio redempta habere.* — *Redimere* est en latin l'expression consacrée pour indiquer la prise en ferme d'un impôt ou d'un revenu public (Cicéron, *Brutus*, 22 ; Digeste, XIX, 2, 29 ; L, 5, 8, § 1).

étaient exempts[1]. Le jour où le magistrat suprême ordonnait la levée en masse, c'est-à-dire « la réunion générale en armes[2] », tous les hommes en âge de combattre devaient se rendre au lieu indiqué. Le dernier arrivé était ou pouvait être mis à mort[3].

L'État exerçait-il un droit de justice sur ses membres? On en a douté. D'une part, on ne peut nier que l'État n'eût le droit de punir les crimes commis contre lui-même. Ainsi, Orgétorix ayant voulu changer la constitution pour se faire roi, nous voyons l'État helvète se constituer en tribunal et se préparer à frapper de mort, par le supplice du feu, l'accusé[4]. De même, un chef des Trévires prononce une sentence de confiscation

---

[1] César, VI, 14 : *Druides a bello abesse consuerunt..., militiæ vacationem habent.* Le devoir de guerre pesait surtout sur les chevaliers; VI, 15 : *Omnes in bello versantur.* La plèbe y était visiblement sujette, mais peut-être n'était-ce que dans les cas de *concilium armatum* dont nous allons parler [notes 2 et 3].

[2] César, V, 56 : *Indutiomarus... armatum concilium indicit; hoc, more Gallorum, est initium belli; quo, lege communi, omnes puberes armati convenire consuerunt.*

[3] Ibidem : *Qui ex iis novissimus convenit, in conspectu multitudinis omnibus cruciatibus affectus necatur.* — Rien n'indique que ces *concilia armata* fussent des assemblées délibérantes; *concilium* ici n'a pas d'autre sens que celui de réunion. Quand Strabon décrit certaines assemblées où il était défendu d'interrompre l'orateur sous peine d'avoir l'habit coupé en deux par le glaive de l'appariteur public, il ne parle pas de ces réunions militaires, mais des συνέδρια (Strabon, IV, 4, 3).

[4] César, I, 4 : *Orgetorigem ex vinclis causam dicere coegerunt. Damnatum pœnam sequi oportebat, ut igni cremaretur. Die constituta, Orgetorix ad judicium....* — On se trompe quand on se figure ici un tribunal populaire; de ce que l'auteur dit *Helvetii*, et plus loin *civitas*, il ne suit pas que le *judicium* soit composé de tout le peuple helvète. La preuve qu'il n'en était pas ainsi, c'est qu'il suffit qu'Orgétorix se présentât avec sa *familia* pour que le tribunal le laissât échapper, ce qui n'eût pas été possible si ce tribunal avait été le peuple entier. Puis nous voyons l'État helvète, par ses *magistratus*, convoquer à la hâte une grande multitude qu'il faut aller chercher dans la campagne, *ex agris*.

contre un personnage qui s'est allié aux Romains[1]. Mais dans ces deux cas il s'agit visiblement de crimes contre l'État : l'État poursuit et condamne. Le point difficile est de savoir si, dans les crimes qui n'atteignaient que des particuliers, ou dans les procès civils que ceux-ci avaient entre eux, l'État se présentait comme juge, ainsi que cela a lieu dans les sociétés modernes.

Ce problème est difficile à résoudre. César dit, en effet, dans le passage où il parle des druides, qu'ils jugeaient les procès et même les crimes entre particuliers[2]. On a conclu de là qu'il n'existait pas d'autres tribunaux que ceux des druides. Mais si l'on examine de près le passage de César, on y remarque deux choses. En premier lieu César écrit le mot « presque », *fere*, qui n'est pas à négliger : « Ils jugent, dit-il, presque tous les débats. » En second lieu, il ne dit pas que cette juridiction des druides fût obligatoire, et la manière dont il s'exprime fait plutôt penser que c'était volontairement que la plupart des hommes se présentaient devant eux[3]. Un détail qui n'a pas été assez remarqué est que les

---

[1] César, V, 56 : *Cingetorigem, Caesaris seculum fidem, hostem judicat, bonaque ejus publicat.*

[2] César, VI, 13 : *Druides magno sunt apud eos honore. Nam fere de omnibus controversiis publicis privatisque constituunt; et si quod est admissum facinus, si caedes facta est, si de hereditate, si de finibus controversia est, iidem decernunt; praemia poenasque constituunt.* — Strabon répète ce qu'a dit César (IV, 4, 3).

[3] Il faut en effet tenir compte de la phrase qui précède : *Magno hi sunt apud eos honore.* C'est après avoir signalé ce grand respect des Gaulois pour les druides que César énonce que les druides jugent presque tous les procès des Gaulois. — Cette association d'idées est encore plus visible chez Strabon : « Les druides sont réputés très justes, et à cause de cela la confiance des hommes leur porte les procès », δικαιότατοι νομίζονται καὶ διὰ τοῦτο πιστεύονται τὰς ἰδιωτικὰς κρίσεις καὶ τὰς κοινάς. Pour la même raison, on leur confiait aussi le jugement des poursuites en matière de meurtre, τὰς φονικὰς δίκας τούτοις ἐπιτέτραπτο δικάζειν (Strabon, IV, 4, § 4).

druides n'avaient pas le droit de coercition, et ne citaient pas à comparaître devant eux; c'étaient les justiciables qui d'eux-mêmes allaient à eux[1]. César remarque même, comme une preuve du grand respect des hommes, que « tous obéissaient à leurs jugements[2] ». Ce n'est pas ainsi qu'on a l'habitude de parler d'une juridiction obligatoire. Ajoutons enfin que, si quelqu'un refusait de se soumettre à leur sentence, ils n'avaient pas le droit de le saisir et de lui imposer la peine, et ne pouvaient que lui interdire les actes religieux[3].

Il y a d'ailleurs dans le même chapitre de César un mot auquel il faut faire attention : « Si un homme, après s'être présenté à leur tribunal, refuse de s'en tenir à leur arrêt, ils le frappent de l'interdit; et dès lors, si cet homme demande justice, justice lui est refusée[4]. » Ces derniers mots ont une grande importance; ils ne signifient certainement pas que l'homme se présente devant les druides, puisqu'il vient de repousser leur arrêt; c'est visiblement à un autre tribunal qu'il s'adresse cette fois; mais « la puissance de l'interdit religieux, dit César, est si grande, que cette justice

---

[1] César, VI, 13 : *Druides considunt in loco consecrato. Huc omnes undique qui controversias habent conveniunt.*

[2] Ibidem : *Eorumque judiciis parent.*

[3] Ibidem : *Sacrificiis interdicunt.* M. Glasson pense qu'ils avaient le droit de prononcer une peine: le bannissement, la mutilation, la mort (Glasson, p. 126); l'auteur cite à l'appui César, V, 53, 54 et 56; mais, si l'on se reporte aux textes cités, on voit qu'il s'agit de jugements prononcés par des magistrats ou par les États, et non pas par les druides. Quant aux supplices des hommes *in furto aut latrocinio comprehensi*, dont parle César, VI, 16, on voit bien que, ces criminels étant voués aux dieux, il appartenait aux druides de procéder à leur exécution; mais on ne voit pas si c'étaient eux qui avaient prononcé la peine.

[4] César, VI, 13 : *Quibus est interdictum, his omnes decedunt, aditum effugiunt, neque his petentibus jus redditur neque honos ullus communicatur.*

même lui est fermée¹ ». César fait donc au moins allusion à un autre tribunal que celui des druides; il y faisait déjà allusion par le mot : « Ils jugent *presque* tous les procès ».

C'est donc aller trop loin que d'affirmer, comme on a fait², qu'il n'existait chez les Gaulois aucune justice publique pour vider les procès et punir les crimes. Il faut se borner à dire que la nature de ces tribunaux et leur procédure nous sont inconnues, César n'ayant jamais eu l'occasion d'en parler. Ce qu'on peut ajouter, c'est que les hommes préféraient ordinairement la juridiction des druides à celle de l'État. Apparemment, la justice publique était mal organisée; durement ou partialement rendue, elle laissait opprimer le faible par le fort, « le plébéien par le puissant³ ». Elle inspirait peu de confiance. Cela expliquerait à la fois la grande puissance des druides et le développement des institutions de patronage et de clientèle que nous verrons plus loin⁴.

¹ La suite des idées de César dans la phrase est visiblement que nul ne veut avoir de contact avec un tel homme et que c'est pour cela que tout tribunal se ferme devant lui, comme les maisons privées, comme les comices même.

² D'Arbois de Jubainville, *Des attributions judiciaires de l'autorité publique chez les Celtes*, dans la *Revue celtique*, t. VII, tirage à part, pages 2-5.

³ César, VI, 13 : *Injuria potentiorum premuntur*.

⁴ [C. 4, p. 35 et suiv.

CHAPITRE III

Des diverses classes de personnes chez les Gaulois.

Cette société était fort aristocratique et les rangs y étaient très inégaux.

Il y avait d'abord, au bas de l'échelle, les esclaves[1]. César et Diodore les mentionnent plusieurs fois. César les appelle du même nom dont il appelait les esclaves des Romains, *servi*, et il ne remarque pas qu'il y ait de différence entre la servitude en Gaule et la servitude en Italie[2]. Il rappelle un usage qui n'était pas fort ancien : un maître mort, on brûlait quelques-uns de ses esclaves sur son bûcher[3]. En Gaule comme à Rome, l'esclave était un objet de propriété; le maître pouvait le vendre. Les marchands italiens en achetaient volontiers, et, s'il faut en croire Diodore, ces esclaves étaient si nombreux et de si peu de valeur en Gaule, que leurs maîtres s'en défaisaient au prix d'une mesure de vin[4].

César signale une classe d'hommes qu'il appelle les « débiteurs »[5]. Nous ne connaissons pas assez le droit des

---

[1] Chambellan l'a nié, pages 220-223.
[2] César parle trois fois des *servi*, V, 45; VI, 19; VIII, 30.
[3] César, VI, 19 : *Servi quos ab iis dilectos esse constabat, justis funeribus una cremabantur*. Il ajoute que cela se passait peu de temps avant son époque, *paulo supra hanc memoriam*.
[4] Diodore, V, 26 : Πολλοὶ τῶν Ἰταλικῶν ἐμπόρων ἕρμαιον ἡγοῦνται τὴν τῶν Γαλατῶν φιλοινίαν· διδόντες γὰρ οἴνου κεράμιον ἀντιλαμβάνουσι παῖδα, τοῦ πόματος διάκονον ἀμειβόμενοι.
[5] César, I, 4 : *Orgetorix omnes obæratos suos, quorum magnum numerum habebat*. [Cf. le volume sur les *Origines du système féodal*, p. 195.]

Gaulois pour savoir quelle était leur législation sur les dettes. Les deux allusions qu'y fait César donnent à penser que la dette menait presque inévitablement à l'esclavage ou à un demi-esclavage[1]. C'est ainsi qu'on voyait de riches Gaulois traîner après eux des troupes de « débiteurs », qui leur obéissaient « comme des esclaves obéissent à un maître[2] ».

Les Gaulois connaissaient aussi la pratique de l'affranchissement[3].

Quant aux hommes libres, il est possible qu'ils fussent égaux en droit et en théorie; mais dans la pratique il y avait entre eux de profondes inégalités. César parle plusieurs fois d'hommes très riches. Il nous montre, par exemple, un Helvète qui a plus de dix mille serviteurs à lui[4], un Éduen qui est assez riche pour lever à ses frais une nombreuse troupe de cavalerie[5]. Ce qu'il montre plus souvent encore, c'est une noblesse de naissance[6]. Presque jamais il ne nous présente un

---

[1] Ibidem, VI, 13 : *Plerique, cum ære alieno premuntur..., sese in servitutem dicant nobilibus.*

[2] Ibidem : *In hos eadem sunt jura quæ dominis in servos.* — Peut-être ne s'agit-il ici que d'une servitude temporaire jusqu'au remboursement de la dette. Peut-être cette sorte de servitude excluait-elle le droit de vente à l'étranger. Mais on ne peut faire, faute de renseignements, que des conjectures.

[3] César (ou Hirtius) en parle deux fois ; V, 45 : *Hic* (il s'agit d'un Nervien) *servo spe libertatis persuadet ut litteras ad Cæsarem deferat* — VIII, 30 : *Drappetem Senonem, servis ad libertatem vocatis.* — Il ne décrit d'ailleurs ni les procédés ni les effets légaux de l'affranchissement.

[4] César, I, 4 : *Orgetorix omnem suam familiam, ad hominum millia decem, undique coegit.* — On sait que dans la langue latine le mot *familia* désigne l'ensemble des esclaves, en y comprenant aussi quelquefois les serviteurs très voisins de l'esclavage.

[5] Ibidem, I, 18 : *Dumnorigem... suam rem familiarem auxisse, et facultates magnas comparasse ; magnum numerum equitatus suo sumptu semper alere.*

[6] Ibidem, VII, 32 : *Cotum antiquissima familia natum, hominem summæ potentiæ et magnæ cognationis.*

Gaulois sans nous dire quel rang il occupe dans cette hiérarchie. Une remarque nous a frappé : On sait que, dans la société romaine du temps de César, les rangs étaient marqués par trois épithètes, toutes les trois honorifiques, mais inégalement ; c'étaient celles de *honestus*, de *illustris* et de *nobilis*. Or César applique ces trois titres à des Gaulois[1]. Il a donc vu, ou tout au moins il a cru voir dans cette société gauloise des degrés analogues à ceux qu'il voyait dans son pays.

Quelle était l'origine première de cette noblesse ? Il ne le dit pas. Nous pouvons supposer qu'elle se rattachait à l'antique régime du clan. En tout cas, elle formait encore, au temps de César, une caste héréditaire. César la désigne par deux noms également usités à Rome, *nobilitas*[2] et *equitatus*[3], noblesse et ordre équestre. Peut-être les deux mots, appliqués aux Gaulois, n'étaient-ils pas tout à fait synonymes ; nous inclinons à croire qu'ils désignaient les deux rangs inégaux de la classe supérieure[4].

---

[1] César, V, 45 : *Nervius nomine Vertico, loco natus honesto*. — VII, 32 : *Convictolitavem, illustrem adolescentem*. — VI, 19 : *Illustriore loco natus*. — VI, 15 : *Nobilibus*. — I, 2 : *Nobilissimus Orgetorix*. — I, 31 : *Nobilissimi cujusque liberos*. — I, 18 : *Homini nobilissimo ac potentissimo*. — I, 7 : *Nobilissimos civitatis* (chez les Helvètes). — I, 31 : *Nobilissimos civitatis* (chez les Séquanes). — I, 31 : *Omnem nobilitatem* (chez les Éduens). — II, 6 : *Iccius summa nobilitate* (chez les Rèmes). — VII, 67 : *Tres nobilissimi Ædui*.

[2] Ibidem, I, 31 : *Omnem nobilitatem*. — V, 6 : *Ut Gallia omni nobilitate spoliaretur*. — VII, 12 : *Omni nobilitate Æduorum interfecta*. — La *nobilitas* est opposée à la *plebs* ; V, 3 : *Ne omnis nobilitatis discessu plebs propter imprudentiam laberetur*.

[3] Ibidem, I, 31 : *Omnem equitatum*. — VII, 38 : *Omnis equitatus*. — VI, 15 : *Genus equitum*. — VI, 15 : *Alterum genus est equitum*. — Il n'est sans doute pas besoin d'avertir que César emploie tour à tour le mot *equitatus* dans le sens d'ordre équestre et dans le sens de cavalerie ; ce dernier revient même plus souvent dans des récits de bataille.

[4] La distinction est, à notre avis, assez marquée dans des phrases

Cette classe, si l'on en juge par les exemples que César présente, était en même temps la classe riche et la classe guerrière. On voit bien qu'elle puisait sa force à la fois dans le prestige de la naissance, dans la possession du sol et dans la pratique des armes[1]. Aussi avait-elle la puissance dans l'État[2]. Elle composait en grande majorité le sénat de chaque peuple, et il paraît bien que toutes les magistratures, comme tous les commandements militaires, lui appartenaient[3].

A côté de cette noblesse guerrière, la Gaule avait un corps sacerdotal. Les druides ont beaucoup frappé l'imagination des anciens. Ils leur ont attribué une doctrine secrète, qui aurait été très élevée et très spiritualiste[4]. La critique historique a quelques motifs de douter de l'existence de cette doctrine. La seule chose certaine et

---

comme celles-ci : *Æduos omnem nobilitatem, omnem equitatum amisisse* (I, 31); *omnis noster equitatus, omnis nobilitas interiit* (VII, 38).

[1] César, VI, 15 : *Hi omnes in bello versantur ; atque eorum ut quisque est genere copiisque amplissimus, ita plurimos circum se ambactos clientesque habet.* — Cette phrase rapproche les trois choses, *bellum, genus, copiæ.* Voir, d'ailleurs, comme exemples, les personnages de Dumnorix, de Cotus, d'Indutiomare, d'Ambiorix, de Vercingétorix même.

[2] Tous les personnages que César présente comme puissants appartiennent à cette classe, même ceux d'entre eux qui s'appuyaient sur la plèbe, comme Dumnorix. — César rapproche souvent puissance et noblesse : *Homini nobilissimo ac potentissimo* (I, 18); *antiquissima familia natum, hominem summæ potentiæ* (VII, 32). Il oppose les *potentes* à la *plebs* (VI, 11 et 13), comme il lui oppose la *nobilitas* (V, 3). Il dit aussi que les Gaulois ne connaissent pas d'autre puissance que celle du chevalier qui est assez riche pour se faire un nombreux entourage : *Hanc unam potentiam noverunt* (VI, 15). — Il est clair d'ailleurs qu'il faut faire une réserve pour les druides, et une aussi pour un parti populaire dont nous parlerons plus loin, p. 40 et suiv.

[3] Cela ressort avec pleine évidence de ce que César dit de la plèbe, VI, 13.

[4] César, VI, 14 : *Volunt persuadere non interire animas, sed ab aliis post mortem transire ad alios.* — Diodore, V, 28 et 31 ; cet auteur les qualifie de φιλόσοφοι καὶ θεολόγοι. — Strabon, IV, 4, 4, édit. Didot, p. 164. — Timagène cité par Ammien Marcellin, XV, 9. — Pomponius Méla, III, 1.

constatée est que les druides formaient entre eux un clergé fortement organisé. Or une institution de cette nature est digne de remarque, car on n'en trouve pas d'autre exemple chez les anciens peuples de l'Europe.

Ce clergé n'était pas une caste héréditaire, comme il s'en trouva dans l'Inde. Il n'était pas non plus une simple juxtaposition de prêtres isolés, comme en Grèce, ou de collèges indépendants, comme à Rome. Il était une véritable corporation. Il avait ses dogmes, lesquels, exprimés par des milliers de vers[1], se transmettaient par la mémoire et étaient d'autant plus sacrés aux yeux de la foule qu'ils n'étaient pas écrits[2]. Il avait son long noviciat, en sorte que nul n'entrait dans ce corps qu'après un lent travail où son âme avait été modelée à la volonté des supérieurs[3]. Il avait sa discipline intérieure et sa hiérarchie[4]. Il avait enfin un chef unique, qu'il ne recevait pas de l'État et qu'il élisait lui-même[5]. Ce clergé était indépendant de toute autorité publique. Il se plaçait en dehors et au-dessus des peuples.

Cette forte organisation lui avait donné un grand prestige aux yeux des hommes. Venu peut-être de l'île

---

[1] L'ensemble de ces dogmes est appelé par César *disciplina*, « ce qui s'apprend »; VI, 14 : *Magnum ibi numerum versuum ediscere dicuntur.*

[2] César, VI, 14 : *Neque fas esse existimant ea litteris mandare..., quod neque in vulgum disciplinam efferri velint.*

[3] Ibidem, VI, 14 : *Multi in disciplinam conveniunt et a parentibus propinquisque mittuntur. Magnum numerum versuum ediscere dicuntur. Itaque annos nonnulli vicenos in disciplina permanent.*

[4] Strabon, IV, 4, § 4, distingue trois catégories : les bardes, qui chantent les hymnes; les *vates*, qui accomplissent les cérémonies, et les druides proprement dits, qui sont comme les directeurs et les professeurs de toute la corporation.

[5] César, VI, 13 : *Omnibus druidibus præest unus, qui summam inter eos habet auctoritatem. Hoc mortuo, aut, si quis ex reliquis excellit dignitate, succedit, aut, si sunt plures pares, suffragio druidum; nonnunquam etiam armis de principatu contendunt.*

de Bretagne[1], il avait réussi à supplanter tous les sacerdoces locaux; du moins n'en voyons-nous plus trace dans les documents que nous ont laissés les anciens[2]. Il s'était arrogé le monopole des choses religieuses, et, ce qui surprenait fort un Romain, c'est qu'aucun acte sacré, soit dans la famille, soit dans la cité, ne pouvait être accompli sans la présence d'un druide[3]. Il semble, non pas que toute la religion gauloise fût venue du druidisme, mais que le druidisme à une certaine époque ait mis la haute main sur toute la religion gauloise[4].

Le droit des druides allait jusqu'à exclure un homme de la religion. Les anciens Grecs et les Romains avaient connu cette sorte d'excommunication. Elle était le fond de ce qu'ils appelaient ἀτιμία ou *infamia*[5]. Mais, chez eux, c'était l'État seul qui la prononçait. En Gaule, les druides, s'ils avaient à se plaindre d'un homme ou même d'un peuple, lui interdisaient tous les actes

---

[1] C'est du moins ce que dit César, VI, 13 : *Disciplina in Britannia reperta*. Mais il ne l'affirme pas, *existimatur*.

[2] César ne mentionne des *sacerdotes* qu'une seule fois dans tout son livre (VII, 33) : c'est un passage où il dit qu'un magistrat a été *creatus per sacerdotes more civitatis* ; mais on ne saurait dire si les prêtres dont il s'agit ici sont ou ne sont pas des druides.

[3] César, VI, 13 : *Illi (druides) rebus divinis intersunt, sacrificia publica ac privata procurant, religiones* (les pratiques du culte) *interpretantur*. — VI, 16 : *Administris ad ea sacrificia druidibus utuntur*. — Diodore, V, 31, dit aussi que nul ne peut faire un sacrifice sans la présence d'un druide.

[4] C'est l'expression de César : *Rebus divinis praesunt*. Marquant la différence des Germains, il dit : *Neque druides habent qui rebus divinis praesint* (VI, 21). — Il nous paraît impossible de dire à quelle époque le clergé druidique s'est constitué ; il est généralement admis qu'il n'est pas d'une époque très ancienne. Il est impossible aussi de déterminer, parmi les divers dieux des Gaulois, ceux que le druidisme a créés. — Rappelons aussi que, suivant toute probabilité, l'Aquitaine, la Narbonnaise et la région du Rhin avaient échappé à l'action du druidisme. [Cf. p. 3, n. 3.]

[5] Nous avons montré cela dans la *Cité antique*, liv. III, c. 12-13.

sacrés[1]. Cette arme dans leurs mains était terrible, en proportion de la foi que les hommes avaient en eux. « Les hommes à qui le culte a été interdit sont mis au nombre des impies et des scélérats; on s'éloigne d'eux; on fuit leur approche et jusqu'à leur parole; on craint d'être souillé par leur contact; pour eux il n'y a plus de justice, et aucune magistrature ne leur est accessible[2]. »

Avec cette grande force, grâce surtout à sa rigoureuse discipline au milieu de populations peu disciplinées, ce clergé avait acquis un pouvoir immense sur la société laïque. Comme il était constitué monarchiquement au milieu de la division universelle, il dominait tout. « Le peuple tout entier leur était soumis[3]. » Les textes ne disent pas précisément que cette autorité des druides fût établie par des lois, ni qu'elle fît partie de la constitution de l'État. Tout ce que nous savons, c'est qu'ils étaient « en grand honneur[4] ».

Aussi s'étaient-ils fait donner des privilèges utiles. Partout ils avaient l'exemption d'impôts pour leurs biens et la dispense du service militaire pour leurs personnes[5]. Peut-être faisaient-ils partie des sénats locaux;

---

[1] César, VI, 13 : *Qui aut privatus aut populus eorum decreto non stetit, sacrificiis interdicunt.*

[2] Ibidem : *Hæc pœna apud eos est gravissima. Quibus ita est interdictum, hi numero impiorum ac sceleratorum habentur; his omnes decedunt, aditum sermonemque defugiunt, ne quid ex contagione incommodi accipiant, neque his petentibus jus redditur, neque honos ullus communicatur.*

[3] Diodore, V, 31 : Πᾶν τὸ πλῆθος ἔχουσιν ὑπήκοον.

[4] César, VI, 13 : *Magno hi (druidæ) sunt apud eos (Gallos) honore.* — Strabon, IV, 4, § 4 : Παρὰ πᾶσι τιμώμενοι. — Diodore, V, 31 : Περιττῶς τιμώμενοι.

[5] César, VI, 14 : *Druides a bello abesse consuerunt, neque tributa cum reliquis pendunt; militiæ vacationem omniumque rerum habent immunitatem.* [Cf. p. 19.]

tous les historiens modernes le soutiennent[1]; mais ni César ni aucun auteur ancien ne l'a dit. Ils n'avaient sans doute pas besoin de faire partie des sénats ni de gérer les magistratures pour être tout-puissants[2].

Ils rendaient la justice. Non que César dise qu'ils eussent légalement le droit de juger; mais il présente leur juridiction comme un fait presque général. « Ils décident de presque tous les débats entre les peuples comme entre les particuliers; s'est-il commis un crime, un meurtre, s'élève-t-il une contestation sur un héritage, sur des limites, ce sont eux qui jugent; ils fixent les indemnités et les peines[3]. A une époque fixe de l'année, dans le pays des Carnutes, ils tiennent leurs assises en un lieu consacré par la religion; là accourent de tous côtés tous ceux qui ont quelque débat, et, dès que les druides ont décidé et jugé, on obéit[4]. » Ainsi, les justiciables s'adressaient d'eux-mêmes aux druides. La justice allait à eux. Et César admire, non sans quelque surprise, ces prêtres qui, sans posséder ni l'*imperium* ni le *jus gladii*, faisaient pourtant respecter

---

[1] Pour ne citer que les plus récents, c'est l'opinion de Desjardins (t. II, p. 529 et 538) et de Glasson (p. 98) : « Le Sénat de chaque peuple était composé de nobles et de prêtres. »

[2] César, qui nomme beaucoup d'hommes puissants et beaucoup de magistrats, ne dit d'aucun d'eux qu'il fût druide. — Les historiens modernes disent volontiers que l'Éduen Divitiac était un druide; mais César, qui a été en rapports constants avec lui, ne mentionne nulle part cette particularité.

[3] César, VI, 13 : *Fere de omnibus controversiis publicis privatisque constituunt, et si quod est admissum facinus, si cædes facta, si de finibus controversia est, iidem decernunt; præmia pœnasque constituunt.* — Strabon, IV, 4, § 4 : Τάς τε ἰδιωτικὰς κρίσεις καὶ τὰς κοινάς... τὰς δὲ φονικὰς δίκας μάλιστα τούτοις ἐπετέτραπτο δικάζειν.

[4] César, ibidem : *Hi certo anni tempore, in finibus Carnutum, considunt in loco consecrato. Huc omnes undique qui controversias habent conveniunt, eorumque decretis judiciisque parent.* [Cf. p. 51, n. 2.]

leurs arrêts. Il explique cela : c'est que, si le justiciable qui s'était présenté devant eux pouvait récuser leur sentence[1] et se retirer libre, il emportait avec lui leur excommunication, et l'existence lui devenait dès lors impossible. On a pu dire que leur juridiction était sans appel, en ce sens seulement que, l'appelant étant excommunié, aucun autre tribunal ne pouvait plus s'ouvrir à lui[2].

Telle était la puissance du clergé druidique, du moins si l'on s'en rapporte à deux chapitres de César. Mais il faut avouer que l'autorité de ces deux chapitres est sensiblement affaiblie par tout le reste du livre. Il ne faut pas négliger de remarquer que, nulle part ailleurs, César ne parle des druides. Dans cette histoire de huit années où tous les intérêts de la Gaule étaient en jeu, où toutes les forces et les éléments divers du pays ont eu à se montrer de quelque façon, les druides ne figurent pas une seule fois. César mentionne bien des discordes entre les Gaulois; les druides ne sont jamais ni acteurs dans ces querelles ni médiateurs. Plusieurs jugements sont signalés par César, pas un qui soit rendu par eux. Le jour où deux Éduens se disputent la magistrature suprême, ce n'est pas l'arbitrage des druides qu'ils sollicitent, c'est l'arbitrage de César[3]. Dans plusieurs cités deux partis sont en présence; les druides ne sont ni pour l'un ni pour l'autre, et n'inter-

---

[1] César, VI, 13 : *Si quis eorum decreto non stetit.* — La phrase de César marque bien que l'homme qu'ils ont condamné peut se retirer libre sans exécuter l'arrêt.

[2] Ibidem : *Neque his petentibus jus redditur.* [Cf. p. 20.]

[3] César, VII, 32 : *Legati ad Cæsarem principes Æduorum veniunt oratum ut civitati subveniat..., quod duo magistratum gerant et se uterque eorum legibus creatum esse dicat*, etc.

viennent même pas pour rétablir la paix¹. Une question plus haute encore s'agite, celle de l'indépendance ou de la sujétion de la Gaule. Il est impossible de savoir s'ils sont pour l'indépendance ou pour la sujétion. César ne traite jamais avec eux; jamais il ne les combat. Ils ne sont pas avec César; ils ne sont pas davantage avec Vercingétorix. Dans cette grande assemblée où les représentants des cités gauloises préparèrent l'insurrection générale et prêtèrent serment sur les enseignes militaires, il n'y avait pas de druides². Nous ne les voyons ni à Gergovie ni à Alésia.

Il y a donc quelques motifs pour faire quelques réserves au sujet du rapport de César, et surtout pour

---

¹ Desjardins, *Géographie de la Gaule romaine*, t. II, p. 529, représente « la noblesse et le sacerdoce ligués ensemble ». Cela ne s'appuie sur aucun fait ni aucun texte. César dit, VI, 13, qu'il n'y a que deux classes qui comptent, les chevaliers et les druides, mais il ne dit pas que ces deux classes fussent alliées entre elles. Nous n'en savons rien.

² César, VII, 1 et 2 : *Principes Galliæ indictis inter se conciliis, silvestribus ac remotis locis.... Profitentur Carnutes se nullum periculum communis salutis causa recusare, et quoniam in præsentia obsidibus cavere inter se non possint, ne res efferatur, ut jurejurando ac fide sanciatur, petunt, collatis militaribus signis, quo more eorum gravissima cærimonia continetur.* — Les idées préconçues sont si puissantes sur certains esprits, qu'on a cru voir dans ce texte, où les druides ne sont pas même nommés, une preuve de l'action des druides. Voici comment Michelet commente, *Histoire de France*, t. I, p. 63, édit. de 1835 : « Les druides et les chefs de clan se trouvèrent d'accord pour la première fois. Le signal partit de la terre druidique des Carnutes, de Genabum. » Il n'y a pas un mot de cela dans ces deux chapitres de César. Il ne dit même pas que cette réunion secrète « au fond d'une forêt » ait eu lieu sur le territoire des Carnutes. Et à supposer même qu'elle ait eu lieu sur leur territoire, le peuple des Carnutes n'était pas plus soumis que les autres à l'autorité des druides. César parle souvent d'eux et de leur état intérieur ; il n'y montre jamais la main des druides. Que les assises annuelles du druidisme se tinssent dans un endroit du pays des Carnutes, cela ne prouve rien. En tout cas César ne dit même pas que ce soit chez eux que se soit tenue cette fameuse réunion insurrectionnelle. Le serment sur des enseignes militaires n'avait rien de druidique, car les druides *a bello abesse consuerant*. [Cf. p. 28.]

se mettre en garde contre les exagérations que les historiens modernes ont édifiées sur ce seul rapport. Dire que « les druides avaient une part immense dans le gouvernement de la Gaule[1] » est aller trop loin. Il faut s'en tenir à penser qu'ils avaient comme prêtres un grand prestige, que beaucoup d'hommes leur portaient leurs procès, que leur justice était préférée à celle des États. En politique, ils avaient des privilèges utiles et ils les préféraient peut-être à l'autorité légale. Nous sommes sûrs qu'ils étaient exempts des charges publiques; nous ne le sommes pas qu'ils fussent en possession des pouvoirs publics. Leur indépendance à l'égard des États est mieux prouvée que leur domination sur ces États.

En dehors de la noblesse partout puissante et de cette corporation druidique très forte dans son isolement, les simples hommes libres ne formaient plus qu'une « plèbe[2] ». César en parle comme d'une classe méprisée et opprimée. « Elle ne compte pas, dit-il[3]; elle n'ose rien par elle-même; elle n'est admise dans aucun conseil; elle est traitée presque en esclave[4]. »

Les Gaulois avaient pourtant de l'industrie et du commerce, c'est-à-dire de quoi former peu à peu une plèbe riche vis-à-vis de la noblesse guerrière. Ils fabriquaient du drap, des toiles, des armes, des poteries, des

---

[1] Desjardins, *Géographie de la Gaule*, t. II, p. 529.

[2] César nomme la *plebs*, chez les Éduens (I, 3 et 17 ; VII, 42), chez les Trévires (V, 3), chez les Bituriges (VII, 13), chez les Bellovaques (VIII, 7 et 21). Enfin (VI, 11 et 13) il en parle comme d'une classe qui existe dans toute la Gaule, *in omni Gallia*.

[3] César, VI, 13 : *Eorum hominum qui aliquo sunt numero genera sunt duo..., alterum druidum, alterum equitum.*

[4] Ibidem : *Nam plebs pæne servorum habetur loco, quæ nihil audet per se, nullo adhibetur consilio.*

chars, des bijoux. Mais cela constituait-il une classe industrielle? Nous ne pouvons pas l'affirmer, puisque les anciens ne nous font même pas savoir si tout ce travail était fait par des mains serviles ou par des mains libres. Ils avaient aussi des commerçants; César les mentionne. Mais il nous est impossible de dire si ces commerçants étaient nombreux, s'ils étaient riches, et s'ils tenaient quelque place et quelque rang dans l'État. Dans les choses gauloises nous sommes réduits à beaucoup ignorer.

Il ne semble pas qu'il existât en Gaule, au temps de César, une véritable classe urbaine, du moins une classe urbaine qui eût quelque importance et qui comptât. Il y avait beaucoup de villes, mais, à l'exception de quatre ou cinq, elles étaient petites. Elles n'étaient pas des centres de population. Nous remarquons que, lorsque les magistrats voulaient rassembler un grand nombre d'hommes, ils devaient aller les chercher dans les champs[1]. Si César se présente inopinément devant une ville, il ne trouve d'abord sur ses murailles qu'un très petit nombre de défenseurs[2]. Les villes ne résistent qu'à condition que la population des campagnes vienne s'y entasser.

D'autre part, la classe des paysans propriétaires ne paraît pas avoir été nombreuse. César signale, dans les campagnes, des multitudes d'hommes qui ne possèdent rien, qu'il appelle des « indigents et des hommes sans aveu », *egentes et perditi*[3]. Le prolétariat était déjà un

---

[1] César, I, 4 : *Quum multitudinem hominum ex agris magistratus cogerent.*

[2] Voir, par exemple, la capitale des Suessions, Noviodunum. César, II, 12 : *Id ex itinere oppugnare conatus, quod vacuum ab defensoribus esse audiebat,... paucis defendentibus, expugnare non potuit.*

[3] César, III, 17 : *Multitudo perditorum hominum latronumque quos*

fléau de la Gaule et la disposait à tous les troubles. Les riches propriétaires, — ceux que cite César appartiennent tous à la noblesse, — occupaient ordinairement, au bord d'un cours d'eau ou à l'ombre d'un bois, une sorte de vaste demeure seigneuriale, où ils vivaient entourés d'une domesticité nombreuse[1].

Nous pouvons d'après ces divers détails nous faire une idée générale de la société gauloise : beaucoup de paysans et très peu de classe urbaine; beaucoup d'hommes attachés au sol et très peu de propriétaires; beaucoup de serviteurs et peu de maîtres; une plèbe qui ne compte pas, un clergé très vénéré, une aristocratie guerrière très puissante.

Il y a un trait des mœurs gauloises qui dénote combien les rangs étaient marqués et les distinctions profondes. « Dans leurs repas, dit un ancien, la place d'honneur est au milieu; celui-là l'occupe qui est le premier par la valeur, par la naissance ou par la richesse; les autres se placent plus ou moins loin de lui suivant leur rang; derrière chacun d'eux, debout, se tient l'écuyer qui portes ses armes; leurs gardes sont assis en face de chaque maître, et des esclaves servent à la ronde[2]. »

---

spes prædandi ab agricultura et quotidiano labore revocabat. — VII, 4 : *In agris habet delectum egentium ac perditorum.* — VIII, 30 : *Collectis undique perditis hominibus.*

[1] César, VI, 30 : *Ædificio circumdato silva, ut sunt fere domicilia Gallorum, qui, vitandi æstus causa, plerumque silvarum atque fluminum petunt propinquitates.* C'est dans un *ædificium* de cette nature que vivait Ambiorix, entouré de *comites* et de *familiares*, qui étaient assez nombreux pour arrêter un moment la cavalerie de César.

[2] Posidonius, dans Athénée, livre IV, c. 36.

CHAPITRE IV

De la clientèle chez les Gaulois [1].

Un des traits qui caractérisent la société gauloise avant la conquête romaine est qu'à côté des institutions régulières et légales il existait tout un autre ordre d'institutions qui étaient entièrement différentes des premières et qui leur étaient même hostiles.

César donne à entendre très clairement que la constitution ordinaire aux États gaulois était contraire aux intérêts des classes inférieures. Il fait surtout remarquer que les faibles trouvaient peu de sécurité. L'homme qui n'était ni druide ni chevalier n'était rien dans la République et ne pouvait pas compter sur elle. Les lois le protégeaient mal, les pouvoirs publics ne le défendaient pas. S'il restait isolé, réduit à ses propres forces, il n'avait aucune garantie pour la liberté de sa personne et pour la jouissance de son bien.

Cette insuffisance des institutions publiques donna naissance à une coutume dont César fut très frappé et qu'il a pris soin de signaler. Les hommes pauvres et faibles recherchaient la protection d'un homme puissant et riche, afin de vivre en paix et de se mettre à l'abri de la violence [2]. Ils lui accordaient leur obéissance en échange de sa protection. Ils se donnaient à lui, et

---

[1] [Cf. le volume sur *les Origines du système féodal*, p. 27 et p. 194 et suivantes.]

[2] César, VI, 13 : *Plerique, quum aut ære alieno aut magnitudine tributorum aut injuria potentiorum premuntur, sese in servitutem dicant nobilibus.*

à partir de ce jour ils lui appartenaient sans réserve. Sans qu'ils fussent légalement esclaves, cet homme avait sur leur personne autant de droits que s'ils l'eussent été[1]. Il était pour eux un maître, ils étaient pour lui des serviteurs. La langue gauloise les désignait par le terme de *ambact*[2]; César les appelle du nom de clients, qui, dans la langue latine, exprimait l'idée d'une sujétion très étroite[3].

Il décrit un genre d'association que toute la Gaule

---

[1] César, VI, 15 : *In hos eadem omnia sunt jura quæ dominis in servos.* — Encore ne faudrait-il pas prendre trop à la lettre la phrase de César. Nous pouvons bien penser que ces serviteurs volontaires ne pouvaient pas être vendus à des tiers par le maître auquel ils s'étaient librement donnés. C'est aussi une question de savoir s'ils ne gardaient pas la faculté de quitter ce maître, soit pour se donner à un autre, soit pour reprendre leur liberté.

[2] Idem, VI, 15 : *Ambactos clientesque*. — Le terme *ambact* paraît être celtique. Un ancien texte, d'authenticité d'ailleurs fort douteuse (Festus, édit. Müller, p. 4), donne à penser qu'Ennius l'aurait déjà connu, mais comme mot gaulois: *Ambactus apud Ennium lingua gallica servus appellatur.* Les Allemands d'aujourd'hui en font un terme germanique, parce qu'il a quelque ressemblance avec l'allemand *Amt* (Grimm, *Geschichte der deutschen Sprache*, p. 31-34; Mommsen, *Histoire romaine*, t. III, p. 220; trad., t. VII, p. 21). — Quoi qu'il en soit, la condition des *ambacti* ressort bien de cette phrase de César, VI, 15 : *Equites in bello versantur, atque eorum ut quisque est genere copiisque amplissimus, ita plurimos circum se ambactos clientesque habet*. On voit ici : 1° qu'il faut être riche pour avoir des *ambacti*, ce qui fait supposer qu'ils sont soldés ou rétribués de quelque manière ; 2° que ce sont les guerriers qui ont des *ambacti*, et par conséquent que le service de ces *ambacti* pouvait être d'entourer le chef à la guerre. Ce ne sont pas précisément des esclaves, ce sont des soldats attachés à la personne du chef.

[3] Idem, I, 4 : *Omnes clientes obæratosque suos conduxit.* — VI, 15 : *Ambactos clientesque*. — VI, 19 : *Servi et clientes*. — VII, 4 : *Convocatis suis clientibus*. — VII, 40 : *Litavicus cum suis clientibus*. — Nous sommes disposés à croire que la clientèle gauloise est plus ancienne que César ne le dit et a une origine plus lointaine. Ses racines sont peut-être dans le vieux régime du clan. Mais c'est là une conjecture qui, dans l'état actuel de nos connaissances sur l'antiquité gauloise, ne peut pas être démontrée. Nous croyons donc plus prudent de nous en tenir à l'explication de César.

pratiquait. « Le but qu'on y cherche, dit-il, est que l'homme de la plèbe trouve toujours un appui[1]. » Mais il ne s'agit pas ici de cette sorte d'association par laquelle des hommes égaux entre eux se soutiendraient les uns les autres. Il s'agit de l'association du faible avec le fort. Le faible se résigne à obéir; le fort commande autant qu'il protège. Le pouvoir du protecteur est presque sans limites : « Il décide et prononce sur toutes choses[2]. » Il ne semble pas que ce chef fût choisi par tous à la fois, le même jour, par une sorte d'élection collective. C'était chacun individuellement qui se donnait à ce chef. Il est clair que cette sujétion personnelle et volontaire se portait naturellement vers l'homme qui dans le pays jouissait de la plus haute considération, et à qui sa naissance, sa richesse, sa valeur guerrière assuraient l'un des premiers rangs. Comme les faibles se préoccupaient uniquement d'avoir un protecteur, ils s'adressaient à celui qu'ils jugeaient le plus capable de les protéger, c'est-à-dire à l'homme le plus riche ou le plus puissant du canton. En retour, ils se soumettaient à lui. Les protégés étaient des clients, c'est-à-dire des sujets. Une sorte de contrat était conclu entre eux et lui. Ils lui devaient autant d'obéissance qu'ils recevaient de protection. Ils cessaient de lui obéir dès qu'il ne savait plus les défendre[3].

A côté de la subordination volontaire du faible au

---

[1] César, VI, 11 : *Ne quis ex plebe auxilii egeret.*
[2] Ibidem : *Earum factionum principes sunt, quorum ad arbitrium judiciumque summa omnium rerum consiliorumque redeat.* — On sait que *factio*, dans la langue latine du temps, signifiait une association, en bonne ou en mauvaise part.
[3] Cela ressort de cette phrase de César, VI, 11 : *Suos quisque opprimi et circumveniri non patitur, neque, aliter si faciat, ullam inter suos habet auctoritatem.*

fort, il y avait la subordination, volontaire aussi, du soldat à un chef. Tout personnage qui était noble et riche pouvait réunir autour de soi une troupe d'hommes de guerre[1]. Ces hommes n'étaient pas soldats de l'État; ils l'étaient de leur chef. Ils ne combattaient pas pour la patrie, mais pour sa personne. Ils ne recevaient d'ordres que de lui. Ils le soutenaient dans toutes ses entreprises et contre tous ses ennemis. Ils vivaient avec lui, partageaient sa bonne et sa mauvaise fortune. Le lien qui les unissait à lui était formé par un serment religieux d'une étrange puissance : ils lui étaient « voués[2] ». Aussi ne leur était-il jamais permis de l'abandonner. Ils sacrifiaient leur vie pour sauver la sienne. S'il mourait, leur serment leur interdisait de lui survivre[3]. Ils devaient mourir sur son corps, ou, comme ses esclaves, se laisser brûler sur son bûcher[4].

La puissance d'un chef gaulois se mesurait au nombre d'hommes qu'il attachait ainsi à sa personne. « Celui-là est le plus grand parmi eux, dit Polybe, qui compte le plus de serviteurs et de guerriers à sa suite[5]. » « Ils se font sans cesse la guerre entre eux, dit César, et chacun d'eux s'entoure d'une troupe d'ambacts et de

---

[1] Diodore, V, 29 : Ἐπάγονται καὶ θεράποντας ἐλευθέρους, ἐκ τῶν πενήτων καταλέγοντες, οἷς παρασπισταῖς χρῶνται κατὰ τὰς μάχας.

[2] César, III, 22 : *Cum devotis quos illi soldurios appellant, quorum hæc est conditio uti omnibus in vita commodis una cum iis fruantur quorum se amicitiæ dediderint.* — Valère Maxime, II, 6 : *Pro cujus salute spiritum devoverant.*

[3] César, III, 22 : *Eumdem casum una ferant, aut sibi mortem consciscant... Neque adhuc repertus est quisquam qui, eo interfecto cujus se amicitiæ devovisset, mori recusaret.* — Valère Maxime, II, 6 : *Nefas esse ducebant prœlio superesse quum is occidisset.*

[4] Idem, VI, 19 : *Clientes, funeribus confectis, una (cum patrono) cremabantur.* — Toutefois ce dernier usage n'existait plus au temps de César.

[5] Polybe, II, 17.

clients dont le nombre s'accroît avec sa richesse; ils ne connaissent pas d'autre moyen de puissance¹. »
« Les grands emploient leurs richesses à soudoyer des hommes; ils entretiennent et nourrissent auprès d'eux des troupes nombreuses de cavaliers². »

Plusieurs de ces personnages figurent dans le livre de César. C'est d'abord le riche et noble Helvète Orgétorix, qui un jour « rassemble les 10 000 serviteurs qui composent sa maison, sans compter un nombre incalculable de clients³ ». C'est ensuite l'Éduen Dumnorix, fort riche aussi, et qui tient à sa solde une troupe de cavalerie⁴. C'est l'Aquitain Adiatun, qui ne compte pas moins de 600 « dévoués » autour de sa personne⁵. C'est Luctérius, qui tient une ville entière « dans sa clientèle⁶ ». C'est encore Vercingétorix, qui dès son début peut avec ses seuls clients se faire une armée⁷.

On conçoit aisément combien cette institution de la clientèle était contraire aux institutions régulières de l'État, et combien elle y portait de trouble. Des hommes si puissants étaient rarement des citoyens soumis. Ils pouvaient, comme Orgétorix, se soustraire à la justice

---

¹ César, VI, 15 : *Eorum ut quisque est genere copiisque amplissimus, ita plurimos circum se ambactos clientesque habet; hanc unam gratiam potentiamque noverunt.*

² Idem, II, 1 : *Potentiores atque ii qui ad conducendos homines facultates habebant.* — I, 18 : *Magnum numerum equitatus suo sumplu semper alere et circum se habere.*

³ Idem, I, 4 : *Omnem suam familiam, ad hominum millia decem, undique coegit, et omnes clientes obæratosque suos, quorum magnum numerum habebat, eodem conduxit.*

⁴ Idem, I, 18.

⁵ Idem, III, 22.

⁶ Idem, VIII, 32 : *Oppidum Uxellodunum quod in clientela fuerat ejus.*

⁷ Idem, VII, 4 : *Vercingetorix summæ potentiæ adulescens, convocatis suis clientibus,... ad arma concurritur.*

publique et se mettre au-dessus des lois, ou bien, comme Vercingétorix, expulser un sénat par la violence et s'emparer du pouvoir¹. Les lois et les magistrats élus avaient moins de force que ces puissants seigneurs que suivaient avec un dévouement illimité des milliers de serviteurs et de soldats. Chacun d'eux était une sorte de souverain au milieu de la République. Les Éduens avouèrent un jour à César que leur sénat et leurs magistrats étaient tenus dans l'impuissance par la volonté du seul Dumnorix². S'il se rencontrait chez un même peuple deux chefs ayant une égale clientèle, c'était la guerre civile³. S'il ne s'en trouvait qu'un, il dépendait de lui de renverser la république et d'établir la monarchie⁴.

CHAPITRE V

D'un parti démocratique chez les Gaulois.

Il semble qu'il y ait une contradiction dans le livre de César. Dans le chapitre où il présente la théorie générale des institutions de la Gaule, il affirme que le gouvernement était partout aristocratique, que les druides et les chevaliers étaient seuls comptés pour quelque

---

¹ César, I, 4; VII, 4.
² Idem, I, 17 : *Privatim plus possunt quam ipsi magistratus.*
³ Ainsi, le peuple des Éduens est partagé, à un certain moment, entre Cotus et Convictolitavis : *Divisum populum, suas cujusque eorum clientelas, ut pars cum parte civitatis confligat,* VII, 32.
⁴ Exemples : Orgétorix (César, I, 3); Dumnorix (I, 18); Vercingétorix (VII, 4).

chose, et que la plèbe, presque esclave, n'avait aucune part aux affaires publiques. Mais dans les chapitres où il raconte les événements, il laisse voir que cette plèbe avait quelque importance, car les ambitieux la courtisaient[1]. Plusieurs fois il la montre imposant sa volonté ou contrecarrant celle des magistrats[2]. Elle s'agitait[3], elle intervenait dans les affaires, elle décidait des plus graves intérêts[4]. Elle était toujours assez forte pour troubler l'État, et quelquefois assez pour y régner[5].

Comment cette classe avait-elle pris naissance? Comment avait-elle grandi? L'historien ne nous l'apprend pas. Il est possible que les druides, en rivalité avec les nobles, lui aient prêté leur appui. On peut croire aussi que les divisions des nobles entre eux lui furent favorables.

Nous n'avons aucun renseignement qui nous indique quelle était la nature de ses désirs ou de ses exigences. Poursuivait-elle la conquête des droits politiques ou seulement celle des droits civils qui lui manquaient encore? Voulait-elle prendre part au gouvernement, ou prendre part à la richesse et à la possession du sol?

---

[1] César, I, 3 : *Dumnorix maxime plebi acceptus erat.* — I, 18 : *Dumnorigem magna apud plebem propter liberalitatem gratia, cupidum rerum novarum.* — VIII, 21 : *Correus, concitator multitudinis.*

[2] Idem, I, 17 : *Esse nonnullos quorum auctoritas apud plebem plurimum valeat, qui privatim plus possint quam magistratus; hos multitudinem deterrere ne frumentum conferant.*

[3] Idem, VII, 13 : *Plebem concitatam.* — VII, 42 : *Plebem ad furorem impellit.*

[4] Idem, V, 3 : *Ne nobilitatis discessu plebs propter imprudentiam laberetur.* — VII, 28 : *Ne qua in castris misericordia vulgi seditio oriretur.* — VII, 43 : *Propter inscientiam levitatemque vulgi.* — Chez les Bellovaques, nous voyons que, tant que vécut Corréus, *concitator multitudinis, nunquam senatus tantum potuit quantum imperita plebs* (VIII, 21).

[5] César montre les *Eburovices* et les *Lexovii* massacrant leur sénat (III, 17).

L'historien ne le dit pas. Il y a pourtant une observation qu'on peut faire. D'une part, César ne lui attribue jamais l'expression d'un principe ou d'une théorie politique, et il ne la montre jamais non plus réunie en comices populaires. D'autre part, il la montre presque toujours s'attachant à un chef puissant, recevant ses instructions, obéissant à ses ordres, n'agissant que pour lui et en son nom, et le portant enfin très volontiers au pouvoir suprême.

Entre les instincts de cette plèbe et l'ambition de ceux qui voulaient régner, il y avait un lien étroit. Luern était devenu roi des Arvernes en captant la faveur de la foule par des distributions d'argent[1]. Dumnorix, qui visait à s'emparer de la royauté chez les Éduens, était cher à la plèbe[2]. Vercingétorix, avant de se faire nommer roi, commença par chasser le sénat de sa cité avec une armée « qu'il avait levée parmi les prolétaires et les gens sans aveu[3] ». C'était chez les Trévires et les Éburons que le parti populaire était le plus fort; l'un de ces peuples avait des rois, l'autre avait une sorte de dictature à laquelle il ne manquait que le nom de royauté[4]. César marque bien le caractère de ces petites

---

[1] Posidonius, dans Athénée, IV, 37 : Τὸν Λουερνὸν δημαγωγοῦντα τοὺς ὄχλους, σπείρειν χρυσὸν ταῖς ἀκολουθούσαις τῶν Κελτῶν μυριάσι.

[2] La grande popularité et la grande ambition de Dumnorix sont également marquées ici : César, I, 17 et 18 : *Dumnorigem magna apud plebem gratia, cupidum rerum novarum,... facultates ad largiendum magnas comparasse.* — I, 3 : *Dumnorigi persuadet ut idem conaretur (id est, ut regnum occuparet)... regno occupato.* — V, 5 et 6 : *Hunc (Dumnorigem) cupidum rerum novarum, cupidum imperii cognoverat.... Dumnorix dixerat sibi a Cæsare regnum civitatis deferri.*

[3] César, VII, 4 : *A Gobannitione reliquisque principibus expellitur ex oppido Gergovia.... In agris habet delectum egentium ac perditorum.... Adversarios suos a quibus paulo ante erat ejectus, expellit ex civitate. Rex ab suis appellatur.*

[4] Idem, V. 3; V, 24-27.

royautés démocratiques lorsqu'il met dans la bouche d'un de ces rois cette parole : « Telle est la nature de mon autorité, que la multitude a autant de droits sur moi que j'en ai sur elle[1]. » On ne doit reconnaître là ni la liberté régulière ni la vraie monarchie; il s'agit de cette sorte de régime dans lequel la classe inférieure, souveraine maîtresse, délègue toute sa force à un monarque de son choix, qu'elle peut aussi renverser à son gré et qu'elle brise aussitôt qu'elle le voit s'écarter de ses volontés.

La société gauloise, au moment où César l'a connue, était une société très agitée. Elle possédait, à la vérité, un régime légal et régulier qui était ordinairement la République aristocratique sous la direction d'une classe habituée au commandement. Mais à travers ce régime légal se dressait, d'une part, la clientèle qui créait dans chaque État quelques hommes plus puissants que l'État, et d'autre part un parti démocratique qui, s'attachant à ceux des grands qui le flattaient, travaillait à fonder la monarchie ou la dictature populaire[2].

Dans le continuel conflit de ces partis ou de ces ambitions, aucune institution n'était solide, aucun gouvernement n'était assuré[3]. Si l'on observe le détail des événements que César raconte, et si l'on cherche à démêler les pensées des hommes qui y prenaient part, on s'aperçoit que la question qui divisait le plus la Gaule, à cette époque, était celle de la démocratie. La plus grande partie de l'attention des hommes était portée de ce côté. Il semble bien que, dans cette géné-

---

[1] César, V, 27. [Cf. p. 13.]
[2] Idem, VI, 11 : *Omnes civitates in partes divisæ sunt duas.*
[3] [Cf. p. 41, n. 5.]

ration, le travail, la religion, le progrès matériel ou moral, la grandeur même du pays et son indépendance étaient choses qui préoccupaient peu les esprits. La plupart des désirs, des efforts, des sentiments de l'âme, étaient tendus vers le triomphe du parti. Les luttes politiques remplissaient l'existence des hommes et la troublaient.

CHAPITRE VI

Comment la Gaule fut conquise par César [1].

« De toutes les guerres que Rome entreprit, aucune ne fut plus courte que celle qu'elle fit contre les Gaulois. » C'est Tacite qui fait cette remarque [2]. L'Italie, en

---

[1] Nous ne raconterons pas les premières conquêtes des Romains en Gaule, celles qui eurent lieu de 125 à 122 avant notre ère et qui eurent pour effet la soumission de la province appelée depuis Narbonnaise. Les principales sources pour qui voudrait étudier ce sujet sont : 1° l'*Epitome* de Tite Live, liv. 61 ; 2° les *Acta triumphalia capitolina*, qui rapportent les triomphes de Sextius Calvinus sur les Ligures, les Voconces et les Sallyes, de Q. Fabius Maximus sur les Allobroges et les Arvernes, celui de Domitius Ahénobarbus sur les Arvernes ; *Corpus inscriptionum latinarum*, I, p. 460 ; 3° Strabon, IV, 1-2 ; 4° Florus, I, 37. — Ammien Marcellin, XV, 12, résume ainsi les faits : *Hæ regiones paulatim levi sudore sub imperium venere romanum, primo tentatæ per Fulvium, deinde prœliis parvis quassatæ per Sextium, ad ultimum per Fabium Maximum domitæ.* — Florus explique la facilité de cette conquête : contre les Sallyes, Rome eut l'appui de Massilia ; contre les Allobroges et les Arvernes, elle eut les Éduens. — Rappelons que les Romains fondèrent *Aquæ Sextiæ* en 122 (Tite Live, *Epitome*, 61 ; Strabon, IV, 1), et *Narbo Martius* en 118 (Velléius, I, 15 ; Cicéron, *Pro Fonteio*, 4 ; *Pro Cluentio*, 51.

[2] Tacite, *Annales*, XI, 24 : *Si cuncta bella recenseas, nullum breviore spatio quam adversus Gallos confectum.* — Tacite met ces paroles dans la bouche de l'empereur Claude ; mais Claude, dont le vrai discours nous a été conservé, s'exprimait autrement : *Gallia Comata, in qua, si quis*

effet, et l'Espagne luttèrent pendant plusieurs générations d'hommes; pour soumettre Carthage et même la Grèce, Rome dut faire des prodiges d'énergie ou d'habileté. La Gaule fut conquise en cinq campagnes[1].

On se tromperait beaucoup si l'on se figurait que Rome eût employé toutes ses forces à cette conquête. La vérité est qu'elle ne s'en occupa même pas. Le jour où le sénat conféra à César ce qu'on appelait la province de Gaule citérieure et ultérieure, c'est-à-dire le gouvernement de la Cisalpine et de la Narbonnaise, personne, pas même César, ne pensait à cette guerre. La Province contenait quatre légions, jugées nécessaires à sa défense[2]. Le sénat n'ajouta pas un soldat de plus pour conquérir la Gaule. Rome ne fournit jamais à César ni une légion ni aucune somme d'argent[3]. César

intuetur quod bello per decem annos exercuerunt divum Julium, idem opponat centum annorum immobilem fidem.

[1] On compte ordinairement huit campagnes, et il est très vrai que César est resté huit années en Gaule. Mais il faut déduire, visiblement, la première année (an 58 av. J.-C.), où il n'a fait que repousser la migration des Helvètes et a délivré la Gaule du Germain Arioviste; cette année ne doit certainement pas compter pour une campagne contre les Gaulois. On peut déduire aussi la quatrième et la cinquième année, où il a combattu les Germains et les habitants de l'île de Bretagne. Les seules campagnes où il ait réellement fait la guerre aux Gaulois sont : celle de 57 av. J.-C., où il a surtout combattu les Belges, celle de 56, où il a soumis les Vénètes et les Aquitains, celle de 53, où il a vaincu les Trévires et les Éburons, celle de 52, où il a eu affaire à Vercingétorix, et enfin celle de 51, où il a écrasé les Bellovaques, les Trévires et les Cadurques.

[2] Appien, *Guerres civiles*, II, 13; Dion Cassius, XXXVIII, 8. De ces quatre légions, une était en Narbonnaise, trois en Cisalpine, celles-ci cantonnées près de l'Adriatique, *quæ circum Aquileiam hiemabant*, César, I, 10. — M. Desjardins (t. II, p. 355) dit que le sénat lui donna sept légions, mais c'est qu'il préfère un texte d'Orose (VI, 7) à ceux d'Appius et de Dion Cassius. D'ailleurs, si l'on rapproche les chapitres 8 et 10 du livre Ier de César, on voit bien que le sénat ne lui a donné que quatre légions, puisque, après en avoir levé lui-même deux nouvelles, il n'en a encore que six.

[3] Dion Cassius, XLIV, 42 : Μήτε δύναμιν ἀξιόχρεων μήτε χρήματα αὐτάρκη παρ' ἡμῶν λαβών.

fit la guerre de sa seule volonté, à ses frais, et avec ses seules ressources de gouverneur d'une province.

Quelles furent ses forces militaires? Au début, le jour où il se trouva en présence de 200 000 Helvètes, il avait si peu songé à la guerre, qu'il ne disposait que d'une seule légion[1]. Il fit venir à marches forcées ses trois légions de Cisalpine et en leva deux autres en toute hâte[2]. C'est avec ces six légions qu'il arrêta les Helvètes et vainquit Arioviste. L'année suivante, il leva deux légions nouvelles, puis trois autres quatre ans après[3]. Il n'eut jamais plus de dix légions à la fois[4]. Il ne dit nulle part combien elles comptaient de soldats. A les supposer tout à fait complètes, et leurs auxiliaires également au complet, cela ferait 120 000 hommes. Si on les suppose quelque peu incomplètes, si l'on défalque les morts, les malades, les non-valeurs, les hommes employés aux convois ou à quelque garnison, on jugera que César n'a jamais eu plus de 80 000 combattants.

Que la Gaule ait été conquise depuis les Pyrénées jusqu'au Rhin, cela ne s'explique pas par les seuls talents militaires de César. La supériorité de la civili-

---

[1] César, I, 7 : *Erat omnino in Gallia ulteriore* (la Narbonnaise) *legio una.* — I, 8 : *Interea ea legione quam secum habebat.*

[2] Idem, I, 10 : *Ipse in Italiam* (c'est-à-dire en Cisalpine) *magnis itineribus contendit, duasque ibi legiones conscribit, et tres quæ circum Aquileiam hiemabant ex hibernis educit.*

[3] Idem, II, 2 ; VI, 1 ; VI, 32.

[4] Il a six légions dans la campagne de 58 (I, 10 et I, 49) ; il en a huit dans celles de 57-54 (II, 8 ; II, 19 ; V, 8) ; il en a dix dans celles de 53 et 52 (VI, 44 ; VII, 34 ; VII, 90). — L'énumération des légions dont il donne les numéros en différents endroits de son livre, en y comprenant les deux que lui avaient prêtées Pompée, donne un total de onze ; mais il faut croire ou que l'une d'elles avait été licenciée, ou que l'une d'elles était restée dans la Province. Jamais on ne lui en voit plus de dix.

sation de Rome et de sa discipline a eu sans doute plus de part à ces grands succès que le génie d'un homme, et cependant cette explication est encore insuffisante. Ce qui rend compte de la conquête de la Gaule, c'est l'état intérieur de la Gaule.

Ne jugeons pas ces événements avec nos idées d'aujourd'hui. Transportons-nous au milieu de ce pays et de cette époque. Observons d'abord comment les Gaulois envisagèrent la conquête, sous quelle forme elle se présenta à leur esprit, quels furent leurs sentiments et le cours de leurs pensées en présence du conquérant.

Ils ne virent pas d'abord dans les Romains des ennemis; les légions entrèrent en Gaule en auxiliaires. Le pays était menacé dans sa sécurité par un déplacement des Helvètes. Contre ce danger il demanda l'appui du proconsul romain qui commandait dans la province voisine[1]. Les Helvètes vaincus, les députés de presque toute la Gaule vinrent féliciter César : « Nous comprenons bien, lui dirent-ils, que vous avez agi dans l'intérêt de la Gaule autant que dans l'intérêt de Rome[2]. »

Débarrassés des Helvètes, les Gaulois retinrent encore César et ses légions. Les députés des différents États le supplièrent, « se jetant à ses pieds, les larmes aux yeux », de ne pas les abandonner[3]. Ils l'instruisirent

---

[1] César, I, 11 : *Ædui legatos ad Cæsarem mittunt rogatum auxilium (contra Helvetios)*. Suivant Dion Cassius, XXXVIII, 32, les Séquanes auraient joint leur demande à celle des Éduens. César était alors en Narbonnaise et il ne paraît pas que, jusqu'à ce moment, il eût pensé à autre chose qu'à empêcher les Helvètes de passer par la Province romaine.

[2] Idem, I, 30 : *Bello Helvetiorum confecto, totius fere Galliæ legati ad Cæsarem convenerunt : intelligere sese (dicebant) eam rem non minus ex usu terræ Galliæ quam populi romani accidisse.* [Cf. p. 4.]

[3] Idem, I, 31 : *Eo concilio dimisso, principes civitatum ad Cæsarem*

alors des divisions et des embarras intérieurs de leur malheureux pays. Quelques années auparavant, deux ligues s'étaient fait la guerre, et l'une d'elles avait appelé les Germains à son aide[1]. Les Suèves d'Arioviste, appelés et sollicités par un parti, avaient donc franchi le Rhin[2]. Ces barbares « avaient pris goût au sol fertile et à la richesse des Gaulois[3] » ; de jour en jour plus nombreux, ils avaient impartialement rançonné leurs adversaires et leurs alliés. Arioviste occupait en maître le bassin de la Saône, et les Gaulois étaient trop divisés pour pouvoir le repousser. « Si César ne les délivrait pas de cette intolérable domination, il ne leur resterait plus, disaient-ils, qu'à quitter eux-mêmes la Gaule et à chercher, loin des Germains, une autre patrie et d'autres terres[4]. »

César fit ce qu'on lui demandait de faire : il vainquit Arioviste, refoula les bandes germaines au delà du Rhin et affranchit la Gaule d'un maître étranger[5]. La Gaule ressaisit-elle une indépendance déjà perdue ? A la domination d'Arioviste succéda naturellement celle de César. Il ne semble pas que cela ait soulevé, d'abord, aucune protestation. Il ressort même du récit de César

---

reverterunt, petieruntque uti de sua omniumque salute cum eo agere liceret. Sese omnes flentes Cæsari ad pedes projecerunt. — I, 32 : *Magno fletu auxilium a Cæsare petere cœperunt.*

[1] César, I, 31 : *Galliæ totius factiones esse duas,... factum esse uti ab Arvernis Sequanisque Germani mercede arcesserentur.*

[2] Idem, I, 44 : *Ariovistum transisse Rhenum, non sua sponte, sed arcessitum a Gallis... Non nisi rogatus venit.*

[3] Idem, I, 31 : *Quum agros et cultum et copias Gallorum homines feri ac barbari adamassent.*

[4] Idem, I, 31 : *Nisi si quid in Cæsare populoque romano sit auxilii,... domo emigrent, aliud domicilium, alias sedes, remotas a Germanis, petant.*

Il n'est pas douteux qu'Arioviste ne se regardât comme un maître :

qu'à ce premier moment la Gaule lui obéit déjà, sans qu'il lui eût fallu la conquérir.

Les Gaulois ne voyaient pas dans César et dans les Romains les ennemis de leur race. Le sentiment de la diversité de race était alors un sentiment vague, qui ne mettait dans le cœur des hommes ni amour ni haine. Regardons quelle est la composition de l'armée de César et cherchons, s'il est possible, quel sang coulait dans les veines de ses soldats : nous y trouvons beaucoup moins de Romains que de Gaulois. Les six légions qu'il a levées en vertu de son pouvoir proconsulaire, il n'a pu les lever que dans sa province, c'est-à-dire dans la Gaule cisalpine et dans la Gaule narbonnaise[1]. Toutes les cohortes auxiliaires, qui doublaient ses légions, lui vinrent des mêmes pays. Il a lui-même conservé le souvenir de deux chefs allobroges, « qui lui avaient rendu les plus grands services dans les guerres

---

In sua Gallia (César, I, 34); *provinciam suam hanc esse Galliam* (I, 44).

[1] César le dit lui-même, I, 10 : *Ipse in Italiam contendit, duasque ibi legiones conscribit.* Ici, *in Italiam* doit s'entendre de la Cisalpine (comme II, 35; V, 1; VI, 44), car il n'avait pas le droit de sortir de sa province et l'on sait bien qu'il n'en sortit pas ; d'ailleurs, un peu plus loin, I, 24, il parle de ces mêmes légions : *Duas legiones quas in Gallia citeriore proxime conscripserat.* — Les deux qu'il leva l'année suivante furent aussi composées de Cisalpins : *Duas legiones in Gallia citeriore novas conscripsit* (II, 2). De même encore en 54 : *Unam legionem quam proxime trans Padum conscripserat* (V, 24). Notez même que les deux légions que Pompée lui prêta en 53 étaient composées de Cisalpins : *Quos ex Cisalpina Gallia sacramento rogavisset* (VI, 1). De même encore en 52, il fait une levée « dans sa province », *delectum tota provincia habuit* (VII, 1); cf. VIII, 54 : *Legionem confectam ex delectu provinciæ Cæsaris.* — La Narbonnaise lui fournit beaucoup de soldats. I, 8 : *Militibus qui ex Provincia convenerant.* III, 20 : *Multis viris fortibus Tolosa et Narbone... ..... his regionibus nominatim evocatis.* VII, 1 : *Delectum tota Provincia habere instituit.* VII, 15 : *Præsidia cohortium duo et viginti ex ipsa coacta provincia.* — La Province lui fournit aussi des marins pour combattre les Vénètes (III, 9).

de la Gaule¹ ». Son lieutenant Hirtius reconnaît expressément qu'il a soutenu la guerre grâce aux troupes auxiliaires que lui fournissait sa province². Même la Gaule proprement dite, ce pays qu'il conquérait, lui fournit beaucoup de soldats et surtout de cavaliers. Nous voyons dans son armée des troupes de Trévires, d'Atrébates, de Sénons, d'Éduens³. C'est avec la cavalerie gauloise qu'il fit la guerre aux Germains; dans son expédition de Bretagne il emmena 4000 cavaliers gaulois⁴. Les peuples des Pictons et des Santons lui fournirent des vaisseaux⁵. A un moment, les Éduens lui donnèrent toute leur cavalerie et 10 000 fantassins⁶.

Les Gaulois n'étaient pas non plus une nation; ils n'avaient pas plus l'unité politique que l'unité de race. Ils ne possédaient pas un système d'institutions et de mœurs publiques qui fût de nature à former d'eux un seul corps. Ils étaient environ soixante peuples que n'unissait ni un lien fédéral, ni une autorité supérieure, ni même l'idée nettement conçue d'une commune patrie. La seule espèce de patriotisme qu'ils pussent connaître était l'amour du petit État dont chacun d'eux faisait partie. Or ce patriotisme local, qui était en même temps la haine du voisin, pouvait quelquefois conseiller l'alliance avec l'étranger. Depuis près d'un siècle, les

---

¹ César, *De bello civili*, III, 59 : *Allobroges duo fratres, quorum opera Cæsar omnibus gallicis bellis optima fortissimaque erat usus.*

² César (Hirtius), VIII, 47 : *(Bellum) sustinuit fidelitate atque auxiliis provinciæ illius.*

³ César, II, 24 : *Equites Treveri qui auxilii causa ab civitate ad Cæsarem missi venerant.* De même les Sénons, VI, 5, et les Atrébates, VI, 6. — Ailleurs nous le voyons fixer aux cités le contingent de cavalerie qu'elles doivent fournir, *equites imperat civitatibus*, VI, 4.

⁴ Idem, IV, 6; V, 5.

⁵ Idem, III, 11.

⁶ Idem, VII, 34, 37-40; cf. II, 5 et 10; VIII, 5.

Éduens étaient les alliés de Rome, tandis que les Arvernes et les Séquanes appelaient les Germains[1].

Dans l'intérieur même de chaque peuple, les esprits étaient divisés. D'un côté était un parti composé des classes élevées, qui avait une prédilection pour les institutions républicaines et s'efforçait de les conserver. De l'autre, un parti populaire faisait ordinairement cause commune avec les puissants chefs de clientèle et joignait ses efforts aux leurs pour établir une sorte de monarchie. Ces discordes tenaient une grande place dans toutes les existences[2]; les intérêts, les convoitises, les ambitions, les dévouements s'attachaient au parti plus qu'à la patrie. Il n'est pas douteux que chaque homme n'envisageât l'intervention de l'étranger suivant le bien ou le mal qu'elle devait faire à sa faction. Il en fut toujours ainsi dans toute société divisée en elle-même.

On voit en effet, dans les récits de César, que le général romain trouva dès le premier jour des alliés en Gaule. Jamais il ne cessa d'en avoir. Plusieurs peuples lui restèrent constamment attachés; ainsi les Rèmes, les Lingons, et, sauf un court moment, les Éduens[3].

Même chez les peuples qui luttèrent le plus contre César, il y eut toujours quelques personnages qui lui furent obstinément attachés. On peut citer l'Arverne

---

[1] Strabon, IV, 3, 2 : Ἀιδοῦοι συγγενεῖς Ῥωμαίων ὠνομάζοντο καὶ προσῆλθον πρὸς φιλίαν. Σηκοανοὶ δὲ πρὸς Γερμάνους προσεχώρουν πολλάκις, κοινωνοῦντες αὐτοῖς.

[2] César, VI, 11 : *Pœne in singulis domibus factiones sunt.*

[3] Pour les Rèmes, César, VII, 63; VIII, 6-12; pour les Lingons, VII, 63; VIII, 11; pour les Éduens, ils furent toujours fidèles jusqu'au moment où leur vergobret Convictolitavis reçut de l'argent de Vercingétorix pour abandonner César; VII, 37 : *Sollicitatus ab Arvernis pecunia*; leur défection ne dura que quelques semaines.

Épasnact, le Picton Duratius, le Nervien Vertico, le Trévire Cingétorix[1]. D'autres commencèrent par s'attacher aux Romains, comme l'Éburon Ambiorix, l'Atrébate Commius, l'Éduen Éporédorix, l'Arverne Vercingétorix, et ne firent la guerre à César qu'après avoir été ses amis[2]. Or l'historien romain ne dit jamais que ces amis de l'étranger fussent des hommes vendus. César n'avait pas la peine de les acheter : leur zèle était spontané. Non seulement il n'a pour eux aucun signe de mépris; mais ce qu'il dit d'eux donne l'idée d'hommes honorables, qui étaient estimés et considérés même de leurs compatriotes. Devons-nous dire que ces hommes fussent des traîtres? Ils le seraient d'après nos idées; ils ne l'étaient pas d'après les leurs. Au moins n'y a-t-il pas ici ce genre de trahison qui fait qu'on livre sciemment sa patrie. Ceux qui combattaient Rome et ceux qui la servaient se croyaient peut-être également patriotes; seulement ils comprenaient d'une manière opposée l'intérêt de la Gaule.

On était pour Rome ou contre Rome suivant la forme de gouvernement qu'on préférait. César indique assez clairement quels sont ses amis et quels sont ses adversaires. Il a toujours contre lui ces hommes qui, « étant assez puissants pour lever des armées à leurs frais, visent à la monarchie, et qui savent bien que l'autorité romaine les empêchera d'atteindre ce but[3] ».

---

[1] César, VIII, 44; V, 45; VI, 8; VIII, 26 : *Duratius, qui perpetuo in amicitia manserat Romanorum.* — VIII, 44 : *Epasnactus Arvernus, amicissimus populo romano.*

[2] Sur Ambiorix, Dion Cassius, XL, 6; sur Commius, IV, 21; sur Éporédorix, César, VII, 39 et 55; sur Vercingétorix, Dion Cassius, XL, 41.

[3] César, II, 1 : *A potentioribus atque iis qui ad conducendos homines facultates habebant, vulgo regna occupabantur, qui minus facile eam rem imperio nostro consequi poterant.* — Il n'y a pas contradiction entre

L'Helvète Orgétorix, l'Éduen Dumnorix[1], l'Éburon Ambiorix, le Trévire Indutiomare, l'Arverne Vercingétorix, en un mot tous les chefs de grandes clientèles et tous ceux qui aspirent à la monarchie, sont toujours contre Rome. Il en est de même de tout le parti que César appelle « la multitude » : soit qu'elle suive l'impulsion de ces chefs, soit qu'elle agisse spontanément, elle se prononce toujours contre les Romains.

Au contraire, les hommes que César appelle les principaux des cités, les hommes honorables, ceux qui composaient presque partout le sénat et qui dirigeaient le gouvernement républicain, étaient naturellement attirés vers l'alliance romaine. Il n'y a rien là qui doive surprendre : Rome apparaissait à ces hommes comme le modèle du régime qui leur semblait le meilleur pour une société et qu'ils voulaient constituer solidement en Gaule; elle était encore à cette époque un État républicain qu'un sénat gouvernait et où les classes élevées avaient une prépondérance incontestée. Rome, qui allait bientôt perdre ce régime pour elle-même, devait pourtant, ainsi que nous le verrons plus loin, travailler à l'établir et à le consolider pour longtemps dans toutes les provinces, et particulièrement dans la Gaule; en sorte que les hommes qui souhaitaient le triomphe du gouvernement municipal et des institutions républicaines dans leur pays, et qui espéraient atteindre ce but à la faveur de la suprématie et de l'hégémonie romaine, ne se trompaient pas tout à fait dans leurs calculs.

---

cette théorie générale de César et quelques cas particuliers où nous le voyons établir un roi chez tel ou tel peuple (V, 25; V, 54).

[1] César, I, 18 : *Dumnorix, magna apud plebem gratia, cupidus rerum novarum,... imperio populi romani, de regno desperare.* Cf. V, 6 et 7.

Telle était la situation des Gaulois en face de Rome : d'un côté, un parti et des ambitions qui savaient n'avoir rien à espérer d'elle ; de l'autre, un parti qui attendait d'elle son complet triomphe.

Quelques exemples tirés du détail des faits mettront cette vérité en évidence. Dès le début, l'État éduen est gouverné par les classes élevées sous la forme républicaine ; il appelle César. Pourtant César remarque à un certain moment que les Éduens tiennent mal leurs promesses ; il s'informe, et on lui apprend[1] qu'à ce moment même le parti populaire, sous la conduite d'un chef ambitieux, s'agite dans l'État, paralyse le gouvernement légal et souffle la haine contre Rome. Chez les Trévires il y a aussi deux partis : l'un, qui se compose « des principaux de l'État », des classes élevées, de la noblesse, recherche l'amitié de Rome ; l'autre, qui comprend « la plèbe » avec le puissant chef de bande Indutiomare, est l'ennemi des Romains. Indutiomare l'emporte et, dans une assemblée populaire[2], il fait en même temps condamner à l'exil le chef de la faction adverse et décider la guerre contre Rome. Les hommes des classes élevées sont alors réduits à quitter le pays ; la plèbe et Indutiomare y sont les maîtres[3]. Une victoire de César change la situation ; l'aristocratie revient, reprend le pouvoir et renoue l'alliance avec les Ro-

---

[1] César, I, 17 et 18.

[2] Idem, V, 56 : *In eo concilio (Indutiomarus) Cingetorigem hostem judicat bonaque ejus publicat.* Il s'agit ici d'un *concilium armatum*, c'est-à-dire d'une réunion de tous les guerriers ; cela est fort différent de quelques assemblées que César appelle *comitia*, *populus*, et qui paraissent bien plus aristocratiques. [Cf. plus haut, p. 18.]

[3] Au chapitre 3 du livre V de César, le parti qui est favorable à Rome est désigné par les mots *nobilitas* et *principes*, l'autre parti par celui de *plebs*.

mains[1]. Dans une autre partie de la Gaule, chez les *Lexovii*, le sénat veut garder l'alliance romaine ; mais le parti populaire s'insurge, massacre les sénateurs et commence aussitôt la guerre[2].

Chaque fois qu'un peuple est vaincu, nous voyons « les principaux personnages de ce peuple » se présenter devant César, l'assurer qu'ils ont combattu malgré eux et rejeter la responsabilité de la guerre sur « la multitude ». Cette allégation se renouvelle trop souvent pour qu'elle n'ait pas un fond de vérité ; et César en effet y ajoutait foi[3].

Il y a une parole qui se rencontre souvent dans les *Commentaires* : « Les Gaulois changent aisément de volonté ; ils sont légers et mobiles ; ils aiment les révolutions[4]. » C'est que César avait remarqué qu'une déclaration de guerre était ordinairement précédée d'une révolution intérieure. Le pouvoir se déplaçait incessamment, et l'amitié ou la haine d'une cité dépendait du parti qui régnait.

On peut remarquer encore avec quel mépris César parle des armées gauloises qui lui sont opposées. Il les représente presque toujours comme un ramassis « de vagabonds, de gens sans aveu, de voleurs et de pillards qui préfèrent la guerre et le brigandage au travail[5] ».

---

[1] César, VI, 8.
[2] Idem, III, 17 : *Aulerci Lexoviique, senatu suo interfecto quod auctores belli esse nolebant, portas clauserunt seque cum Viridovice conjunxerunt.*
[3] Idem, II, 13 et 14 ; V, 27 ; VI, 13 ; VII, 43.
[4] Idem, III, 10 : *Omnes Gallos novis rebus studere.* — IV, 5 : *In consiliis capiendis mobiles, novis plerumque rebus student.* — V, 54 : *Tantam voluntatum commutationem.*
[5] César, III, 17 : *Multitudo undique ex Gallia perditorum hominum latronumque quos spes prædandi studiumque bellandi ab agricultura et quotidiano labore revocabat.* — V, 55 : *Indutiomarus copias cogere,*

Or le général romain n'avait aucun intérêt à rabaisser ceux qu'il avait vaincus. Il dit les choses telles qu'il les a vues. Les armées démocratiques de la Gaule lui ont apparu comme une multitude confuse, sans organisation, sans discipline, et qui commandait à ses chefs plus souvent qu'elle ne leur obéissait[1].

Pendant qu'un parti était ouvertement et franchement l'allié des Romains, l'autre ne dissimulait pas sa préférence pour les Germains. On peut remarquer en effet que toutes les fois qu'un peuple gaulois fait la guerre à César, il a commencé par envoyer des députations au delà du Rhin et il a invité les Germains à envahir la Gaule[2].

exsules damnatosque tota Gallia allicere. — VII, 4 : *Habet delectum egentium ac perditorum.* — Hirtius, *De bello gallico*, VIII, 30 : *Collectis perditis hominibus, servis ad libertatem vocatis, exsulibus omnium civitatum accitis, receptis latrociniis.*

[1] César, III, 18 ; VII, 20. — Il y a dans le *De bello civili*, I, 51, un passage sur l'indiscipline ordinaire des armées gauloises; l'auteur parle d'un renfort qu'il avait fait venir de la Gaule : *Venerant eo sagittarii ex Rutenis, equites ex Gallia cum multis carris magnisque impedimentis, ut fert gallica consuetudo; erant præterea cujusque generis hominum millia circiter sex cum servis liberisque; sed nullus ordo, nullum imperium certum, quum suo quisque consilio uteretur.*

[2] *De bello gallico*, III, 11 : *Germani a Belgis arcessiti.* — IV, 6 : *Missas legationes a nonnullis civitatibus ad Germanos, invitatosque eos uti ab Rheno discederent omniaque quæ postulassent ab se fore parata.* — V, 2 : *Germanos transrhenanos sollicitare.* — V, 27 : *Magnam manum Germanorum conductam Rhenum transisse.* — V, 55 : *Treveri et Indutiomarus nullum tempus intermiserunt quin trans Rhenum legatos mitterent, civitates sollicitarent, pecunias pollicerentur.* — VI, 2 : *Germanos sollicitant.* — VI, 8 et 9 : *Germani qui auxilio veniebant.* — Cf. Dion Cassius, XL, 31. — On se tromperait, d'ailleurs, si l'on croyait que ces Germains eussent une haine particulière contre Rome ; c'était la solde ou l'espoir du pillage qui les attirait en Gaule : *Germani mercede arcessebantur*, I, 31 ; *conductam manum*, V, 27 ; *pecuniam polliceri*, VI, 2. Ils n'éprouvaient aucun scrupule à rançonner les Gaulois ; un jour que César avait déclaré qu'il livrait au pillage le territoire des Éburons, il vint une foule de Germains pour prendre part à la curée. — Vercingétorix n'avait pas de Germains dans son armée; César gardait alors

Chacun était ainsi l'allié de l'étranger; entre les deux peuples qui convoitaient la Gaule, chaque Gaulois choisissait. Ce n'est pas que l'amour de l'indépendance ne fût au fond des âmes; mais il était moins fort que les passions et les haines de parti. Il est probable que des deux parts on parlait également de patriotisme; mais le vrai et pur patriotisme est le privilège des sociétés calmes et bien unies.

Ce fut seulement dans la septième année de son proconsulat que César vit la Gaule presque entière se dresser contre lui. Jusque-là les Arvernes avaient été dans son alliance. C'était un des plus puissants peuples de la Gaule; au siècle précédent, ils avaient eu un gouvernement monarchique et ils avaient fait la guerre contre les Romains[1]; vaincus, ils n'avaient pas été assujettis; Rome leur avait seulement enlevé leur royauté et l'avait remplacée par un gouvernement sénatorial. Depuis ce temps ils étaient restés constamment fidèles à l'alliance romaine; César ne les avait jamais vus parmi ses adversaires; leurs principaux citoyens, leurs sénateurs, Vercingétorix lui-même[2], avaient recherché son amitié.

Vercingétorix appartenait à une de ces familles que leur vaste clientèle rendait démesurément puissantes. Son père Celtill avait voulu se faire roi; mais le sénat de Gergovie avait déjoué ses projets et l'avait mis à mort[3]. Lui-même visait à la royauté. Un jour on le

---

avec soin la ligne du Rhin, et c'était lui, à son tour, qui prenait des Germains à sa solde (VII, 13, 60, 67).

[1] Strabon, IV, 2, 3; Appien, *Bellum gallicum*, 12; Tite Live, *Epitome*, 61; César, I, 45; *Corpus inscriptionum latinarum*, t. I, p. 460.

[2] Dion Cassius, XL, 41 : Ἐν φιλίᾳ ποτέ τῷ Καίσαρι ἐγεγόνει.

[3] César, VII, 4 : *Quod regnum appetebat, ab civitate erat interfectus.*

vit réunir ses nombreux clients et s'en faire une armée ; le sénat de sa patrie le frappa d'un arrêt d'expulsion[1]. On put le chasser de Gergovie, mais il n'en fut que plus fort dans la campagne. Il rassembla autour de lui les hommes que César appelle avec dédain des vagabonds et des gens sans aveu, c'est-à-dire les hommes des classes inférieures. A la tête d'une armée ainsi composée, il rentra de force dans la capitale, chassa à leur tour les sénateurs, et se fit proclamer roi[2].

Le changement de gouvernement et la guerre contre Rome étaient, pour ainsi dire, deux choses qui se tenaient et qu'on ne pouvait pas séparer. L'ancien ami de César devint aussitôt son adversaire. Il chercha des alliés ; il en trouva presque partout ; le moment était propice pour une insurrection générale.

Il n'est pas douteux, en effet, que les Gaulois n'eussent un attachement très profond pour la patrie et pour l'indépendance ; mais, pendant six années, cet attachement avait été moins fort que leurs dissensions. Il n'est rien de plus efficace pour terminer les luttes intestines que l'assujettissement. Dès que les Gaulois se sentirent conquis, leurs rivalités se turent, leurs volontés se rapprochèrent. Au contact des étrangers qui mettaient garnison dans les villes, qui imposaient des tributs, qui commençaient à exploiter le pays suivant l'usage romain

---

[1] César, VII, 4 : *Vercingetorix, summæ potentiæ adulescens, cujus pater, quod regnum appetebat, ab civitate erat interfectus, convocatis suis clientibus, facile incendit. Cognito ejus consilio, ad arma concurritur ; prohibetur a Gobannitione reliquisque principibus ;... expellitur ex oppido Gergovia.* [Cf. plus haut, p. 13.]

[2] César, VII, 4 : *Expellitur ex oppido Gergovia.... In agris habet delectum egentium ac perditorum, magnisque coactis copiis adversarios suos a quibus erat ejectus, expellit ex civitate. Rex ab suis appellatur.* — Plutarque donne aussi à Vercingétorix la qualification de βασιλεύς (*Vie de César*, c. 27).

et s'emparaient déjà de tout le commerce¹, le regret, le remords, la honte, la haine, prirent possession des âmes. On avait été divisé dans la résistance, on fut à peu près uni dans la révolte².

César remarqua alors avec quelque surprise « le merveilleux accord des volontés pour ressaisir l'indépendance ». Vercingétorix, déjà roi des Arvernes, se fit accepter comme dictateur suprême par presque tous les peuples de la Gaule³. L'important était de donner l'unité au pays. La Gaule devint une grande monarchie pour lutter contre l'étranger. Comme un monarque absolu, Vercingétorix fixait les contingents militaires des cités et leurs contributions de guerre. Aucun pouvoir ne limitait ni ne contrôlait le sien. Juge suprême en même temps que chef d'État, il avait le droit de vie et de mort sur tous. Sa volonté était celle d'un maître⁴.

L'indépendance nationale fut vaillamment défendue. César rend justice au courage des Gaulois et aux qualités militaires de leur chef; il laisse pourtant voir qu'il était à peu près impossible qu'ils réussissent. On s'aperçoit à plusieurs traits de son récit que la Gaule n'était

---

¹ César, VII, 3; VII, 42.

² On a supposé que le clergé druidique avait à ce moment prêché la guerre sainte. La chose est possible; toutefois, ni César ni aucun écrivain n'en parlent. César n'indique nulle part que les druides lui fussent particulièrement hostiles. Que le signal de l'insurrection soit parti du pays des Carnutes, cela ne prouve pas que ce signal ait été donné par les druides. Le serment prêté sur les enseignes militaires, suivant un usage commun à beaucoup d'anciens peuples, ne suppose pas l'intervention du clergé. [Cf. plus haut, p. 31.]

³ César, VII, 4 : *Omnium consensu ad eum defertur imperium*. Plus tard cette dictature lui fut renouvelée par une assemblée un peu tumultuaire; César raconte comment il y fit intervenir inopinément la multitude. Il y avait apparemment un parti aristocratique qui eût désiré un autre chef (César, VII, 63).

⁴ Idem, VII, 4.

pas aussi unanime qu'elle semblait l'être. Plusieurs peuples, tels que les Rèmes et les Lingons, restaient attachés à l'alliance romaine. Ni les Trévires ni les Bellovaques ne voulurent se joindre à Vercingétorix ; aucun des peuples de l'Aquitaine ne figura dans son armée. Les Éduens envoyèrent d'abord leur contingent à César, et, lorsqu'ils se ravisèrent, « ils n'obéirent qu'à contre-cœur aux ordres du chef arverne[1] ». Chaque peuple gardait ses jalousies.

Une autre cause de division et de faiblesse perçait sous les dehors de l'union. La monarchie démocratique de Vercingétorix soulevait des scrupules et des haines dans beaucoup d'âmes gauloises. Cet homme comptait si peu sur une obéissance volontaire, qu'il exigeait que tous les États gaulois lui livrassent des otages[2]. Il ne régnait qu'à force de se faire craindre. Il prodiguait les supplices. La désobéissance à ses ordres était punie de mort ; la tiédeur et l'hésitation étaient des crimes capitaux ; partout se dressaient des bûchers et des instruments de torture ; un régime de terreur planait sur la Gaule[3].

---

[1] César, racontant l'assemblée générale de Bibracte, ajoute : *Ab hoc concilio Remi, Lingones, Treveri abfuerunt, illi quod amicitiam Romanorum sequebantur, Treveri quod aberant longius* (VII, 63). Quant aux Bellovaques, ils voulaient bien faire la guerre à César, mais seuls et pour leur propre compte, *se suo nomine atque arbitrio cum Romanis bellum gesturos dicebant neque cujusquam imperio obtemperaturos* (VII, 75). Aucun peuple aquitain n'est nommé dans la liste des confédérés (VII, 75). Quant aux Éduens, on peut voir leurs hésitations et leurs intrigues (VII, 37 à 75), jusqu'à ce que *inviti Vercingetorigi parent* (VII, 63).

[2] César, VII, 4 : *Omnibus civitatibus obsides imperat.*

[3] Idem, VII, 4 et 5 : *Summæ diligentiæ summam imperii severitatem addit ; magnitudine supplicii dubitantes cogit ; majore commisso delicto, igni atque omnibus tormentis necat ; leviore de causa, auribus desectis aut singulis effossis oculis, domum remittit ut magnitudine pœnæ perterreant alios. His suppliciis coacto exercitu....*

Ces faits montrent assez clairement que l'union des cœurs n'était pas complète. Beaucoup d'hommes redoutaient également la victoire de Vercingétorix et sa défaite. L'indépendance nationale n'était pas l'unique objet des préoccupations; on ne voulait pas de la conquête romaine, mais on sentait qu'il existait un autre danger que cette conquête. La monarchie à l'intérieur était aussi odieuse à certaines âmes que la domination de l'étranger, et l'on n'était pas sans inquiétude sur ce que deviendrait la Gaule au lendemain de la délivrance. Les partis avaient fait trêve pour lutter contre l'étranger, mais sous cette trêve ils vivaient encore et conservaient leurs désirs et leurs craintes, leurs passions et leurs rancunes.

Vercingétorix, roi et dictateur, était entouré de toutes les difficultés qui assiègent d'ordinaire les monarques que la démocratie a portés au pouvoir. D'une part, il avait à contenir par des supplices le parti adverse; d'autre part, il avait à tenir tête aux exigences du sien. Soupçonneux à l'égard de ses adversaires, il était soupçonné par ses partisans. Cette même foule qui l'avait fait roi, dès son premier échec l'accusa de trahison : « S'il avait été battu, disait-elle, c'est qu'il s'entendait avec César; il ne visait qu'à être roi, et sans doute il aimait mieux l'être par la volonté de César que par celle de ses compatriotes[1]. » De tels discours montrent à quel point les longues divisions politiques des Gaulois avaient troublé leurs esprits. Dans un pareil état d'âme, vaincre était impossible. Il manquait à Vercingétorix ce qui est la condition du succès dans les grandes guerres : il lui

---

[1] César, VII, 20 : *Vercingetorix, quum ad suos redisset, proditionis insimulatus quod castra propius Romanos movisset.... « Regnum Galliæ malle Cæsaris concessu quam ipsorum habere beneficio. »*

manquait de commander à une nation sans partis. Les divisions qui existent dans une société se reproduisent toujours de quelque façon dans les armées. Elles se traduisent dans l'âme de chaque soldat par l'indécision, l'indiscipline, le doute, la défiance, tout ce qui paralyse le courage ou le rend inutile. Vercingétorix put bien rassembler une armée nombreuse; mais quelles que fussent son énergie, son habileté, sa valeur personnelle, il ne paraît pas qu'il ait réussi à donner à cette armée l'organisation et la cohésion qui eussent été nécessaires en face des légions romaines. Pendant que les troupes de César lui obéissaient sans jamais murmurer ni douter de lui et que, non contentes d'être braves aux jours de bataille, elles savaient accomplir d'immenses travaux et endurer la faim « sans qu'on entendît sortir de leur bouche un seul mot qui fût indigne de la grandeur romaine[1] », le roi gaulois était réduit à haranguer ses soldats, à leur rendre compte de ses actes, à leur prouver péniblement qu'il ne les trahissait pas[2]. Les légions de César montrèrent durant huit années de suite « ce que pouvait la discipline de l'État romain[3] »; les grandes armées gauloises montrèrent le peu que peuvent les plus brillantes qualités pour sauver un pays quand la discipline sociale et la discipline militaire font défaut. Si le nombre des hommes et leur courage avaient suffi pour être vainqueur, Vercingétorix l'aurait été. Vaincu, il tomba en homme de cœur[4].

Avec lui, la Gaule perdit le peu d'unité qu'il avait pu lui donner; les résistances partielles se prolongèrent

---

[1] César, VII, 17.
[2] Idem, VII, 20.
[3] Idem, VI, 1 : *Docuit quid populi romani disciplina posset.*
[4] Encore ne faut-il pas accepter les déclamations qu'on a faites sur la

sans succès pendant une campagne encore; puis tout se soumit[1].

Quelques mois après, le conquérant quittait la Gaule, emmenant son armée[2]. La Gaule ne remua pas[3]. Elle leva des soldats, mais ce fut pour les donner à César. Elle servit son vainqueur dans la guerre civile. Au début de cette guerre, Cicéron écrivait : « César est bien fort en auxiliaires gaulois; les Gaulois lui promettent

grandeur d'âme avec laquelle il se rendit à César. Passons en revue les divers récits de cette scène, dans César, Florus, Plutarque et Dion Cassius, et essayons d'en dégager la vérité. César dit, VII, 89, que, les Gaulois étant à bout de ressources, Vercingétorix leur conseille « de céder à la fortune et de le livrer lui-même, mort ou vif, à César »; on députe au vainqueur; César pose ces conditions : les Gaulois livreront leurs armes et leurs chefs; « alors, les chefs lui sont amenés, Vercingétorix lui est livré, et les armes sont jetées en tas à ses pieds ». — Florus, III, 10, ajoute deux traits : l'un que Vercingétorix « se présenta en suppliant », l'autre qu'il prononça cette parole : *Fortem virum, vir fortissime, vicisti*. — Plutarque (*Vie de César*, 27) représente Vercingétorix monté sur son plus beau cheval, paré de ses plus belles armes, caracolant devant César, enfin lui remettant ses armes « et se tenant en silence à ses pieds ». — Le texte le plus curieux est celui de Dion Cassius, XL, 41 : « Il se jeta aux genoux de César et lui pressa les mains sans rien dire; tous les assistants étaient émus de pitié; mais César lui reprocha la chose même sur laquelle le Gaulois avait compté pour son salut, c'est-à-dire l'ancienne amitié qui les avait unis; il lui fit sentir combien, après cette amitié, sa défection avait été odieuse, et il le garda prisonnier. »

[1] L'Aquitaine ne fut définitivement conquise que plusieurs années après. Voir Appien, V, 92; Dion Cassius, XLVIII, 49 et LIV, 32.

[2] Que César ait ramené de Gaule son armée, c'est ce qui ressort du *De bello civili*, I, 8, *legiones ex hibernis evocat*, comparé au *De bello gallico*, VIII, 54. Cela ressort aussi de plusieurs autres passages où l'auteur montre que les légions de la guerre civile sont les mêmes qui ont combattu à Avaricum et à Alésia (*De bello civili*, III, 47 et 87; *De bello africano*, 73). On sait d'ailleurs qu'à la fin de la guerre des Gaules, César, qui venait de rendre deux légions à Pompée, n'en avait plus que huit (*De bello gallico*, VIII, 54) en Gaule; elles portaient les numéros 7, 8, 9, 10, 11, 12, 13, 14; or toutes ces légions, sauf peut-être la onzième, se retrouvent avec leurs numéros dans la guerre civile (*De bello civili*, I, 7, 15, 18, 46, III, 45, 46, 63, 89; *De bello africano*, 34, 60, 62, 81, 89).

[3] Les seuls Bellovaques tentèrent un soulèvement, qui fut réprimé par Décimus Brutus (Tite Live, *Epitome*, 114).

10 000 fantassins et 6000 cavaliers entretenus à leurs frais pendant dix ans¹ ». César, faisant le compte de ses soldats romains, ajoute « qu'il avait un nombre égal de Gaulois; il les avait enrôlés en choisissant chez chaque peuple l'élite des hommes² ». Étant en Espagne, il vit venir à lui un nouveau renfort de 6000 Gaulois³. Il se fit une légion composée exclusivement de Gaulois, la légion de l'Alouette, et il l'instruisit à la romaine⁴. Il compta jusqu'à 10 000 cavaliers gaulois dans son armée⁵.

---

[1] Cicéron, *Ad Atticum*, IX, 13.
[2] César, *De bello civili*, I, 39 : *Parem ex Gallia numerum, quem ipse paraverat, nominatim ex omnibus civitatibus nobilissimo et fortissimo quoque evocato.*
[3] Idem, I, 51.
[4] Suétone, *Vie de César*, 24; Pline, XI, 37.
[5] Appien, *Guerres civiles*, II, 49. — Plusieurs m'ont reproché ce chapitre, comme ils m'ont reproché de n'avoir pas parlé de Vercingétorix avec tout l'enthousiasme requis. Je réponds que c'est ici une question de méthode. Ceux qui pensent que l'histoire est un art qui consiste à paraphraser quelques faits convenus, pour en faire profiter leurs opinions ou politiques, ou religieuses, ou patriotiques, sont libres de prétendre que les Gaulois « ont dû » lutter longtemps et s'insurger incessamment contre la domination étrangère; ils n'en peuvent pas donner la preuve, mais leur patriotisme exige qu'il en ait été ainsi et leur sens historique est la dupe de leur patriotisme. Ceux qui pensent que l'histoire est une pure science, cherchent simplement à voir la vérité telle qu'elle fut. Le patriotisme est une grande chose; mais il ne le faut pas mêler à l'histoire du passé; il ne faut pas le mettre là où il ne fut pas. La science ne doit pas avoir d'autre souci que la recherche du vrai. Nous désapprouvons les historiens allemands qui ont altéré l'histoire pour créer un Arminius légendaire et une Germanie idéale; nous ne voudrions pas tomber dans une erreur semblable.

CHAPITRE VII

Des premiers effets de la domination romaine.

Rome ne réduisit pas les vaincus en servitude, et les Gaulois conservèrent leur liberté civile[1]. Rome ne les déposséda pas non plus de leurs terres. Il y eut sans nul doute quelques confiscations; César ne manqua pas de s'enrichir et d'enrichir ceux qui l'avaient servi[2]; mais il n'y eut pas de spoliation générale.

Ne nous figurons pas la Gaule écrasée par son vainqueur. Les documents historiques ne nous montrent rien de pareil. « César, dit son lieutenant Hirtius, ne songea qu'à maintenir les cités gauloises dans l'amitié de Rome et à ne leur donner aucun motif de révolte; par lui les cités furent traitées avec honneur, les principaux citoyens furent comblés de bienfaits; il n'imposa à la Gaule aucune charge nouvelle; il s'attacha à relever ce pays que tant de guerres avaient épuisé; et en lui assurant tous les avantages de l'obéissance, il n'eut pas de peine à le maintenir en paix[3]. »

---

[1] Nous ne voulons pas dire que la guerre n'ait fait beaucoup d'esclaves. C'était la règle de l'antiquité. Les guerriers pris les armes à la main étaient la propriété du vainqueur. C'est ainsi qu'après la prise d'Alésia chaque soldat eut un esclave pour sa part (VII, 89) ; encore César renvoya-t-il libres les prisonniers arvernes et éduens.

[2] César cite un exemple de cela. Il enrichit deux Gaulois, qui l'avaient bien servi, en leur donnant des terres enlevées à d'autres Gaulois (*De bello civili*, III, 59.) — On peut rappeler aussi ce passage de Suétone, *Vie de César*, 54 : *In Gallia fana templaque deum donis referta expilavit, urbes diruit, sæpius ob prædam quam ob delictum*. Nous ne doutons pas que ces sept campagnes n'aient été désastreuses pour le pays.

[3] César (Hirtius), VIII, 49 : *Unum illud propositum habebat continere in amicitia civitates, nulli spem aut causam dare armorum.... Hono-*

Suétone marque bien comment les Gaulois furent traités. Toute la Gaule ne fut pas réduite en province; plusieurs peuples, dit-il, furent à l'état de « cités alliées ou de cités amies[1] ». Or, dans cette première liste de peuples qui conservaient une sorte de demi-indépendance, nous trouvons les Trévires, les Nerviens, les Rèmes, les Suessions, les Éduens, les Lingons, les Bituriges, les Carnutes, les Arvernes, les Santons, les Ségusiaves, et plusieurs autres; c'était un tiers de la Gaule[2]. Le reste devint « province », c'est-à-dire terre sujette et placée sous l'*imperium* du gouverneur. Mais le pouvoir arbitraire n'est pas toujours et nécessairement l'oppression. Ce qui est certain, c'est que la Gaule dut payer des impôts et fournir des soldats. Au dire de Suétone, le total des impôts aurait été fixé par César au chiffre de 40 millions de sesterces, qui équivaudraient en poids à 8 millions de francs[3] : chiffre très faible, qui vraisemblablement ne comprenait pas toutes les charges. Pour les levées de soldats, nous n'avons aucun chiffre. Nous verrons bientôt quelques Gaulois se plaindre du poids des impôts, mais déjà ils s'en étaient plaints au temps de l'indépendance[4]. Ils se plain-

---

rifice civitates appellando, principes maximis præmiis afficiendo, nulla onera injungendo, defessam tot adversis prœliis Galliam conditione parendi meliore facile in pace continuit.

[1] Suétone, *César*, 25 : *Omnem Galliam*, PRÆTER SOCIAS AC BENE MERITAS CIVITATES, *in provinciæ formam redegit.*

[2] La liste des *populi liberi* ou *fœderati* est dans Pline, *Histoire naturelle*, IV, 17, § 105-109; pour la Narbonnaise, III, 4, § 31-37. — Desjardins croit que Pline a pris cette liste dans des documents officiels contemporains d'Auguste.

[3] Suétone, *César*, 25 : *Ei quadringenties in singulos annos stipendii nomine imposuit.* — Sur le sens des mots *quadringenties sestertium* (littéralement 400 fois 100 000 sesterces), voir Cicéron, *Philippiques*, II, 37.

[4] Sur le poids des impôts au temps de l'indépendance, il y a deux traits

dront aussi parfois de la conscription romaine, *dilectus*[1]; pourtant les charges de cette conscription n'approchèrent jamais de ce qu'avaient été les levées en masse des temps antérieurs.

Il ne faut donc pas nous représenter la Gaule opprimée, asservie, bouleversée par la conquête. Jugeons ces événements, s'il est possible, non d'après les idées de l'esprit moderne, mais d'après celles des générations qui les virent s'accomplir. Il n'est pas probable que les hommes aient regretté très vivement leur nationalité perdue, car ils n'avaient jamais formé une nation. Ils ne concevaient guère d'autres corps politiques que leurs petits États ou leurs cités, et le patriotisme pour la plupart d'entre eux n'avait pas d'objet plus élevé. Là était l'horizon de leurs pensées, de leurs devoirs, de leur amour, de leurs vertus civiques. Leur âme ne se fût sentie déchirée que si ces corps politiques avaient été brisés par le conquérant. Non seulement Rome ne les détruisit pas, elle leur laissa même, sauf de rares exceptions, leur organisme et toute leur vie intérieure. Il n'y eut presque aucun État gaulois qui disparut. Dans chacun d'eux, les habitudes, les traditions, les libertés même se continuèrent. La plupart des hommes, dont les pensées

---

caractéristiques dans le livre de César : l'un où il dit : *Plerique magnitudine tributorum premuntur*, VI, 13; l'autre où il montre Dumnorix acquérant une énorme opulence par la perception des *portoria* et des *vectigalia* des Éduens, I, 18. — Sous l'Empire, Tacite, *Annales*, III, 40 : *Disserebant de continuatione tributorum*.

[1] Tacite, *Histoires*, IV, 26 : *Dilectum tributaque Galliæ aspernantes*. — Noter que ces mots de Tacite ne doivent pas être pris à la lettre; l'historien parle d'une panique qui se répand parmi les soldats romains, de bruits qui les épouvantent; l'un de ces bruits était que la Gaule entière repoussait la conscription et l'impôt. La vérité qui se dégage du récit complet est que la Gaule, même à ce moment, continua à fournir des soldats à Rome.

et les yeux ne dépassent jamais un cercle fort étroit, ne s'aperçurent pas qu'il y eût un grand changement dans leur existence.

Il est vrai que chacun de ces États gaulois était désormais subordonné à une puissance étrangère. Quelques âmes élevées durent en gémir; mais la majorité des hommes s'accommoda volontiers de cette situation. Ils comparèrent le présent au passé et ils furent surtout frappés de cette différence que le passé avait été plein de troubles et de souffrances et que le présent était calme et paisible. Il n'y avait plus lieu de se combattre pour des rivalités de cités. On ne parlait plus de se déchirer pour la cause aristocratique ou pour la cause populaire. L'indépendance avait été la guerre perpétuelle; l'Empire romain fut la paix.

Il y a une expression qui se rencontre souvent dans les écrivains de ce temps-là, et qui semble avoir été fort usitée dans la langue ordinaire. Pour désigner l'ensemble de l'Empire soumis à Rome, on disait la paix romaine, *pax romana*[1].

A la distance où nous sommes de cette époque et en la jugeant d'une manière trop absolue, il semble d'abord que la Gaule échangeât un régime d'indépendance contre un régime de servitude. Mais les Gaulois savaient bien que, même avant que César les soumît, l'indépendance avait été plus rare chez eux que la sujé-

---

[1] Pline, *Histoire naturelle*, XXVII, 1, 3 : *Immensa Romanæ pacis majestate.* — Sénèque, *De providentia*, 4 : *Omnes considera gentes in quibus romana pax desinit.* — Tacite, *Annales*, XII, 33 : *Additis qui pacem nostram metuebant* (il s'agit ici de quelques peuples bretons). — Spartien, *Hadrianus*, 5 : *Hadrianus tenendæ per orbem romanum paci operam intendit.* — Plutarque (*De la fortune des Romains*) appelle Rome « l'ancre immobile qui fixa les choses humaines longtemps battues par les tempêtes ».

tion, et que de tout temps les plus faibles parmi eux avaient dû se courber devant les plus forts. A-t-on compté combien il y avait eu en Gaule de peuples qui fussent vraiment libres et combien il y en avait eu qui fussent sujets[1]? Ces peuples-clients, que César mentionne maintes fois, étaient des peuples qui avaient perdu leur indépendance. Avant d'être sous l'empire de Rome, ils avaient été sous l'empire des Éduens, des Séquanes, des Nerviens ou des Arvernes. Ils leur avaient payé des tributs et leur avaient fourni des soldats, ce qui était précisément ce que Rome exigeait à son tour[2]. Après les victoires de César, tous furent soumis à Rome comme la moitié d'entre eux l'avaient été à d'autres peuples gaulois. Or telle est la nature humaine, qu'on éprouva peut-être plus de joie à ne plus obéir à des voisins que de douleur à obéir à des étrangers. La suprématie romaine parut compensée par la disparition des suprématies locales. Subjugués par un côté, ils se sentaient affranchis par un autre côté[3].

[1] Ce que les Gaulois appelaient « clientèle » de ville à ville était une véritable sujétion. Cela ressort de deux passages de César où *clientela* et *imperium* sont employés comme synonymes; VII, 75 : *Clientes Æduorum... sub imperio Arvernorum*; VI, 12 : *Novis clientibus comparatis quod hi æquiore imperio se uti videbant.* — César ne donne pas la liste entière des peuples clients; il en mentionne seulement quelques-uns; IV, 6 : *Condrusi qui sunt Treverorum clientes*; V, 39 : *Ceutrones, Grudios, Levacos, Pleumoxios, Geidumnos, qui omnes sub imperio Nerviorum erant*; VII, 75 : *Segusiavi, Ambivareti, Aulerci, clientes Æduorum; Eleuteti, Cadurci, Gabali, Vellavi, sub imperio Arvernorum*; VI, 4 : *Carnutes in clientela Remorum*; VI, 12 : *Magnæ Æduorum clientelæ.* — Il y avait une population de Boïens sujette des Éduens, VII, 9.

[2] L'habitude du *stipendium* payé par les cités clientes aux cités maîtresses est mentionnée par César en deux endroits, I, 30 et V, 27. On l'avait payé aussi à Arioviste, I, 36, 44, 45. — L'habitude de fournir des soldats est moins nettement exprimée par lui; mais elle me paraît ressortir de VII, 75.

[3] Plusieurs petits peuples gaulois, qui avaient été autrefois annexés à

Il faut se représenter ces hommes dans le cadre de leur vie réelle et avec les pensées qui occupaient leur esprit. Rome était pour eux une grandeur lointaine, fort au-dessus de leurs rivalités et de leurs passions. Ce qui était, bien plus que Rome, l'objet de leurs antipathies, de leurs jalousies ou de leurs craintes, c'étaient les supériorités locales et les grandeurs de voisinage. L'homme qu'on détestait, c'était celui qui voulait ou qu'on soupçonnait de vouloir se faire roi dans sa cité; c'était celui qui dans le canton ou dans le village exerçait un patronage impérieux; c'était celui qui contraignait les faibles à redouter sa force ou à subir sa protection[1]; c'était le riche créancier qui obligeait ses débiteurs à se faire ses esclaves; c'était le chef de clients qui ne nourrissait un homme qu'à la condition d'être servi, qui ne le protégeait qu'à la condition d'être obéi. Voilà les dominations qu'on redoutait; voilà ce qui aux yeux de ces hommes était la vraie servitude, la servitude de chaque jour et de la vie intime. Rome, par cela seul qu'elle mettait sa suprématie au-dessus de tous, empêchait ces petites tyrannies de surgir. En lui obéissant, on était sûr de ne pas obéir à l'homme qu'on connaissait et qu'on détestait.

Le principal résultat de la domination romaine fut de faire disparaître les clientèles[2]. On ne vit plus « la plupart des hommes obligés par leurs dettes, ou par

---

d'autres, reprirent leur autonomie sous les Romains; par exemple, Strabon remarque que les *Villæi*, qui appartenaient autrefois aux Arvernes, ont maintenant un gouvernement libre (IV, 2, § 2, édit. Didot, p. 158). De même, un peu plus tard, Antipolis fut affranchie de Marseille (ibidem, IV, 1, 9, p. 153).

[1] César, VI, 13 : *Aut ære alieno aut injuria potentiorum premuntur, sese in servitutem dicant nobilibus.*

[2] [Cf. chapitre 4.]

l'énormité des tributs, ou par la violence des puissants, à se mettre d'eux-mêmes en servitude »¹. On ne vit plus quelques grands personnages entretenir autour d'eux des centaines de clients, « d'ambacts », de « dévoués », condamner les uns à les servir, les autres à donner leur vie pour leurs querelles ou pour leur ambition. On cessa de voir aussi les druides dispenser la justice, punir les fautes, adjuger les héritages et disposer des propriétés, interdire la religion à quiconque n'acceptait pas leurs arrêts, écarter l'excommunié de la vie commune, et lui refuser l'accès même des tribunaux et l'appui de la justice. Voilà les grands changements que ces générations virent s'accomplir dans leur existence, et c'est par eux qu'elles jugèrent la domination romaine. Rome ne se présenta pas à leur esprit comme un pouvoir oppresseur, mais comme une assurance de paix et une garantie de liberté quotidienne.

CHAPITRE VIII

Si la Gaule a cherché à s'affranchir.

Il ne faut pas juger de la Gaule soumise aux Romains comme de quelques nations modernes soumises à un joug étranger. Il ne faut pas la comparer à la Pologne assujettie à la Russie, ou à l'Irlande sévèrement régie par l'Angleterre. Toute comparaison de cette nature serait inexacte. Nous ne devons pas nous représenter la Gaule asservie, frémissante dans cet esclavage, et

¹ [Cf. la n. 1 de la p. 70.]

toujours prête à briser ses fers. Les faits et les documents nous en donnent une tout autre idée.

Environ cent années après la conquête, l'empereur Claude, dans une harangue au sénat, prononçait cette parole : « La fidélité de la Gaule, depuis cent ans, n'a jamais été ébranlée; même dans les crises que notre Empire a traversées, son attachement ne s'est pas démenti[1]. »

On compte, à la vérité, quelques tentatives de soulèvement; il les faut étudier de près pour voir si elles prouvent que la Gaule, prise dans son ensemble, voulut cesser d'être romaine.

La première est celle qui eut pour chef le Trévire Julius Florus et l'Éduen Julius Sacrovir. Ces deux Gaulois portaient des noms romains et ils avaient précédemment brigué et obtenu le droit de cité romaine[2]. Dans leur révolte, ils ne manquèrent pas de raviver le souvenir de la vieille indépendance; mais c'est surtout en parlant du poids des impôts et des abus de la perception qu'ils soulevèrent les hommes[3]. Il n'existait pas de troupes romaines en Gaule, sauf une cohorte à Lyon; la négligence ou les embarras de l'empereur Tibère laissaient aux Gaulois tout le temps et tout le loisir de s'insurger. Ils purent « discourir dans leurs assemblées et leurs réunions[4] », faire fabriquer des armes[5], envoyer partout des émissaires. Cependant

---

[1] Discours de Claude, trouvé à Lyon : *Centum annorum immobilem fidem, obsequiumque multis trepidis rebus nostris plus quam expertum.* — Tacite, *Annales*, XI, 24 : *Continua et fida pax.* — Ammien, XV, 12 : *Gallias Cæsar societati nostræ fœderibus junxit æternis.*

[2] Tacite, *Annales*, III, 40 : *Ambobus Romana civitas olim data.*

[3] Ibidem : *Disserebant de continuatione tributorum, gravitate fenoris, sævitia præsidentium.*

[4] Ibidem : *Per concilia et cœtus seditiosa disserebant.*

[5] Ibidem, III, 43.

aucune cité, aucun des 64 gouvernements réguliers de la Gaule ne se déclara contre Rome. Les soldats gaulois qui servaient l'Empire restèrent presque tous fidèles[1]. Florus et Sacrovir n'avaient avec eux « que ce qu'il y avait de plus turbulent et ceux à qui le manque de ressources ou la crainte de châtiments mérités par des crimes faisait du désordre un besoin[2] ». Il y eut peu de peuples où ne fussent « semés les germes de la révolte » : il faut pourtant que le nombre des insurgés ait été bien faible ; car, « pour réduire le peuple de l'Anjou, il suffit d'une seule cohorte venue de Lyon » ; quelques compagnies envoyées des légions de Germanie « châtièrent les Turons[3] » ; « quelques pelotons de cavalerie eurent raison des Séquanes[4] ». Le chef trévire ne put grouper autour de lui, dans son pays lui-même, « qu'un ramassis d'hommes qui étaient ses débiteurs et ses clients[5] ». Une aile de cavalerie conduite par un autre Trévire nommé Julius Indus dispersa sans peine « cette foule confuse[6] ». Sacrovir fut un peu plus heureux : il réussit à se saisir de la ville d'Augustodunum[7] ;

---

[1] Tacite, *Annales*, III, 42 : *Pauci corrupti, plures in officio mansere*. Les soldats dont parle ici Tacite avaient été levés chez les Trévires. Il signale ailleurs des cohortes gauloises au service de Rome (*Annales*, II, 17; *Histoires*, I, 70).

[2] *Ibidem*, III, 40 : *Ferocissimo quoque assumpto aut quibus ob egestatem ac metum ex flagitiis maxima peccandi necessitudo*.

[3] *Ibidem*, III, 41; III, 46 : *Una cohors rebellem Turonum profligavit*.

[4] *Ibidem*, III, 46 : *Paucæ turmæ profligavere Sequanos*.

[5] *Ibidem*, III, 42 : *Vulgus obæratorum aut clientium*.

[6] *Ibidem*, III, 42 : *Julius Indus e civitate eadem, discors Floro, et ob id navandæ operæ avidior, inconditam multitudinem disjecit*.

[7] Il n'est pas exact que Sacrovir « ait enrôlé la jeunesse des écoles », ainsi qu'on l'a dit (Henri Martin, t. I, p. 224). Tacite dit qu'il « garda ces jeunes gens en otage », ce qui est fort différent.

il put rassembler jusqu'à 40 000 Gaulois, mais dont les quatre cinquièmes n'étaient armés que d'épieux et de couteaux; les meilleurs d'entre eux, paraît-il, étaient des gladiateurs bardés de fer, du genre de ceux que l'on appelait crupellaires. Deux légions écrasèrent facilement cette multitude qui ne combattit même pas; les gladiateurs seuls, sous leur épaisse armure de fer, tinrent debout quelques instants[1]. — Il nous paraît impossible de reconnaître à ces traits une véritable insurrection nationale. Si la Gaule eût voulu redevenir indépendante, les choses sans doute se seraient passées autrement. Tacite fait même remarquer que le gouvernement impérial donna peu d'attention à ces impuissantes émeutes, qui furent peut-être « grossies par la renommée[2] ».

Caius Julius Vindex, qui se révolta à la fin du règne de Néron, ne pensa pas à l'indépendance de la Gaule. Ce Gaulois, originaire d'Aquitaine et descendant d'une grande famille du pays, était sénateur romain et gouver-

---

[1] Le récit de cette singulière bataille est dans Tacite, *Annales*, III, 45-46. Sacrovir avait mis en première ligne ses gladiateurs au milieu, ses cohortes bien armées sur les ailes; derrière, les bandes mal armées. Silius attaqua de front; les ailes gauloises, c'est-à-dire les cohortes bien armées, ne tinrent pas un moment, *nec cunctatum apud latera*; les gladiateurs seuls retardèrent un instant le soldat romain, *paulum moræ attulere ferrati*; ces crupellaires qu'une armure de fer couvrait complètement (*Annales*, III, 43) ne pouvaient ni frapper ni fuir; l'épée du légionnaire n'avait pas de prise sur eux; il fallut les abattre avec la hache ou bien, à l'aide de leviers ou de fourches, les renverser à terre « où ils restèrent comme des masses inertes sans pouvoir se relever ». Quant à la seconde ligne de l'armée gauloise, Tacite n'en parle même pas.

[2] Tacite, *Annales*, III, 44 : *Cuncta, ut mos famæ, in majus credita*. L'historien ajoute que Tibère affectait une grande sécurité, soit « par fermeté d'âme, soit qu'il sût que le mouvement se réduisait à peu de chose ». Le mot de Velléius, *quantæ molis bellum* (II, 129), a peu de valeur historique. Il est digne de remarque que ni Suétone ni Dion Cassius n'ont cru devoir parler de ces événements.

neur de province[1]. Il n'avait pas lieu de souhaiter le renversement de l'Empire ; il ne voulait que changer d'empereur. Profitant de ce que les Gaulois avaient à se plaindre de l'administration de Néron, il les excita à la révolte. Les historiens anciens montrent avec une parfaite clarté la vraie nature de ce soulèvement. Vindex réunit les conjurés et commença par « leur faire prêter serment de tout faire dans l'intérêt du sénat et du peuple romain[2] ». Il les harangua ; sans dire un mot de l'indépendance gauloise, il leur énuméra les crimes de Néron : il dépeignit surtout la vie privée de ce monstre qui « déshonorait, disait-il, le nom sacré d'empereur » ; il les adjura enfin « de venger le peuple romain, de délivrer de Néron l'univers entier[3] » ; puis il proclama empereur Sulpicius Galba. Les Gaulois du Centre acceptèrent le nouveau prince ; mais ceux du Nord lui préférèrent Vitellius et s'armèrent pour le soutenir[4]. De liberté nationale il ne fut pas question.

Faut-il compter comme une révolte de la Gaule l'émeute soulevée par le Boïen Maric ? Faut-il la présenter comme un effort de la démocratie ou du druidisme ?

---

[1] Dion Cassius, LXIII, 22 : Βουλευτὴς τῶν Ῥωμαίων... κρατίστη τῶν Γαλατῶν. — Suétone, *Nero*, 40 : *Galliam provinciam pro praetore obtinebat.*

[2] Zonaras, VI, 13 : Ἥρθισεν αὐτοὺς καὶ ὤρκωσε πάντα ὑπὲρ τῆς βουλῆς καὶ τοῦ δήμου τῶν Ῥωμαίων ποιήσειν. On sait que Zonaras est un écrivain fort postérieur à ces événements ; mais on sait aussi que Zonaras s'est servi de Dion Cassius, dont le véritable texte nous manque sur ce point.

[3] Dion Cassius (abrégé par Xiphilin), LXIII, 22-23. Tacite ne nous donne pas le récit de cette révolte ; mais les allusions qu'il y fait (*Histoires*, I, 51), confirment le récit de Dion Cassius. Il en est de même de Suétone (*Galba*, 9) et de Pline l'Ancien (XX, 57, 100). Il n'y a pas en tout cela un seul trait qui permette de voir en Vindex un partisan de l'indépendance.

[4] Tacite, *Histoires*, I, 51 : *Pars Galliarum quæ Rhenum accolit, secuta easdem partes* (le parti de Vitellius), *ac tum acerrima instigatrix adversus Galbianos ; hoc enim nomen, fastidito Vindice, indiderant.*

Mieux vaut s'en tenir au récit de Tacite, le seul que nous ayons sur cet événement. « Un certain Maric, Boïen de la plus basse classe du peuple, osa, en simulant l'inspiration divine, provoquer les armes romaines. Il prétendait être libérateur des Gaules, il prétendait être un dieu [1]. » On aperçoit bien dans ces premiers mots de l'historien que ce Maric avait le sentiment de l'indépendance gauloise et probablement de la religion nationale. Tacite ne prononce pourtant pas ici le nom des druides, et la suite montre combien ce mouvement était local et peu profond. « Il rassembla 8000 partisans, et entraîna quelques cantons voisins des Éduens; mais cette cité à l'esprit très réfléchi arma l'élite de sa jeunesse et, aidée de quelques cohortes Vitelliennes, dispersa cette foule que la superstition avait rassemblée. Maric fut pris; le stupide vulgaire le croyait invulnérable; il n'en fut pas moins mis à mort [2]. »

La grande majorité des populations restait étrangère à tous ces mouvements de la Gaule et ne semblait pas penser à s'affranchir. Ce n'était pourtant pas la force matérielle qui la retenait dans l'obéissance. Rome n'avait pas d'armée pour la contenir. Quelques légions défendaient ses frontières contre les Germains; mais il n'y avait pas de garnison dans l'intérieur du pays. Les troupes de police elles-mêmes étaient composées de Gaulois, entretenues et commandées par les autorités municipales. Si la Gaule avait regretté son indépen-

---

[1] Tacite, *Histoires*, II, 61 : *Mariccus quidam, e plebe Boiorum... provocare arma romana simulatione numinum ausus est. Jamque assertor Galliarum et deus, nam id sibi indiderat....*

[2] Ibidem : *Concitis octo millibus hominum proximos Æduorum pagos trahebat, cum gravissima civitas electa juventute, adjectis a Vitellio cohortibus, fanaticam multitudinem disjecit....*

dance perdue, il lui eût été facile de se soulever tout entière avant que les légions romaines eussent été à portée de combattre l'insurrection. Elle fut fidèle parce qu'elle voulut l'être. Un historien de ce temps-là dit d'elle : « La Gaule entière, qui n'est pourtant ni amollie ni dégénérée, obéit volontairement à 1200 soldats romains¹. »

La révolte de Civilis, au milieu des luttes entre Vitellius et Vespasien, eut quelque gravité. Mais Civilis était un Batave, c'est-à-dire un Germain². C'étaient aussi des Germains qui composaient son armée : Bataves, Frisons, Caninéfates, Cattes, Tongres, Bructères, Tenctères, Chauques, Triboques³. C'était toute l'avant-garde de la Germanie qui « courait au pillage de la Gaule⁴ ». Velléda aussi était une Germaine et elle prédisait la victoire aux Germains⁵. Ils franchirent le Rhin, brûlant et saccageant. Ils s'emparèrent de Cologne, ville que les Romains avaient récemment fondée pour arrêter leurs incursions et qui par ce motif leur était particulièrement odieuse⁶.

En tout cela il ne se pouvait agir d'affranchir la

---

¹ Josèphe, *De bello judaico*, II, 16.
² Tacite, *Histoires*, IV, 12-13. Ce Germain était d'ailleurs au service de Rome et avait obtenu un commandement de cohorte (ibidem, 16 et 32).
³ Ibidem, VI, 16, 21, 37, 61, 70, 79.
⁴ Ibidem, IV, 21 : *Excita ad prædam famamque Germania*. — Ibidem, 28 : *Civilem immensis auctibus universa Germania extollebat*.
⁵ Ibidem, IV, 61 : *Veleda, virgo nationis Bructeræ, late imperitabat, vetere apud Germanos more, quo plerasque feminarum fatidicas arbitrantur.... Veleda prosperas res Germanis prædixerat*. — Tacite, *Germanie*, 8 : *Veledam, diu apud plerosque numinis loco habitam*. — Nous ignorons absolument d'où est venue la singulière légende qui a fait de Velléda une Gauloise.
⁶ Ibidem, IV, 65 : *Transrhenanis gentibus invisa civitas opulentia auctuque; neque alium finem belli rebantur quam si promiscua ea sedes omnibus Germanis foret*.

Gaule; ces Germains n'étaient pas des libérateurs. Ils étaient même plus dangereux pour la Gaule que pour l'Empire. Civilis prétendit pourtant gagner les Gaulois à sa cause. C'était, au jugement de Tacite, un ambitieux qui voulait se faire roi des Gaulois et des Germains[1]. Pour attirer à lui les Gaulois, il leur parla de liberté, fit luire à leurs yeux l'abolition des impôts et du service militaire, leur rappela leur ancienne indépendance et leur en promit le retour[2].

Les Gaulois ne se laissèrent pas prendre tout de suite à un piège si grossier. Leurs auxiliaires coururent d'abord se joindre à l'armée romaine, et ils servirent l'Empire avec zèle[3]. Mais c'était le temps où l'Italie était en proie à la guerre civile; la bataille de Crémone avait été livrée déjà, mais la Gaule l'ignorait et croyait servir encore Vitellius vivant[4]. Bientôt on sut que l'Empire avait un nouveau maître, Vespasien, dont le nom même n'était pas connu de la Gaule; c'était la troisième fois depuis une année qu'il fallait changer de serment. En même temps on voyait Civilis et les Germains faire des progrès; ils avaient détruit plusieurs légions[5]. Il y eut alors un moment où beaucoup de Gaulois penchèrent vers la révolte, refusèrent aux Romains l'impôt et le service militaire[6], et « prirent les armes, avec l'espoir de s'affranchir ou l'ambition

---

[1] Tacite, *Histoires*, IV, 18 : *In Gallias Germaniasque infestus, validissimarum nationum regno imminebat.*

[2] Ibidem, 17 et 32.

[3] Ibidem, IV, 25 : *Affluentibus auxiliis Gallorum, qui primo rem romanam enixe juvabant.* Plus loin, c. 37, Tacite montre les Trévires luttant vaillamment contre les Germains.

[4] Ibidem, 37.

[5] *Mox, valescentibus Germanis* (ibidem, 25).

[6] *Delectum tributaque aspernantes* (ibidem, 26).

de commander¹ ». Un souffle de liberté et d'orgueil national semble à ce moment avoir passé sur la Gaule². A la nouvelle de l'incendie du Capitole, on crut que les dieux abandonnaient Rome et que l'empire du monde allait passer à des nations transalpines; telles étaient les prédictions des druides³. On ne voit pourtant pas dans le récit de Tacite que la Gaule se soit insurgée; mais il y avait dans les armées romaines des cohortes gauloises; après avoir été jusque-là fidèles, ces cohortes firent tout à coup défection. Les trois chefs gaulois Julius Classicus, Julius Sabinus et Julius Tutor étaient des officiers au service de l'Empire⁴. Se trouvant au milieu de légions fort affaiblies par de récents revers, ils s'entendirent avec Civilis, mirent à mort leur général et forcèrent les restes de ces légions à s'insurger comme eux. Ce fut une révolte militaire et non pas un soulèvement de la population⁵.

Ces hommes parlaient de liberté; ils se promettaient de rétablir la vieille indépendance et même de fonder un empire gaulois⁶. Le serment militaire, que les soldats avaient l'habitude de prêter aux empereurs, ils le firent prêter « à l'Empire des Gaules⁷ ». Cependant l'un d'eux, Classicus, revêtit les insignes « de général

---

¹ *Pleræque civitates adversus nos armatæ, spe libertatis et cupidine imperitandi* (Tacite, *Histoires*, IV, 25).
² Tacite, *Histoires*, 54 : *Galli sustulerant animos*.
³ Ibidem : *Fatali igne signum cælestis iræ datum et possessionem rerum humanarum transalpinis gentibus portendi druidæ canebant.*
⁴ Ibidem, 55.
⁵ Voir tout le récit de Tacite, du chapitre 55 au chapitre 62.
⁶ Tacite, *Histoires*, c. 55 et 58.
⁷ Ibidem, 59-60 : *Juravere qui aderant pro imperio Galliarum... In verba Galliarum juravere.* Tacite ne parle ici que des soldats, soit ceux des légions romaines, soit ceux des cohortes auxiliaires. Il ne dit pas qu'un serment de cette nature ait été prêté par la population gauloise.

romain », et un autre, Sabinus, « se fit saluer César[1] ». Ces deux faits, attestés par Tacite, diminuent beaucoup la valeur du serment prêté à l'Empire des Gaules. L'historien ne dit pas non plus que la majorité de la population se soit soulevée à l'appel des trois chefs. Il fait bien voir que pendant plusieurs semaines il n'y eut aucun soldat romain en Gaule, que par conséquent la Gaule pouvait s'affranchir, si elle voulait, et qu'elle était maîtresse de ses destinées; mais il ne dit nulle part qu'elle se soit insurgée. Il la montre hésitante; on devine bien que tout un parti pencha vers la révolte et que quelques hommes individuellement prirent les armes; mais, des quatre-vingts cités, il n'en nomme que deux, celle des Lingons et celle des Trévires, qui se soient décidées pour l'insurrection.

Cette insurrection fut réprimée d'abord, non par des troupes romaines, mais par les Gaulois eux-mêmes. Les Séquanes, restés fidèles à Rome, s'armèrent pour elle et mirent en déroute Sabinus et les Lingons[2].

Quant à Civilis et à ses Bataves, ils refusèrent de prêter serment « à la Gaule ». Ils aimaient mieux, dit Tacite, se fier aux Germains. Ils annonçaient même qu'ils allaient entrer en lutte avec les Gaulois; ils disaient tout haut que la Gaule n'était bonne qu'à leur servir de proie[3].

La fidélité des Séquanes et leur victoire, peut-être aussi la crainte des Germains, ramenèrent la Gaule du

---

[1] Tacite, c. 59 : *Classicus sumptis romani imperii insignibus in castra venit* ; c. 67 : *Sabinus Cæsarem se salutari jubet.*

[2] Idem, c. 67 : *Sequanos civitatem nobis fidam.... Fusi Lingones.*

[3] Idem, c. 61 : *Civilis neque se neque quemquam Batavum in verba Galliarum adigit; fisus Germanorum opibus... certandum adversus Gallos de possessione rerum*; c. 76 : *Gallos quid aliud quam prædam victoribus.*

côté de Rome[1]. Les Rèmes, qui n'avaient pas fait défection, convoquèrent une assemblée des députés de toutes les cités gauloises, « pour délibérer en commun sur ce qu'il fallait préférer, de l'indépendance ou de la paix[2] ».

Alors se produisit un des événements les plus caractéristiques de toute cette histoire. Les députés des divers peuples gaulois se réunirent en une sorte d'assemblée nationale dans la ville qu'on appelle aujourd'hui Reims. Là on délibéra avec une entière liberté sur le choix entre la domination romaine et l'indépendance. Jamais question plus haute n'a été posée devant une nation et n'a été débattue avec plus de calme. Des orateurs parlèrent en faveur de la liberté, d'autres pour le maintien de la domination étrangère. Nous ne voyons d'ailleurs à aucun indice que ceux-ci aient été accusés d'être des traîtres, même par leurs adversaires, et il ne semble pas qu'ils aient été moins attachés que les autres à leur patrie. On discuta. Le grand nom de la liberté et le souvenir de la vieille gloire furent évoqués; les cœurs en furent émus. Mais quelques esprits plus froids firent voir les dangers de l'entreprise : six légions romaines étaient en marche. On se demanda surtout ce que la Gaule, à supposer qu'elle réussît à s'affranchir, ferait de son indépendance, quel gouvernement elle se donnerait, où serait sa capitale, son centre, son unité. On montra les rivalités qui allaient renaître, les prétentions et les haines, la concurrence des divers peuples

---

[1] Tacite, c. 67 : *Sequanorum prospera acie belli impetus stetit; resipiscere civitates, fasque et fœdera respicere.*
[2] Ibidem : *Remi per Gallias edixere ut missis legatis in commune consultarent libertas an pax placeret.*

et l'animosité des partis¹. On fit entrevoir à quelles incertitudes, à quelles fluctuations serait livrée la société gauloise. On pensa surtout aux Germains, qui depuis deux siècles avaient les bras tendus vers la Gaule, qui étaient poussés contre elle par tous les genres de convoitise², et qui n'attendaient que l'insurrection des Gaulois contre Rome pour inonder leur pays et le mettre à rançon. On calcula tous les avantages de la paix et de la suprématie romaine. On compara le présent à ce que serait l'avenir, et l'on préféra le présent³. La conclusion de ces grands débats fut que l'assemblée déclara solennellement, au nom de la Gaule entière, qu'elle restait attachée à Rome. Elle enjoignit aux Trévires, qui restaient seuls soulevés, de déposer les armes et de rentrer dans l'obéissance⁴. Puis beaucoup de Gaulois s'armèrent spontanément pour la défense de l'Empire⁵. Civilis, vaincu une première fois, se refit une nouvelle armée en Germanie⁶. Il fut vaincu encore et les Germains furent refoulés au delà du Rhin, qui était leur limite. La Gaule fut sauvée de l'invasion et resta romaine.

Tacite met dans la bouche d'un général romain des paroles qui expriment avec justesse la pensée qui préoccupait le plus les hommes de ce temps-là : « Quand nos armées, disait-il en s'adressant à des Gaulois, en-

---

[1] Tacite, *Histoires*, IV, 69 : *Deterruit plerosque provinciarum æmulatio.... Quam, si cuncta procederent, sedem imperio legerent? nondum victoria, jam discordia erat.*

[2] Ibidem, IV, 73 : *Libido atque avaritia.*

[3] Ibidem, IV, 69 : *Pacis bona dissertans.... Tædio futurorum præsentia placuere.*

[4] Ibidem : *Scribuntur ad Treveros epistolæ nomine Galliarum ut abstinerent armis.*

[5] Ibidem, IV, 79 : *Multitudinem sponte commotam ut pro Romanis arma capesseret.*

[6] Ibidem, V, 15 : *Reparato per Germaniam exercitu.*

trèrent dans votre pays, ce fut à la prière de vos ancêtres; leurs discordes les fatiguaient et les épuisaient, et les Germains posaient déjà sur leur tête le joug de la servitude. Depuis ce temps, nous faisons la garde aux barrières du Rhin pour empêcher un nouvel Arioviste de venir régner sur la Gaule. Nous ne vous imposons d'ailleurs d'autres tributs que ceux qui nous servent à vous assurer la paix. Vos impôts payent les armées qui vous défendent. Si l'Empire romain disparaissait, que verrait-on sur la terre, si ce n'est la guerre universelle? Et quel peuple serait en péril plus que vous, vous qui êtes le plus à portée de l'ennemi, vous qui possédez l'or et la richesse qui appellent l'envahisseur[1]? »

Il semble étonnant au premier abord que la Gaule ait eu besoin de l'Empire pour se défendre contre la Germanie. Ce n'est pas que le courage et l'esprit militaire fissent défaut aux Gaulois. Il s'en faut beaucoup que les écrivains de ce temps-là les représentent comme une race amollie. « Ils sont tous d'excellents soldats, dit Strabon, et c'est d'eux que les Romains tirent leur meilleure cavalerie[2]. » César ne dédaignait pas non plus leurs fantassins; il en enrôla beaucoup dans son armée[3]. Ils ne cessèrent jamais, durant les cinq siècles de l'Empire, de fournir de nombreux soldats et des officiers aux légions romaines, qui à cette époque ne se recrutaient plus en Italie. Les bras qu'ils mettaient au service de l'Empire leur auraient suffi pour se défendre eux-mêmes. Mais, sans l'Empire, la désunion se fût mise aussitôt parmi eux. Dans les grandes guerres et

[1] Tacite, *Histoires*, IV, 72-74.
[2] Strabon, IV, 4, 3. — Appien dit (*Guerres civiles*, II, 9) que César avait 10 000 cavaliers gaulois dans son armée.
[3] [Cf. plus haut, p. 64.]

en présence des invasions, le courage personnel ne sert presque de rien. C'est la force des institutions publiques et la discipline sociale qui défendent les nations. Là où le lien politique est trop faible, l'invasion a pour premier effet de désorganiser le corps de l'État, de troubler les esprits, d'égarer les caractères, et dans le désordre qu'elle répand elle est infailliblement victorieuse. C'est ce qui était arrivé à la Gaule au temps des Cimbres et au temps d'Arioviste. Cela se serait reproduit encore si la domination romaine n'avait fait d'elle un corps constitué et solide. Cette domination fut pour les Gaulois le lien, le ciment, la force de résistance[1].

[1] M. P. Viollet a imaginé un système sur les insurrections gauloises. Il est parti d'abord de cette idée préconçue que la Gaule avait dû se révolter fréquemment, énergiquement, unanimement. Pour justifier ces insurrections, il a prétendu que Rome s'était engagée envers les cités fédérées de la Gaule à ne pas leur mettre d'impôts, et que, rompant ces engagements, elle avait levé des impôts considérables. — Tout cela est de pure imagination. — Il y eut, sans doute, quelques cités gauloises qui furent dites fédérées; mais nous ignorons absolument quelles furent les conditions qui leur furent faites; les documents n'en disent pas un mot. Comme on les appela *civitates fœderatæ*, il est permis de supposer qu'un *fœdus* fut conclu entre elles et Rome; encore cela n'est-il pas sûr, et la supposition opposée, à savoir qu'il n'y eut aucun traité, mais un simple titre, est tout aussi acceptable en l'absence de tout document; en tout cas, et en admettant même que César ait conclu un *fœdus* avec chacune de ces cités, M. Viollet seul est assez hardi pour savoir que l'exemption d'impôts y fût contenue, assez hardi ensuite pour affirmer que Rome rompit cet engagement. M. Viollet commet une autre méprise. Il voit, par exemple, qu'un Trévire s'est révolté, et il suppose tout de suite que c'est la cité des Trévires qui s'est révoltée. Il oublie que cet homme était un officier romain, citoyen romain, à peu près étranger à sa cité. Prendre un homme pour toute une cité, alors surtout qu'il s'agit d'une cité gauloise, est une forte erreur. Voir *Académie des inscriptions*, séance du 15 juillet 1887.

M. Mommsen a [de même] beaucoup exagéré l'importance de cette révolution. Il représente « la noblesse celtique formant une vaste conjuration pour renverser la suprématie romaine; les peuplades les plus considérables se joignant aux rebelles, les Trévires se jetant dans les Ardennes, les Éduens et les Séquanes se soulevant à la voix de Julius Sacrovir; enfin ce soulèvement témoignant de la haine encore vivace des Gaulois et

CHAPITRE IX

Que les Gaulois devinrent citoyens romains.

Chez les anciens, la conquête n'avait pas pour effet d'annexer les vaincus au peuple vainqueur. La Gaule devint ce que la langue latine appelait alors une *provincia*, c'est-à-dire un pays subordonné[1]. Elle ne fut pas dans l'État romain, *in civitate romana*, elle fut dans l'Empire, *in imperio romano*.

Parmi les Gaulois, les uns furent déclarés alliés de Rome, *fœderati*, les autres libres, *liberi*, les autres soumis, *dedititii*[2]. Tous se ressemblèrent en ce point qu'ils étaient placés en dehors de l'État romain. Ils étaient à l'égard de Rome des étrangers, *peregrini*[3].

---

surtout de la noblesse contre les dominateurs étrangers) » (traduction, p. 101, texte, p. 73). Aucun de ces traits n'est dans les documents. Les documents ne parlent que du poids des impôts. Ils parlent non de toute la noblesse celtique, mais de quatre personnages seulement, et il se trouve que ces quatre personnages, nés en Gaule, étaient citoyens romains.

[1] Le mot *provincia*, qui prit assez tard une signification géographique, signifia d'abord une mission, un commandement ; il s'appliqua surtout aux commandements exercés sur les peuples vaincus, et c'est pour cela que l'idée de sujétion s'y attacha. Nous reviendrons plus loin sur ce sujet.

[2] Pline, *Histoire naturelle*, III, 4, § 31-37, et IV, 17, § 105-109.

[3] *Peregrinus* s'oppose à *civis*, *peregrinitas* à *civitas*. Cicéron, *In Verrem*, VI, 35 : *Neminem neque civem neque peregrinum*. — Digeste, I, 2, 2 : *Prætor qui Romæ inter peregrinos jus dicebat*. La pérégrinité impliquait une différence, non de domicile, mais de droit. On pouvait habiter Rome, même de père en fils, et y être un pérégrin ; en retour on pouvait habiter Lyon ou Trèves, et y être un *civis romanus*. Voir Cicéron, *Pro Balbo*, 23 ; *De officiis*, III, 11 ; Gaius, *Institutes*, I, 67-70, 79. Ce qui marque bien le sens de la pérégrinité, c'est que le citoyen romain qui était condamné à l'exil devenait aussitôt un pérégrin : *peregrinus fit is cui aqua et igni interdictum est* (Ulpien, XI).

Cela signifiait qu'ils ne faisaient pas partie du peuple romain ; ils n'avaient ni les droits politiques ni les droits civils de cette cité. Ils n'avaient pas la protection des lois romaines. Ils ne pouvaient ni hériter d'un Romain ni léguer à un Romain[1]. Ils n'avaient pas le *commercium*, c'est-à-dire le droit d'acquérir en pleine propriété sur terre romaine[2]. Ils n'avaient pas le droit de mariage avec des Romains, c'est-à-dire qu'une union d'un Romain avec une Gauloise n'eût pas produit d'effets légaux[3] ; le fils qui en serait né aurait, comme pour toute union illégale, suivi la condition de la mère ; il eût été par conséquent un Gaulois, un pérégrin[4]. Le pérégrin n'avait pas le droit de prendre un nom romain[5]. Ces règles n'ont pas été créées par Rome ; elles découlaient de principes qui avaient appartenu à tous les États anciens. Il était dans les idées des hommes d'alors qu'une barrière légale et morale séparât toujours deux peuples ou deux cités.

Ne parlons pas ici d'une politique d'assimilation. Tandis que l'on voit, dans les sociétés modernes, les conquérants employer toute leur habileté à s'assimiler les vaincus, et les vaincus de leur côté repousser aussi longtemps qu'ils peuvent l'union avec les vainqueurs,

---

[1] Gaius, *Institutes*, II, 218 : *Cui nullo modo legari possit, velut peregrino, cum quo testamenti factio non sit.* — Idem, II, 110 ; III, 132, 133.

[2] Ulpien, XIX, 4. L'absence de *commercium* exclut la *mancipatio*, le *dominium ex jure Quiritium* et même l'emploi de certaines obligations solennelles.

[3] Voir sur tout cela Ulpien, V, 4 ; Gaius, I, 56, 67, 78, 92. Quelquefois on accordait le *connubium* à un pérégrin par concession spéciale.

[4] Même, une loi Minicia ajouta à la rigueur de cette règle. Si un pérégrin épousait une *civis romana*, l'enfant restait pérégrin (Ulpien, V, 8).

[5] *Peregrinæ conditionis veluit usurpare romana nomina, duntaxat gentilitia*, Suétone, *Claude*, 25. Il est probable que Claude ne fit ici que faire revivre une ancienne règle.

c'était le contraire dans l'antiquité. Ceux qui supposent que Rome eut la pensée et la conception nette de faire entrer dans son sein les peuples soumis, lui attribuent une idée assez moderne et qu'elle n'eut pas. Quelques esprits élevés purent la concevoir; mais il y a tout au moins une très grande exagération à dire que Rome ait eu une politique constante en ce sens. Ce furent bien plutôt les peuples soumis qui travaillèrent à entrer dans la cité romaine. Rome ne fit que se prêter au désir des peuples. Elle ne s'y prêta même que par degrés et lentement. L'effort, en tout cela, vint des peuples, et non pas de Rome. Ce ne fut pas Rome qui eut pour politique de fondre les Gaulois avec elle; ce furent les Gaulois qui aspirèrent et qui tendirent de toutes leurs forces à s'unir à ceux qui les avaient conquis.

Il faut même remarquer que ce ne furent pas seulement les Gaulois « déditices » qui sentirent l'intérêt de devenir citoyens romains. Ceux qui étaient « fédérés », ceux qui étaient « libres », ceux qui par conséquent continuaient à avoir l'usage de leurs lois nationales, furent les plus empressés. Rome leur permettait de rester Gaulois, ils voulurent être Romains.

L'État romain, à cette époque de l'histoire, n'était plus une république libre. Le titre de citoyen ne conférait donc plus, comme autrefois, le droit d'élire les magistrats et de voter les lois. Les documents montrent pourtant qu'il avait autant de prix aux yeux des hommes et qu'il était autant recherché qu'à l'époque précédente[1]. C'est qu'il assurait la protection des lois romaines. Avec lui, la propriété était garantie; on pou-

---

[1] Dion Cassius, LX, 17 : « Comme les citoyens étaient en toutes choses plus estimés que les pérégrins, beaucoup demandaient le droit de cité. »

vait tester et hériter, contracter et vendre, suivant les formes solennelles et sûres; on avait tous les droits attachés à l'autorité maritale et à la puissance paternelle. Ce titre, outre qu'il flattait la vanité, rehaussait la valeur légale de l'homme. Il fut donc un objet d'ambition. Pendant sept ou huit générations d'hommes, le but de tous les désirs d'un Gaulois ne fut pas de s'affranchir de Rome, mais d'acquérir le droit de cité romaine.

Quand nous disons « droit de cité romaine », il faut tâcher de bien comprendre cela suivant les idées des anciens. Notons d'abord le mot dont ils se servaient. Ils ne disaient pas *jus civitatis* comme nous disons droit de cité[1]. Ils disaient *civitas*. Les expressions usuelles étaient *dare civitatem, donare civitate, adimere* ou *amittere civitatem*. Dans ces expressions il est visible que *civitas* signifie la qualité ou l'état de *civis*, de même que *peregrinitas* signifie l'état de *peregrinus*. Nous pourrions traduire par « citoyenneté ». Or cette observation n'est pas sans importance; nous y apercevons l'idée que les hommes attachaient au mot et à la chose même. Ils y voyaient bien plus qu'un droit s'ajoutant à la personne. Ils y voyaient une situation entière de la personne elle-même, un état nouveau de l'être humain. Passer de la « pérégrinité » à la « citoyenneté romaine », ce n'était pas seulement acquérir un droit de plus, c'était se transformer intégralement. C'était cesser d'être Gaulois et devenir Romain. Ce qu'on appelait « le don de la cité romaine » était ce que nous appellerions aujourd'hui la naturalisation romaine.

[1] Du moins l'expression est rare, et dans les deux ou trois exemples où on la rencontre, il n'est pas bien sûr qu'elle exprime exactement la même idée que le mot *civitas*.

Étudions d'abord comment le changement se fit. Une première remarque est qu'il ne fut pas l'effet d'un effort général et collectif. Ne nous figurons pas la Gaule entière réclamant la citoyenneté romaine au nom d'un principe égalitaire; surtout ne nous la figurons pas s'insurgeant pour l'obtenir. Rien de pareil ne se vit ni en Gaule ni en aucune autre province. L'ambition et les efforts furent individuels. Ce ne fut aussi qu'à des services ou à des mérites personnels que Rome accorda la faveur si désirée.

La concession ne fut d'ailleurs ni très rare ni très difficile. Rome, à cette époque même, échangeait le gouvernement de tous contre le gouvernement d'un seul. Le droit de cité ne fut donc plus décerné par un « peuple » qui eût été intéressé à ne pas augmenter le nombre de ses membres; il le fut par un empereur qui trouva intérêt à se faire d'autres sujets que la plèbe romaine.

César fit citoyens romains beaucoup de Gaulois qui l'avaient servi[1]. Après la guerre civile, « il donna la cité » d'un seul coup aux 4000 ou 5000 Gaulois qui composaient sa légion de l'Alouette[2].

La politique d'Auguste fut de donner la cité romaine à « ce qu'il y avait de plus noble, de meilleur, et de

---

[1] Suétone, *César*, 76 : *Civitate donatos et quosdam e semibarbaris Gallorum recepit in curiam.* Cf. c. 80 : *Illa vulgo canebantur : Galli braccas deposuerunt, latum clavum sumpserunt.* — Cicéron, *Ad familiares*, IX, 15 : *In urbem nostram est infusa peregrinitas, nunc vero etiam braccatis et transalpinis nationibus.* — Idem, *Philippiques*, I, 10 : *Civitas data provinciis universis a mortuo*; mais il est visible que Cicéron exagère ici.

[2] Suétone, *César*, 24 : *Legionem ex transalpinis transcriptam, vocabulo quoque gallico, Alauda enim appellabatur, quam disciplina cultuque romano institutam et ornatam, postea universam civitate donavit.* [Cf. p. 64.]

plus riche dans les provinces[1] ». De cette façon la « cité romaine » resta une faveur toujours précieuse et toujours enviable. Un assez bon nombre de Gaulois l'obtinrent. Les noms de plusieurs d'entre eux nous sont connus[2]. Mais il avait fallu « une grande noblesse », des services rendus, pour l'obtenir[3].

Un peu plus tard, la richesse suffit. Le titre de citoyen romain pouvait s'acheter, comme à d'autres époques on acheta des titres de noblesse. Dion Cassius affirme que beaucoup l'eurent à prix d'argent de l'empereur Claude ou de ses affranchis[4]. »

D'autres y parvinrent par une voie légale. Il y avait, au moins, quatorze cités gauloises qui possédaient ce que le droit public romain appelait la « latinité[5] ». Dans ces cités, il suffisait d'avoir rempli une magistrature municipale pour être de plein droit, en sortant de charge, citoyen romain[6].

---

[1] Cette politique est bien marquée dans le fameux discours de Mécène inséré par Dion Cassius dans son histoire, discours qui, authentique ou non, est considéré universellement comme le vrai programme du régime nouveau. Mécène dit à Auguste : « Τοὺς γενναιοτάτους καὶ τοὺς ἀρίστους καὶ τοὺς πλουσιωτάτους ἐσήγαγε, μὴ μόνον ἐκ τῆς Ἰταλίας ἀλλὰ καὶ παρὰ τῶν ὑπηκόων ἐπιλεξάμενος, etc. Dion Cassius, LII, 19. — Cf. Suétone, *Auguste*, 40 : *Civitatem romanam parcissime dedit.*

[2] Ainsi nous savons que le père de Julius Vindex, Aquitain, était citoyen romain et même sénateur (Dion Cassius, LXIII, 22). Le Trévire Julius Florus, l'Éduen Julius Sacrovir, les Bataves Julius Civilis et Julius Paulus, étaient citoyens romains dès le temps d'Auguste (Tacite, *Annales*, III, 40 ; *Histoires*, I, 59 ; IV, 13). [Cf. p. 72, 74, 79.]

[3] Tacite, *Annales*, III, 40 : *Nobilitas ambobus et majorum bona facta, eoque romana civitas data.* — De même Julius Paulus et Julius Civilis étaient *ex regia stirpe* (*Histoires*, IV, 13).

[4] Dion Cassius, LX, 17.

[5] Quatorze *oppida latina* sont mentionnés par Pline, *Histoire naturelle*, III, 5, entre autres Nîmes, Vaison, Carcassonne, Toulouse. [Cf. les préfaces du *Corpus*, t. XII.]

[6] Sur la *latinitas*, les principaux textes sont : Appien, *Guerres civiles*, II, 26 ; Strabon, IV, 1, 12, édit. Didot, p. 155 ; Gaius, *Institutes*, I, 95-96. Cf. Asconius, *Ad Ciceronis Pisonianam.*

Enfin les hommes purent acquérir « la cité » en servant Rome comme soldats pendant vingt ans[1]. Le Gaulois entrait comme pérégrin dans une cohorte d'infanterie ou dans une *ala* de cavalerie, et après son temps de service il en sortait citoyen romain[2], et ses enfants l'étaient après lui.

Ainsi la population gauloise se transforma peu à peu. La transformation commença par les plus grandes familles, par les hommes les plus considérés dans leurs propres cités, par les plus riches ou les plus braves. Dès le règne de Claude, Tacite constate que dans toute la Gaule les notables des villes possédaient la cité romaine[3]. Beaucoup d'autres l'obtinrent ou l'achetèrent de Galba, qui avait eu besoin de l'appui de la Gaule[4]. Qu'on essaye ensuite de calculer combien de Gaulois entrèrent dans les troupes romaines, et combien d'entre eux revinrent en Gaule comme citoyens; qu'on ajoute à cela que chaque nouveau citoyen faisait lui-même souche de Romains, non seulement par le mariage, mais aussi par l'affranchissement : car les esclaves qu'il faisait libres par les procédés légaux, il les faisait en même temps citoyens romains; et par ces calculs on jugera qu'au bout de deux siècles et demi la majorité de la

---

[1] Ce n'était pas précisément un droit; mais la concession était habituelle, pourvu que le soldat eût obtenu un congé honorable, *honesta missio*. C'est à quoi Gaius fait allusion lorsqu'il dit : *Institutes*, I, 57 : *Veteranis quibusdam concedi solet principalibus constitutionibus connubium cum latinis peregrinisve quas primas post missionem uxores duxerint, et qui ex eo matrimonio nascuntur cives romani fiunt.*

[2] C'est ce qui ressort des diplômes militaires qui nous sont parvenus.

[3] Tacite, *Annales*, XI, 23 : *Primores Galliæ quæ Comata appellatur, civitatem romanam pridem assecuti.*

[4] Tacite, *Histoires*, 8 : *Galliæ obligatæ recenti dono romanæ civitatis.* — Il ne faut pas entendre cela en ce sens que Galba ait donné le droit de cité à la Gaule collectivement ; il le donna à beaucoup de Gaulois; Plutarque, *Vie de Galba*, 18, fait entendre qu'il le vendit.

population libre en Gaule avait cessé d'être gauloise pour devenir romaine.

Alors vint le décret de Caracalla qui déclara que tous les hommes libres dans l'Empire étaient citoyens romains. Les qualifications de pérégrins, de sujets, d'alliés, disparurent. Il n'y eut plus dans l'Empire que des Romains[1].

Dans les premiers temps, le titre de citoyen romain n'avait pas impliqué le droit de parvenir aux magistratures romaines et d'entrer dans le Sénat. En l'année 48 de notre ère, les principaux habitants de la Gaule sollicitèrent ce droit[2]. L'empereur Claude prit leur cause en mains[3], et se chargea de la plaider lui-même dans le sénat. Il montra leur parfaite fidélité, leur inébranlable

---

[1] Ulpien, au Digeste, I, 5, 17 : *In orbe romano qui sunt, ex constitutione imperatoris Antonini, cives romani effecti sunt.* — Dion Cassius, LXXVII, 9 : Ῥωμαίους πάντας τοὺς ἐν τῇ ἀρχῇ αὐτοῦ ἀπέδειξεν. — Novelles de Justinien, LXXVIII, 5 : *Antoninus Pius jus romanæ civitatis, prius ab unoquoque subjectorum petitus et taliter ex iis qui vocantur peregrini ad romanam ingenuitatem deducens, hoc ille omnibus in commune subjectis donavit.* — Saint Augustin, *Cité de Dieu*, V, 17 : *Factum est ut omnes ad imperium romanum pertinentes societatem acciperent romanam et romani cives essent.* — Le prince auteur du décret est celui que l'on a appelé Caracalla, ce qui n'est qu'un simple surnom; ses vrais noms, sur les inscriptions, sont : *Marcus Aurelius Antoninus Lucii Septimi Severi filius* (Orelli, nᵒˢ 452, 951, etc.; cf. Spartien, *Vita Severi*, 10). Dion Cassius ne l'appelle pas autrement qu'Antonin. — Nous n'avons pas le texte de son décret, et il est impossible d'en dire le vrai sens, encore moins le motif. Peut-être Caracalla ne songeait-il, comme le dit Dion Cassius, qu'à étendre à tous quelques impôts sur les affranchissements et sur les successions qui n'avaient frappé jusque-là que les citoyens. Avidité fiscale, humanité, ou calcul politique, la conséquence fut la même.

[2] Tacite, *Annales*, XI, 23 : *Quum de supplendo senatu agitaretur, primoresque Galliæ jus adipiscendorum in Urbe honorum expeterent.*

[3] Claude était né à Lyon ; plusieurs historiens modernes insistent sur ce fait, et peu s'en faut qu'ils ne présentent Claude comme un Gaulois. Claude, né à Lyon, n'en était pas moins né Romain, le *status* ne dépendant nullement du lieu de naissance [cf. p. 85, n. 3]; d'ailleurs Lyon n'était pas une ville gauloise, mais une *colonia civium romanorum*.

attachement à Rome; il ajouta que, par leurs habitudes d'esprit, leurs mœurs, leurs arts, ils étaient devenus Romains; il fit entendre que par leur richesse comme par leurs talents ils feraient honneur au Sénat[1]. Un sénatus-consulte suivit, conforme au discours du prince. Les Gaulois, à commencer par les Éduens, purent être magistrats et sénateurs dans Rome[2].

Les Gaulois passèrent ainsi, sans beaucoup de peine, de la condition de sujets de Rome à celle de membres de l'Empire. A mesure qu'ils entraient dans le vaste corps de la cité romaine, ils prenaient tous les droits, toute la fierté, toutes les ambitions du citoyen. Ils figuraient, suivant leur richesse ou la faveur du prince, au rang des chevaliers[3] ou parmi les sénateurs. Les plus hautes classes de la société romaine leur étaient ouvertes, tous les honneurs et tous les pouvoirs leur étaient accessibles. Ils devenaient volontiers agents du prince, procurateurs, fonctionnaires de l'administration. Ils occupaient les hauts grades dans les armées[4]. Ils gou-

[1] Tacite, *Annales*, XI, 25 : *Continua ac fida pax; jam moribus, artibus, affinitatibus nostris mixti, aurum et opes suas inferant potius quam separati habeant.* — Nous avons une partie du discours authentique de Claude, que Tacite avait abrégé et mis, pour ainsi dire, en sa langue. Voir le texte dans Desjardins, t. III, p. 280 et suivantes.

[2] Tacite, XI, 25 : *Orationem principis secuto patrum consulto, primi Ædui senatorum in Urbe jus adepti sunt.* — Faut-il croire, comme Desjardins, que le sénat eût réduit la concession de l'empereur aux seuls Éduens? Je n'en suis pas bien sûr. Tacite ne dit pas *soli Ædui*. Sa phrase peut s'entendre en ce sens que, le sénatus-consulte ayant autorisé des Gaulois à entrer au sénat, il se trouva que les premiers qui y entrèrent furent des Éduens, ceux de la Narbonnaise étant mis à part. Cette province fournissait déjà des sénateurs à Rome.

[3] Orelli, n°° 313, 2489, 3840 [*Corpus*, XII, p. 918]. — Boissieu, *Inscriptions de Lyon*, p. 260, mentionne un *Veromanduus* qui est *eques romanus*. — D'autres inscriptions mentionnent des Gaulois qui furent *allecti in amplissimum ordinem inter quæstorios* ou *inter prætorios* (Herzog, *Appendix*, n°° 17 et 512) [*Corpus*, XII, n°° 4354 et 1783].

[4] Valérius Asiaticus qui fut deux fois consul, Vindex qui fut gouverneur

vernaient les provinces. Un Romain pouvait sans exagération dire à un Gaulois : « Vous partagez l'Empire avec nous : c'est souvent vous qui commandez nos légions, vous qui administrez nos provinces; entre vous et nous il n'y a aucune distance, aucune barrière¹. »

A partir de ce moment, les habitants de la Gaule cessèrent de s'appeler Gaulois et s'appelèrent Romains. Le nom de Gaule resta dans la langue comme expression géographique; celui de Gaulois fut encore employé quand il s'agit de distinguer cette population de celle des autres parties de l'Empire, de la même façon que nous employons les noms de Normands, Bourguignons, ou Provençaux; mais le vrai nom national fut pour tous celui de Romains².

Une chose surprend d'abord dans les documents du vᵉ siècle. Salvien appelle du nom de Romains ses compatriotes gaulois³. Une chronique désigne les habitants du bassin de la Seine par le terme de Romains⁴. On voit au temps de Clovis un homme qui est né en Gaule, Syagrius, et qui ne commande qu'à des Gaulois, s'inti-

---

de province, étaient nés en Gaule. D'autres Gaulois, Classicus, Tutor, Sabinus, avaient des commandements. Tacite, *Histoires*, IV, 61, parle de centurions et de tribuns qui sont nés en Gaule. [Cf. p. 72, 74 et 79.]

¹ Discours de Cérialis aux Gaulois, dans Tacite, *Histoires*, IV, 74 : *Ipsi plerumque legionibus nostris præsidetis; ipsi has aliasque provincias regitis; nihil separatum clausumve.*

² C'est ainsi que dans Ammien (XIX, 6) les mêmes soldats sont appelés Gaulois et Romains : Gaulois pour les distinguer des autres troupes de l'armée, Romains vis-à-vis de l'ennemi.

³ Salvien, *De gubernatione Dei*, liv. V : *Unum illic Romanorum omnium votum est.*

⁴ Grégoire de Tours, *Historia Francorum*, II, 9 : *In his partibus usque Ligerim fluvium habitabant Romani; ultra Ligerim Gothi.* — L'auteur de la Vie de saint Sigismond (dom Bouquet, t. III, p. 402) appelle la population indigène, *Romani Galliarum habitatores*.

tuler chef des Romains¹. C'est que ce nom appartenait officiellement et depuis longtemps à toute la population de la Gaule² comme à celle de toutes les provinces de l'Empire. Elle a continué à le porter, même après que l'Empire avait disparu³. Le titre de citoyen romain se retrouve encore, comme un titre d'honneur, dans des actes authentiques du vii° siècle⁴, et la langue du pays s'appela longtemps la langue romane ou le roman⁵.

Durant cinq siècles, le patriotisme des Gaulois fut l'amour de Rome. Déjà au temps de Tacite on avait remarqué qu'ils aimaient Rome autant que pouvaient l'aimer les Romains de naissance⁶. Ce sentiment ne fit que se fortifier dans leurs âmes. Ils étaient attachés à l'Empire romain comme on est attaché à sa patrie. L'intérêt de la Gaule et l'intérêt de Rome se confondaient dans leur pensée. Un de leurs poètes s'écriait en

---

¹ Αἰγίδιος ἀνὴρ ἐκ Γαλατῶν, dit l'historien Priscus (dom Bouquet, t. I, p. 608); *Ægidius ex Romanis*, dit Grégoire de Tours (II, 11); les deux expressions étaient synonymes. — *Syagrius, Ægidii filius, Romanorum rex* (Grégoire de Tours, II, 27); dans cette phrase, le mot *Romanorum* désigne la population sur laquelle régna quelque temps Syagrius, c'est-à-dire la population entre Loire et Somme.

² Le Code des Burgondes et celui des Wisigoths désignent toujours la population indigène par le mot *Romani*.

³ Frédégaire, qui écrit au vii° siècle, appelle encore *Romani* la population indigène.

⁴ *Intromissus in ordine civium romanorum ingenuum se esse cognoscat*. Formules usitées dans l'Empire des Francs, édit. E. de Rozière, n° 96. Cf. n°⁸ 64, 66, 76, 85.

⁵ *Lingua romana* (Nithard, III, 5). Ce qu'il faut bien remarquer, c'est que cette expression, que l'on rencontre fréquemment au moyen âge, ne désigne jamais la langue latine. On lit dans le poème de Garin que « plusieurs entendent mieux roman que latin », et dans une chronique du xii° siècle, *de latino vertit in romanum*. Le roman était la langue que la Gaule parlait. — D'ailleurs, les Espagnols, qui étaient devenus aussi Romains que les Gaulois, ont aussi appelé leur langue le roman, et la langue des Grecs de Constantinople s'appelle encore le romaïque.

⁶ Tacite, *Annales*, XI, 24 : *Nec amore in hanc patriam nobis concedunt.*

s'adressant à Rome : « Tu es la patrie unique de tous les peuples[1]. »

On a dit que la Gaule avait essayé à plusieurs reprises de se séparer de Rome. Il n'y a ni un seul fait avéré ni un seul texte authentique qui montre que la population gauloise ait eu cette pensée. Quelques usurpations de chefs militaires, quelques récriminations au sujet des impôts, quelques attaques du clergé chrétien contre une autorité encore païenne, ne prouvent nullement que la Gaule ait jamais eu la haine de Rome[2]. Il est incontestable que le lien entre Rome et la Gaule ne fut pas brisé par la volonté des Gaulois; il le fut par les Germains. Encore verra-t-on dans la suite de ces études que la population gauloise garda tout ce qu'elle put de ce qui était romain, et qu'elle s'obstina à rester aussi romaine qu'il était possible de l'être.

CHAPITRE X

De la transformation de la Gaule sous les Romains.

1° SI UNE POPULATION LATINE EST ENTRÉE EN GAULE.

Quand la Gaule fit partie de l'Empire romain, on la vit renoncer à sa religion, à ses coutumes, à sa langue, à son droit, à ses noms même, pour adopter la

---

[1] Rutilius, I, 62 : *Fecisti patriam diversis gentibus unam.* — Sidoine Apollinaire (*Lettres*, I, 6) appelle Rome, *unica totius mundi civitas*, et il ajoute : *Domicilium legum, gymnasium litterarum, curiam dignitatum, verticem mundi, patriam libertatis, in qua unica totius orbis civitate soli barbari et servi peregrinantur.*

[2] Nous examinerons ce point un peu plus loin.

langue, les noms, la religion, le droit et les habitudes des Romains.

Pourtant la population et la race ne furent pas modifiées. Il n'y eut ni émigration des Gaulois ni introduction de beaucoup d'Italiens. On voudrait calculer ce qu'il entra de sang latin dans le pays. D'une part, il est avéré que neuf colonies romaines y furent fondées : Narbonne, Arles, Béziers, Orange, Fréjus, Vienne, Lyon, Valence, Nyon, et sur le Rhin Cologne[1]. Ce ne serait donc qu'un petit nombre de villes. Mais il faut encore faire attention que ces villes n'ont pas été fondées et peuplées par les nouveaux colons. Elles existaient auparavant. Elles étaient déjà des centres importants sous les Gaulois[2]. Les nouveaux venus ne chassèrent

---

[1] Il est impossible, à notre avis, de déterminer d'une manière absolument sûre le nombre des colonies romaines en Gaule. Nous n'avons nommé que celles qui sont certaines. Quelques autres villes, Aix, Toulouse, Carcassonne, Nîmes, Avignon, Vaison, Apt, sont parfois qualifiées colonies ; mais il ne semble pas qu'elles fussent des *coloniæ deductæ*, c'est-à-dire véritablement composées de colons venus du dehors. Il y a des raisons de penser que pour ces villes le terme *colonia* était un simple titre, et qu'il existait des colonies fictives comme il existait des Latins fictifs, un sol italique fictif. [Cf. Hirschfeld, préface du *Corpus inscriptionum latinarum*, t. XII, p. xii, et les chapitres relatifs à chaque ville.]

[2] Par exemple, Narbonne est déjà mentionnée comme ville importante par Hécatée de Milet (*Fragments*, édit. Didot, t. I, p. 2) ; elle est surtout signalée par Polybe, avant toute conquête romaine, et Polybe déclare qu'elle est l'une des trois villes les plus importantes de la Gaule (liv. XXXIV, c. 6 et 10, édit. Didot, t. II, p. 111 et 116). Une colonie romaine y fut envoyée en 118 avant notre ère, conduite par Licinius Crassus (Cicéron, *Brutus*, 43) ; une nouvelle colonie y fut conduite vers l'an 46 par l'ordre et sous le nom de César (Suétone, *Tibère*, 4) ; la ville prit alors les noms qu'on lui voit dans les inscriptions, *Colonia Julia Paterna Narbo Martius Decumanorum*. — Arles, *Arelate*, antérieurement *Theline*, était une ancienne ville de commerce où une colonie romaine fut conduite au temps de César (Suétone, *Tibère*, 4 ; Pline, *Hist. nat.*, III, 5, 36 ; Strabon, IV, 1, 7). Elle prit les noms de *Colonia Julia Paterna Arelate Sextanorum*. — Vienne était depuis longtemps le chef-lieu des Allobroges (Strabon, IV, 1, 11, édit. Didot, p. 154) ; elle reçut des colons romains

pas non plus les habitants; ils s'établirent au milieu d'eux. Nous n'avons aucun renseignement sur le chiffre des colons, mais il est probable qu'ils étaient peu nombreux[1]. En sorte que, même dans les colonies, les colons ne formaient qu'un appoint à la population : ils n'étaient pas la population même. Il faut encore ajouter que ces colons « citoyens romains » n'étaient pas des Romains de race. Presque tous étaient d'anciens soldats de César, et nous avons déjà vu que César les avait recrutés dans la Gaule cisalpine et la Gaule narbonnaise[2].

Ainsi les colonies, ou ce qu'on appelait de ce titre,

---

vers l'an 46; encore ces colons n'y restèrent-ils pas; ils furent chassés, au moins en partie, par les indigènes; et pourtant la cité conserva le titre et les droits de colonie romaine. — Lyon fut une ville toute nouvelle. Le terme *Lugudunum* est ancien, mais ce terme ne prouve pas à lui seul, et à défaut de tout autre renseignement, qu'il ait existé là une ville. Le Lyon des Romains ne fut au surplus qu'une petite ville, toute entière sur la rive droite de la Saône, à Fourvières, et resserrée d'ailleurs par le territoire tout voisin des Ségusiaves. Son nom était *Colonia Copia Claudia Augusta Lugudunum*. — La ville de Cologne, *Colonia Claudia Augusta Agrippinensis*, ne fut pas autre chose que l'ancien *oppidum Ubiorum* (Tacite, *Annales*, I, 36 ; *Histoires*, I, 56 ; IV, 20, 25, 28); cette ville germaine devint colonie romaine au temps de Claude, moins par l'intrusion d'une population nouvelle que par la transformation de ses Ubiens en Romains. C'est ce que dit Tacite, *Histoires*, IV, 28 : *Ubii, gens germanicæ originis, ejurata patria, Romanorum nomen Agrippinenses vocati sunt*.

[1] C'est ainsi que nous voyons les colons de Vienne être chassés par les indigènes, et cela pour une querelle toute locale où Rome ne jugea pas à propos d'intervenir. — Desjardins, II, p. 294, pense que la colonie ne comprenait en général que 300 familles; c'est une conjecture assez vraisemblable.

[2] Les noms officiels que portaient ces colonies montrent que Narbonne était composée de *decumani*, Béziers de *septimani*, Fréjus d'*octavani*, c'est-à-dire de vétérans de la 10e, de la 7e, de la 8e légion. De même Orange fut colonisée par des hommes de la 2e légion, Arles par des hommes de la 6e. — M. Mommsen a pensé que ces adjectifs *decumanorum*, *septimanorum*, étaient des titres purement honorifiques en l'honneur de telle ou telle légion. Il objecte que ces légions ne purent pas être envoyées en colonies l'an 46, puisqu'on les voit figurer dans les combats de l'année

n'introduisirent que fort peu de sang latin en Gaule. Quant aux fonctionnaires de l'Empire qui y vinrent successivement durant cinq siècles, ils ne faisaient qu'y passer et ne s'y établissaient pas. La Gaule ne vit pas non plus de garnisons romaines s'installer à demeure au milieu d'elle. Les huit légions étaient cantonnées uniquement dans la région du Rhin, et il ne faut pas croire d'ailleurs que ces légions fussent composées d'Italiens.

De ces vérités découle une conclusion légitime : ce n'est pas l'infusion du sang latin qui a transformé la Gaule. Est-ce la volonté de Rome? Les Romains ont-ils eu la pensée fixe et précise de transformer la Gaule? Il n'y a ni un texte ni un fait qui soit vraiment l'indice d'une telle pensée. Les historiens modernes qui attribuent à Rome cette politique, transportent nos idées d'aujourd'hui dans les temps anciens et ne voient pas que les hommes avaient alors d'autres idées. Que l'antique exclusivisme des cités eût disparu, cela est certain ; que Rome n'ait pas tenu à maintenir les vieilles barrières entre les peuples, cela est son honneur ; mais il ne faut pas aller plus loin et lui imputer la volonté formelle de s'assimiler la Gaule. Il aurait été contraire à toutes les habitudes d'esprit des anciens qu'un vainqueur exigeât des vaincus de se transformer à son image. Ni le sénat ni les empereurs n'eurent pour programme politique et ne donnèrent pour mission à leurs fonctionnaires de romaniser les provinciaux. Si la Gaule s'est transformée, ce n'est pas par la volonté de Rome, c'est par la volonté des Gaulois eux-mêmes.

suivante. Aussi ne disons-nous pas que toute la dixième légion fut envoyée à Narbonne, toute la septième à Béziers. Nous ne pensons pas qu'il y ait eu plus de quelques centaines de vétérans de chaque légion. [Cf. Hirschfeld, p. xii, 152, 83, 511 et 521.]

2° QUE LES GAULOIS ONT RENONCÉ A LEURS NOMS GAULOIS.

Une chose étonne au premier abord : à partir du temps où la Gaule est conquise, presque tous les noms de Gaulois qui nous sont connus sont des noms latins.

Dans Tacite nous trouvons un Aquitain qui s'appelle Julius Vindex, un Éduen Julius Sacrovir, les Trévires Julius Florus, Julius Classicus, Julius Indus, Julius Tutor, Julius Valentinus, le Lingon Julius Sabinus, le Rème Julius Auspex, le Santon Julius Africanus, les Bataves Julius Civilis, Julius Maximus, Claudius Victor, Julius Paulus[1].

Dans les inscriptions, c'est par centaines que nous trouvons des noms tout romains. Dans la Viennoise, nous voyons Sextus Valérius Mansuétus, Lucius Valérius Priscus, Marcus Junius Certo, Sextus Valérius Firminus[2]. Dans le pays de Grenoble, les noms sont Marcus Titius Gratus, Sextus Vinicius Julianus, Quintus Scribonius Lucullus; des femmes s'appellent Julia Gratilla, Vinicia Véra, Pompéia Sévéra[3]. Une femme qui se dit Allobroge porte le nom de Pompéia Lucilla[4]. Dans la Narbonnaise, nous trouvons un Marcus Livius, un Cornélius Métellus, un Appius Claudius, un Caius Manlius, un Caius Cornélius Celsus, et beaucoup d'autres noms semblables, sans qu'il y ait à penser que tant de noms appartiennent au très petit nombre de colons italiens

---

[1] Tacite, *Annales*, III, 40, 42; *Histoires*, IV, 33, 55, 68, 69.
[2] Allmer, *Antiquités de Vienne*, n°⁵ 90, 95, 97, 105, 117. [Voyez la liste complète des noms conservés dans les inscriptions des provinces du Sud dans les tables du *Corpus*, t. XII.]
[3] Ibidem, n°⁵ 490, 492, 499, 508.
[4] Ibidem, n°⁵ 1965, t. IV, p. 466 [*Corpus*, XII, n° 1531].

qui ont pu venir dans le pays[1]. Dans le pays des Bituriges Vivisques (le Bordelais d'aujourd'hui) la plupart des noms sont latins : c'est Publius Géminus, Titus Julius Sécundus, Caius Julius Florus, Caius Octavius Vitalis, Julius Avitus, Lucius Julius Solemnis, Julius Lupus, Caius Julius Sévérus[2]; un Aulus Livius Vindicianus a pour fils Livius Lucaunus et pour petite-fille Nammia Sulla[3]. Nous connaissons par leurs inscriptions funéraires deux Séquanes qui s'appellent Lucius Julius Mutacus et Quintus Ignius Sextus[4], un autre Séquane qui s'appelle Quintus Julius Sévérinus[5]. Un habitant du Périgord, Caius Pompéius Sanctus, a pour fils Marcus Pompéius Libo et pour petit-fils Caius Pompéius Sanctus[6]. Un habitant du Limousin, Quintus Licinius Tauricus, a pour fils Quintus Licinius Vénator[7]. Un habitant du Poitou s'appelle Lucius Lentulus Censorinus, et un Arverne Caius Servilius Martianus[8]. Un Bellovaque s'appelle Mercator, un Véromanduen Latinus, un Suession Lucius Cassius Melior[9]. Des habitants du pays d'Amiens s'appellent Lucius Ammius Silvinus et Sabinéius Censor[10]. Dans l'Helvétie nous trouvons les noms de Marcus Calpurnius Quadratus, Antonius Sévérus,

---

[1] Lebègue, *Épigraphie de Narbonne*, n°° 394, 412, 633, 634, 644, 658, 766, etc. [Hirschfeld, p. 521].

[2] Jullian, *Inscriptions de Bordeaux*, n°° 9, 10, 12, 15, 17, 20, 75, 90, 101, 133, 135, 139, etc.

[3] Ibidem, n° 154.

[4] Ibidem, n° 56.

[5] Spon-Renier, p. 157.

[6] Aug. Bernard, *le Temple d'Auguste*, p. 74.

[7] Mommsen, *Annales de l'institut archéologiq*. 1853, p. 60.

[8] Spon-Renier, p. 367 ; Aug. Bernard, *le Temp d'Auguste*, p. 66.

[9] Allmer, n° 534 [*Corpus*, XII, n° 1922]; Wilm ns, n° 2218 ; *Bulletin de la Société des antiquaires*, 1881, p. 119

[10] Jullian, *Inscriptions de Bordeaux*, n° 60; Mo nsen, *Inscriptiones helveticæ*, n° 43.

Quintus Silvius Perennis, Latinius, Publius Cornélius Amphio, Marcus Silanus Sabinus, et beaucoup d'autres semblables[1]. Tout au nord de la Gaule, un Ménapien s'appelle Pompéius Junius[2], un Trévire s'appelle Léo et sa femme Domitia[3]; d'autres Trévires se nomment Domitius, Marcus Aurélius Maternus, Sextilius Sécundinus, et leurs femmes Alexandria Prudentia, Primula Saturna[4]. Dans les territoires de Cologne, de Juliers, de Coblentz, les noms sont Lucius Vicarinius Lupus, Caius Sécundinus Adventus, Appius Sévérus, Vérécundina Quiéta, Pétronia Justina, Caius Vespérianus Vitalis, Lucius Cassius Vérécundus, Titus Julius Priscus, Censorina Faustina[5]. Nous n'en citons qu'une faible partie.

A côté de ces noms latins si nombreux nous apercevons un petit nombre de noms gaulois. Tacite en mentionne un, celui de Maric; les inscriptions citent Épostérovid, Otuaneunus[6], Coinagos, Smertulitanos[7], Togirix[8], Divixta[9], Durnacus, Comartiorix, Solimarus, Ivorix, Adbuciétus, Atioxtus[10], Beccus, Dubnacus[11], Gérémaros, Épadatextorix[12], et quelques autres[13].

---

[1] Mommsen, *Inscriptiones helveticæ*, nᵒˢ 1, 24, 27, 42, 46, 92, 125, 138, 187, etc.
[2] Jullian, n° 64.
[3] Idem, n° 61.
[4] Brambach, *Inscriptiones Rheni*, nᵒˢ 779, 783, 793, 825, etc.
[5] Idem, nᵒˢ 349, 350, 352, 415, 418, 450, 594, 595, 596, 598, 599, 600, 714.
[6] Inscription trouvée à Saintes, dans Aug. Bernard, *le Temple d'Auguste*, p. 75.
[7] Brambach, nᵒˢ 891, 1230.
[8] *Inscriptiones helveticæ*, n° 139.
[9] *Bulletin épigraphique de la Gaule*, p. 137.
[10] Jullian, *Inscriptions de Bordeaux*, nᵒˢ 19, 201, 215, 228, 244, 249.
[11] Allmer, nᵒˢ 512 et 570 [*Corpus*, XII, nᵒˢ 2514 et 2356].
[12] Idem, t. III, p. 128; Desjardins, *Géographie de la Gaule*, t. II, p. 476.
[13] [Il est bon cependant d'avouer que le nombre de ces noms gaulois s'accroît chaque jour.]

Non seulement les noms latins sont beaucoup plus nombreux, mais on doit remarquer que les noms gaulois appartiennent aux cent cinquante premières années. Plus on avance, plus les noms sont latins[1]. S'il subsiste quelques noms à radical gaulois, ils ont pris une forme latine. Il ne faudrait pas supposer que les hommes qui portent des noms latins et ceux qui portent des noms gaulois représentent deux sentiments opposés et pour ainsi dire deux partis dans la population. Nous voyons les noms des deux langues alterner dans une même famille. Deux frères s'appellent, l'un Publius Divixtus, l'autre Publius Sécundus[2]. Un père s'appelle Atépomar et son fils Caius Cornélius Magnus[3]. Ailleurs, c'est le père qui porte le nom romain de Gémellus et c'est le fils qui a le nom gaulois de Divixtos[4]. Très souvent la même personne porte un nom gaulois et un nom romain, ignorant peut-être que l'un est gaulois et l'autre romain ; c'est ainsi que nous trouvons un Julius Divixtus, un Vestinus Onatédo, une Julia Nerta, une Julia Bitudaca, une Publicia Carasoua, un Lucius Solimarius Sécundinus, un Caius Meddignatius Sévérus[5]. Ce qui est surtout digne d'attention, c'est qu'au lieu de ne porter qu'un nom comme les anciens Gaulois, les hommes en viennent tous à prendre trois noms, comme les Romains. Peu importe que parmi ces trois noms il y ait parfois un nom à radical gaulois ; la dénomination de l'homme n'en est pas moins essentiellement romaine.

---

[1] Au IV° siècle, tous les Gaulois que nomme Ausone portent des noms latins.
[2] Jullian, *Inscriptions de Bordeaux*, n° 165.
[3] *Revue archéologique*, t. XI, p. 420.
[4] Jullian, *Inscriptions de Bordeaux*, n° 2.
[5] Idem, n°ˢ 58, 62, 118, 128, 162 ; Brambach, n° 1330.

Il est donc avéré que, sauf de rares exceptions, la race gauloise a renoncé à ses noms pour adopter ceux de ses vainqueurs. Ceux qui ont attribué cela à la servilité ou à la légèreté des Gaulois auraient bien dû faire attention que le même fait s'est produit en Espagne, en Afrique, en Asie, quelquefois en Grèce, en Mésie, en Pannonie, et qu'on en trouve des exemples même chez les Germains[1] et les habitants de la Grande-Bretagne. Il faut donc chercher à ce fait une cause plus sérieuse.

La principale raison est que les Gaulois sont devenus citoyens romains. S'ils ne l'eussent été, une loi leur interdisait de prendre des noms de famille romains[2]. Le devenant, ils étaient autorisés à les prendre, et c'était même pour eux une sorte d'obligation. L'usage était que chaque nouveau citoyen prît le nom de famille, *nomen gentilitium*, et même le prénom de celui qui lui avait conféré la qualité de citoyen[3].

De même que l'esclave qui entrait dans la société

---

[1] Nous voyons dans une inscription un personnage *natione Germanus* qui s'appelle Julius Regulus (Jullian, n° 65). — Des Bataves, qui étaient Germains, s'appelaient Julius Civilis, Claudius Victor, Julius Florus. — Le frère d'Arminius, qui avait servi sous Tibère et était resté fidèle à Rome, s'appelait Flavus (Tacite, *Annales*, II, 9) et son fils s'appelait Italicus (II, 16). Le même nom d'Italicus fut porté ensuite par un roi suève très ami des Romains (Tacite *Histoires*, III, 5).

[2] Suétone, *Claude*, 25 : *Peregrinæ conditionis homines vetuit usurpare romana nomina, duntaxat gentilitia*. — Ainsi les Gaulois n'auraient pu s'appeler ni Julius, ni Servilius, ni Licinius, ni Valérius. On a une lettre de l'empereur Claude qui, confirmant à une petite population le droit de cité romaine, ajoute : *Nominaque ea quæ habuerunt antea tanquam cives romani, ita habere his permittam*. En permettant à ces hommes de rester citoyens romains, il leur conserve les noms qu'ils ont pris quand ils le sont devenus (Wilmanns, n° 2842, t. II, p. 253).

[3] Ainsi un Trogus fait citoyen romain par Cnéius Pompée s'appelle désormais Cnéius Pompéius Trogus. Un Éduen, nommé Vercundaridub, fait citoyen par Caius Julius César, s'appelle Caius Julius Vercundaridubius (Tite Live, *Epitome*, 150).

libre prenait le nom de celui qui l'avait fait libre, de même celui qui entrait dans la société romaine prenait le nom de celui qui l'avait fait Romain [1]. Il y avait là une sorte de génération à une existence nouvelle, et l'esprit des hommes y voyait une véritable paternité.

Nous trouvons un exemple frappant de cet usage avant même le temps de César. Un Gaulois de la Narbonnaise nommé Cabur avait reçu la cité romaine par don du proconsul Caius Valérius Flaccus [2]. Il s'appela dès lors Caius Valérius Caburius, ne gardant plus son ancien nom gaulois que comme *cognomen*. Son fils abandonna même ce *cognomen* gaulois, qui n'était pas héréditaire, et il s'appela Caius Valérius Procillus [3].

Voici un autre exemple d'une époque un peu postérieure. Une inscription nous donne les quatre générations successives d'une même famille, qui était du pays de Saintes. Le premier, qui appartient peut-être au temps de l'indépendance, ou en est peu éloigné, porte un nom gaulois: il s'appelle Épostérovid. Son fils doit

---

[1] Cette règle, qui n'était sans doute pas inscrite dans les lois, et qui était moins dans les lois que dans les mœurs, nous est signalée par Dion Cassius, qui y fait allusion. L'auteur dit (LX, 17) que plusieurs provinciaux, ayant obtenu le droit de cité de l'empereur Claude et n'ayant pas pris son nom, furent mis en accusation pour ce fait. Il loue comme un trait de bonté du prince de ne les avoir pas condamnés.

[2] C. Valérius Flaccus fut proconsul de Narbonnaise en 83 avant notre ère : cela résulte d'une phrase de Cicéron, *Pro Quinctio*, 7 : *Confugit ad C. Flaccum imperatorem qui tunc erat in provincia*, rapprochée du chapitre 6 qui donne la date : *Scipione et Norbano consulibus*, c'est-à-dire 671 de Rome ou 83 av. J.-C.

[3] César, *De bello gallico*, I, 47 : *Commodissimum visum est Gaium Valerium Procillum C. Valerii Caburi filium, summa virtute et humanitate adulescentem, cujus pater a Gaio Valerio Flacco civitate donatus erat.* — La suite du passage montre que ce C. Valérius Procillus savait la langue latine comme citoyen romain, mais qu'il n'avait pas désappris la langue gauloise. Elle montre encore que cet homme servit fidèlement César; c'était son devoir, puisqu'il était citoyen romain.

apparemment à César ou à Auguste le droit de cité; aussi a-t-il pris le nom de Caius Julius et il a gardé un *cognomen* qui paraît gaulois, celui de Gédémon. Le petit-fils s'appelle Caius Julius Otuaneunus. Ainsi le nom de Julius est définitivement le nom patronymique, le *gentilitium*; le nom gaulois n'est plus qu'un surnom. Enfin, l'arrière-petit-fils abandonne ce surnom même, et nous le voyons s'appeler Caius Julius Rufus[1].

Comme un très grand nombre de Gaulois reçurent le droit de cité de César (*C. Julius Cæsar*) ou d'Auguste (*C. Julius Cæsar Octavianus*), de Tibère (*Tiberius Claudius Nero*), de Claude (*Tib. Claudius Nero*), ou de Galba (*Serv. Sulpicius Galba*), il arriva naturellement qu'un nombre incalculable de Gaulois prirent les noms de famille de ces princes et s'appelèrent Julius, Claudius ou Sulpicius.

Adopter un nom romain n'était pas un signe de servilité : c'était la conséquence naturelle et presque obligatoire de l'entrée dans la cité romaine. En passant des rangs du peuple gaulois dans les rangs du peuple romain, l'homme prenait un nom romain.

Il était inscrit aussi dans l'une des trente-cinq tribus romaines[2]. Lorsqu'il mourait, on gravait sur sa tombe une inscription comme celles-ci : Caius Craxsius Voltinia Hilarus, Caius Pompéius Quirina Sanctus[3]. Ces hommes

---

[1] Aug. Bernard, *le Temple d'Auguste*, p. 75; Boissieu, *Inscriptions de Lyon*, p. 96 : *C. Julius C. Juli Otuaneuni filius, C. Juli Gedemonis nepos, Eposterovidi pronepos, sacerdos Romæ et Augusti.*

[2] Au moins jusqu'au temps de Caracalla. L'usage d'inscrire dans les tribus cessa vers cette époque. Les inscriptions nous apprennent qu'Arles était de la tribu *Teretina*, Nîmes de la tribu *Voltinia*, Bordeaux de la tribu *Quirina*, etc., etc.

[3] Mommsen, *Inscriptiones helveticæ*, n° 95 [*Corpus*, XII, n° 2622]; Aug. Bernard, *le Temple d'Auguste*, p. 74; Allmer, n° 490.

avaient été fiers de porter trois noms comme les Romains, et fiers aussi d'être inscrits dans la tribu Voltinia ou dans la tribu Quirina.

Une autre source de tant de noms romains en Gaule fut l'affranchissement. Lorsqu'un esclave recevait la liberté, il prenait dès ce jour le nom de famille et le prénom du maître qui l'affranchissait [1], et il gardait son propre nom d'esclave comme *cognomen*. Ainsi un esclave qui s'était appelé Mysticus et qui est affranchi par son maître Titus Cassius, s'appelle désormais Titus Cassius Mysticus. Cette règle romaine fut parfaitement suivie en Gaule. C'est pour cela que nous trouvons des hommes qui s'appellent Publius Cassius Hermutio, Publius Cornélius Amphio, Sextus Attius Carpophorus, Titus Spurius Vitalis, Caius Albucius Philogenes, Sextus Julius Philargurus [2]. Les fils d'affranchis rejetaient le *cognomen* qui venait de la servitude, et gardaient le nom patronymique. Beaucoup de ces Gaulois que nous voyons s'appeler Cornélius, Pompéius, Julius, Cassius, descendaient d'anciens esclaves affranchis. Comme les empereurs possédaient dans toutes les provinces, sur leurs domaines, un nombreux personnel d'esclaves, ils firent aussi de nombreux affranchis. Les affranchis de Néron s'appelèrent Claudius, ceux de Vespasien Flavius, ceux d'Hadrien Ælius, ceux de Marc-Aurèle Aurélius. Ces noms furent fréquents en Gaule. Ainsi les plus

---

[1] Nous donnons ici la règle générale ; il y a quelques exceptions, mais elles sont rares. Quelquefois le *manumissor* est autre que le maître. Parfois encore le maître, par déférence pour un ami, donne à l'affranchi le nom de cet ami.

[2] Allmer, *Antiquités de Vienne*, nos 199, 201, 205, 206, 258 ; Mommsen, *Inscriptiones helveticæ*, nos 92, 128. Les noms tirés du grec indiquent toujours d'anciens esclaves ; un ingénu romain porterait toujours un *cognomen* romain.

grands noms de Rome se trouvèrent portés par des milliers de Gaulois. Ce n'était pas une usurpation : les hommes obéissaient à une règle. Encore faut-il noter que ces esclaves, que nous voyons affranchis en Gaule, ne sont pas tous des Gaulois; ils peuvent aussi bien être nés en Espagne, en Grèce, en Afrique; mais tous sans distinction reçoivent le nom du maître, et comme les maîtres portent des noms romains, les noms romains se répandent à foison.

Dans ces temps-là, les noms ne représentent pas la filiation naturelle. Ils représentent la filiation sociale. Celui qui a fait d'un pérégrin un citoyen, ou d'un esclave un homme libre, celui-là est un père et donne son nom. Les noms ne sont nullement un indice de race; nous ne devons pas perdre de vue que l'idée de race n'occupe aucune place dans les esprits de ce temps, et nous pouvons presque affirmer qu'elle en est absente.

Nous voyons encore, dans l'histoire de la Gaule à cette époque, que les villes prirent des noms romains. Ce fait a été rapproché du précédent et a paru lui ressembler. Un peu d'attention montre qu'il en diffère essentiellement. D'abord, le nombre des villes qui prirent des noms latins fut relativement peu considérable. J'en vois [surtout] dans la Gaule du Centre et du Nord[1]. Il faut remarquer d'ailleurs que ces noms ne furent, le

---

[1] Ces noms nouveaux sont [entre autres] : *Augusta Suessionum*, Soissons; *Augusta Veromanduorum*, Saint-Quentin; *Augusta Treverorum*, Trèves; *Augustodunum Æduorum*, Autun; *Cæsaromagus Belloracorum*, Beauvais; *Cæsarodunum Turonorum*, Tours; *Juliomagus Andecavorum*, Angers; *Juliobona Caletarum*, Lillebonne; *Augustobona Tricassium*, Troyes; *Augustonemetum*, Clermont; *Augustodunum*, Bayeux, etc. — Ajouter *Augusta Nemausus*, *Augusta Auscorum*, *Augusta Rauracorum*. Plus tard Cularo, étant érigée en cité, s'appellera *Gratianopolis* à partir de Gratien, mais garde encore son nom de Cularo dans la *Notitia dignitatum*.

plus souvent, que de simples épithètes ajoutées au nom ancien du peuple gaulois. Ainsi la capitale des Suessions s'appela *Augusta Suessionum*, celle des Trévires *Augusta Trevirorum*, celle des Bellovaques *Cæsaromagus Bellovacorum*. Ces noms étaient considérés comme des titres d'honneur, et les Gaulois croyaient certainement recevoir une grande faveur en obtenant le droit de les porter[1].

Mais, à côté de quelques épithètes ou de quelques noms nouvellement introduits, nous ne devons pas méconnaître un fait bien plus important, parce qu'il est général et sans exception, à savoir que tous les noms de peuples subsistèrent. C'est là ce que Rome aurait détruit si elle avait eu la volonté de détruire les souvenirs de l'ancienne Gaule. Elle n'y toucha pas.

Or ce n'est pas seulement dans la langue du peuple, ainsi qu'on l'a dit, que ces noms gaulois subsistèrent. Prenez les inscriptions. Elles représentent assez bien la langue officielle, puisque les unes sont l'œuvre privée d'hommes de la haute classe et même de fonctionnaires, et que les autres ont été rédigées en vertu de décrets publics. Partout vous y trouvez les anciens noms des peuples gaulois, tels qu'ils existaient avant César. Prenons pour exemple les Éduens; ils ont bien pu donner à leur chef-lieu le titre très envié d'Augustodunum; mais ils ont conservé leur nom d'Éduens, et ce nom est le seul que les inscriptions leur donnent. Éduens est resté le nom vrai et officiel. Plus tard, la *Notitia imperii*, qui représente la langue des bureaux

---

[1] De même en Espagne, des villes prirent les surnoms, *cognomina*, de *Julia Fidentia, Julia Constantia, Juli Genius, Asido Cæsariana, Astigitana Augusta, Augusta Gemella, Fama Julia, Concordia Julia, Cæsaraugusta*, etc. Pline, *Histoire naturelle*, III, 3, 10-15.

du Palais impérial, ignore les noms d'Augustodunum et de Cæsaromagus, mais conserve ceux d'Éduens, de Suessions ou d'Arvernes.

Ainsi, Rome n'a pas eu pour politique d'effacer les noms du passé. Les hommes ont pris des noms romains, parce que chacun d'eux successivement est devenu romain. Les peuples ont gardé leurs anciens noms parce que ni eux ni Rome n'avaient intérêt à les changer[1].

QUE LE DRUIDISME GAULOIS A DISPARU.

On est étonné de la facilité avec laquelle le druidisme fut renversé. Si l'on songe combien les religions sont vivaces dans l'âme humaine, on se demande comment il a pu se faire que la Gaule, après deux ou trois générations seulement, ait renoncé à sa vieille religion et se soit couverte de temples et d'autels dédiés aux dieux romains.

L'esprit moderne, partant de l'idée qu'il se fait des religions, est d'abord porté à croire que la Gaule n'a dû renoncer à la sienne qu'à la suite d'une persécution violente des vainqueurs. Puis, cherchant des explications à cette hypothèse préconçue, il n'a pas manqué d'imaginer que le fond de la croyance gauloise était hostile à Rome, que la religion nationale était un levain de révolte, que cette religion avait dû résister à la domination romaine, et qu'enfin Rome avait dû sentir la nécessité de la faire disparaître[2]. Ce sont là des idées

---

[1] Même les simples *vici* ont gardé leurs noms : *Haud longe a vico cui vetusta paganitas... Gallica lingua Isarnodori, id est ferrei ostii, indidit nomen* (*Vita S. Eugendii*, dans Mabillon, *Acta Sanctorum*, I, 570).

[2] Ces idées ont été exprimées par M. d'Arbois de Jubainville, dans son

toutes modernes; il est téméraire de juger les anciens d'après elles. Il vaut mieux étudier et observer de près les faits qui se dégagent des documents.

Un premier fait qu'on néglige trop est que la religion gauloise et le druidisme n'étaient pas exactement la même chose. César ne les a pas confondus[1]. Dans l'âme des Gaulois il existait une religion dont les divinités étaient innombrables, les unes ayant un caractère général, les autres étant purement locales, et dont le culte comprenait des séries de « sacrifices publics ou privés[2] »; c'était la religion des cités, des familles, de tout le monde, et de chaque âme en particulier[3]. Quant au druidisme, il était proprement un sacerdoce. Il n'était pas très ancien, n'était nullement contemporain de l'immigration des Gaulois et était beaucoup plus jeune que le fond de la religion gauloise; il paraît même, d'après César, qu'il n'était pas né de cette religion; il était né hors de la Gaule, et avait été importé[4].

article, *Les druides en Gaule sous l'Empire romain* (*Revue archéologique*, 1879).

[1] César parle de la religion gauloise dans les chapitres 16 et 17; il parle des druides aux chapitres 13 et 14, livre VI.

[2] César, VI, 13 : *Sacrificia publica aut privata*. — *Publica*, actes religieux des États; *privata*, actes religieux des particuliers ou des familles.

[3] Il y a dans César un trait qui me paraît un indice que cette religion est propre à chaque Gaulois. L'auteur dit, VI, 16, que quand un Gaulois est malade ou qu'il est près de s'exposer dans un combat, il immole ou promet d'immoler une victime humaine. Voilà un acte religieux *privatum*. Il est vrai qu'un druide y intervient, comme nous le dirons tout à l'heure; mais ce n'est pas là un fait de religion publique, et l'on peut douter que cela dérive d'une origine druidique. Plus loin, lorsque César énumère les principales divinités des Gaulois, c. 16 et 17, il remarque que leur Pluton, *Dis Pater*, leur a été enseigné par les druides; mais il note cela comme une particularité et ne dit rien de pareil de leurs autres dieux.

[4] La doctrine se serait formée dans l'île de Bretagne, à une époque que César ne dit pas. VI, 13 : *Disciplina in Britannia reperta atque inde in Galliam translata esse existimatur*. [Cf. plus haut, p. 25 et suiv.]

Il exerçait, à la vérité, un grand empire; il avait mis toute la religion dans sa dépendance, et ne souffrait pas qu'aucun acte religieux s'accomplît sans l'intervention d'un de ses membres[1]. Mais, à côté de cela, il avait ses croyances qui lui étaient propres et qui n'étaient pas celles de tous les Gaulois; il en gardait même le secret[2]. Il avait son enseignement, ses écoles, dont la principale était dans l'île de Bretagne. Il avait sa hiérarchie en dehors des États gaulois, et son chef unique pour toute la Gaule. Il avait aussi des pratiques qui lui appartenaient en propre : c'était la magie, la divination; c'était la médecine par sorcellerie; c'était l'immolation des victimes humaines pour attirer la faveur des dieux[3]. En un mot, le druidisme ne se confondait pas avec la religion gauloise; il s'y ajoutait.

Observons successivement ce que devinrent, après la conquête, le druidisme d'abord[4], la religion ensuite.

Après César, nous ne voyons pas une seule fois que les druides élisent le chef commun de leur corporation, ni même qu'il y ait une assemblée générale des druides. Nous pouvons croire que ces élections et ces assemblées communes ont disparu; mais il nous est impossible de dire si elles disparurent spontanément,

---

[1] César, VI, 13 : *Druides... sacrificia publica ac privata procurant.* — VI, 16 : *Galli... administris ad ea sacrificia druidibus utuntur.* — Noter bien que ces expressions ne signifient pas que ces sacrifices fussent dirigés et voulus par les druides; les druides surveillent, *procurant*; ils y interviennent, *administri*. Cela ne ressemble pas à un culte qui serait réglé par un clergé et qui serait son œuvre. Rien d'analogue à la religion chrétienne ou à la religion musulmane. César dit que les druides interviennent dans tous les actes religieux des cités ou des particuliers; il ne dit pas que le druidisme soit la religion des Gaulois.

[2] César, VI, 14 : *Quod neque in vulgum disciplinam efferri velint.*
[3] Pline, *Histoire naturelle*, XXX, 4, 13.
[4] Voyez notre mémoire *Comment le druidisme a disparu*.

par l'effet des troubles et du changement des habitudes, ou si elles furent abolies par une interdiction formelle du gouvernement romain. Le résultat fut que la corporation perdit son unité. Peut-être même faut-il penser que le druidisme cessa d'exister comme corporation, au moins dans la Gaule.

En même temps, les pratiques druidiques, c'est-à-dire la magie, la sorcellerie, la médecine à l'aide des charmes, et surtout l'immolation des victimes humaines, disparurent. Ici, nous savons avec certitude que ce fut le gouvernement romain qui les interdit. Tibère défendit la magie, Claude les sacrifices humains[1].

Nous ne voyons nulle part que les druides aient conservé leurs écoles. S'ils en conservèrent quelques-unes, perdues dans les forêts, au moins est-il certain qu'on n'y vit plus accourir, comme au temps de César, les jeunes gens des grandes familles[2]. Que devint leur doctrine? On croit en retrouver quelques vestiges dans le pays de Galles et dans l'Irlande, mais il est bien certain qu'en Gaule on n'en trouve plus la moindre trace.

Est-ce à dire que les druides aient été persécutés? Cette supposition qu'on a faite ne repose sur aucun document. Il n'y a pas d'indice que Rome ait employé les moyens violents ni qu'elle ait ensanglanté la Gaule

---

[1] Pline, *Histoire naturelle*, XXX, 4, 13 : *Tiberii Cæsaris principatus sustulit eorum druidas et hoc genus vatum medicorumque per senatus-consultum.* — Suétone, *Claude*, 25 : *Druidarum religionem diræ immanitatis, et tantum civibus sub Augusto interdictam, Claudius penitus abolevit.* — On a fort mal compris ces deux phrases; on a cru qu'elles signifiaient que Tibère supprima les druides et que Claude détruisit absolument leur religion. Il faut faire attention que *religio* ne signifie pas religion dans le sens moderne du mot. *Religio* signifie une pratique; quand Suétone dit *religionem diræ immanitatis*, il ne veut parler que des sacrifices humains. De même Pline ne veut parler que de leur magie et de leur fausse médecine.

[2] César, VI, 13 et 14. [Cf. p. 25 et suiv.]

par une persécution¹. On ne voit même pas comment elle aurait pu exercer des rigueurs dans un pays où elle n'entretenait ni soldats ni bourreaux. On ne s'explique pas comment ces rigueurs auraient pu réussir, pour peu que la Gaule voulût conserver ses druides. La vérité est que le gouvernement impérial ne défendit jamais à un homme d'être druide ni de garder au fond de son cœur les dogmes druidiques. Il y eut des druides pendant trois siècles, et ils ne se cachaient pas². Mais ce n'étaient plus que des gens de bas étage ; ils ne sont plus signalés que comme des diseurs de bonne aventure, que le peuple consultait et méprisait à la fois.

La chute du druidisme est donc un fait certain, sans que nous puissions dire avec certitude s'il est tombé par l'effet de la politique romaine, ou par l'effet de la volonté des Gaulois, ou par des causes de décadence qu'il portait en lui-même. Ce qui est certain, c'est que l'histoire ne mentionne aucun essai de résistance du druidisme³.

---

¹ Sur ce point encore, on n'a allégué qu'un seul texte, et on ne l'a pas compris. On s'est servi d'une anecdote racontée par Pline, XXIX, 3, 54 : Un homme qui avait un procès, dit-il, fut trouvé portant sous sa robe un talisman druidique auquel on attribuait la vertu de faire gagner les procès ; l'empereur Claude condamna cet homme à mort. — Observez cette anecdote sans idée préconçue : vous y remarquerez d'abord que le fait s'est passé à Rome et non pas en Gaule ; vous noterez ensuite que le coupable était un citoyen romain, même un chevalier. Dès lors la sévérité de l'empereur s'explique : il y a eu double délit, le premier consistant en ce qu'un citoyen romain usait d'une pratique interdite aux citoyens, le second consistant en ce que cet homme voulait tromper le juge ; or le juge était l'empereur lui-même. Le fait n'a aucun rapport avec une persécution exercée contre les druides de Gaule.

² Une druidesse se présenta devant l'empereur Alexandre Sévère (Lampride, *Alexander*, 60), une autre devant l'empereur Aurélien (Vopiscus, *Aurelianus*, 44), une autre devant Dioclétien (Vopiscus, *Carinus et Numerianus*, 15).

³ Si le druidisme avait tenté quelque révolte ou un effort quelconque,

La religion gauloise n'a pas eu tout à fait la même destinée. Elle avait été, avant la conquête, et comme toutes les religions anciennes, un ensemble assez confus de croyances irréfléchies à toutes sortes de dieux et de menues pratiques en vue d'apaiser ou de se rendre favorable chacun de ces dieux. La religion populaire, chez les Gaulois, n'était pas fort différente de ce qu'elle était chez les Romains. Les noms des dieux différaient; mais sous ces noms César reconnaissait le Mercure, le Jupiter, le Mars, l'Apollon, la Minerve des Romains[1]. Il leur trouvait les mêmes caractères essentiels et les mêmes attributs : « Ils croient de ces dieux, dit-il, à peu près ce que nous en croyons[2]. »

Il n'est pas de notre sujet, et il ne rentre pas dans le cadre du présent livre, d'étudier cette religion dans le détail; nous n'avons pas à chercher si elle avait, au

---

il semble bien que nous le saurions par Strabon, par Pline, par Tacite, par les écrivains de l'Histoire Auguste. Maric qui se révolta n'était pas un druide. On allègue qu'en apprenant l'incendie du Capitole au moment de l'entrée de Vespasien, les druides dirent que cela prédisait la chute de l'Empire romain. Mais entre une prédiction de cette sorte et une prise d'armes, il y a loin. [Cf. p. 76 et 79.]

[1] César, VI, 17 : *Deum maxime Mercurium colunt.... Post hunc Apollinem, Martem, Jovem et Minervam....*

[2] Ibidem : *Mercurium inventorem artium ferunt, viarum ducem, hunc ad quæstus mercaturasque habere vim maximam arbitrantur.... De his (id est, Apolline, Marte, Jove, Minerva) eamdem fere quam reliquæ gentes habent opinionem : Apollinem morbos depellere, Minervam artificiorum initia tradere, Jovem imperium cælestium tenere, Martem bella regere.* — Notons bien que César a vécu huit ans au milieu des Gaulois; il avait beaucoup de Gaulois autour de sa personne. Sans doute il n'a pas observé cette religion avec le même esprit scientifique qu'aurait un homme d'aujourd'hui; peut-être n'y portait-il pas non plus le même parti pris, les mêmes opinions subjectives qu'y portent quelques savants modernes. Il jugeait la religion des anciens en ancien. Il s'y connaissait d'ailleurs, car il était grand pontife. Si superficiel que soit son jugement, et peut-être même parce qu'il est superficiel, je lui attribue une grande autorité.

fond, des caractères qui fussent particuliers à la race gauloise. Nous n'avons à constater ici qu'une chose : c'est que les Romains ne virent pas qu'elle eût ces caractères particuliers, et que par conséquent ils n'eurent aucune raison pour la combattre. Le seul changement qui s'opéra en elle après la conquête fut qu'elle échappa à l'autorité supérieure de la corporation druidique. La présence d'un druide ne fut plus nécessaire pour accomplir un sacrifice. Aussi n'apercevons-nous plus en Gaule, dans les siècles suivants, l'existence d'un clergé qui soit en dehors de la population laïque et qui s'impose à elle. Mais cette émancipation vint-elle de la volonté des Romains ou de la volonté des Gaulois, nous ne saurions le dire. S'il faut faire une conjecture, on peut bien admettre que les Gaulois aimèrent à se sentir affranchis d'un joug fort lourd. L'autorité sombre et sévère du druidisme n'était pas pour plaire longtemps aux imaginations gauloises.

A partir de ce moment, chaque cité gauloise, chaque individu gaulois adora à sa guise ses dieux. C'est par les inscriptions votives que nous pouvons savoir quels dieux furent adorés pendant ces quatre siècles.

Nous trouvons, d'une part, des dieux à nom gaulois. Pour ne citer que ceux qui nous sont fournis par les inscriptions du musée de Saint-Germain, nous avons les dieux Bélen, Borvo, Ésus, Teutatès, Taranis, Grannus, Abellio, Cernunnos, Ergé, Ilino, Ségomo, Vincius, les déesses Acionna, Bormona, Bélisama, Épona, Ura, Rosmerta, et vingt autres divinités[1]. Les Gaulois conser-

---

[1] Voici la liste complète donnée par M. Alex. Bertrand, *l'Autel de Saintes*, dans la *Revue archéologique*, 1880 : les dieux Abellio, Abinius, Arixo, Bélénus, Borvo, Cernunnos, Édélates, Erga, Ésus, Ésumus, Érumus, Grannus, Ilixo, Lavaratus, Léhéren, Lussoius, Majurrus, Orévaius, Rudio-

vèrent surtout leurs divinités locales, *Arduenna*, la déesse de l'Ardenne, *Sequana*, la Seine, *Matrona*, la Marne, *Icauna*, l'Yonne, la *Divona*, source près de Bordeaux[1].

Nous trouvons, d'autre part, des divinités toutes romaines, Jupiter Très Bon et Très Grand, Junon Reine, Minerve, la Grande Mère, Vénus, Apollon, Saturne, Diane, Esculape, la Victoire[2].

D'où vient cela? N'allons pas supposer que ces noms romains soient l'indice d'un grand changement dans

bus, Segomo, Singuatus, Sucellus, Taranis, Teutatès, Vintius; les déesses Acionna, Ærécura, Athubodua, Bélisama, Bormona, Bricia, Clutonda, Damona, Epona, Lahé, Rosmerta, Sirona, Soïon, Ura. En tout trente-neuf divinités. — J'aurais bien quelques doutes à exprimer au sujet de deux ou trois de ces noms. Ærécura, par exemple, dont l'autel a été trouvé en Afrique (Léon Renier, *Inscriptions de l'Algérie*, n. 2579), ne m'apparaît pas comme étant forcément une déesse gauloise. [Elle n'est certainement pas celtique. *Corpus*, VI, p. 23; VIII, n. 5524 et 6962.] Pour plusieurs autres de ces noms, gravés sur la pierre au II° ou au III° siècle de notre ère, nous voudrions être bien sûr qu'ils représentent de vieilles divinités celtiques. Tout cela est plein de problèmes que les érudits à parti pris croient trop facilement avoir résolus. [Les derniers recueils épigraphiques, le *Corpus* de la Narbonnaise et la *Revue épigraphique* de M. Allmer, permettent d'augmenter singulièrement ce chiffre et de rectifier quelques-uns de ces noms. Voir aussi les statistiques chroniques de la *Revue celtique* et les travaux de Sacaze sur les dieux pyrénéens.]

[1] *Divona, Celtarum lingua, fons addite Divis* (Ausone, *De claris urbibus*, 14). Il faut ajouter Sirona, qui était adorée à la fois à Bordeaux, à Corseul, à Trèves [et ailleurs] (Jullian, *Inscriptions de Bordeaux*, n° 69; Brambach, *Inscriptiones Rheni*, n°° 814 et 815; *Revue celtique*, t. IV, p. 265); un dieu Bacurdus, une déesse Néhalennia (Brambach, n°° 385 et 442). [Voir la fin de la note précédente.]

[2] *Jovi Optimo Maximo* (Allmer, n°° 244, 531, 576; Brambach, n°° 205, 647, 650). — *Junoni Reginæ* (Allmer, n° 248; Brambach, n° 1313); Junoni (Herzog, n° 158; Brambach, n° 394). — *Marti* (Allmer, n°° 579, 454; Mommsen, *Inscriptiones helveticæ*, n° 68; Brambach, n° 212). — *Apollini* (Allmer, n°° 522, 583). — *Asclepio* (idem, n° 533). — *Victoriæ Augusti* (idem, n° 534). — *Silvano* (idem, n° 585; Brambach, n° 211). — *Matri Deum, Magnæ Matri* (Allmer, n°° 731, 732; Jullian, *Inscriptions de Bordeaux*, n° 9). — *Plutoni et Proserpinæ* (Allmer, n° 249; Brambach, n° 404). — *Mercurio* (Allmer, n°° 253-256, 442, 446, 579; *Inscriptiones helveticæ*, n° 68; Brambach, n°° 400, 450, 681). [Cf. *Corpus*, t. XII, p. 924 et suiv., etc.]

les âmes, d'une révolution religieuse. Ni la religion des Gaulois ni celle des Romains n'interdisaient l'adoption et l'adjonction de nouveaux dieux. Il était tout naturel qu'un Gaulois eût une grande confiance dans un dieu romain, et personne ne trouvait étrange qu'il fît une offrande à ce dieu pour s'attirer sa faveur. Dieux gaulois et dieux romains s'associèrent dans l'âme de chacun. Quelquefois il arriva que l'on crut traduire un nom de dieu gaulois en écrivant sur la pierre le nom d'un dieu romain. C'est ainsi qu'une ancienne divinité chère aux Arvernes prit le nom de Mercure Arverne[1]. Il en fut souvent des noms des dieux comme des noms de famille. A mesure qu'on devint citoyen de Rome, on prit ses noms d'hommes et l'on prit aussi le nom de ses divinités. A mesure qu'on parla le latin, on adopta les noms latins des dieux. Tout cela se fit sans nulle révolution, sans aucun déchirement de la conscience, et presque sans qu'on y pensât.

Cela est si vrai, que très souvent un nom latin et un nom gaulois s'associèrent pour désigner un même dieu. C'est ainsi que nous trouvons un Mars Camulus, un Apollo Toutiorix, un Jupiter Baginatus, un Mercurius Vassocalétus[2]. L'esprit gaulois trouvait donc tout naturel d'identifier ses dieux à ceux de Rome et ne croyait pas changer pour cela de religion.

Il faut noter encore que si la Gaule adopta des dieux romains, elle en adopta aussi qui n'étaient pas romains.

---

[1] *Mercurio Arverno M. Julius Audax pro se et suis libens merito* (Brambach, *Inscriptiones Rheni*, n° 256).

[2] *Inscriptions de Saint-Germain* : voir Alex. Bertrand, *l'Autel de Saintes*, p. 14. Il ajoute Apollo Coblétulitavus, Apollo Vérotutus [Virotutès?], Mars Cocérus, Mars Rudianus[?], Mercurius Atusmérius, Mercurius Artaius, Mercurius Cissonius, Mercurius Dumias, en tout quatorze dieux à double nom. [Cf. la note de la page 116.]

Elle reçut des divinités grecques, syriennes, égyptiennes. Il y eut des Gaulois qui adorèrent Isis, d'autres qui adorèrent Mithra[1]. L'Empire romain fut l'époque de la plus grande liberté religieuse, le christianisme étant seul excepté quelquefois, pour des raisons qui lui étaient spéciales. Tous les dieux étaient permis, et l'âme était ouverte à tous. Tous les cultes étaient libres, et ils se coudoyaient, s'associaient, se confondaient, sans nul obstacle des pouvoirs publics, sans nul scrupule de la conscience. Surtout, on ne se demandait pas si tel culte appartenait à une race plutôt qu'à une autre, si tel dieu était national et tel autre étranger. Toute idée de race ou de nationalité était inconnue en matière religieuse. Des Italiens et des Syriens avaient le droit d'adorer Bélen; des Gaulois ne voyaient rien d'anormal à adorer Jupiter ou Sérapis.

Quand le christianisme pénétra en Gaule, il n'y trouva pas, d'une part une religion romaine, d'autre part une religion gauloise; il n'y trouva qu'une religion gallo-romaine, c'est-à-dire un polythéisme très complexe et très confus, dans lequel on n'apercevait rien qui fût spécialement et exclusivement gaulois.

4° DE LA DISPARITION DU DROIT GAULOIS.

L'ancien droit des Gaulois n'a pas duré plus longtemps que leur religion. Mais ici l'historien se trouve en présence d'une grande difficulté. Nous ne savons de ce

---

[1] Sur le culte d'Isis en Gaule, voir quelques inscriptions dans Allmer, n° 782; Herzog, n° 90; Mommsen, *Inscriptiones helveticæ*, n° 241. [Hirschfeld, préface aux Inscriptions de Nîmes, p. 582.] Sur le culte de Mithra, inscriptions dans le Recueil de Jullian, n° 16; Allmer, n° 699, etc.

vieux droit que ce que César nous en apprend. Nous n'appartenons pas, pour notre part, à cette école de savants hardis qui prétendent retrouver le droit de l'ancienne Gaule dans de soi-disant codes irlandais ou gallois, dont l'existence même comme codes est fort problématique, qui ne nous sont connus que par des manuscrits du xii° siècle de notre ère, et sur lesquels il faudrait se demander tout d'abord s'ils représentent un droit antérieur à l'ère chrétienne. Nous aurions fort à dire sur l'extrême témérité de cette méthode historique. Pour que nous puissions connaître l'ancien droit de la Gaule, il faudrait ou bien que les Gaulois eux-mêmes nous eussent transmis quelques renseignements sur lui, ou tout au moins que les écrivains romains l'eussent étudié, l'eussent compris, et en eussent parlé. Il ne nous est parvenu que quelques lignes de César. Il faut donc que nous sachions ignorer cet ancien droit[1].

Ce que dit César se borne aux points suivants : 1° Pour le droit civil, il existait chez les Gaulois une *hereditas*, c'est-à-dire un système de succession légitime; mais l'historien latin ne dit pas quel était ce système[2]; 2° il y avait chez eux des *fines*, c'est-à-dire un mode d'appropriation de la terre; mais César n'indique ni la nature ni les règles de cette propriété[3]; 3° le père de famille avait une autorité absolue sur ses

---

[1] Ajoutons que nous ne pouvons même pas affirmer que la Gaule tout entière ait eu un droit à elle. Le droit gaulois n'exista peut-être jamais. Peut-être y eut-il autant de droits que de peuples gaulois. Cette réserve doit être faite, même quand on lit les chapitres où César parle des Gaulois en général, comme s'ils s'étaient tous ressemblés. César avait commencé par dire : *Legibus inter se differunt.*

[2] César, VI, 13 : *Si de hereditate controversia est, ii decernunt.*

[3] Ibidem : *Si de finibus controversia est, ii decernunt.*

enfants et même sur sa femme, règle qui paraît avoir régné chez tous les peuples de race aryenne dans leur plus vieux droit[1] ; 4° le mari recevait de sa femme une dot[2] ; il existait chez eux l'usage que le mari joignît à la dot de la femme une valeur égale, et qu'à la mort d'un des époux les deux valeurs, avec les revenus accumulés qu'elles avaient produits, appartinssent à l'époux survivant[3]. 5° Pour le droit criminel, César nous donne ce renseignement que la peine de mort se présentait sous la forme d'immolation aux dieux, l'ancien *supplicium* romain, qu'elle était prononcée par les prêtres, qu'elle était prodiguée, et qu'elle frappait aussi bien le voleur que le meurtrier[4].

Tout cela n'est pas suffisant pour que nous puission

---

[1] César, VI, 19 : *Viri in uxores, sicuti in liberos, vitæ necisque habent potestatem.*

[2] Ibidem : *Quantas pecunias ab uxoribus dotis nomine acceperunt.*

[3] Ibidem : *Viri, quantas pecunias ab uxoribus dotis nomine acceperunt, tantas ex suis bonis, æstimatione facta, cum dotibus communicant. Hujus omnis pecuniæ conjunctim ratio habetur, fructusque servantur. Uter eorum vita superaverit, ad eum pars utriusque cum fructibus superiorum temporum pervenit.* — Ce passage de César soulève bien des questions. D'abord, emploie-t-il *pecunia* au sens étroit, c'est-à-dire pour désigner seulement des biens meubles, ou bien l'emploie-t-il au sens plus large que le mot avait dans la langue du droit successoral romain? Puis, que faut-il entendre par *fructus servantur*, et cela suppose-t-il un mode de placement où les intérêts s'accumulent? Ensuite s'agit-il ici d'une règle absolue de droit, ou d'une simple habitude, permise seulement aux plus riches, à ceux qui peuvent mettre leurs revenus en réserve ? Quelle était la règle à la mort de l'époux survivant? les biens revenaient-ils à la famille du survivant ou étaient-ils partagés entre les deux familles? Enfin, la plus grave question serait celle-ci : Comment un tel usage se conciliait-il avec l'état de la famille gauloise? Toutes ces questions, on doit se les poser en présence de l'affirmation incomplète de César, on ne peut pas les résoudre. C'est un détail du droit, et on ne pourrait s'expliquer ce détail que si l'on connaissait l'ensemble.

[4] César, VI, 16 : *Supplicia eorum qui in furto aut in latrocinio aut aliqua noxa sint comprehensi, gratiora diis esse arbitrantur.* — Cf. Strabon, IV, 2.

affirmer que le droit des Gaulois ressemblait à celui des autres peuples de race aryenne, et s'il suivait la même série d'évolutions que le droit de ces peuples, commençant par la puissance absolue du père, la propriété familiale, l'hérédité nécessaire, et inclinant ensuite vers la division de la famille, la propriété individuelle et la succession testamentaire. Mais cela n'est pas suffisant non plus pour qu'on affirme que les Gaulois aient eu un droit original et spécial à leur race.

Dès lors il nous est impossible de juger si le passage du droit gaulois au droit romain fut fort difficile, s'il donna lieu à des résistances, s'il fut une révolution dans tout l'ordre des intérêts privés. Quelques remarques seulement sont à faire, parce qu'elles se dégagent des textes et des faits qui sont connus.

En premier lieu, si l'on se place dans les temps qui suivirent la conquête, on ne doutera pas que les Gaulois n'aient été laissés en possession de leur droit. Cela fut reconnu officiellement pour les cités dites libres ou alliées. Cela fut admis implicitement pour les cités déditices. Rome, qui ne leur communiquait pas son droit, ne leur enlevait pas non plus le leur, et sans le reconnaître comme droit régulier, elle n'en interdisait certainement pas la pratique. Il faut donc croire que, pendant plusieurs générations d'hommes, les procès et les crimes continuèrent à être jugés entre les Gaulois d'après les règles et les coutumes du vieux droit gaulois.

Mais tout de suite il s'opéra un changement de grande conséquence. Si le même droit subsista, il ne fut plus appliqué par les mêmes juges. On se rappelle que les druides, avant César, s'étaient emparés de presque toute la juridiction. Ils la perdirent. Nous ne trouvons plus, tant que dure la domination romaine, un seul indice d'un jugement rendu par eux. Certainement ils ne punirent plus les crimes et ne brûlèrent plus les criminels. Ils ne prononcèrent plus dans les procès civils; ils n'adjugèrent plus les successions et les propriétés. Nous verrons, dans la suite de ces études, que chaque cité gauloise eut des magistrats élus par elle « pour rendre la justice », *jure dicundo*. Ce furent là les vrais juges, et au-dessus d'eux les gouverneurs romains. La justice, là même où elle resta gauloise, devint laïque.

Ce changement de juges n'amena-t-il pas un changement dans le droit? La chose est probable, et d'autant plus que ce vieux droit n'était pas écrit. Une nouvelle jurisprudence s'établit, et insensiblement le droit se modifia, même dans des mains gauloises. Beaucoup d'anciennes règles subsistèrent sans doute : c'étaient celles qui étaient en harmonie avec l'état nouveau de la société; mais on peut bien penser que celles qui étaient contraires aux nouvelles mœurs ou qui sentaient trop le druidisme, disparurent. Pour ce qui est du droit criminel, la transformation s'aperçoit tout de suite; le supplice du feu fut aboli, peut-être par la volonté du gouvernement romain; toute la pénalité s'adoucit. Pour ce qui est du droit civil, la *manus* du mari sur la femme perdit son ancienne rigueur; la puissance paternelle s'affaiblit, comme s'était affaiblie chez les Romains la *patria potestas*; la propriété foncière prit aussi, comme nous le verrons ailleurs, quelques caractères nouveaux.

Puis il se produisit un autre fait. Nous avons vu que les Gaulois obtinrent peu à peu le droit de cité romaine, d'abord les plus grands, puis les plus riches, puis tous. Or c'était un principe incontesté que tout homme qui devenait Romain, quelle que fût sa race, avait aussitôt la jouissance des lois romaines. C'était son privilège et en même temps son devoir d'être régi par elles. Pour le Gaulois devenu Romain, il ne pouvait plus être question de droit gaulois.

Dans les deux siècles et demi qui précédèrent le règne de Caracalla, Rome n'avait contraint personne à devenir citoyen romain. Si la plupart des Gaulois l'étaient déjà, c'est qu'ils avaient voulu l'être. S'ils avaient voulu l'être, ce n'était pas pour obtenir des droits politiques qui n'existaient plus pour personne : c'était pour obtenir des droits civils que la législation romaine garantissait mieux qu'aucune autre. C'est donc volontairement qu'ils passèrent, par l'acquisition de la cité romaine, du droit gaulois au droit romain.

Quand la cité romaine fut donnée par Caracalla à ceux qui ne l'avaient pas encore, ce qu'il restait d'hommes pouvant pratiquer le droit gaulois disparut. Mais ce changement fut peu grave, tant il était préparé de longue date. Dès qu'il n'y eut plus que des « Romains » en Gaule, il n'y eut plus aussi qu'un seul droit, le droit romain [1].

---

[1] Quelques juristes modernes ont soutenu que les Romains autorisaient la conservation des coutumes nationales, et ils admettent volontiers que, sous le droit romain écrit, un droit gaulois non écrit a pu subsister à l'état de « coutume ». Cette opinion est venue d'une fausse interprétation des textes. On a allégué un passage des Institutes de Justinien, I, 2, § 9 et 10 ; un fragment au Digeste, I, 3, 32 ; une constitution de Constantin au Code Justinien, VIII, 52, 2 ; une constitution d'Alexandre Sévère au Code Justinien, VIII, 52, 1, et une de l'empereur Julien au Code Théodosien, V, 12. Si l'on avait observé ces textes avec un peu d'attention, on aurait vu que dans aucun d'eux le mot *consuetudo* n'a le sens spécial que l'on a attribué depuis huit siècles au mot « coutume ». Tous ces textes signifient seulement que lorsqu'il y a quelque part une habitude prise, en quoi que ce soit, il faut s'y conformer, à moins qu'elle ne soit contraire à la loi : *Venientium est temporum disciplina instare veteribus institutis*, etc. (Code Théodosien, V, 12). Dans aucun de ces textes, la pensée

Quelques usages locaux purent subsister, surtout en matière de procédure. Encore fallait-il qu'ils ne fussent contraires à aucune des règles du droit écrit. Pour la propriété, pour l'héritage et le testament, pour les obligations, pour l'état des personnes, ce fut le droit romain qui fut seul suivi. Prenez tous les documents de ces cinq siècles, vous n'y trouvez pas une seule mention d'un droit gaulois. Il ne nous est signalé aucune règle, aucune pratique, qui soit gauloise. Les termes de « droit gaulois » ou même de « coutume gauloise » ne se rencontrent jamais. Plus tard, quand la domination romaine disparaîtra, nous ne verrons pas surgir et se réveiller un droit gaulois. La population, qui n'a pas adopté le droit germanique, n'a pas songé non plus à faire revivre le vieux droit des ancêtres. Elle a voulu garder les lois romaines.

5° DE LA DISPARITION DE LA LANGUE CHEZ LES GAULOIS.

J'arrive à un autre problème : La langue gauloise a-t-elle subsisté sous la domination romaine? Il faut, avant tout, bien préciser la question. Il ne s'agit pas de savoir si quelques mots gaulois ont survécu et se

---

du législateur, visiblement, ne se porte sur une « coutume nationale » qui s'opposerait au Droit romain. On a dit que « la coutume avait pu faire la loi et même abroger la loi jusqu'au temps de Constantin, qui décida qu'à l'avenir la coutume n'abrogerait plus la loi » (Glasson, p. 197). Il y a encore ici une grande exagération et une interprétation inexacte d'un texte. Dans cette constitution de Constantin, le législateur d'abord ne songe nullement à une coutume nationale ; puis, s'il dit « qu'une longue habitude ne peut pas prévaloir contre la loi », il ne dit nullement qu'avant lui « la coutume prévalait contre la loi ». Il y a ici des nuances qu'il fallait observer pour être exact. La théorie qu'on a faite, à savoir que le droit gaulois avait pu durer longtemps à l'état de « coutume », est une pure hypothèse.

retrouvent encore dans notre langue. Nous cherchons si tout un langage gaulois a été parlé sous l'Empire romain. Les arguments *a priori* n'ont ici aucune valeur : c'est par les textes et les documents qu'il faut nous décider.

Nous possédons un grand nombre d'inscriptions qui ont été gravées dans la Gaule et pour des Gaulois, au Ier, au IIe, au IIIe siècle de notre ère. Elles sont en latin[1]. Les unes sont des dédicaces à des dieux, et il semble qu'elles devaient être comprises de la foule. D'autres sont des épitaphes et marquent quelle langue on parlait dans la famille. D'autres enfin sont plus caractéristiques encore : ce sont des décrets honorifiques rendus par les cités gauloises ; ils montrent quelle était la langue officielle de ces cités. Toutes également sont en latin, et cela dès le Ier siècle de notre ère. Nulle traduction n'apparaît à côté de ce latin, qui apparemment était compris de presque tous.

Voilà donc un premier point acquis : la classe supérieure, celle qui élevait les monuments, celle qui siégeait dans les assemblées municipales, parlait le latin. Reste à savoir si le gaulois a subsisté comme idiome populaire, et jusqu'à quelle époque.

Deux textes signalent encore l'emploi d'une langue gauloise dans la première moitié du IIIe siècle. L'un est

---

[1] On a, à la vérité, quelques monnaies qui fournissent des noms propres ; on n'en peut rien tirer pour l'usage général de la langue. On a aussi quelques pierres portant un mot gaulois, qui paraît être le nom propre de l'ouvrier qui a exécuté l'ouvrage ; ce nom est suivi d'un mot qui paraît être un verbe gaulois analogue à *fecit* (voir *Compte-rendu, Académie des inscriptions,* 10 juin 1887.) Ces inscriptions sont fort peu nombreuses et ne portent pas de date. On ne peut pas en tirer de conclusions bien précises pour la persistance de la vieille langue. [Les inscriptions celtiques de la Narbonnaise ont été réunies en dernier lieu dans le *Corpus inscriptionum latinarum,* t. XII.]

d'Ulpien, qui assure qu'un fidéicommis est valable, même s'il est écrit en punique ou en gaulois[1]. L'autre est de Lampride et se rapporte à l'année 255. Alexandre Sévère, dit l'historien, se trouvait en Gaule et allait partir pour une expédition, dans laquelle il devait être assassiné ; sur son passage, une druidesse lui cria en langage gaulois : « Va, mais n'espère pas vaincre, et défie-toi de tes soldats[2]. » Il y avait donc encore, en 235, un langage gaulois qui était parlé au moins par les classes populaires.

Mais à partir de là il n'y a plus, à ma connaissance, aucun document qui mentionne la persistance de ce langage. Quelques érudits, il est vrai, en ont allégué trois, qui appartiendraient au IVe et au Ve siècle. Mais une simple vérification de ces documents montre qu'ils n'ont pas le sens qu'on leur a prêté.

On a cité cette ligne d'un dialogue de Sulpice Sévère : *Celtice aut si mavis gallice loquere*, « parle celtique ou, si tu préfères, gaulois[3]. » Il faut toujours se défier de ces lignes qu'on cite isolément et qui se répètent de livre en livre. C'est le passage entier qu'il faut lire. Postumus, qui est un Aquitain, cause avec un jeune homme nommé Gallus qui est de la Gaule centrale. L'Aquitaine était renommée par son beau langage, à côté duquel le

---

[1] Ulpien, au Digeste, XXXII, I, 11 : *Fideicommissa quocunque sermone relinqui possunt, non solum latina et graeca, sed etiam punica vel gallicana vel alterius gentis.* — Peut-être faut-il citer encore un texte de Lucien, *Pseudomantis*, c. 51, où se trouve le mot κελτιστί, mais on doit faire attention que les Grecs appelaient Κελτοί les Germains ; voir Dion Cassius, *passim*, et Lucien lui-même, *De la manière d'écrire l'histoire*, c. 5. Il n'est donc nullement sûr que κελτιστί désigne la langue des Gaulois ; au surplus, Lucien est antérieur à Ulpien.

[2] Lampride, *Alexander*, c. 60 : *Mulier dryas exeunti exclamavit gallico sermone :* « *Vadas, nec victoriam speres nec militi tuo credas.* »

[3] Sulpice Sévère, *Dialogi*, I, 26.

latin des Gaulois du Centre semblait simple et rude. Gallus, invité à faire un récit, s'excuse d'abord. « Je parlerais volontiers, dit-il, mais je songe que, moi Gaulois du Centre, je me trouve en présence de deux Aquitains, et je crains que mon langage trop grossier ne choque des oreilles si délicates[1]. » On voit bien qu'il n'est pas question ici d'une langue celtique. Mais son interlocuteur, qui veut qu'il fasse son récit sur l'histoire de saint Martin, lui réplique en plaisantant : « Parle celtique, si tu veux, pourvu que tu parles de Martin[2]. » Il serait puéril de prendre ces mots à la lettre. Postumus ne savait pas le celtique, et il est douteux que Gallus lui-même le sût. Aussi Gallus se met-il à faire son récit; mais il le fait en latin. Il s'exprime même en un fort bon latin ; visiblement, il ne s'est excusé de la grossièreté de son langage que pour en faire mieux apprécier l'élégance. Sa précaution oratoire a probablement fait école, car vous la retrouvez chez tous les hagiographes, ou presque tous, depuis le IV° siècle jusqu'au IX°. L'auteur n'a certainement pas songé au vieux langage celtique. Il a seulement voulu dire que les Gaulois du Centre avaient un latin moins pur que ceux du Midi. Et il donne, en effet, un peu plus loin, un exemple des nuances qu'il y avait entre le latin de deux provinces voisines ; Gallus parle de sièges « que nous autres Gaulois grossiers nous appelons *tripetiæ* et que vous, Aquitains, vous appelez *tripodes* ». Or ces Gaulois rustiques, en disant *tripetia*, ne prononçaient pas un mot

---

[1] Ibidem : *Ego, plane, inquit Gallus ; sed dum cogito me hominem gallum inter Aquitanos verba facturum, vereor ne offendat vestras nimium urbanas aures sermo rusticior.*

[2] Ibidem : *Tu vero, inquit Postumus, vel celtice vel si mavis gallice loquere, dummodo jam Martinum loquaris.*

de la vieille langue, mais un mot de source bien latine[1].
Ainsi, cette ligne qu'on a citée de Sulpice Sévère ne
prouve en aucune façon qu'on parlât encore une langue celtique.

On a allégué, en second lieu, une phrase de saint
Jérôme, qui aurait écrit, au commencement du ve siècle,
que les Galates d'Asie parlaient à peu près la même
langue que les Trévires[2]. On a déjà démontré que l'assertion de saint Jérôme était inexacte en ce qui concernait les Galates[3]. Elle n'a pas plus de valeur en ce
qui concernait les Trévires. Si ces deux peuples
avaient conservé, par impossible, leur vieille langue
nationale, encore n'auraient-ils pas pu parler la même
langue, car les Trévires étaient des Germains[4].

On allègue enfin une phrase de Sidoine Apollinaire
qui aurait dit que de son temps seulement, c'est-à-dire
vers 450, l'aristocratie arverne aurait renoncé à l'emploi du celtique. Ici encore on s'est trompé pour n'avoir

---

[1] Sulpice Sévère, IIe dialogue, c. 1 : *Quas nos rustici Galli tripetias, vos tripodas nuncupatis.* — Nous trouvons dans Grégoire de Tours un exemple frappant de l'idée que les hommes attachaient à l'expression *gallica lingua*. Il dit qu'à Autun la terre où reposent les morts est appelée *cœmeterium* en langage gaulois. *Cœmeterium apud Augustodunum gallica lingua vocitavit.* Or *cœmeterium* est un mot grec que les classes populaires avaient adopté depuis qu'elles étaient chrétiennes. Grégoire de Tours ne veut certes pas dire que ce mot appartienne au vieux celtique. Il veut dire que ce n'est pas un mot de pure latinité et qu'il appartient à la langue vulgaire (Grégoire de Tours, *De gloria confessorum*, c. 73). Ailleurs (*Historia Francorum*, VIII, 1), il montre toute la population de Tours allant au-devant du roi Gontran et chantant ses louanges dans toutes les langues qui étaient parlées dans le pays ; il cite le latin, le syriaque des commerçants et l'hébreu ; il ne cite pas le gaulois.

[2] Saint Jérôme, Commentaires à *l'Épître aux Galates* c. 3 : *Galatas, excepto sermone græco, quo omnis Oriens loquitur, propriam linguam eamdem pæne habere quam Treviros.*

[3] G. Perrot, *De Galatia*, p. 87-90, 168-170 ; et Lettre du directeur de la *Revue celtique*, dans la *Revue celtique*, t. I, p. 179.

[4] Tacite, *Germanie*, 28 ; César, II, 4 ; VIII, 25.

vu qu'une ligne isolée sans regarder la phrase entière. Sidoine, qui appartient, lui aussi, à la noblesse du pays, n'a jamais parlé la vieille langue gauloise; il écrit à son ami Ecdicius et le loue d'avoir donné sa jeunesse « à l'étude » et d'avoir introduit chez les siens « le style oratoire et l'harmonie poétique », en quoi il a donné l'exemple de « déposer la rudesse du langage celtique[1] ». Qui ne voit qu'ici « langage celtique » ne désigne pas une langue opposée au latin, mais la simplicité provinciale opposée à l'élégance du « style oratoire et poétique »? L'auteur ne pensait nullement à dire que la noblesse arverne, si romaine et depuis si longtemps, eût conservé plus que lui la langue gauloise. Sidoine n'était pas un philologue, mais un puriste.

A vrai dire, après le texte de Lampride qui se rapporte à l'an 235, on ne trouve aucun texte qui marque la persistance de cette langue, même chez le peuple. Tout ce qu'on peut dire sur ce sujet est donc pure conjecture.

---

[1] Voici la phrase entière, où la pensée est bien visible, *Ad Ecdicium*, III, 5 (édit. Baret, III, 13) : *Mitto istic ob gratiam pueritiæ tuæ undique gentium studia litterarum confluxisse, tuæque personæ quondam debitum quod sermonis celtici squammam depositura nobilitas, nunc oratorio stylo, nunc etiam camenalibus modis imbuebatur.* — Pour bien comprendre cela, il faut se rappeler que la préoccupation presque unique des hommes de cette époque est celle du beau langage. Nous trouvons plusieurs fois exprimée cette crainte des Gaulois de ne pas parler le latin avec assez d'élégance. Ainsi Pacatus, écrivant le panégyrique de Théodose, s'excuse de parler avec trop de grossièreté : *Rudem hunc et incultum transalpini sermonis horrorem*. Sidoine lui-même parle de sa simplicité de paysan, *rustica simplicitas* (*Lettres*, VIII, 16). De même saint Irénée, *Adversus hereses, præfatio*. Tenons pour certain que, lorsque ces écrivains si apprêtés s'excusent de parler un langage rustique ou celtique, ils ne pensent nullement au patois des campagnes et moins encore à la vieille langue celtique. Songeons bien qu'un mot n'a de sens que par la pensée que l'auteur y applique. Or, dans les exemples que nous présentons ici, la vraie pensée est manifeste.

Bien des faits, au contraire, manifestent l'emploi du latin, même chez le peuple. Quand le christianisme a pénétré en Gaule, il y a été apporté par des hommes qui ne savaient que le latin et le grec. Saint Pothin, saint Irénée, saint Denis, saint Éleuthère, ont prêché et fait des conversions, surtout chez le peuple. Saint Martin n'était pas un Gaulois; né en Pannonie, il avait été élevé en Italie; on n'a pas d'indice qu'il connût la langue gauloise; il fut pourtant élu évêque par tout le peuple de la cité de Tours, et dans ses prédications il sut s'adresser à tous.

La conservation de quelques termes gaulois dans notre langue ne prouve nullement la permanence d'une langue gauloise. On devrait remarquer en effet que ces termes, comme *aripennis*, *leuga*, commencèrent par être latinisés. Ils entrèrent dans le latin du pays, parce qu'ils exprimaient des choses qu'aucun terme du latin classique ne pouvait rendre. Le latin de ce temps-là prenait des mots partout : il en prit au grec, au gaulois, au germain; mais tous ces mots devinrent latins, et c'est par le latin qu'ils sont venus jusqu'à nous. Ce n'est pas seulement le latin littéraire, savant, juridique ou officiel, qui s'est implanté en Gaule. Prenez les termes les plus usuels, ceux dont le peuple a dû se servir tous les jours, les termes de la parenté, les mots affectueux, les verbes auxiliaires et qui reviennent sans cesse, comme être, avoir, faire, ou encore les noms des animaux, ceux des instruments aratoires, ou des outils des ouvriers, presque tous viennent de la langue latine. Or on ne croira pas que ce soit après l'invasion des barbares que ces mots se soient implantés dans le langage populaire. Ils y étaient avant l'entrée des Germains. Si la langue celtique avait été encore parlée au v° siècle, on ne voit pas pourquoi elle n'aurait pas continué à vivre ; la domination romaine se retirant, et la haute classe perdant son empire, c'était le cas de reprendre la vieille langue. Les Germains n'avaient aucune raison pour préférer le latin au celtique. Si le celtique, à ce moment, ne reprit pas faveur et vigueur, c'est qu'il n'existait plus[1].

La volonté de Rome eut-elle quelque part dans cette disparition de la langue gauloise? Jamais Rome ne se donna la peine de faire la guerre aux langues des vaincus. Elle ne combattit ni l'ibérique, ni le punique, ni le phrygien, et pourtant ces langues disparurent. Aucune loi n'interdit à personne l'usage de l'idiome de ses pères. Une seule fois, on voit l'empereur Claude retirer la cité romaine à un homme qui ne savait pas le latin ; mais on n'a pas le droit de tirer de ce fait unique une conclusion générale : tout au plus en conclurons-nous que, dès qu'un homme devenait citoyen romain, un certain *decorum* l'obligeait à parler la langue du peuple en qui il entrait. Rome n'eut jamais la pensée d'établir un système d'écoles de villages pour désapprendre aux Gaulois leur langue. Seulement, les fonctionnaires qu'elle envoyait ne parlaient que le latin, et c'était en latin qu'ils s'adressaient aux cités ou qu'ils jugeaient les procès. Les suppliques au sénat, aux ministres du prince, au prince même, devaient être écrites en latin. Tout Gaulois un peu ambitieux,

[1] A peine est-il besoin de dire que l'idiome celtique, qui est encore parlé dans notre presqu'île de Bretagne, y a été importé par les Bretons de l'île. On n'a aucun indice que ce petit pays, placé très loin de la capitale, mais percé de voies romaines, couvert de villes romaines et de *villæ* romaines, dont les vestiges se retrouvent souvent, ait été réfractaire au latin et ait conservé sa vieille langue.

bornât-il même son ambition aux charges municipales, devait savoir le latin.

Les Gaulois, d'ailleurs, ne voyaient pas de raisons très fortes pour tenir à leur vieille langue. Elle manquait des termes que les arts et la civilisation rendaient nécessaires. Elle ne savait exprimer aucune des idées nouvelles et ne se prêtait pas aux goûts des générations présentes. Elle ne pouvait servir ni pour la littérature, ni pour le barreau, ni pour la conversation élégante. Le latin devint forcément la langue de la haute classe et de tout ce qui approchait d'elle, de tout ce qui était cultivé ou voulait le paraître[1]. La volonté de Rome ne fut pour rien dans ce changement; les Gaulois prirent sa langue, parce qu'ils trouvèrent intérêt, profit, plaisir, à l'adopter. Le changement de langue ne fut pas la conséquence directe de la conquête; il fut la conséquence du nouvel état social et de tout l'état d'esprit qui suivirent la conquête. Ajoutons que le latin était la langue de la nouvelle religion, du polythéisme romain d'abord, du christianisme ensuite. Ce n'était qu'en latin qu'on pouvait faire des dédicaces aux dieux et aux mânes. Ce fut en latin qu'on pria.

Des hautes classes, le latin passa aux classes inférieures et se propagea même dans les campagnes. C'est qu'il n'y avait pas alors entre la ville et la campagne la distinction qu'on suppose trop volontiers aujourd'hui. Ville et campagne, nous le verrons, ne formaient qu'une cité. L'aristocratie, propriétaire de maisons à la ville, était propriétaire aussi des grands domaines ruraux. Elle partageait son temps entre la ville et la

---

[1] C'est pour cette raison que la langue grecque subsista. Les causes de disparition qui existaient pour les langues barbares n'existaient pas pour le grec.

campagne et avait dans l'une et dans l'autre son personnel de serviteurs, tous intéressés à parler quelque peu la langue du maître.

Les hommes du XIXᵉ siècle ont construit une théorie sur la longue persistance des langues, signe de la persistance des races. Il n'est pas de notre sujet d'adhérer à cette théorie ou de la combattre. Nous avertissons seulement qu'elle n'a jamais été pleinement démontrée. L'histoire témoigne par plus d'un exemple de l'extrême facilité avec laquelle un peuple entier change de langue. Il est vrai qu'on n'obtient guère cela par la violence, mais on l'obtient tout naturellement par l'intérêt. Quand deux peuples sont en présence, ce n'est pas toujours le moins nombreux qui cède sa langue, c'est plutôt celui qui a le plus besoin de l'autre. C'est pour cela que la Gaule apprit la langue des Romains; elle l'apprit si bien, qu'elle en fit sa langue habituelle, sa langue unique, sa langue nationale, et elle désapprit celle qu'elle avait parlée dans les siècles précédents.

6° CHANGEMENT D'HABITUDES ET D'ESPRIT.

Les Gaulois renoncèrent avec une extrême facilité à leurs habitudes belliqueuses d'autrefois. Trente années s'étaient à peine écoulées depuis la conquête, et déjà Strabon remarquait qu'ils ne pensaient plus à la guerre, que tous leurs soins se portaient vers l'agriculture et les travaux paisibles[1]. Cette transformation si rapide donne à penser que le goût de la guerre n'était pas plus inné chez la race gauloise que chez toute autre race.

---

[1] Strabon, IV, 1 : Ἀντὶ τοῦ πολεμεῖν τετραμμένοι ἤδη πρὸς πολιτείας καὶ γεωργίας...., πρότερον μὲν ἐστράτευον, νῦν δὲ γεωργοῦσι.

Elle avait été belliqueuse aussi longtemps que l'absence d'institutions fixes l'avait condamnée à la guerre perpétuelle. Elle aima la paix dès qu'elle eut un gouvernement stable. Le goût de la paix et celui de la guerre sont également au fond de la nature humaine; l'un ou l'autre prend le dessus suivant le tour que le régime politique où l'on vit imprime à l'âme.

La Gaule adopta les usages, le mode d'existence et jusqu'aux goûts des Romains[1]. Ses villes prirent la physionomie des villes de l'Italie et de la Grèce. Elles eurent des temples, des basiliques, des forums, des théâtres, des cirques, des thermes, des aqueducs. Tous ces monuments furent élevés, non par des hommes de race romaine, mais par les Gaulois eux-mêmes, à leurs frais, d'après les décrets de leurs cités, par un effet de leur propre volonté. Le pays, qui avait déjà des routes avant la conquête, se couvrit d'un nouveau réseau de routes dallées, dites romaines, mais qui furent ordonnées et construites par les Gaulois. Les maisons changèrent d'aspect; au lieu de ces vastes et grossières constructions cachées au milieu des bois, où se plaisaient les riches Gaulois de l'indépendance[2], ils eurent des *villas* aux brillants portiques, avec des peintures, des bibliothèques, des salles de bains, des jardins[3]. Ils eurent aussi dans les villes de somptueuses maisons et de riches mobiliers. Les usages de la vie privée changèrent autant que ceux de la vie publique.

L'éducation de la jeunesse fut transformée. A la

---

[1] Strabon, IV, 1 : Οὐ βάρβαροι ἔτι ὄντες, ἀλλὰ μετακείμενοι τὸ πλέον εἰς τὸν Ῥωμαίων τύπον καὶ τῇ γλώττῃ καὶ τοῖς βίοις, τινὲς δὲ καὶ τῇ πολιτείᾳ.

[2] César, VI, 30 [Cf. plus haut, p. 11].

[3] Nous reviendrons plus tard sur ce sujet [dans la première partie du volume sur *l'Invasion germanique*].

place des anciens séminaires druidiques d'où l'écriture même était proscrite, il y eut des écoles, où l'on enseigna la poésie, la rhétorique, les mathématiques, tout cet ensemble harmonieux d'études que les anciens appelaient *humanitas*. Or ce ne furent pas les Romains qui fondèrent ces écoles, et on ne voit pas qu'aucun décret du gouvernement central ait obligé les villes à les fonder. Elles furent élevées par les Gaulois eux-mêmes, très librement. Les cités et les riches familles en firent tous les frais[1].

Les esprits alors entrèrent dans une nouvelle voie. On voulut lire, et comme il n'y avait pas de livres en langue gauloise, on lut des livres latins et grecs. On voulut entendre des comédies, et l'on se fit représenter celles de Plaute. On voulut écrire, et l'on imita la littérature latine. On plaida, et ce fut en latin, après s'être nourri des discours de Cicéron et des leçons de Quintilien. On conçut la notion de l'art; on visa au beau, tout au moins à l'élégant. On se plut à construire; et comme il n'y avait pas de modèles gaulois (les druides n'avaient ni temples ni statues), on prit naturellement les modèles et les types de la Grèce et de Rome. La Gaule enfanta des écrivains, des avocats, des poètes, des architectes et des sculpteurs. Il n'y eut pourtant ni une

---

[1] Strabon, IV, 1 : Σοφιστὰς ὑποδέχονται, τοὺς μὲν ἰδίᾳ τοὺς δὲ πόλεις κοινῇ μισθούμεναι. On sait que σοφισταί désigne ici ceux qu'on appelait en latin *rhetores*, c'est-à-dire des professeurs de rhétorique. — Tacite parle incidemment des écoles d'Autun, où l'on voyait *Galliarum sobolem liberalibus studiis operatam* (*Annales*, III, 43), et cela dès le temps de Tibère. Pour les temps postérieurs, voir Ausone pour les écoles de Bordeaux et d'autres villes, Sidoine pour les écoles d'Auvergne où l'on enseigne *stylum oratorium et camenales modos*. Saint Jérôme aussi parle des études en Gaule, *Lettres*, 95 : *Studia Galliarum florentissima sunt*. [Cf. sur ce sujet, plus haut, p. 130.]

littérature ni un art gaulois; cette littérature et cet art furent romains.

Les populations de la Gaule devinrent ainsi Romaines, non par le sang, mais par les institutions, par les coutumes, par la langue, par les arts, par les croyances, par toutes les habitudes de l'esprit. Cette conversion ne fut l'effet ni des exigences du vainqueur ni de la servilité du vaincu. Les Gaulois eurent assez d'intelligence pour comprendre que la civilisation valait mieux que la barbarie. Ce fut moins Rome que la civilisation elle-même qui les gagna à elle. Être Romain, à leurs yeux, ce n'était pas obéir à un maître étranger, c'était partager les mœurs, les arts, les études, les travaux, les plaisirs de ce qu'on connaissait de plus cultivé et de plus noble dans l'humanité.

Il ne faut pas dire : Les Romains civilisèrent la Gaule, la mirent en culture, défrichèrent les forêts, assainirent les marais, construisirent des routes, élevèrent des temples et des écoles. — Mais il faut dire : Sous la domination romaine, par la paix et la sécurité établies, les Gaulois devinrent cultivateurs, firent des routes, travaillèrent, et, avec le travail, connurent la richesse et le luxe. Sous la direction de l'esprit romain et par l'imitation louable du mieux, ils élevèrent des temples et des écoles.

Au temps de l'indépendance, ils avaient eu des institutions sociales et une religion qui les condamnaient, à la fois, à l'extrême mobilité des gouvernements et à l'extrême immobilité de l'intelligence. D'une part, la vie politique, agitée par les partis et les ambitions, ne connaissait pas le repos et le calme sans lesquels il n'y a ni travail ni prospérité. D'autre part, la vie intellectuelle, régentée par un clergé à idées étroites et à doctrines mystérieuses, ne connaissait ni la liberté ni le progrès. On peut se demander ce que serait devenue la population gauloise si elle était restée livrée à elle-même. Ce qu'elle devint dans l'Irlande et le pays de Galles ne fait pas présumer qu'elle aurait eu un grand avenir. On a supposé qu'elle aurait pu créer une civilisation originale : pure hypothèse. Il ne faut pas oublier que les Gaulois appartenaient à la même grande race dont les Grecs et les Romains étaient deux autres branches. Ils avaient les mêmes goûts et les mêmes aptitudes que ces peuples. La civilisation romaine n'était pas pour eux une civilisation étrangère : elle était celle de leur race; elle était la seule qui leur convînt et vers laquelle ils dussent tendre les forces de leur esprit. Ils y marchaient inconsciemment depuis des siècles. Le but qu'ils n'auraient atteint qu'après de longs efforts et un immense travail, fut instantanément mis à leur portée par la conquête romaine. Ils le saisirent avidement, et comme d'heureux enfants qui héritent du labeur d'autrui, ils mirent la main sur ce beau fruit que vingt générations de Grecs et d'Italiens avaient travaillé à produire.

Nous avons vu, d'ailleurs, que la possibilité même de l'indépendance n'existait pas, et que la vraie alternative avait été entre la conquête romaine et la conquête germanique. Il faut donc se demander, non pas ce que serait devenue la Gaule libre, mais ce qu'elle serait devenue si elle eût obéi aux Germains au lieu d'obéir aux Romains, c'est-à-dire si, César n'étant pas venu, Arioviste en fût resté le maître et les Germains après lui. Il faut alors se représenter par la pensée l'absence complète de tous ces arts, de ces monuments, de ces villes, de ces routes, de tout ce travail, de toute cette prospérité, de tout ce développement d'esprit, dont les traces sont encore visibles sur notre sol et plus visibles encore dans l'âme des habitants. L'invasion germanique ne se produisit que cinq siècles plus tard, c'est-à-dire à une époque où la civilisation avait jeté de si profondes racines que les barbares ne purent pas l'extirper, et furent au contraire enlacés par elle. Si elle se fût accomplie au temps d'Arioviste, il en eût été tout autrement. La Gaule n'aurait peut-être jamais possédé la civilisation et n'aurait pas pu la transmettre aux Germains.

LIVRE II

L'EMPIRE ROMAIN

(Du règne d'Auguste à la fin du troisième siècle [1])

INTRODUCTION

LES DOCUMENTS

Les documents par lesquels nous pouvons retrouver l'état social et politique de la Gaule aux temps de l'Empire romain sont de trois sortes : nous avons les œuvres littéraires du temps; nous avons les œuvres juridiques et législatives; nous avons enfin les inscriptions et les monuments.

De tous les historiens de ce temps, il n'en est aucun qui nous ait laissé un tableau des institutions de l'Em-

---

[1] Dans les deux premières éditions de cet ouvrage, j'avais réuni en un même livre les cinq siècles de l'Empire romain, me contentant d'indiquer dans chaque chapitre les différences qui s'étaient produites au IIIe et surtout au IVe siècle. J'ai cru m'apercevoir que cette méthode avait présenté un grave inconvénient. La distinction des temps et des institutions n'apparaissait pas assez nettement, et quelques lecteurs ont même eu cette impression que je considérais ces cinq siècles comme une époque d'uniformité et d'immobilité, quoique j'eusse dit vingt fois le contraire. Je me décide donc à faire deux descriptions successives, une de l'Empire dans les trois premiers siècles, l'autre de l'Empire dans les deux derniers [que nous présenterons dans le volume sur *l'Invasion*]. Mon travail gagnera en clarté. J'aurai encore cet avantage de donner plus de développement aux institutions et aux faits des deux derniers siècles, qui sont précisément ceux qui ont eu le plus d'influence sur les institutions et les faits des âges suivants.

pire en général. Aucun Gaulois n'a décrit celles de la Gaule en particulier. Mais Tacite, Suétone, Dion Cassius, Spartien, Lampride, Vopiscus, Ammien Marcellin, Zosime, rapportent des faits ou présentent des jugements qui sont comme les symptômes externes des institutions qui régnaient. S'ils ne tracent guère l'état ordinaire des institutions, ils signalent quelquefois les changements et les nouveautés qui s'y produisent. Quant aux écrivains qui ne sont pas historiens, comme les deux Pline, Martial, Ausone, les panégyristes, Rutilius, Salvien, Sidoine Apollinaire, Symmaque, ils nous présentent dans leurs poésies, dans leurs discours, dans leurs lettres, les usages, les mœurs et souvent les pensées elles-mêmes de cette société [1].

Pour l'étude des institutions, les textes juridiques et législatifs sont encore plus précieux que les livres, souvent trop personnels, des historiens. Dans ces textes, il importe de distinguer trois catégories. — 1° Les lois proprement dites et les sénatus-consultes; ils n'ont pas laissé d'être nombreux sous l'Empire, mais il n'en est qu'un petit nombre dont le texte nous ait été conservé, soit par des inscriptions (*Lex Regia*, *Lex Julia muni-*

---

[1] Les principales éditions dont nous nous sommes servi et d'après lesquelles sont faites nos citations, sont : Tacite, édit. Halm, 1859 ; Suétone, édit. Hase, 1828; Pline, *Histoire naturelle*, édit. L. Jan, 1854; Pline, *Lettres*, édit. Keil, 1870; Dion Cassius, édit. Gros-Boissée, 1845-1870; *Scriptores Historiæ Augustæ*, édit. Hermann Peter, 1865 [édit. souvent revue depuis]; Ausone, édit. Schenkl, dans les *Monumenta Germaniæ*, in-4°; Ammien Marcellin, édit. C. A. Erfurdt, 1808 [et édit. Gardthausen]; *Panegyrici veteres*, édit. Bæhrens; Rutilius Namatianus, édit. Müller; Zosime, édit. Bekker, 1857; Salvien, édit. Baluze, 1684, et édit. Halm, 1877 ; Symmaque, édit. O. Seeck, 1883. Pour Sidoine Apollinaire, dont on attend encore une bonne édition, nous nous sommes servi de celle de Grégoire, 1836, et de celle de Baret, 1877 [auxquelles il faut maintenant ajouter celle de Lütjohann, parue dans les *Monumenta Germaniæ*].

cipalis, *Lex Malacitana*, etc.[1]), soit dans le Digeste par extraits. — 2° Les écrits des jurisconsultes : Gaius, dont un ouvrage presque entier nous est parvenu; Paul, dont les *Sententiæ* nous ont été transmises par les compilateurs de la Loi Romaine des Wisigoths; Ulpien, dont nous ne possédons les *Regulæ* que par une copie fort mauvaise du x° siècle; enfin les innombrables fragments ou extraits de trente-neuf jurisconsultes, qui furent recueillis au temps de Justinien pour former le Digeste. — 3° Les constitutions, édits ou rescrits des empereurs. Outre ceux qui sont cités au Digeste, nous avons deux recueils considérables, quoique bien incomplets, de ces actes impériaux, le Code Théodosien (438), qui ne contient que les actes des empereurs chrétiens, et qui ne nous est pas parvenu intégralement, et le Code de Justinien (528-534), dont les matériaux remontent un peu plus haut, mais ne présentent pas un égal degré d'exactitude. A ces codes il faut ajouter, pour l'Occident, les Novelles de Valentinien III, de Majorien et d'Anthémius. A tout cela il convient de joindre encore un document administratif d'un caractère presque officiel, la Notice des dignités et fonctions de l'Empire, écrite aux environs de l'an 400[2].

---

[1] [Voir le sénatus-consulte récemment découvert en Espagne, et utile en partie pour la Gaule, *Ephemeris epigraphica*, t. VII.]

[2] *Gaii institutionum commentarii*, édit. Huschke, 1874 (souvent réimprimée depuis), édit. Ern. Dubois, 1881. *Pauli Sententiæ*, dans la *Lex Romana Wisigothorum*, édit. Hænel, 1849, pages 338 et suiv., et édit. Huschke. *Ulpiani Fragmenta*, extraits du *Liber singularis regularum*, édit. Huschke. Les principales *leges* et plusieurs *senatusconsulta* ont été réunis (en France) par Giraud, *Juris romani antiqui fragmenta*, 1872. Pour le Digeste, il faut se servir de l'édition de Mommsen, 1870, 2 volumes, ou 1877, 1 volume; pour le Code Théodosien, il faut se servir du texte donné par Hænel, 1842, 1 volume, et des savantes notes données par Godefroy, édit. Ritter, 6 vol., 1743. Pour les Institutes et le Code

L'épigraphie, sans être une science, est un très utile instrument de la science historique. Cela ne tient pas seulement à ce que la pierre, s'étant mieux conservée que les papyrus, nous présente des textes plus sûrs et plus authentiques. Cela tient surtout à ce que les inscriptions relatent et mettent sous nos yeux des catégories de faits et d'usages que les écrivains avaient négligés. L'organisation des cités, l'ordre des magistratures et des sacerdoces ne se trouvent presque que là. C'est là seulement que nous voyons les habitudes de la vie ordinaire, les noms et avec eux l'état civil des différents hommes, leurs titres, leurs fonctions, leur carrière, la distinction des classes et leurs rapports entre elles, les effets pratiques des lois, les idées même et les sentiments des hommes.

Nous avons, pour la Gaule, plusieurs recueils, celui de Boissieu pour les inscriptions relatives à Lyon, celui de Herzog pour la Narbonnaise, ceux de Steiner et de Brambach pour la région du Rhin, celui d'Allmer pour la Viennoise, celui de Jullian pour Bordeaux, celui de Lebègue pour Narbonne[1]. Ce sont déjà quelques milliers

---

Justinien, l'édition à suivre est celle de Krüger, 1880. La meilleure édition des Novelles de Valentinien III est à la suite du Code Théodosien de Hænel. — *Notitia dignitatum omnium tam civilium quam militarium in partibus Orientis et Occidentis*, édit. Bœcking, 1853, édit. O. Seeck, 1876. Cf. Brambach, *Notitia provinciarum et civitatum Galliæ*, 1868.

[1] De Boissieu, *Inscriptions antiques de Lyon*, 1854; Montfalcon, *Recueil général des inscriptions relatives à Lugdunum*, 1866. Herzog, *Galliæ narbonensis historia*, Appendix, 1864. L. Renier, *Mélanges d'épigraphie*, 1854. Steiner, *Codex inscriptionum romanarum Rheni et Danubii*, 1837, 1851-1864. Brambach, *Corpus inscriptionum rhenanarum*, 1867. Mommsen, *Inscriptiones Confœderationis helveticæ*, 1854. Allmer, *Inscriptions antiques de Vienne*, 1875, 1876, 6 volumes. C. Jullian, *Inscriptions romaines de Bordeaux*, 1887[-1890], et du même auteur quelques autres études épigraphiques que nous trouverons en leur lieu. Lebègue, *Épigraphie de Narbonne*, 1887, dans la nouvelle édition de l'*Histoire du Languedoc*.

d'inscriptions, auxquelles il en faut ajouter des centaines qui sont contenues au milieu du recueil général d'Orelli-Henzen ou du *Corpus inscriptionum latinarum*[1], et toute une autre série qui est disséminée dans des Revues d'érudition locale[2]. Mais un recueil complet et méthodique des inscriptions de la Gaule, analogue à ceux que nous possédons pour l'Espagne et pour l'Italie, n'a pas encore paru (1887)[3]. C'est ce qui fait que le présent travail n'est en quelque sorte que provisoire. Un autre que moi, dans quelques années, le refera plus complet et meilleur.

Ces trois catégories de sources, si diverses de nature, et chacune d'elles si abondante, permettent d'étudier de très près les cinq siècles de l'Empire romain. Nous pourrons affirmer comme certains un grand nombre de faits, surtout quand ils seront attestés par les trois sortes de sources à la fois, ou au moins par deux d'entre elles. Il ne faut cependant pas croire que ces nombreux volumes d'écrits contemporains, ces énormes recueils de lois, ces milliers d'inscriptions, nous donnent toute la vérité que nous voudrions posséder sur les institutions de cette époque. Croire cela serait une grande illusion.

---

[1] Orelli-Henzen, *Inscriptionum latinarum collectio*, 1827-1856. *Corpus inscriptionum latinarum*, Berlin, [depuis] 1863. L. Renier, *Diplômes militaires*, 1876. Wilmanns, *Exempla inscriptionum latinarum*, 1873.

[2] Citons surtout : le *Bulletin épigraphique de la Gaule*; Bourquelot, *Inscriptions de Nice*, 1850, *de Luxeuil*, 1862 ; Le Touzé, *Épigraphie du haut Poitou*, 1862; Noguier, *Inscriptions de Béziers*, 1883 ; Bladé, *Épigraphie de la Gascogne*, 1885 ; Ch. Robert et Cagnat, *Épigraphie de la Moselle*, 1883 et suiv.; Héron de Villefosse et Thédenat, *Inscriptions romaines de Fréjus*, 1884; [Allmer, *Revue épigraphique*, en cours de publication].

[3] [Le tome XII, renfermant les inscriptions de la Gaule narbonnaise, a été publié en 1888 par M. Hirschfeld.]

Tout historien qui sait discerner les problèmes, et qui ne se contente pas de passer à côté d'eux sans les voir, apercevra bien vite les lacunes de nos documents et l'insuffisance de nos textes. Après avoir compté ce que nous avons, comptons ce qui nous manque. Il ne nous reste rien des immenses archives qui s'accumulèrent durant cinq siècles dans les bureaux du Palais impérial ; et c'est là que nous aurions trouvé tous les secrets de l'administration. Nous n'avons rien du cadastre des terres, rien des registres de l'impôt, rien des archives des cités. Toutes les chartes privées ont péri ; nous n'avons conservé aucun de ces innombrables testaments ou actes de vente qui nous éclaireraient sur l'état des personnes et des terres[1]. Il ne nous est rien parvenu de ces millions d'actes de jugement qui furent mis en écrit, et sans lesquels il nous est impossible de connaître avec exactitude la procédure observée en Gaule. Rien de ce que nous possédons ne supplée à ce qui nous manque. Ainsi, malgré l'abondance apparente des documents, nous aurons lieu de montrer qu'il y a plusieurs points, parmi ceux qu'il nous importerait le plus de connaître, sur lesquels nous ne savons rien ou presque rien.

[1] A peine avons-nous quelques fragments. On a, par exemple, une partie d'un testament d'un Lingon, testament qui paraît avoir été écrit à la fin du 1ᵉʳ siècle de notre ère ; il a été publié par Wackernagel, en 1863, et reproduit dans le *Bulletin épigraphique de la Gaule*, t. I, p. 22.

CHAPITRE PREMIER

La monarchie romaine.

La population gauloise qui a emprunté aux Romains leur religion et leurs lois, leurs arts et leur langage, a adopté aussi leurs idées politiques et leur manière de penser en matière de gouvernement. Rome fit l'éducation politique du pays qui devait être la France. Elle y introduisit des opinions, des habitudes, des institutions, qui devaient survivre de beaucoup à l'Empire romain lui-même, et qui devaient même se transmettre, par la Gaule, à l'Allemagne et à l'Angleterre. Il importe donc, au début de cette histoire, d'examiner comment l'esprit romain comprenait le gouvernement des hommes.

Le peuple romain est celui qui a su le mieux obéir et le mieux commander. Il l'a emporté sur tous les autres peuples, non par l'intelligence, non par le courage, mais par la discipline. On admire sa discipline sociale, quand on observe l'ordre singulier de ses comices, la constitution de son sénat, l'organisme de ses magistratures. On admire sa discipline militaire quand on regarde les levées d'hommes, le serment, les marches, le campement, le combat. Cette discipline militaire n'était d'ailleurs qu'une partie et en quelque sorte une des faces de la discipline sociale. Savoir obéir et savoir commander furent les deux vertus qui rendirent le peuple romain incomparable et qui le firent le maître des autres peuples.

Le principe fondamental de tout le Droit public était la souveraineté absolue de l'État. L'État ou la chose publique, *respublica*[1], n'était pas chez les Romains une conception vague, un idéal de la raison; c'était un être réel et vivant, qui, bien que composé de tous les citoyens, existait pourtant par soi-même et au-dessus d'eux. Ils comprenaient l'État comme un être constant et éternel, au sein duquel les générations d'individus venaient passer l'une après l'autre[2]. Aussi cette *respublica* était-elle, à leurs yeux, un pouvoir supérieur, une autorité maîtresse, à laquelle les individus devaient une obéissance sans limite. L'esprit moderne, tout occupé de pensées qui ne furent jamais celles des anciens, est d'abord porté à croire que le régime de la République avait été établi dans l'intérêt de la liberté. On suppose volontiers que des institutions telles que les comices ou l'élection de magistrats annuels ont été imaginées pour garantir les droits des citoyens. C'est attribuer aux Romains des préoccupations qui, en réalité, tinrent peu de place dans leur esprit. Quand on regarde de près leurs institutions, on voit qu'elles ont été combinées dans l'intérêt de l'État; elles ont eu pour l'objet bien moins la liberté que l'obéissance des hommes. La République ou l'État était une sorte de monarque insaisissable, invisible, omnipotent toutefois et absolu. La maxime que le salut de l'État est la loi suprême, maxime qui peut quelquefois devenir funeste et inique, a été

---

[1] On sait que le mot *respublica* n'avait pas en latin le sens que nous attachons depuis cent ans au mot *république*. Il ne désignait pas une forme particulière de gouvernement. Cicéron dit que la royauté est une des formes de la République, *vocamus regnum ejus reipublicæ statum* (*De Republica*, I, 26). De même Tacite emploie fréquemment le mot *respublica* en parlant de l'Empire : *Respublica*, dit Cicéron (*De Republica, fragmenta*) *est res populi*.

[2] Cela se rattachait aux vieilles idées religieuses dont nous avons exposé les traits dans la *Cité antique*.

formulée par l'antiquité[1]. Tout était sous la surveillance de l'État, même la religion, même la vie privée. Tout lui était surbordonné, même la morale. L'homme n'eut jamais de garantie, contre l'État, pour ses droits individuels.

Cette notion de la *respublica* n'a pas disparu sous l'Empire. Les empereurs ne semblent pas avoir songé à l'extirper de l'esprit des peuples. Eux-mêmes, dans leurs discours et dans leurs actes officiels, parlaient de la République. Nous voyons Trajan inviter le sénat à donner, après lui, « un prince à la République[2] ». Hadrien déclare « qu'il gérera la République de telle sorte qu'on sache qu'elle est la chose de tous, et non la sienne propre[3] ». Septime Sévère écrit au sénat : « J'ai soutenu plusieurs guerres pour la République[4]. » Valérien déclare qu'il veut récompenser « ceux qui ont bien servi la République[5] », et s'adressant à un chef militaire qui s'est bien conduit : « La République te remercie », dit-il[6]. Les sujets pouvaient parler de la République devant l'empereur lui-même; un tribun dit à Valérien : « Je n'ai épargné ni moi ni mes soldats afin que la

---

[1] *Salus populi suprema lex esto*, dit Cicéron, *De legibus*, III, 3.

[2] Spartien, *Hadrianus*, 4 : *Principem romanæ reipublicæ senatus daret*.

[3] Ibidem, 8 : *Ita se rempublicam gesturum ut sciret populi rem esse, non propriam.* — C'est l'opposé du mot « l'État, c'est moi », attribué à Louis XIV.

[4] Julius Capitolinus, *Albinus*, 12 : *Ego frumenta reipublicæ detuli, ego multa bella pro republica gessi.* — L'empereur Décius, voulant donner la censure à Valérien, lui dit : *Suscipe censuram quam tibi detulit romana respublica* (Trébellius Pollion, *Valeriani*, 6).

[5] Vopiscus, *Aurelianus*, 9 : *Vellemus quibusque devotissimis reipublicæ viris multa tribuere.*

[6] Ibidem, 13 : *Gratias tibi agit respublica.* — Dans une lettre de l'empereur Claude II au sénat, lettre qui n'a que dix lignes, nous lisons trois fois le mot *respublica* (Trébellius Pollion, *Claudius*, 7).

République et ma conscience me rendissent bon témoignage¹. » L'empereur Constance haranguant des soldats les appelle « braves défenseurs de la République² ». Dans les textes législatifs le nom de République revient souvent³, et toujours avec cette idée que c'est à la République que tous doivent obéir et que c'est pour elle que les empereurs mêmes travaillent⁴.

C'est là un point auquel il faut faire attention si l'on veut se faire une idée exacte du régime impérial. L'Empire ne s'est jamais présenté comme un pouvoir personnel. Rien ici qui ressemble à la monarchie des peuples orientaux ou aux royautés européennes du XVIIᵉ siècle. L'empereur n'est pas le sommet de tout; l'idée de l'État plane au-dessus de lui. Ce n'est pas le prince que les citoyens servent, c'est l'État. Le prince ne doit pas régner pour soi, mais pour le bien commun⁵. Le vrai souverain, théoriquement et dans l'opinion générale des hommes, n'est pas le prince, c'est l'État ou la République⁶. Le sigle national continue à être S. P. Q. R.,

---

¹ Ibidem, 14 : *Ut mihi gratias ageret respublica et conscientia mea.* — De même dans des inscriptions : *Ob egregia ejus in rempublicam merita*, Orelli, n° 5192. *Optime de republica merito*, Henzen, n° 6501.

² Ammien Marcellin, XV, 8 : *Optimi reipublicæ defensores.*

³ *Ob egregiam in rempublicam imperiumque romanum fidem*, Ulpien, au Digeste, L, 15, 1. — *Qui Romæ reipublicæ causa operam dant*, Digeste, IV, 6, 5. — *Hi pro republica ceciderunt*, Digeste, XXVII, 1, 18. — On emploie de même l'expression *res romana* : *Publicum jus est quod ad statum rei romanæ spectat*, Digeste, I, 1, 1, § 2.

⁴ De là cet éloge que les hommes adressent fréquemment à un prince : *Pro bono reipublicæ natus* (Mommsen, *Inscriptiones helveticæ*, n°ˢ 312, 315, 316, 317, etc. — La même pensée se présente encore sous une autre forme : *Quum ad restituendam rempublicam fueris vocatus*, dit Mamertin dans son panégyrique à l'empereur Maximin, c. 3.

⁵ C'est ce que Pline écrit (*Lettres*, III, 20) : *Sunt quidem cuncta sub unius arbitrio, qui pro utilitate communi solus omnium curas laboresque suscipit.*

⁶ Quelques esprits superficiels n'ont pas manqué de dire qu'Auguste et

senatus populusque romanus[1], et l'État romain ne cesse pas de s'appeler « la République[2] ». Ainsi, dans les douze siècles d'existence qu'a eus l'État romain, quoique la forme du gouvernement ait plusieurs fois changé, le principe est resté le même. La même conception sur la nature et l'origine des pouvoirs a régné dans les esprits. L'Empire romain n'a pas supprimé l'idée de la chose publique. Cette idée n'est sortie de l'esprit des hommes que plusieurs siècles après lui.

Pour que le pouvoir suprême de l'État fût exercé effectivement, il fallait que l'État le mît dans les mains d'un ou plusieurs hommes. C'est le système de la délégation. Il a été pratiqué toujours à Rome et sous les régimes les plus divers. Nous le trouvons sous les rois, sous les consuls, et nous le trouvons encore sous les empereurs. C'est même la notion persistante de cette délégation qui explique la succession de ces divers régimes, moins différents entre eux que notre esprit moderne ne se l'imagine.

ses successeurs conservèrent le mot de république pour mieux duper les hommes. C'est une façon commode, mais bien puérile, d'expliquer les actes impériaux. En histoire, il faut tenir un grand compte des idées des hommes ; Auguste et ses successeurs, au moins pendant trois siècles, laissèrent subsister l'idée de république, par la seule raison que cette idée dominait dans leur propre esprit comme dans celui de leurs contemporains.

[1] Voir, dans le recueil d'inscriptions de Wilmanns, les n°° 64, 644, 922, 923, 935, 938, 943, 952, 987, 1073, 1377. — Les formules *Populus romanus Quiritium, respublica populi romani* restaient usitées, comme on le voit dans les *Acta Arvalium* rédigés sous Domitien (Wilmanns, t. II, p. 289). On élevait encore des autels au *Genius populi romani* (*Corpus inscriptionum latinarum*, II, n° 2522 ; Henzen, n° 5774 ; Orelli, n°° 1685, 1684.)

[2] Ainsi, au v° siècle, Sidoine Apollinaire voulant dire que les Arvernes, par amour de l'État romain, mettent en accusation Sermatus qui voulait les livrer aux barbares, s'exprime ainsi : *Arverni, amore reipublicæ, Sermatum provincias barbaris propinantem non timuere legibus tradere* (Sidoine, *Lettres*, VII, 7).

Les rois de Rome n'avaient jamais régné en vertu d'un droit personnel ou de l'hérédité. Ils n'avaient eu le pouvoir que par la délégation que la cité en avait faite à chacun d'eux. L'acte de délégation avait été dressé au début de chaque règne sous la forme d'une loi spéciale qui s'appelait *lex regia curiata de imperio*[1].

La révolution de 509 qui, suivant notre phraséologie moderne, substitua la république à la royauté, ne changea pas, à vrai dire, la nature de l'autorité publique. Les consuls gouvernèrent en vertu du même principe que les rois. Aussi renouvelait-on pour eux, chaque année, l'acte de délégation. Cet acte continuait à s'appeler *lex curiata de imperio*. Renouvelé pour chaque consul, il a traversé les siècles et est arrivé jusqu'à l'époque des Césars[2].

---

[1] Cicéron, *De Republica*, II, 13, 17, 21 : *Numa Pompilius ipse de suo imperio curiatam legem tulit. — Tullus Hostilius de imperio suo populum consuluit curiatim. — Servius populum de se ipse consuluit, jussusque regnare legem de imperio suo curiatam tulit.* — On sait que l'expression *ferre legem* se dit de l'homme qui propose une loi et la fait accepter.

[2] Cicéron, *Ad familiares*, I, 9, 25 : *Legem curiatam consuli ferri opus est.* Le même écrivain dit (*In Rullum*, II, 11) qu'un consul devait toujours passer devant deux assemblées successives : *Majores de omnibus magistratibus bis vos sententiam ferre voluerunt.... Binis comitiis voluerunt vos de omnibus magistratibus judicare.* Il y avait en effet pour l'établissement d'un magistrat deux comices, qui se succédaient à peu de jours de distance; les comices centuriates exprimaient seulement le désir du peuple d'avoir tel homme pour magistrat; les comices curiates, qui formaient la plus officielle représentation de la cité, conféraient à cet homme la délégation de l'autorité publique, *imperium*. — Personne n'ignore que ces derniers comices devinrent avec le temps une pure formalité; mais dans les premiers siècles ils étaient la cité même; par conséquent la *lex curiata de imperio* avait une grande importance. C'était elle qui donnait aux magistrats désignés par les centuries le droit d'exercer le pouvoir. Elle était donc la vraie source de leur autorité. *Magistratum non gerebat is qui ceperat, si patres auctores non erant facti*, dit Cicéron, *Pro Plancio*, 3. Ces derniers mots désignent l'assemblée patricienne, c'est-à-dire l'assemblée curiate confirmant le choix des centuries

C'est en vertu de la même délégation que les empereurs ont exercé l'autorité. Les jurisconsultes de l'époque impériale proclament cet axiome du Droit public de leur temps : « Si l'empereur peut tout, c'est parce que le peuple lui confère et met en lui *toute sa puissance*[1]. » Ainsi l'on reconnaît encore, au bout de deux siècles d'Empire, que le vrai propriétaire de la puissance est le peuple, et que l'empereur ne la possède que par délégation.

Ne pensons pas que cette délégation de l'autorité fût une pure fiction, un faux dehors, ou une simple idée de l'esprit. C'était un acte très réel. On peut voir dans la vie du premier empereur que les diverses parties de la souveraineté lui furent formellement confiées par une série de lois ou de sénatus-consultes rendus suivant les formes usitées[2]. Cela ne se fit pas une fois pour toutes, à perpétuité. Il fallut que la délégation fût renouvelée

et lui donnant une valeur légale. Que chaque consul fût obligé d'obtenir cette délégation de l'autorité par une loi spéciale et personnelle, c'est ce qui ressort de plusieurs textes de Tite Live (VI, 41 et 42; IX, 38 et 39; XXVI, 2; XXVII, 22; cf. Denys d'Halicarnasse, IX, 41 et X, 4), et de cette phrase de Cicéron : *Consulibus legem curiatam ferentibus a tribunis plebis sæpe intercessum est* (*In Rullum*, II, 12). Tacite paraît avoir connu la formule de cette loi curiate; au sujet des origines de la questure, il fait cette remarque : *Quæstores regibus etiam tum imperantibus instituti sunt, quod lex curiata ostendit ab L. Bruto repetita* (*Annales*, VI, 23).

[1] Gaius, *Institutes*, I, 5 : *Quod imperator constituit, non dubitatum est quin id legis vicem obtineat, cum ipse imperator per legem imperium accipiat.* — Ulpien, au Digeste, I, 4, 6 : *Quod principi placuit legis habet vigorem, utpote quum lege regia, quæ de imperio ejus lata est, populus ei et in eum omne imperium et potestatem suam conferat.* — Cela se retrouve encore dans les Institutes de Justinien, I, 2, 6 : *Quod principi placuit legis vigorem habet, quum lege regia, quæ de imperio ejus lata est, populus ei et in eum omne imperium suum concedat.* — C'est encore à peu près ce que dit Pomponius, au Digeste, I, 2, 2, § 11 : *Evenit ut necesse esset reipublicæ per unum consuli; igitur constituto principe datum est ei jus ut quod constituisset, ratum esset.*

[2] Voir surtout l'*Index rerum gestarum divi Augusti*, œuvre authen-

pour chaque nouveau prince. Elle était prononcée par le sénat, qui représentait officiellement la République romaine[1]. Cet acte était de même nature que celui qui avait été dressé autrefois pour chaque roi et pour chaque consul ; aussi continuait-on à l'appeler du même nom : c'était la *lex regia de imperio*[2].

L'Empire ne fut pas considéré comme héréditaire,

---

tique et sincère où Auguste relate tous les actes du peuple et du sénat à son égard. Cela est confirmé par Suétone, *Auguste*, 27 ; Tacite, *Annales*, I, 2 ; Strabon, XVII, 3 ; Dion Cassius, livres LI et LIII.

[1] Tacite, *Histoires*, IV, 3 : *Senatus cuncta principibus solita Vespasiano decrevit.* — Dion Cassius, LXIII, 29 : Τῷ Γάλβᾳ τὰ τῇ αὐτοκράτορι ἀρχῇ προσήκοντα ἐψηφίσαντο. — LXIV, 8 : Ἡ βουλὴ πάντα τὰ πρὸς τὴν ἀρχὴν φέροντα ἐψηφίσατο. — LXVI, 1 : Οὐεσπασιανὸς αὐτοκράτωρ πρὸς τῆς βουλῆς ἀπεδείχθη. — LXXIII, 11-15 : Τὴν αὐταρχίαν ἐκ τῶν τῆς βουλῆς δογμάτων βεβαιωσάμενος.... — Lampride, *Alexander Severus*, 6-8 : *Quum rogatus esset ut in curiam veniret... et sciret de honoribus suis agendum... Post acclamationes dixit Alexander : Gratias vobis, patres conscripti, de Augusti nomine addito et de pontificatu maximo et de tribunitia potestate et de proconsulari imperio, quæ omnia mihi contulistis.* — Jules Capitolin, *Verus*, 3 : *Cum illi soli senatus detulisset imperium.*

[2] C'est du moins ainsi qu'elle est appelée par Ulpien, au Digeste, I, 4, 6, et par les Institutes de Justinien, I, 2, 6. — Gaius, I, 5, dit seulement *per legem*, sans autre indication. — On a douté (Hirschfeld, *Untersuchungen*, p. 289 et suivantes) que le nom de *lex regia* ait pu être usité sous l'Empire ; mais il faut noter combien Ulpien et les Institutes de Justinien sont précis sur ce point ; Ulpien met même sa phrase au temps présent, pour bien montrer qu'il parle d'une institution permanente. — Un fragment de la loi qui fut rédigée pour Vespasien nous a été conservé. On en trouvera le texte dans le *Corpus inscriptionum latinarum*, t. VI, n° 930 ; Wilmanns, n° 917 ; Orelli, t. I, p. 567. Le passage le plus caractéristique est celui-ci : *Uti quæcumque ex usu reipublicæ, majestate divinarum humanarum publicarum privatarumque rerum esse censebit, ei agere facere jus potestasque sit.* M. Hirschfeld a soutenu que cette loi faite pour Vespasien avait été une innovation. S'il s'était contenté de dire qu'elle n'était pas rédigée suivant une formule constante et immuable, il eût été dans le vrai. Il arriva très souvent que la reconnaissance d'un nouvel empereur par le sénat ne fut qu'une formalité, et que cette formalité fut faite à la hâte. Les termes durent varier, s'étendre, se raccourcir suivant les temps. Mais il y eut toujours une loi, et Ulpien, avec sa phrase au temps présent, marque bien que la loi est renouvelée à chaque règne, bien qu'elle ne soit que de pure forme.

au moins dans les trois premiers siècles[1]. Chaque prince reconnut qu'il devait l'empire à la délégation que le sénat lui en avait faite. Ce point de droit était incontesté.

Pour être déléguée, l'autorité n'en était pas moins forte. Il y eut toujours ceci de remarquable chez les Romains que la puissance publique, une fois qu'elle avait été commise à un personnage et quelles que fussent les mains à qui on l'eût confiée, était, dans ces mains-là, absolue, complète, presque sans limites. Pour les Romains, la magistrature n'était pas une simple fonction, c'était un pouvoir. On l'appelait du terme expressif d'*imperium*[2]. Celui qui en était revêtu, ne

---

[1] *Neque enim hic, ut gentibus quæ regnantur, certa dominorum domus.* Ces paroles sont mises dans la bouche de Galba par Tacite, *Histoires*, I, 16.

[2] Il ne faut pas penser que le mot *imperium* désignât exclusivement le pouvoir militaire. Cicéron montre dans son Traité de la République que la *lex de imperio* était faite pour le temps de paix aussi bien que pour le temps de guerre. Tite Live (I, 17; I, 59; XXVI, 28; XXVII, 22; XXXII, 1) emploie le mot *imperium* dans des cas où il ne peut pas s'appliquer à un commandement militaire. Cicéron, voulant dire qu'Hortensius va entrer dans son année de consulat, s'exprime ainsi : *Erit tum consul cum summo imperio* (*In Verrem*, I, 13). Le même mot a bien le sens d'autorité civile dans cette phrase de Tacite, *Annales*, VI, 10 : *Antea, profectis domo regibus, ac mox magistratibus, ne urbs sine imperio foret, in tempus delegabatur qui jus redderet.* Il désigne l'autorité judiciaire dans cette phrase d'Ulpien, au Digeste, II, 1, 3 : *Imperium aut merum aut mixtum est; merum est imperium habere jus gladii ad animadvertendum in facinorosos homines.* Dion Cassius explique clairement les deux significations qui s'attachent au même mot : Τὴν τοῦ αὐτοκράτορος ἐπίκλησιν... λέγω δὲ οὐ τὴν ἐπὶ ταῖς νίκαις διδομένην τισίν, ἀλλὰ τὴν ἑτέραν τὴν τὸ κράτος διασημαίνουσαν (Dion, LII, 41). Ainsi l'*imperium* c'est la force, κράτος. Ce terme désigne chez les Romains tout un ensemble de pouvoirs dans lesquels les modernes distingueraient l'autorité politique, l'autorité militaire, l'autorité judiciaire, mais qui formaient suivant les idées des Romains un faisceau à peu près indivisible. En principe, cet ensemble appartenait au peuple; *populus imperat*, dit Cicéron, *De Republica*, I, 40; en fait, le peuple l'avait toujours confié à un homme ; CUM IMPERIO EST, dit un vieux grammairien (dans Paul Diacre, p. 50), *dicebatur apud anti-*

fût-ce que pour une année, était un maître, le maître du peuple, *magister populi*[1].

Cette façon de comprendre l'autorité du chef de l'État comme une délégation du pouvoir absolu de la République se retrouve dans toutes les périodes de l'histoire de Rome, sous les rois, sous les consuls, sous les empereurs.

Comme représentants de l'État, les consuls étaient légalement des maîtres absolus. Tite Live et Cicéron ne voient aucune différence entre leur autorité et celle des rois[2]. Ils réunissaient dans leurs mains tous les pouvoirs de la cité. Ils étaient à la fois administrateurs et chefs d'armée. Ils présidaient le sénat et les comices, et nul n'avait la parole ni dans l'une ni dans l'autre assemblée qu'avec leur autorisation et sur les sujets proposés par eux. Ils faisaient le cens : cela voulait dire qu'ils marquaient à chaque citoyen son rang social et ses droits politiques; ils décidaient par leur seule volonté qui serait sénateur, qui serait chevalier, qui serait simple citoyen, qui serait hors des cadres de la cité : tout cela sans appel et sans recours. Ils rendaient la justice; le Droit se manifestait par leur bouche, et ils étaient comme la loi vivante, *jus dicebant*[3]. Ils

---

quos cui nominatim a populo dabatur imperium. Varron définit ainsi le mot *imperator* : *Imperator ab imperio populi* (*De lingua latina*, V, 87).

[1] Le titre officiel du dictateur était *magister populi* (Cicéron, *De Republica*, I, 40; *De legibus*, III, 4; Varron, *De lingua latina*, V, 14). On disait de même *magister equitum*. Le mot avait été beaucoup plus usité dans les premiers siècles de la République qu'il ne le fut au temps de Cicéron ou de Tite Live. Il y a apparence qu'il s'appliquait à tout homme revêtu de l'autorité ; de là vient le mot *magistratus*.

[2] Cicéron, *De Republica*, II, 32 : *Potestatem tempore annuam, genere ac jure regiam.* — Tite Live, II, 1 : *Non deminutum quidquam ex regia potestate; omnia jura, omnia insignia regum consules tenuere.*

[3] Les consuls, dans les premiers siècles, portaient le titre de *judices* (Varron, *De lingua latina*, VI, 88).

avaient même en leur personne une sorte de pouvoir législatif; ce qu'ils avaient dit, *edictum*, avait force de loi, au moins pendant le temps que durait leur magistrature, et tout citoyen devait s'incliner devant cette simple parole. L'esprit romain ne concevait pas qu'un individu pût entrer en lutte contre la volonté de l'homme qui représentait l'État. Jamais les Romains ne pensèrent à fixer des bornes précises à la puissance du magistrat.

Plus tard, quand la plèbe réclama sa place dans la cité, les Romains ne pensèrent pas à définir les droits individuels du citoyen ou à limiter le pouvoir du magistrat; ils aimèrent mieux créer de nouveaux chefs pour la plèbe, et ces tribuns furent armés aussi d'un pouvoir absolu et inattaquable. Plus tard encore, les Romains établirent de nouveaux magistrats; et chacun d'eux encore fut dans sa sphère un maître tout-puissant. Le seul moyen qu'ils imaginèrent de n'être pas absolument esclaves de ces maîtres annuels fut de multiplier leur nombre. Il arriva alors que l'un d'eux put défendre et protéger le citoyen que l'autre avait frappé; le droit individuel n'eut jamais à Rome de meilleure garantie[1]. Consuls, tribuns, censeurs, préteurs, furent autant de souverains dans Rome, et chaque proconsul fut un souverain dans sa province.

La révolution qui fit l'Empire consista seulement en

---

[1] Il y avait, à la vérité, la *provocatio ad populum*, la cité étant le juge souverain en matière criminelle; mais rien n'est plus obscur que l'histoire de cet « appel à la cité ». Pour en connaître la nature et le sens, nous voudrions savoir comment et par quelle procédure cet appel s'exerçait, si le particulier présentait lui-même son appel, et d'après quelles règles le nouveau jugement était prononcé. Les historiens anciens ne nous renseignent pas sur ces détails, sans lesquels l'institution ne se comprend pas. Tite Live marque bien (X, 9) que la *provocatio* resta lettre morte jusqu'à une loi Porcia, dont la date est inconnue.

ceci que les mêmes pouvoirs qui avaient été en plusieurs mains furent concentrés alors dans une seule. La vraie différence fut qu'au lieu d'être partagé entre plusieurs magistrats l'*imperium* appartint tout entier à un seul homme. Ce fut la même souveraineté, de même source et de même nature, mais il n'y eut plus qu'un homme qui l'exerça. Un chef unique remplaça plusieurs chefs, un seul maître plusieurs maîtres. A cela près le droit public resta le même[1].

Il n'y eut jamais en Europe de monarchie plus omnipotente que celle qui hérita ainsi de l'omnipotence de la République. On ne connut pas plus de limites à la puissance effective du prince qu'on n'en avait connu à la souveraineté théorique du peuple[2]. Il ne fut pas nécessaire d'alléguer aux hommes un prétendu droit divin. La conception du droit populaire, poussée à ses dernières conséquences par le génie autoritaire de Rome, suffit à constituer la monarchie absolue.

Voici quelles étaient les attributions du prince :

A titre de chef militaire de l'Empire, il commandait à toutes les armées et nommait à tous les grades. Les soldats prêtaient serment à son nom et à son image. Il faisait le recrutement et levait autant de soldats qu'il voulait. Il avait le droit de paix et de guerre[3].

Armé de la puissance tribunitienne, il avait l'initiative en matière de loi, *jus referendi*, et en même temps

---

[1] Tacite, *Annales*, I, 9 : *Non aliud discordantis patriæ remedium fuisse quam ut ab uno regeretur.*

[2] *Omne jus omnisque potestas populi romani in imperatoriam translata sunt potestatem*, tel est encore le principe énoncé par Justinien dans la préface du Digeste; et c'est aussi le sens des paroles de Gaius et d'Ulpien que nous avons citées plus haut.

[3] Dion Cassius, LIII, 17 : Καταλόγους ποιεῖσθαι, πολέμους τε ἀναιρεῖσθαι καὶ εἰρήνην σπένδεσθαι.

le *veto* à l'égard de toute proposition comme de tout acte émané d'autrui[1]. Sa personne était inviolable et sacrée, *sacrosanctus*, et quiconque lui portait atteinte, fût-ce en parole, pouvait être mis à mort sans jugement, comme impie; telle était la vieille loi tribunitienne[2]. Ce pouvoir de tribun, qui lui donnait le droit de punir, lui conférait aussi le droit de protéger, *jus intercedendi*, et lui permettait de prendre ce rôle de défenseur des faibles qui complète la monarchie[3].

Il levait les impôts, en fixait à son gré le chiffre, en faisait dresser les tableaux de répartition par ses agents. Il avait le maniement des fonds sans aucun contrôle[4]. Il

---

[1] Ibidem : Ἡ ἐξουσία ἡ δημαρχικὴ καλουμένη, δίδωσί σφισι τὰ γιγνόμενα ὑφ' ἑτέρου τινός, ἂν μὴ συνεπαινῶσι, παύειν. Il y avait d'autres tribuns, mais la *tribunitia potestas* n'appartenait qu'à l'empereur.

[2] Ibidem : Καὶ μὴ καθυβρίζεσθαι, κἄν τι καὶ τὸ βραχύτατον, μὴ ὅτι ἔργῳ, ἀλλὰ καὶ λόγῳ, ἀδικεῖσθαι δοκῶσι, καὶ ἄκριτον τὸν ποιήσαντα τοῦτο ὡς καὶ ἐναγῆ ἀπολλύναι.

[3] *Ad tuendam plebem tribunitio jure contentum* (Tacite, *Annales*, I, 2). — Tacite signale énergiquement la grandeur de ce pouvoir : *Potestatem tribunitiam summi fastigii vocabulum Augustus reperit, ne regis aut dictatoris nomen assumeret, ac tamen appellatione aliqua cætera imperia præmineret* (*Annales*, III, 56). — Plus tard Vopiscus exprime la même pensée : *Tribunitia potestas quæ pars maxima regalis imperii est*. — La *tribunitia potestas* figure dans les inscriptions et sur les monnaies, parmi les principaux titres officiels des empereurs; ils datent même par les années de leur puissance tribunitienne, ce qui revient à dater par les années de leur règne; c'est ce que dit aussi Dion Cassius, LIII, 17 : Δι' αὐτῆς ἡ ἀρίθμησις τῶν ἐτῶν τῆς ἀρχῆς αὐτῶν.

[4] Il y eut dans les premiers siècles de l'Empire trois trésors distincts: l'*ærarium Saturni*, l'*ærarium militare*, le *fiscus*. Le premier recevait les impôts des provinces sénatoriales et était administré au nom du sénat par des *præfecti ærarii Saturni*. Le second était alimenté par la *vicesima hereditatum* établie par Auguste (Dion, LV, 25 ; LVI, 28) et quelques impôts indirects, et administré par des fonctionnaires qui furent d'abord tirés au sort parmi les sénateurs de rang consulaire et qui plus tard furent choisis par le prince. Le *fiscus* recevait les revenus des provinces impériales ; il était considéré comme la propriété privée de l'empereur (Ulpien, au Digeste, XLIII, 8, 2) et était régi par ses *procuratores* (Tacite, XIV, 54 ; Suétone, *Claude*, 28 ; Pline, *Panégyrique*, 36). Mais il faut bien entendre que ces distinctions étaient plus nominales que réelles. Dion

pouvait confisquer les terres pour cause d'utilité publique ou pour les assigner aux colonies qu'il fondait[1].

Comme chef de la moitié des provinces, il y exerçait l'autorité absolue des anciens proconsuls[2]. Il les faisait administrer en son nom par ses lieutenants, *legati*, qui ne répondaient qu'à lui de leur gestion. Le sénat garda pendant plusieurs siècles le droit de nommer les gouverneurs des autres provinces[3]; mais le prince surveillait ces gouverneurs, leur envoyait ses instructions, et n'avait pas une autorité moindre dans les provinces sénatoriales que dans les siennes[4]. Nous avons la preuve de cela pour la Gaule elle-même. Il est visible par les textes et par les inscriptions que l'empereur était autant le maître dans la Narbonnaise, province sénatoriale, que dans la Lyonnaise et la Belgique, provinces impériales.

Tenant la place des anciens censeurs de la République, il avait l'empire des mœurs et de la vie privée. Un pouvoir plus effectif lui venait de là : c'était lui qui dressait la liste des sénateurs et des chevaliers; il donnait à qui il voulait le droit de cité. Chacun avait ainsi dans la société le rang que lui assignait le prince[5]. Comme

---

Cassius dit « qu'en apparence le trésor de l'État était distinct du trésor du prince, mais qu'en réalité le prince disposait de l'un comme de l'autre » (Dion, LIII, 16 et 22).

[1] On peut voir sur ce point plusieurs titres des codes, et surtout le recueil des *Gromatici veteres*.

[2] Dion Cassius, LIII, 17 : Ἀνθύπατοι ἀεί, ὁσάκις ἂν ἔξω τοῦ πωμηρίου ὦσιν, ὀνομάζονται.

[3] Le nom officiel de cette catégorie de provinces était *provinciæ populi*. Gaius, II, 21 : *In his provinciis quæ propriæ populi romani esse intelliguntur.... In his provinciis quæ propriæ Cæsaris esse creduntur.*

[4] C'est ce que dit clairement Dion Cassius : Καὶ ἐν τῷ ὑπηκόῳ (c'est le terme dont la langue grecque désigne le sol provincial) τὸ πλεῖον τῶν ἑκασταχόθι ἀρχόντων ἰσχύειν.

[5] Dion Cassius, LIII, 17 : Ἐκ τοῦ τιμητεύειν, τούς τε βίους καὶ τοὺς

souverain pontife, il tenait toute religion dans sa main, régnait sur les croyances et sur les actes du culte, et exerçait un droit de surveillance sur tous les sacerdoces[1].

Il était le juge suprême et sans appel de tout l'Empire. A Rome il rendait la justice en personne, concurremment avec le sénat et le tribunal des centumvirs[2]. Dans les provinces, il déléguait ses fonctions judiciaires à ses légats, et la justice était rendue en son nom.

Il possédait même l'autorité législative. S'il ne pouvait faire de véritables *leges* qu'avec le concours du sénat, il pouvait du moins, comme les anciens magistrats de la République, émettre des édits auxquels les populations devaient la même obéissance qu'aux lois. Une simple lettre du prince, une réponse à un fonctionnaire ou à un particulier sur un point de droit, devenait aussitôt un acte législatif et prenait place dans le corps du droit romain[3].

A tous ces pouvoirs, qui n'étaient que ceux des

τρόπους ἡμῶν ἐξετάζουσι, καὶ ἀπογράφας ποιοῦνται, καὶ τοὺς μὲν καταλέγουσι καὶ εἰς τὴν ἱππάδα καὶ εἰς τὸ βουλευτικόν, τοὺς δὲ καὶ ἀπαλείφουσιν, ὅπως ἂν αὐτοῖς δόξῃ.

[1] Ibidem : Ἐκ τοῦ ἐν πάσαις ταῖς ἱερωσύναις ἱερῶσθαι καὶ προσέτι τοῖς ἄλλοις τὰς πλείους σφῶν διδόναι,... πάντων τῶν ὁσίων καὶ τῶν ἱερῶν κυριεύουσι. — Dans les inscriptions le titre de *pontifex maximus* est toujours attaché au nom du prince.

[2] Suétone, *Auguste*, 33 : *Jus dixit assidue.* — Tacite, *Annales*, IV, 15, 22, 31, etc. — Pline, *Lettres*, IV, 22; VI, 22. — Dion Cassius, LXIX, 7; LXXI, 6; LXXVI, 17; LXXVII, 8. — Spartien, *Hadrien*, 8 : *Sæpe jus dixit.* — Ibidem, 18 : *Cum judicaret.* — Ibidem, 22 : *Causas Romæ et in provinciis frequenter audivit.* — Capitolin, *Marc-Aurèle*, 24 : *Erat mos illi ut omnia crimina... puniret; capitales causas hominum honestorum ipse cognovit.*

[3] Gaius, *Institutes*, I, 5 : *Constitutio principis est quod imperator decreto, vel edicto, vel epistola constituit, nec unquam dubitatum est quin id legis vicem obtineat.* — Il faut faire une exception pour les empereurs dont les actes furent annulés par le sénat après leur mort.

anciens chefs de la République, s'ajouta un titre nouveau. Le prince reçut du sénat le nom d'*augustus*[1]. Or ce mot n'était pas un nom d'homme, et l'on ne voit en effet aucun homme qui l'ait porté avant C. Julius César Octavien. Le terme *augustus* appartenait à la langue religieuse de Rome ; il signifiait vénérable, sacré, divin ; il s'appliquait aux dieux ou aux objets qui participaient de la divinité[2]. Ce titre fut conféré au premier empereur. Il se transmit ensuite à tous les empereurs après lui[3]. Tout empereur fut donc un Auguste. Cela signifiait que l'homme qui gouvernait l'Empire était un être plus qu'humain, un être sacré. Le titre d'empereur marquait sa puissance, le titre d'Au-

---

[1] Dion Cassius, LIII, 16 : Τὸ τοῦ Αὐγούστου ὄνομα παρὰ τῆς βουλῆς καὶ παρὰ τοῦ δήμου ἐπέθετο. — Suétone, *Auguste*, 7 : *Augusti nomen assumpsit... Munacii Planci sententia, quum, quibusdam censentibus Romulum appellari oportere, prævaluisset ut Augustus potius vocaretur.*

[2] Ovide, *Fastes*, I, 609 : *Sancta vocant augusta patres ; augusta vocantur templa.* — Tite Live, I, 29 : *Augustum templum* ; XLV, 5 : *Augustum solum.* — Cicéron, *Pro domo*, 53 : *Ara consecrata in loco augusto.* — Suétone, *Auguste*, 7 : *Ut Augustus vocaretur, non tantum novo, sed etiam ampliore cognomine, quod loca religiosa, et in quibus augurato quid consecratur, augusta dicantur.* — Dion Cassius, LIII, 16 : Ἐπεκλήθη Αὔγουστος ὡς καὶ πλέον τι ἢ κατὰ ἀνθρώπους ὤν. Πάντα γὰρ τὰ ἐντιμότατα καὶ τὰ ἱερώτατα αὔγουστα προςαγορεύεται. — Les Grecs traduisirent par Σεβαστός.

[3] Exemples : *Tiberio Cæsari divi Augusti filio Augusto pontifici maximo* (Henzen, n° 5393). — *Tiberius Claudius Cæsar Augustus* (ibidem, n° 5400). — *Nero Claudius Cæsar Augustus* (ibidem, n° 5407). — *Imperator Cæsar Hadrianus Augustus* (ibidem, n° 5455). — *Imperator Cæsar Flavius Constantinus Augustus* (ibidem, n° 5580). — C'était le principal titre dont on saluait chaque nouvel empereur. *Gordiane Auguste, dii te servent* (Jules Capitolin, *Gordiani*, 8). *Auguste Claudi, dii te præstent* (Trébellius Pollion, *Claudius*, 4). *Tacite Auguste, deus te servet* (Vopiscus, *Tacitus*, 4). *Diocletianum omnes divino consensu Augustum appellaverunt* (Vopiscus, *Numerianus*, 13). — Le titre de César pouvait se communiquer aux parents du prince, à l'héritier présomptif ; le titre d'Auguste fut toujours réservé à l'empereur seul, le titre d'Augusta à l'impératrice (Suétone, *Claude*, 11 ; *Néron*, 28 ; *Domitien*, 3 ; Tacite, XII, 26 ; Jules Capitolin, *Pius*, 5).

guste sa sainteté[1]. Les hommes lui devaient la même vénération, la même dévotion qu'aux dieux[2].

Cette collation d'un titre religieux à un simple mortel peut étonner les hommes de nos jours, qui ne manquent guère d'y voir la preuve de la plus basse servilité. On devrait remarquer cependant que ni Tacite, ni Suétone, ni Juvénal, ni Dion Cassius, ne marquent par aucun indice que ce titre ait surpris les hommes de ce temps-là, moins encore qu'il les ait indignés. Des centaines d'inscriptions, fort librement écrites par des particuliers, attestèrent que les Romains et les provinciaux l'adoptèrent tout de suite. Pour comprendre cela, il faut se reporter aux idées des anciens. Pour eux, l'État ou la Cité avait toujours été une chose sainte et avait été l'objet d'un culte. L'État avait eu ses dieux et avait été lui-même une sorte de dieu. Cette conception très antique n'était pas encore sortie des esprits. Elle y régnait [toujours], comme ces vieilles traditions auxquelles l'âme humaine se plie sans savoir d'où elles lui viennent. Les contemporains de César Octavien trouvèrent naturel de transporter à l'empereur le caractère sacré que l'État avait eu de tout temps. L'État, en même temps qu'il mettait en lui toute sa puissance et tous ses droits, mit aussi en lui sa sainteté. Ainsi le prince fit partie de la religion nationale. Il y eut association religieuse entre l'État et l'empereur. Depuis longtemps des temples étaient élevés à l'État romain considéré

---

[1] C'est ce que dit Ausone, Panégyrique de Gratien : *Potestate imperatot, Augustus sanctitate.*

[2] *Imperator cum Augusti nomen accepit, tanquam præsenti et incorporali deo fidelis est præstanda devotio* (Végèce, édit. Lang, II, 5). — Notons toutefois que l'empereur n'était pas un dieu. Il ne devenait un dieu qu'après sa mort, s'il obtenait du sénat la *consecratio.* La qualité d'Auguste s'acquérait le premier jour du principat et disparaissait le

comme dieu, *Romæ Deæ*[1]. On y joignit désormais l'empereur régnant, à titre d'*Augustus*[2]. La dédicace fut alors ROMÆ ET AUGUSTO, « à Rome et à l'Auguste », comme si l'on eût dit « à l'État qui est un dieu et à celui qui, parce qu'il le représente, est un être sacré ».

Il n'y avait donc aucun pouvoir qui n'appartînt au prince. Il avait dans ses mains l'armée et les finances ; il était à lui seul l'administration, la justice, la loi, la religion même. On ne saurait imaginer une monarchie plus complète. Le sénat n'était dans la pratique qu'une sorte de conseil d'État ou un rouage utile pour donner aux actes du prince les anciennes formes légales. Toute l'action politique résidait dans la personne du prince sans partage et sans contrôle[3].

dernier jour. Elle était attachée à l'exercice effectif de la puissance publique.

[1] Sur les temples élevés à la Ville de Rome, voir Polybe, XXXI, 16; Tite Live, XLIII, 6; *Bulletin de correspondance hellénique*, 1883, p. 162.

[2] Suétone, *Auguste*, 52 : *Templa in nulla provincia, nisi communi suo Romæque nomine, recepit.* — Dion Cassius, LI, 20.

[3] Comme nous ne décrivons le système monarchique romain qu'au point de vue des populations gauloises, nous devons laisser de côté plusieurs points sur lesquels nous insisterions si notre sujet était l'État romain. Nous aurions, par exemple, à parler du sénat. Il est certain que le sénat subsistait à côté du prince, presque au-dessus de lui, théoriquement (voir par exemple, Tacite, *Annales*, XI, 24; XII, 60; XIII, 4; Spartien, *Hadrien*, 7-8; Lampride, *Alexandre Sévère*, 8 et 10; Vopiscus, *Probus*, 13; idem, *Tacitus*, 3-5); il restait, en droit, le pouvoir suprême de l'État; car les anciens comices avaient été transportés en lui et il représentait l'ancien *populus*. — A ce titre, le sénat faisait les lois, comme le peuple les avaient faites, et il lui arrivait souvent d'examiner et de discuter une proposition de l'empereur. Son pouvoir législatif n'était pas un vain mot; car nous avons, des deux premiers siècles de notre ère, une série de *leges* et de *senatusconsulta* qui ont modifié le droit romain. — Le sénat était en même temps un corps judiciaire. Il jugeait les crimes, recevait une partie des appels, vidait les procès entre les provinces et leurs gouverneurs. Il était, sinon le plus puissant, du moins le plus solennel des tribunaux. — Il avait même, théoriquement, le droit de choisir l'empereur (Spartien, *Hadrien*, 4; Vopiscus, *Tacitus*, 3-5; Dion Cassius, LXVI, 1). Au moins était-ce lui qui lui conférait officiellement ses

Il avait le droit de vie et de mort sur tous les hommes. Ce droit terrible, qui de nos jours ne fait plus partie de l'autorité publique, y avait toujours été inhérent chez les anciens. L'État ou le peuple avait été toujours considéré comme le maître de la vie des hommes, en dehors même de toute justice. Ce droit avait été accordé formellement et explicitement aux empereurs par le sénat[1]. Quand nous voyons un Néron ou un Commode prononcer des sentences de mort, l'idée d'illégalité ou de crime nous vient d'abord à l'esprit; c'étaient au contraire des actes légaux et conformes au Droit public. Vespasien, Hadrien, Marc-Aurèle, jouissaient de la même faculté. C'était la constitution même de l'État qui mettait la vie des hommes à la discrétion du prince.

L'empereur romain possédait en sa personne ce que l'ancienne langue de la République avait appelé la Majesté; ce mot avait désigné autrefois l'omnipotence de l'État[2]. Or il avait toujours été admis que l'homme

pouvoirs (Tacite, *Histoires*, IV, 3; Dion Cassius, LXIII, 29; LXIV, 8; LXXIII, 12-13). Chaque empereur devait se soumettre à cette formalité de recevoir du sénat l'investiture de l'Empire. — Le sénat avait encore un autre droit. A la mort du prince, il décidait si les honneurs divins lui seraient accordés ou refusés; c'est ce que Tacite appelle *cœlum decretum* (*Annales*, I, 73; cf. I, 54). Cette formalité avait un effet pratique de grande importance. Elle voulait dire, si les honneurs divins étaient accordés, que les actes du prince mort étaient ratifiés et devenaient valables pour tout l'avenir, et si les honneurs divins étaient refusés, que tous les actes de son principat étaient frappés de nullité (Dion, LX, 4; LXXIV, 4; Spartien, *Hadrien*, 27; Lampride, *Commode*, 20; Suétone, *Domitien*, 23; Digeste, XLVIII, 4, 4). Tout empereur savait donc que la validité de ses décisions, de ses jugements, de ses actes législatifs, dépendrait un jour du sénat. — Il est juste d'ajouter que, d'après le mode de recrutement du sénat, nul ne pouvait en faire partie sans la volonté de l'empereur.

[1] Dion Cassius compte cela dans l'énumération qu'il fait des pouvoirs légaux qui furent conférés à Auguste : Τοῦ τε ξενικοῦ καὶ τοῦ πολιτικοῦ ἄρχειν, καὶ ἐντὸς τοῦ πωμηρίου καὶ τοὺς ἱππέας καὶ τοὺς βουλευτὰς θανατοῦν δύνασθαι (Dion, LIII, 17).

[2] On disait *civitatis majestas* (Cicéron, *Divinatio in Cæcilium*, 22),

qui portait atteinte de quelque façon à la Majesté publique commettait le crime d'impiété envers l'État et devait être puni de mort[1]. Armé de cette loi implacable, qui avait été faite pour la République, le prince put frapper tous ceux qui lui firent opposition, tous ceux qui furent suspects, tous ceux dont la vie lui était odieuse ou dont il convoitait les richesses. Ce qui est remarquable ici, c'est que ces meurtres étaient légaux. Les meilleurs princes proclamèrent leur droit, tout en renonçant à l'exercer. Jamais la loi de majesté ne fut contestée dans son principe. Personne, pas même Tacite, ne mit en doute que l'homme qui se montrait hostile à l'autorité publique ne fût justement puni de mort. Ceux qui blâmaient le plus énergiquement les violences de Néron et de Domitien acceptaient pourtant comme une règle indiscutable du Droit public que toute atteinte portée à l'autorité souveraine fût un crime capital. Un historien du IV° siècle exprime ainsi la pensée qui fut celle de tous les hommes de cette époque : « A l'exis-

---

romana majestas (Tite Live, III, 69), *majestas populi* (Cicéron, *Pro Balbo*, 16 ; *Oratoriæ partitiones*, 30 ; *De inventione*, II, 17). — Le même mot s'appliquait aux chefs et représentants de l'État ; on disait *majestas consularis, majestas dictatoria* (Tite Live, II, 23 ; II, 36 ; VIII, 30).

[1] Le crime de lèse-majesté est ainsi défini par Cicéron, *De inventione*, II, 17 : *Majestatem minuere est de dignitate aut amplitudine aut potestate populi, aut eorum quibus populus potestatem dedit, aliquid derogare.* — Ce crime fut toujours puni de mort au temps de la République. L'Empire apporta cette aggravation que, l'État se confondant avec la personne du prince, on ne distingua pas les offenses personnelles des crimes publics. Tacite, *Annales*, I, 72, marque bien la différence : *Tiberius legem majestatis reduxerat, cui nomen apud veteres idem, sed alia in judicium veniebant ; si quis proditione exercitum, aut plebem seditionibus, denique male gesta re publica, majestatem populi romani minuisset ; facta arguebantur, dicta impune erant.* — Cf. Suétone, *Domitien*, 12 : *Satis erat objici qualecunque factum dictumve adversus majestatem principis.*

tence du prince s'attache l'idée de protection, de sauvegarde pour les gens de bien, de garantie pour tous, et toutes les volontés doivent concourir pour former autour de sa personne une barrière infranchissable ; c'est pour ce motif que les Lois Cornéliennes ne reconnaissent aucune exception dans le cas de lèse-majesté[1]. »

Jamais despotisme ne fut plus régulièrement établi. On peut voir dans les documents authentiques qui nous font connaître la vie d'Auguste qu'il n'y a pas un seul de ces pouvoirs qui ne lui ait été conféré par une loi expresse. Plus tard, à chaque changement de règne, le sénat renouvela cette délégation de l'autorité. Encore ne se contentait-on pas d'une formule vague : un texte clair, long, précis, énumérait en détail tous les droits du prince, toutes les anciennes attributions de l'État que l'État lui déléguait. Cette *Lex Regia* était comme la charte de la monarchie absolue. Le sénat, qui la rédigeait, ne manqua pas toujours d'indépendance. Dans cet espace de trois siècles où il se rencontra plus d'un interrègne, il fut assez souvent en situation de faire ce qu'il voulait ; il n'essaya jamais de diminuer l'autorité impériale. Il renouvela à chaque génération l'acte de constitution du despotisme. Tant il est vrai que le régime impérial ne fut ni un accident fortuit dans l'histoire, ni le résultat de la seule violence.

Il est encore une remarque à faire : c'est que le pouvoir a été également absolu sous les bons et sous les mauvais princes. Trajan et Marc-Aurèle ont été aussi complètement monarques que Néron et Domitien. Il n'est pas une seule des prérogatives de la monarchie à laquelle ils aient renoncé. C'est à partir des Antonins

---

[1] Ammien Marcellin, XIX, 12.

que l'autorité législative a passé tout entière dans les mains du prince[1]. La règle qui donne force de loi à une simple lettre impériale a été émise sous Marc-Aurèle. Les Antonins se faisaient appeler du nom de « maître »[2], et les citoyens n'étaient plus que des sujets. Il est certain que le régime monarchique a acquis sa pleine vigueur dans les temps qui passent pour les plus prospères de l'humanité, et sous les princes qui sont considérés comme les plus vertueux.

CHAPITRE II

Comment le régime impérial fut envisagé par les populations.

L'Empire romain ne ressemble à aucun des régimes politiques qui se sont succédé en France jusqu'à nos jours. Il ne convient d'en faire ni la satire ni l'apologie. Il le faut juger d'après les idées de ce temps-là, non d'après celles d'aujourd'hui. L'historien n'a pas à dire ce qu'il pense personnellement de ce régime; il doit dire plutôt ce que les hommes d'alors en ont pensé. Il doit chercher, à l'aide des documents, comment cette monarchie a été appréciée par les générations qui lui ont obéi et qui ont dû être heureuses ou malheureuses par elle.

[1] *Multa de jure sanxit* (Capitolin, *Antoninus Pius*, 12). — Les Antonins modifièrent maintes fois le droit privé de leur seule autorité. Voir, par exemple, Digeste, XLVIII, 7, 7; Code Justinien, VI, 53, 3; *Fragmenta Vaticana*, 195.
[2] Voir toutes les lettres de Pline le Jeune à Trajan. — Digeste, XIV, 2, 9 : *Deprecatio Eudæmonis ad Antoninum : Domine imperator Antonine.... Respondit Antoninus Eudæmoni : Ego quidem mundi dominus....*

En faisant cette recherche, nous ne songeons pas à nous livrer à de pures et vaines considérations. L'histoire n'est pas l'art de disserter à propos des faits : elle est une science dont l'objet est de trouver et de bien voir les faits. Seulement il faut bien entendre que les faits matériels et tangibles ne sont pas les seuls qu'elle étudie. Une idée qui a régné dans l'esprit d'une époque a été un fait historique. La manière dont un pouvoir a été organisé est un fait, et la manière dont les contemporains comprennent et acceptent ce pouvoir est aussi un fait. L'historien doit étudier l'un et l'autre, et de l'une et l'autre étude il doit écarter toute opinion personnelle ou préconçue.

On a conservé de ces cinq siècles un grand nombre d'écrits. Il y a les œuvres des poètes, celles des historiens, celles des jurisconsultes. Il y a des lettres intimes, il y a des panégyriques et des satires. Nous avons autre chose encore que les livres pour nous faire connaître les opinions des hommes : ce sont les médailles, ce sont les inscriptions, ce sont les monuments de toute sorte qui ont été élevés par des villes ou par des particuliers. Les tombeaux mêmes et les épitaphes qu'ils portent nous disent les pensées intimes et l'état d'âme de ces générations. Voilà des témoins de toute nature, de toute nation, de toute condition sociale.

On ne trouve pas dans tout cela un seul indice qui marque que les populations aient été hostiles à l'Empire. L'opposition d'une partie du sénat romain était du genre de celles que tout gouvernement peut rencontrer dans le conseil d'État le plus dévoué. La noble fierté de quelques hommes comme Thraséa et Corbulon n'était pas de la haine pour le régime impérial, qu'ils servaient, mais seulement du mépris pour l'homme qui momentanément gouvernait l'Empire. Tacite a peint en traits énergiques les vices de plusieurs princes et ceux de beaucoup de sujets; mais il n'a nulle part attaqué ce régime dont il fut un des plus hauts fonctionnaires[1], et il en a quelquefois fait l'éloge[2]. Juvénal, en faisant la satire de quelques hommes, n'a jamais fait celle des institutions. Il y aurait la même erreur à représenter Tacite et Juvénal comme des adversaires de l'Empire qu'à représenter Saint-Simon comme un ennemi de la royauté. Les deux Pline, Plutarque et Philon d'Alexandrie, Suétone, Dion Cassius, Spartien et Ammien Marcellin ont poursuivi la mémoire des mauvais empereurs, mais ils ont loué et servi l'Empire. Tous les écrivains, ceux de Rome comme ceux des provinces, professent pour ce régime monarchique une estime et quelquefois même une admiration que nous sommes forcés de croire sincères. Les inscriptions de la Gaule, comme celles de l'Espagne, de la Grèce, de l'Illyrie et de la Dacie, témoignent de l'attachement universel des diverses classes de la société au gouvernement impérial et elles ne laissent voir aucun symptôme d'antipathie.

[1] Tacite dit de lui-même : *Dignitatem nostram (dignitas* est le *cursus honorum) a Vespasiano inchoatam, a Tito auctam, a Domitiano longius provectam (Histoires,* I, 1). Il exerça ensuite de hautes fonctions sous Trajan.

[2] Il déclare (*ibidem*) que cette monarchie fut établie dans l'intérêt de la paix : *Omnem potentiam ad unum conferri pacis interfuit.* — Remarquez aussi cette phrase qu'il met dans la bouche de Galba : *Si immensum imperii corpus stare ac librari sine rectore posset* (ibidem, I, 16). — On connaît l'éloge qu'il fait du principat de Trajan : *Rara temporum felicitate ubi sentire quæ velis et quæ sentias dicere licet* (ibidem, I, 1); or il faut faire attention qu'il ne veut pas dire que le régime impérial ait été alors modifié; nous savons bien qu'aucun changement constitutionnel n'a été imposé à Nerva ni à Trajan. Tout au contraire, le régime est devenu à partir de Trajan de plus en plus absolu. Tacite admettait donc que ce régime fût excellent sous un bon prince.

Jamais les populations ne se sont révoltées contre ce régime. On rencontre dans ce long espace de cinq siècles beaucoup de guerres civiles ; elles avaient pour objet de substituer un empereur à un autre ; elles ne visaient jamais à renverser l'Empire. La Gaule se plaignit quelquefois du poids des impôts et de la cupidité de quelques fonctionnaires ; elle ne se plaignit jamais de la monarchie. Plusieurs fois elle fut maîtresse de ses destinées ; elle ne songea jamais à établir un gouvernement républicain. [Au milieu du III° siècle], elle se vit détachée de l'Italie et libre de choisir ses institutions : elle se donna un empereur[1].

Il serait sans exemple dans l'histoire du monde qu'un régime détesté des populations ait duré cinq siècles. Il n'est pas dans la nature humaine que des millions d'hommes puissent être contraints d'obéir malgré eux à un seul. Ce serait encore se tromper beaucoup que de croire que le gouvernement impérial se soit soutenu par la force militaire. Sauf les cohortes prétoriennes, qui ne pouvaient garder tout au plus que la capitale, il n'avait de [vraies] garnisons nulle part. Toutes ses légions étaient aux frontières, en face de l'ennemi.

On ne rencontre jamais dans cette histoire rien qui ressemble à un antagonisme entre une population civile, qui aurait été ennemie de l'Empire, et une classe militaire qui l'aurait défendu[2]. Il ne faut pas attribuer la

---

[1] Sur l'histoire de cet empereur Postumus, on peut voir Trébellius Pollion, dans l'Histoire Auguste : *Galli... eum imperatorem appellarunt. Siquidem nimius amor erga Postumum omnium erat in Gallica gente populorum quod, submotis omnibus Germanicis gentibus, Romanum in pristinam securitatem revocasset imperium.* — On peut voir aussi, au sujet du même personnage, les inscriptions d'Orelli, n°° 1015, 1016, et les médailles (Mionnet, t. II, p. 64 et 69 ; Eckhel, VII, 444). [Ajouter le recueil de de Witte.]

[2] Il est vrai de dire qu'à la mort d'un empereur les armées étaient

docilité des citoyens à ce qu'ils manquaient d'armes; ils en avaient et savaient les manier. Jamais le gouvernement ne songea à désarmer la population[1]. On ne s'expliquerait pas que les trente légions de l'Empire eussent pu contraindre cent millions d'âmes à obéir.

Il faut d'ailleurs remarquer que les armées étaient ce qu'il y avait de moins docile dans l'Empire : presque toutes les révoltes qu'il y a eu ont été tentées par les légions; la règle d'obéissance ne venait donc pas d'elles.

On a attribué aux empereurs romains une politique très savante et une administration fort habile. A voir de près les choses, on est au contraire étonné du peu d'efforts qu'il leur a fallu faire pour établir le gouvernement le plus absolu et en même temps le plus solide que l'Europe ait jamais eu. Le nombre des fonctionnaires impériaux, dans les premiers siècles, fut infiniment petit; même dans les derniers, il n'approcha pas à beaucoup près du nombre d'agents que les États modernes jugent nécessaire à leur conservation. L'autorité impériale ne plaçait pas un représentant dans chaque village. Elle ne nommait pas une multitude de juges et de percepteurs d'impôts et ne disposait pas d'un nombre infini d'emplois. Elle ne se chargeait même pas de tous

---

ordinairement plus pressées que le sénat de lui donner un successeur. Presque toujours il arriva ce que dit Tacite : *Sententiam militum secuta patrum consulta* (*Annales*, XII, 69) ; mais encore ne voit-on pas, sauf une fois peut-être, que personne ait énoncé l'avis de rétablir le régime républicain. Le sénat et les armées peuvent être souvent en désaccord sur l'empereur à choisir; ils ne semblent jamais être en désaccord sur la nécessité d'avoir un empereur.

[1] La Loi Julia, au Digeste, XLVIII, 6, interdit les amas d'armes, mais non pas la possession des armes *ad usum itineris vel navigationis vel commercii causa*. Des textes nombreux (entre autres, Tacite, *Histoires*, II, 64; IV, 67) marquent que les populations avaient des armes.

les soins de la police. Encore moins jugeait-elle nécessaire, pour gouverner la société, de diriger l'éducation de la jeunesse. Elle ne nommait pas les membres des divers sacerdoces dans les provinces. Tous les moyens auxquels les États modernes ont recours pour se maintenir lui furent inconnus; elle n'en eut pas besoin.

Il faut donc accepter comme une vérité historique que les hommes de ce temps-là ont aimé la monarchie. Si nous cherchons à nous rendre compte de la nature de ce sentiment, nous remarquons d'abord qu'il ne dérivait pas d'une théorie ou d'un principe de raison. Ces hommes n'avaient nulle idée du dogme du droit divin des princes. Le paganisme n'avait jamais enseigné que les dieux eussent une préférence pour le régime monarchique. Le christianisme ne l'enseignait pas davantage; il n'ordonnait l'obéissance aux princes que comme un acte de résignation et il recommandait plutôt à leur égard l'indifférence que le dévouement. Ce n'est donc pas l'idée d'un devoir supérieur qui a forcé la soumission des hommes. Ils ont aimé l'Empire parce qu'ils ont trouvé intérêt et profit à l'aimer. Ils ne se sont pas demandé si ce régime était moralement bon ou mauvais, s'il était conforme ou contraire à la raison; il leur a suffi qu'il fût d'accord avec l'ensemble de leurs intérêts.

Tacite, au début de son grand ouvrage, énumère les divers motifs qui firent que toutes les classes de la société romaine et l'aristocratie elle-même acceptèrent le régime impérial[1]; puis il ajoute : « Quant aux pro-

---

[1] *Militem donis, populum annona, cunctos dulcedine otii....* (*Nobiles*), *novis ex rebus aucti, tuta et præsentia quam vetera et periculosa malint* (Tacite, *Annales*, I, 2). — Τοῖς παροῦσιν οὐ μόνον οὐκ ἤχθοντο,

vinces, le nouvel ordre de choses était loin de leur déplaire; le gouvernement du sénat et du peuple leur avait pesé à cause des rivalités des grands et de la cupidité des magistrats; les lois de la République ne les avaient jamais protégées, impuissantes qu'elles étaient contre la violence, contre la brigue, contre l'argent¹. » Telle fut la vraie cause de l'attachement à l'Empire. Les hommes jugèrent que le pouvoir d'un seul était moins oppressif que le pouvoir de plusieurs, et que les droits individuels seraient mieux garantis par la monarchie qu'ils ne l'avaient été par le gouvernement républicain. Beaucoup de faits et d'anecdotes montrent que ces populations considéraient le prince comme un défenseur et un appui, qu'elles lui adressaient leurs réclamations, qu'elles croyaient lui être redevables de leur prospérité ou de l'adoucissement de leur misère.

Qu'on lise les inscriptions, le sentiment qu'elles manifestent est toujours celui de l'intérêt satisfait et reconnaissant. Les hommes appellent le prince des titres de « pacificateur du monde », « conservateur du genre humain », « garant de toute sécurité ». Il est « le patron et le père des peuples »; il est « leur espoir et leur salut ». On lui demande de guérir tous les maux de l'humanité. On le remercie de tous les biens dont on jouit. Dans l'histoire du monde nous trouvons peu de régimes politiques qui aient duré cinq siècles comme l'Empire romain; nous en trouvons peu qui aient été

ἀλλὰ καὶ ἔχαιρον, καὶ βελτίω καὶ ἀδεέστερα αὐτὰ ὧν ἤκουον ὁρῶντες ὄντα (Dion Cassius, LVI, 44).

¹ *Neque provinciae illum rerum statum abnuebant, suspecto senatus populique imperio ob certamina potentium et avaritiam magistratuum, invalido legum auxilio quae vi, ambitu, pecunia turbabantur* (Tacite, Annales, I, 2). — *Vindicatae ab injuriis magistratuum provinciae* (Velléius, II, 126).

aussi indiscutés et inattaqués dans leur principe; nous n'en trouvons pas qui aient été aussi longtemps et aussi universellement applaudis par les populations qu'ils régissaient[1].

Les opinions des hommes en matière de politique sont fort variables. Il y a des temps où le désir général d'un peuple est de se gouverner lui-même; il y en a où son unique désir est d'être gouverné. Pour l'un et pour l'autre ses vœux peuvent être également ardents. En général, il aime le nouveau en proportion de sa haine pour le passé. Or, à l'époque qui nous occupe, le passé et ce qu'on pourrait appeler l'ancien régime était le gouvernement républicain. En Italie et en Grèce, en Gaule et en Espagne, les hommes avaient vécu sous ces institutions durant plusieurs siècles. Ils en étaient venus peu à peu à les haïr; leurs intérêts, leurs opinions, leurs sentiments s'étaient détachés d'elles : ils avaient aspiré à s'en affranchir. Ils leur reprochaient d'avoir favorisé le développement d'une aristocratie oppressive; d'avoir,

---

[1] Voyez le recueil d'Orelli-Henzen, *passim*. Les expressions qu'on y rencontre le plus fréquemment sont celles-ci : *Patri patriæ*, nᵒˢ 606, 642, 712, 912, 1033; — *fundatori pacis*, nᵒˢ 601 et 1089; — *pacatori orbis*, nᵒˢ 323, 859, 1035; *Corpus inscriptionum latinarum*, II, nᵒˢ 1670, 1969; — *fundatori publicæ securitatis*, nᵒ 1071; — *restitutori orbis*, nᵒ 1030; — *conservatori generis humani*, nᵒ 795, ibidem, II, nᵒ 2054. — Un monument, érigé au temps de Tibère, porte cette dédicace : *Saluti perpetuæ augustæ libertatique publicæ populi romani, providentiæ Tiberii Cæsaris Augusti nati ad æternitatem romani nominis*; Orelli, nᵒ 689. — Le titre de *restitutor libertatis publicæ* se retrouve aux nᵒˢ 1089 et 1090. — Des inscriptions gauloises portent : *Pacatori et restitutori orbis imperatori Cæsari Aureliano* (Allmer, nᵒ 31); *veræ libertatis auctor imperator Cæsar M. Claudius Tacitus pius felix Augustus* (Allmer, nᵒ 32). [*Corpus*, XII, nᵒˢ 5561 et 5563; cf. nᵒ 5456.] — Pline cite un certain Valgius, qui adressa un livre à Auguste, *inchoata præfatione religiosa ut omnibus malis humanis illius potissimum principis medereretur majestas* (Pline, *Histoire naturelle*, XXV, 2). — Ce serait mal connaître la nature humaine que de croire qu'il n'y eût en tout cela que de l'adulation.

sous les faux dehors de la liberté politique, écrasé la liberté individuelle ; d'avoir enfanté partout des discordes et des guerres civiles ; d'avoir rempli l'existence humaine de querelles et de passions. Ils avaient été pris de dégoût pour ce régime, et ils en souhaitaient un autre qui leur donnât plus de sécurité, plus de liberté, plus de travail et de bonheur[1]. Comme ils ne savaient pas encore que la monarchie a aussi ses vices et ses dangers, ils se précipitèrent vers elle avec une fougue irréfléchie ; ils lui donnèrent leurs cœurs et leurs volontés ; ils lui furent reconnaissants de s'être établie sur leur tête ; ils l'aimèrent d'un amour fervent et passionné.

N'allons pas croire que même [les premiers empereurs] se soient imposés aux hommes par la violence : « Par l'accord du sénat et de la foule, la puissance absolue fut conférée [à Caligula], et telle fut la joie publique que, durant les trois mois qui suivirent, les Romains immolèrent plus de 160 000 victimes en son honneur[2]. » Sort-il de Rome, chacun s'engage envers les dieux à leur élever un autel ou à leur faire quelque ex-voto le jour où il reviendra[3]. Tombe-t-il malade,

---

[1] Dion Cassius exprime les pensées de ce temps-là quand il dit : « Le gouvernement prit alors une forme nouvelle, plus conforme au progrès et à l'intérêt des peuples », ἡ πολιτεία πρὸς τὸ βέλτιον καὶ πρὸς τὸ σωτηριωδέστερον μετεκοσμήθη. Il ajoute que les hommes ne pouvaient plus trouver leur salut qu'en dehors du régime républicain ; παντάπασιν ἀδύνατον ἦν δημοκρατουμένους αὐτοὺς σωθῆναι (Dion Cassius, LIII, 19 ; cf. XLIV, 5 ; Ammien, XIV, 6 ; Tertullien, *De pallio*, 1, 2).

[2] Suétone, *Caius*, 14 : *Consensu senatus et irrumpentis in curiam turbæ, jus arbitriumque omnium rerum illi permissum est, tanta publica lætitia ut tribus proximis mensibus supra centum sexaginta millia victimarum cæsa tradantur.*

[3] Ibidem : *Vota pro reditu suscepta sunt.* — On sait le sens très précis et nullement métaphorique du mot *votum*, et l'on connaît les nombreuses inscriptions qui se terminent par la formule V. S. L. M., *votum solvit libens merito*. Le *votum* était l'engagement qu'une personne prenait

tous passent la nuit autour du palais, et il ne manque pas de gens qui offrent aux dieux leur vie pour sauver la sienne¹. Or de tels vœux alors n'étaient pas de vains mots. Caligula ayant guéri, ces hommes durent mourir pour acquitter l'engagement qu'ils avaient pris envers la divinité².

Ce fut dès lors un usage assez fréquent de « se dévouer » aux empereurs³. Une foule d'inscriptions nous montrent de simples particuliers qui se sont voués « à la divinité et à la majesté » de Caligula, de Domitien, de Trajan, de Marc-Aurèle, de Septime Sévère⁴. Cela ne veut pas dire que ces hommes s'attachent au prince pour en obtenir quelque faveur; beaucoup sont des provinciaux qui ne l'ont jamais vu. Mais ils se lient

envers un dieu de lui faire telle offrande convenue si le dieu la méritait par la concession de la faveur demandée.

¹ Ibidem : *Pernoctantibus cunctis circa Palatium, non defuerunt qui depugnaturos se armis* (comme gladiateurs) *pro salute ægri, quique capita sua titulo proposito voverent.*

² C'est ce que prouve un peu plus loin Suétone, c. 27 : Deux personnages ayant refusé d'acquitter leur vœu, Caligula les y obligea. L'un, qui était un chevalier romain, dut combattre comme gladiateur; l'autre dut mourir. La religion ne permettait pas que le vœu restât non acquitté; c'est ce que Dion Cassius explique bien, LIX, 8.

³ Dion Cassius, LIII, 30 : Σέξτος τις Παχουούιος ἑαυτὸν Αὐγούστῳ καθωσίωσε.

⁴ *C. Ulattius, civis Segusiavus..., devotus numini majestatique ejus,* Allmer, *Inscriptions de Vienne,* n° 24 [*Corpus,* XII, n° 1851]. *Devotus numini Marci Aureli,* Bernard, *le Temple d'Auguste,* p. 61. — La formule est quelquefois remplacée par celle-ci : *Pro salute imperatoris.* Exemples, à Genève, *pro salute Augustorum* (Mommsen, *Inscriptiones helveticæ,* n° 153); à Aoste, *pro salute imperatoris Marci Aurelii, tectum, porticus cum suis columnis, Sex. Vireius decurio de sua pecunia* (Allmer, n° 16); à Tain, *pro salute imperatoris Cæsaris M. Aur. Commodi, taurobolium fecit Q. Aquius Antonianus* [*Corpus,* XII, n° 1782]; *pro salute et incolumitate dominorum nostrorum Valeriani et Gallieni Augustorum* (*Corpus inscriptionum latinarum,* VIII, n° 4219). [Cf. *Corpus,* XII, p. 926; et ici, p. 179.] — Chacune de ces inscriptions, et elles sont infiniment nombreuses, implique l'érection d'un temple, d'un autel, de quelque monument, c'est-à-dire une forte dépense faite pour acquitter le vœu.

envers les dieux pour qu'ils accordent au prince santé, guérison, ou victoire. Des villes entières prirent souvent cette sorte d'engagement religieux[1]. Une des formules usitées en ce cas nous a été conservée : « Serment des habitants d'Aritium. De ma propre et libre volonté. Tous ceux que je saurai être ennemis de l'empereur Caius César, je serai leur ennemi. Si quelqu'un met en péril son salut, je poursuivrai celui-là par les armes, sans trêve, sur terre et sur mer. Je n'aurai ni moi ni mes enfants pour plus chers que le salut de l'empereur. Si je manque à mon serment, que Jupiter et le divin Auguste et tous les dieux immortels m'enlèvent ma patrie, mes biens, ma santé, et que mes enfants soient frappés de même[2]. »

Nous ne pouvons juger les sentiments des hommes que par les témoignages qu'ils nous en ont laissés. Or ces témoignages, si nombreux, si divers, venus de toutes les classes, nous montrent qu'ils donnèrent à l'Empire, non pas seulement cette obéissance résignée qu'on accorde toujours à la force, mais une obéissance volontaire et empressée, un abandon de toute leur âme, un dévouement complet, une véritable dévotion[3].

---

[1] *Corpus inscriptionum latinarum*, VIII, n° 4218 : *Respublica Verecundensium devota numini majestatique ejus.* — Pareilles inscriptions en Espagne, ibidem, II, n°ˢ 1115, 1171, 1673, 2071, etc.

[2] Ibidem, II, n° 172; Orelli, n° 3665 : *Jusjurandum Aritiensium. Ex mei animi sententia, ut ego iis inimicus ero quos Caio Cæsari Germanico* (il s'agit de Caligula) *inimicos esse cognovero, et si quis periculum ei salutique ejus inferet intuleritque, armis bello internecivo terra marique persequi non desinam quoad pœnas ei persolverit. Neque me neque liberos meos ejus salute cariores habebo... Si sciens fallo fefellerove, tum me liberosque meos Juppiter Optimus Maximus ac divus Augustus ceterique omnes dei immortales expertem patria, incolumitate fortunisque omnibus faxint.* — Nous ignorons pourquoi cette petite ville de Lusitanie s'était ainsi vouée à Caligula.

Ce fut un usage d'élever des monuments, des autels, ou d'immoler

LE RÉGIME IMPÉRIAL ENVISAGÉ PAR LES POPULATIONS. 179

Ce sentiment, comme il arrive aux sentiments qui dominent une foule, prit la forme d'une religion. Nous touchons ici à des faits qui sont en opposition avec toutes nos idées modernes et qui paraissent d'abord incroyables aux hommes de notre époque; ils sont pourtant avérés et incontestables. On vit surgir en ce temps-là dans les âmes, d'un bout de l'Empire à l'autre, une religion nouvelle qui eut pour divinités les empereurs eux-mêmes. Il est attesté par tous les historiens, depuis Tacite et Dion Cassius jusqu'aux écrivains de l'Histoire Auguste, que l'autorité impériale et la personne même des empereurs furent adorées durant trois siècles[1]. Cette vérité est confirmée par d'innombrables inscriptions qui ont été gravées, loin de Rome et des empereurs, par des particuliers, par des corporations ou par des villes[2]. Toutes les provinces, et la Gaule comme les autres, se couvrirent de temples et d'autels

des séries de victimes, en l'honneur ou pour le salut de l'empereur. Exemple : *Ex imperio Matris deum, tauropolium provinciæ Narbonensis factum per C. Batonium Primum, flaminem Augustorum, pro salute dominorum imperatorum L. Septimi Severi Pii Pertinacis Augusti et M. Aurelii Antonini Augusti* (Lebègue, *Épigraphie de Narbonne*, n° 13; Herzog, n° 7) [*Corpus*, XII, n° 4323]. — *Pro salute imperatoris Cæsaris M. Aurelii Antonini Augusti tectum, porticus cum suis columnis Sex. Vireius Sextus, decurio, de sua pecunia* (Allmer, *Inscriptions de Vienne*, n° 16) [*Corpus*, XII, n° 2391]. — *Augusto sacrum et Genio civitatis Biturigum* (Jullian, *Inscriptions de Bordeaux*, n° 1). — *Pro salute Augustorum* (*Inscriptiones helveticæ*, n° 135). — *Pro salute domus divinæ* (ibidem, n° 149). — *Imperatori Cæsari M. Aurelio Antonino Augusto* (il s'agit de Caracalla) *patri patriæ*, Narbonenses (Lebègue, n° 14) [*Corpus*, XII, n° 4347]. — *In honorem domus divinæ*, à Cologne (Brambach, n° 439), à Coblentz (ibidem, n°° 692, 693, 711, 721).

[1] Tacite, *Annales*, I, 54; I, 73; II, 83; III, 64; *Histoires*, II, 95. — Dion Cassius, LI, 19-20; LIV, 32. — Spartien, *Hadrien*, 13; Jules Capitolin, *Antonin*, 6.

[2] *Corpus inscriptionum latinarum*, II, n°° 2221, 2224, 2334, 3395, etc. V, n°° 18, 3341, 4442, etc.; *Corpus inscriptionum atticarum*, III, n°° 63 et 253; *Corpus inscriptionum græcarum*, n°° 2696, 2943, 3524, etc.

consacrés à tous les empereurs l'un après l'autre[1].

On a une inscription de la ville de Narbonne qui fut écrite dans les premières années de notre ère ; elle est conçue ainsi[2] : « Le peuple de Narbonne s'engage par vœu perpétuel à la divinité d'Auguste. Bonheur à l'empereur César Auguste, père de la patrie, grand pontife, à sa femme, à ses enfants, au sénat, au peuple romain, et aux habitants de Narbonne qui se sont liés par un culte perpétuel à sa divinité. Le peuple de Narbonne a dressé cet autel dans la forum de la ville, et a décidé que sur cet autel, chaque année, le 8 des calendes d'octobre, anniversaire du jour où la félicité du siècle l'a donné au monde pour le gouverner, six victimes lui

---

[1] *Genio Augusti*, Orelli, n°ˢ 1435, 1667 ; *Genio Tiberii Cæsaris*, n° 3796 ; *Genio Caii Cæsaris*, n° 699 ; *Genio Vespasiani*, n° 753 ; *Genio Domitiani*, Henzen, n° 7421 ; *Genio Trajani*, Orelli, n° 789 ; *Genio Antonini*, n° 1718. — *Numini Augusti*, n°ˢ 204, 401, 608, 1989, 2489, etc. ; *numini deorum Augustorum*, n°ˢ 277, 805, 5208. *Collegium numinis dominorum (Vespasiani et Titi)*, n° 2389. — *Augusto sacrum* (Jullian, *Inscriptions de Bordeaux*, n° 4). — *Devotus numini Marci Aureli* (Bernard, *le Temple d'Auguste*, p. 61). [Cf. *Corpus*, t. XII, p. 927.]

[2] Lebègue, *Épigraphie de Narbonne*, 1887, p 117, Herzog ; *Appendix*, n° 1 ; Orelli, n° 2489 ; Wilmanns, n° 104 ; [*Corpus*, XII, p. 530] : *T. Statilio Tauro L. Cassio Longino consulibus* (l'an 11 après J.-C.) *numini Augusti votum susceptum a plebe Narbonensium in perpetuum. Quod bonum, faustum, felixque sit imperatori Cæsari divi filio Augusto patri patriæ pontifici maximo tribunitia potestate XXXIV, conjugi liberis gentique ejus, senatui populoque romano et colonis incolisque coloniæ Juliæ Paternæ Narbonis Martii, qui se numini ejus in perpetuum colendo obligaverunt, plebs Narbonensium aram Narbone in foro posuit ad quam quotannis VIII kalendas Octobres, qua die eum sæculi felicitas orbi terrarum rectorem edidit, tres equites romani a plebe et tres libertini hostias singulas inmolent et colonis et incolis ad supplicandum numini ejus thus et vinum de suo præstent....* — Nous ne donnons qu'une partie de cette curieuse inscription. Notons que le mot *plebs*, qui s'y trouve répété quatre fois, ne désigne pas, à notre avis du moins, la plèbe ou classe inférieure de Narbonne. Il désigne la population entière, la cité ; c'est une signification qui dans la suite s'attachera de plus en plus au mot *plebs*. Les *tres equites romani a plebe* sont, suivant nous, trois membres du peuple de Narbonne portant le titre de chevaliers romains.

seront immolées, l'acte de supplication sera adressé à sa divinité, le vin et l'encens lui seront offerts. »

Quelques années avant l'ère chrétienne, la Gaule entière[1] éleva en commun un temple, près de la ville de Lyon, au confluent du Rhône et de la Saône : ce temple était consacré à Rome et à Auguste[2]. C'est par la volonté unanime des cités gauloises qu'il fut construit[3]. Une inscription énumérait les noms des soixante cités qui l'avaient érigé, et autour de l'autel soixante images représentaient chacun de ces peuples[4]. Un prêtre fut élu par les Gaulois pour présider aux offices de ce culte et une fête annuelle fut instituée[5].

[1] Du moins ce qu'on appelait « les Trois Gaules », c'est-à-dire la Lugdunaise, l'Aquitaine et la Belgique, la Gaule entière moins la Narbonnaise, laquelle eut son temple particulier. [Voir sur ce sujet Guiraud, *les Assemblées provinciales*, et Allmer, *Musée de Lyon*, t. II.]

[2] Tite Live, *Epitome*, 137 : *Ara Cæsaris ad confluentem Araris et Rhodani dedicata, sacerdote creato*. Suétone, *Claude*, 2 : *Ara ibi Augusto dedicata est*. Dion Cassius, LIV, 32.

[3] Nous n'avons aucun détail sur l'acte d'érection ; la date n'en est même pas connue avec certitude. Suétone donne la date de 744; mais Dion Cassius montre que la fête existait déjà en 742. On voudrait surtout savoir si la décision des 60 cités gauloises fut tout à fait spontanée. M. Guiraud pense, d'après le passage de Dion Cassius, que ce fut Drusus qui en donna l'idée aux Gaulois. Toutefois Dion Cassius ne dit pas précisément cela; il dit (LIV, 32) qu'en l'an 742 de Rome Drusus, étant en Gaule et ayant à combattre les Germains, s'entendit avec les principaux personnages de la Gaule, qu'il réunit autour de lui à l'occasion de la fête qui avait lieu à l'autel d'Auguste. Il nous faudrait avoir le livre 137 de Tite Live ; le très court *Epitome* rapproche l'érection du temple d'Auguste de faits de guerre contre les Germains et même de quelques troubles en Gaule ; ce serait donc dans un moment de crise que les 60 cités se seraient entendues pour donner ce témoignage de fidélité à l'Empire.

[4] Strabon, IV, 3, 2 : Τὸ ἱερὸν τὸ ἀναδειχθὲν ὑπὸ πάντων κοινῇ τῶν Γαλατῶν Καίσαρι τῷ Σεβαστῷ..., ἔστι δὲ βωμὸς ἀξιόλογος ἐπιγραφὴν ἔχων τῶν ἐθνῶν ἑξήκοντα τὸν ἀριθμόν καὶ εἰκόνας; τούτων ἑκάστου μία. L'unanimité des cités, sinon l'unanimité des habitants, n'est pas douteuse.

[5] Un savant et zélé celtiste a soutenu qu'avant l'établissement du culte de Rome et d'Auguste à Lyon il existait là un vieux culte national du dieu Lug, rendez-vous général de la Gaule. A l'en croire, un nom nouveau aurait simplement pris la place d'un ancien nom (d'Arbois de Jubainville,

Ce temple n'était pas précisément à Lyon ; Lyon était une colonie romaine et non une cité gauloise ; Lyon n'avait donc aucun titre à ériger ce temple ni même à le posséder sur son territoire. Il était situé hors de Lyon, au confluent des deux fleuves, sur un terrain qui était la propriété commune des trois provinces et des soixante cités gauloises[1].

Cette religion ne fut pas une vogue d'un jour. Dion Cassius écrit que l'autel et la fête existent encore de son temps[2]. Une série d'inscriptions montrent que le

---

le *Cycle mythologique irlandais*, p. 5, 138-139, 304-305 ; *Nouvelle Revue historique de Droit*, 1881, p. 195-213). Mais il ne peut citer aucun document qui marque l'existence de ce vieux culte en Gaule, particulièrement à Lyon. Son hypothèse s'appuie seulement sur ce qu'il y a eu là une ville appelée Lugdunum, mot qui peut à la rigueur signifier colline du dieu Lug ; mais cela ne suffit pas pour prouver qu'il y eut là un temple spécial de ce dieu, moins encore un centre religieux de la Gaule à cette place. Et quand même le nom de Lugdunum impliquerait le culte national et général du dieu Lug, il resterait encore ce point auquel il faut faire attention, à savoir que le temple d'Auguste n'était pas à Lugdunum ; il n'était même pas sur la colline de ce nom ; il n'était pas de ce côté-là de la Saône. Il était sur l'autre rive, en dehors de toute colline, en dehors du territoire de Lugdunum, dans la pointe qui sépare la Saône et le Rhône. On n'est donc pas en droit de rattacher ce culte d'Auguste à une vieille religion gauloise, qu'il aurait continuée. Ce fut une religion toute nouvelle pour la Gaule, et plutôt de tradition gréco-romaine que de tradition gauloise. Elle se rattachait aux antiques religions d'État. De même qu'il y avait eu durant une série de siècles des cultes de famille, de tribu, de cité, de confédération, l'esprit humain plein de ces habitudes créa un culte d'empire. Le culte de Rome et d'Auguste fut pour l'ensemble des provinces ce que les divinités poliades avaient été pour chaque cité.

[1] C'est ce qui a été bien établi par Léon Renier, 2ᵉ édit. de Spon ; de Boissieu, *Inscriptions antiques de Lyon* ; Aug. Bernard, *le Temple d'Auguste*. Il est vrai que Suétone dit *Lugduni* (*Claude*, 2), Dion Cassius ἐν Λουγδούνῳ (LIV, 32) ; mais ce n'est là qu'une manière de parler abréviative ; les inscriptions, qui contiennent la formule exacte et officielle, disent *ad confluentem Araris et Rhodani*, et c'est aussi ce qui est dans l'*Epitome* de Tite Live ; Strabon dit que l'autel était, non dans la ville, mais en avant de la ville : Πρὸ τῆς πόλεως ἐπὶ τῇ συμβολῇ τῶν ποταμῶν. [Voir maintenant les nouvelles recherches de M. Allmer.]

[2] Dion Cassius, LIV, 32 : Τῆς ἑορτῆς ἣν καὶ νῦν περὶ τὸν τοῦ Αὐγούστου βωμὸν τελοῦσι.

temple de Narbonne et celui du Confluent subsistèrent plusieurs siècles et que les sacrifices y furent régulièrement accomplis[1]. On peut dresser une liste de Gaulois qui s'y succédèrent comme grands prêtres. C'est d'abord l'Éduen Caius Julius Vercundaridub[2]. Nous trouvons plus tard deux Carnutes, Caius Julius et Publius Vettius Perennis, le Séquane Quintus Adgennius Martinus, le Cadurque Marcus Luctérius, le Nervien Losidius, l'Arverne Servilius Martianus, le Ségusiave Ulattius, et [beaucoup d'] autres[3].

Tous ces prêtres, élus par la réunion des cités gauloises, étaient les premiers personnages de leur pays[4]. De même la province de Narbonnaise avait son temple de Rome et d'Auguste; un grand prêtre élu par la province présidait annuellement à ce culte[5].

---

[1] De Boissieu, *Inscriptions de Lyon*, Orelli, n°° 184, 660, 4018; Henzen, n°° 5233, 5965, 5966, 5968, 6944, 6066. — De même dans le temple de Rome et d'Auguste à Ancyre on constate par les inscriptions que la série des prêtres se continua pendant plus de deux siècles.

[2] Tite Live, *Epitome*, 137 : *Sacerdote creato C. Julio Vercundaridubio Æduo.*

[3] Ces personnages nous sont connus par des monuments honorifiques qui leur ont été élevés soit par une cité, soit par la Gaule entière. Bernard, *le Temple d'Auguste*, pages 53 et suivantes: *Q. Adgennius, Urbici filius, Martinus, Sequanus, sacerdos Romæ et Augusti ad confluentem Araris et Rhodani.* — *C. Servilio Martiano, Arverno, sacerdoti ad templum Romæ et Augustorum, tres provinciæ Galliæ.* — *Losidio, Quieti filio, Nervio, sacerdoti ad aram Cæsaris nostri ad templum Romæ et Augusti inter confluentes Araris et Rhodani, tres provinciæ Galliæ.* M. Aug. Bernard a réuni dix-huit inscriptions certaines, donnant dix-huit noms de prêtres. [La liste a été complétée par M. Allmer.]

[4] Presque toutes les inscriptions portent la mention : *Omnibus honoribus apud suos functo.*

[5] *Flamen provinciæ Narbonensis* (Allmer, n° 75). *L. Æmilio M. f. Volt. Tutori flamini Romæ et Augusti* (Allmer, n° 137). Κ. Τρεδέλλιος Ῥοῦφος... ἀρχιερεὺς ἐπαρχείας τῆς ἐκ Ναρβῶνος (Lebègue, *Épigraphie de Narbonne*, n° 42). *Flamini Augusti templi Narbonensis* (Lebègue, n° 44). Cf. Herzog, *Appendix*, n°° 106, 107, 108. [*Corpus*, XII, p. 935.] Il n'est pas douteux que, dans l'expression *Romæ et Augusti*, *Augusti* ne désigne

Chacune des cités gauloises avait en outre chez elle un temple de l'empereur; le prêtre de ce culte, qui portait le titre de flamine d'Auguste[1], était élu par la cité, et parmi ses premiers citoyens[2].

Des temples semblables à ceux de Narbonne et du Confluent furent élevés dans toutes les parties de l'Empire, et des sacerdoces de même nature furent institués partout par les populations[3]. Ce qui est digne

l'empereur; l'une des preuves qu'on en peut donner est que, dans les moments où il y avait deux ou trois empereurs associés, l'expression se modifiait en *Romæ et Augustorum*. [Sur le flamine de la Narbonnaise, voir la nouvelle inscription de Narbonne, *Corpus*, XII, p. 864.]

[1] On ne disait pas *flamen principis, flamen imperatoris*; c'est que le vrai titre de l'empereur, lorsqu'il était objet d'adoration, était *augustus*.

[2] A Nîmes, *flamen Romæ et Augusti*, Herzog, *Appendix*, n°° 128, 129; Henzen, n° 5997 [*Corpus*, XII, n°° 3180, 3207; cf. p. 382]. A Lyon, Henzen, n° 6931. A [Vienne], Mommsen, *Inscriptiones helveticæ*, n°° 3, 118, 119, 142 [*Corpus*, XII, p. 938]. Hors de Gaule, Orelli, n°° 488, 3874, 3881, 3654. Cf. en Espagne, un *pontifex domus Augustæ* (*Corpus inscriptionum latinarum*, II, n° 2105). — Noter qu'il y avait, en outre, des temples élevés aux empereurs morts et où les sacrifices se continuaient. C'est ainsi que nous voyons un *flamen divi Claudii*, plus d'un demi-siècle après la mort de Claude (Orelli, n°° 65 et 3651); nous trouvons de même un *flamen divi Vespasiani* (Orelli, n° 3853), un *flamen divi Trajani* (ibidem, n°° 65 et 3898), un *flamen Hadriani* (ibidem, n° 3805), un *flamen divi Severi* (ibidem, n° 2204). On sait que le mot *divus* n'était attaché au nom de l'empereur qu'après sa mort. Il y a aussi un *flamen Commodianus* (Henzen, n° 6052), un *sacerdos Flavialis* (ibidem, n° 5480), un *sacerdos Ulpialis* (ibidem, n° 3135). [Cf. *Corpus*, XII, p. 928.]

[3] L'existence de ce culte est attestée pour la province d'Asie par les inscriptions, Bœckh, n°° 2741, 3415, 3461, 3494, 4039; Waddington, n° 1266; pour la Galatie, par plusieurs textes cités par M. G. Perrot, *De Galatia provincia romana*, p. 150-153; pour la Grèce, voir Bœckh, n°° 1124, 1718, 2585; on trouve à Sparte des ἀρχιερεῖς τοῦ Σεβαστοῦ, Foucart, *Inscriptions de Laconie*, n°° 176, 179, 244; en Égypte, l'existence d'un temple de Rome et d'Auguste est signalée par Philon, *Legatio*, 22; pour l'Afrique, voir L. Renier, *Inscriptions de l'Algérie*, n° 3915; Henzen, n° 6901; pour l'Espagne, *Corpus inscriptionum latinarum*, II, n°° 160, 397, 473, 2221, 2224, 2244, 2334, 3329, 3395, 4191, 4199, 4205, 4239, 4250; pour la Grande-Bretagne, Tacite, XII, 32; XIV, 31; Henzen, n° 6488; pour la Pannonie, *Corpus inscriptionum latinarum*, III, n°° 3343, 3485, 3626; pour la Thrace, Dumont, *Inscriptions de Thrace*,

de remarque, c'est que l'érection de ces temples n'était pas ordonnée par le pouvoir impérial; aucun fait ni aucun texte ne nous autorisent à douter qu'elle ne fût l'œuvre spontanée des populations[1]. Les prêtres provinciaux ou municipaux n'étaient pas non plus nommés par les empereurs; ils étaient élus par les peuples. Ces sacerdoces étaient recherchés à l'égal des plus hautes dignités. Ils étaient brigués par ce qu'il y avait de plus distingué et de plus considérable. Pour être élu prêtre de Rome et d'Auguste, ou flamine, il fallait avoir passé par les premières magistratures de la cité. C'était le but le plus élevé de l'ambition, le couronnement des plus brillantes carrières[2].

Mais il ne fallait pas que ce culte n'appartînt qu'aux

---

n° 29; *Bulletin de correspondance hellénique*, 1882, p. 181 (et d'une façon générale les préfaces et les tables de tous les volumes du *Corpus*). — Sur cette religion, voir Boissier, *la Religion romaine*; P. Guiraud, *Assemblées provinciales dans l'Empire romain*, livre I, c. 2; Mommsen, *Staatsrecht*, édit. de 1877, II, p. 732 et suiv.; Marquardt, *Staatsverwaltung*, III, p. 443 et suiv. [ibidem, p. 463 et suiv., édit. Wissowa].

[1] *Decrevere Asiæ urbes templum Tiberio, et permissum statuere* (Tacite, *Annales*, IV, 15). — *Templum ut in colonia Tarraconensi statueretur Augusto petentibus Hispanis permissum* (idem, I, 78). Tibère et Claude défendirent qu'on leur élevât des temples (Dion Cassius, LVII, 9; LX, 5). — Il y a pourtant quelques exemples, mais ce sont de rares exceptions, d'autels érigés par des empereurs à eux-mêmes ou par des fonctionnaires aux empereurs (Dion Cassius, LIX, 28). — D'une manière générale on peut dire que l'érection de tant d'autels fut une vogue, mais non pas un mot d'ordre.

[2] Cela ressort de beaucoup d'inscriptions; nous n'en citerons que quelques-unes qui sont relatives à la Gaule. — *Æduo..., summis honoribus apud suos functo, sacerdoti ad templum Romæ et Augusti* (Boissieu, p. 84; Bernard, p. 53). — *Latinio Catapano, Æduo, sacerdoti trium provinciarum, officiis et honoribus omnibus functo, Sequani publice* (Bernard, p. 64; Orelli, n° 184). — *C. Catullino, Tricassino, omnibus honoribus apud suos functo, sacerdoti ad templum Romæ et Augustorum* (Bernard, p. 64). — Cf. Censorinus, *De die natali*, c. 15 : *Tu tamen, officiis municipalibus functus, honore sacerdotii* (les mots *sacerdos* et *sacerdotium*, dans la langue du temps, s'appliquent particulièrement au sacerdoce des empereurs) *in principibus tuæ civitatis es conspicuus*.

plus grands et aux plus riches. Les pauvres et les humbles voulurent avoir aussi leur religion des empereurs. Dans chaque cité, presque dans chaque bourgade, le bas peuple et les simples affranchis élevèrent un autel à l'Auguste; il se forma une corporation religieuse qu'on appela les Augustaux, et il y eut un collège de prêtres au nombre de six et qu'on appela les « sévirs d'Auguste ». C'était un sacerdoce annuel, très recherché des petites gens. Au jour des sacrifices, on les voyait revêtus de la robe prétexte, et des licteurs marchaient devant eux. Morts, on ne manquait pas de mettre sur leur tombe le titre qui avait honoré leur vie[1].

Dans ce culte, tout n'était pas public, tout n'était pas pour l'apparat. Beaucoup d'hommes dans le secret de leur maison, loin des regards de la foule et sans nul souci des fonctionnaires impériaux, adoraient la divinité de l'empereur, associé à leurs dieux pénates. On peut voir au musée du Louvre deux statuettes en bronze qui représentent Auguste et Livie; elles étaient placées, à titre d'objets d'adoration, dans le sanctuaire intime d'une famille gauloise. Plusieurs générations d'hommes les invoquèrent obscurément. Nous pouvons penser que cette famille leur demandait, dans les prières de chaque jour, la paix, le bonheur, la richesse, la santé, et que, dans chacune de ses joies, elle se croyait tenue de leur adresser ses actions de grâces. Les statues des empereurs

---

[1] On trouve des *seviri Augustales* à Lyon (Orelli, n°° 194, 2322, 4020, 4077, 4242; Henzen, n°° 5231, 7256, 7260); à Vaison (Henzen, n° 5222); à Arles (Orelli, n° 200); à Avenches (Orelli, n°° 372, 375; Henzen, n° 6417); à Nîmes (Orelli, n° 2298; Henzen, n° 5234); à Genève (Orelli, n° 260); à Vienne (Allmer, t. II, p. 300); à Cologne (Brambach, n° 442); à Trèves (Brambach, n° 804) [et dans presque toutes les villes de la Narbonnaise, *Corpus*, XII, p. 940, et des Trois Gaules].

étaient de véritables idoles, auxquelles on offrait l'encens, les victimes, les prières[1].

Il est impossible d'attribuer tout cela à la servilité. Des peuples entiers ne sont pas serviles, et ne le sont pas durant trois siècles. Ne supposons pas que ce culte fût un simple cérémonial, une règle d'étiquette; le palais impérial était presque le seul endroit du monde où il n'existât pas. Ce n'étaient pas les courtisans qui adoraient le prince, c'était Rome. Ce n'était pas Rome seulement, c'était la Gaule, c'était l'Espagne, c'était la Grèce et l'Asie. Si l'on excepte les chrétiens, qui vivaient alors obscurs et cachés, il y avait dans tout le genre humain un concert d'adoration pour la personne du prince[2].

Quelques historiens ont supposé que ce culte avait été un fruit tardif du despotisme et qu'il n'avait réellement surgi que vers le temps de Dioclétien. C'est au contraire à partir de Dioclétien qu'il cessa d'être. Il ne fut plus qu'un vain cérémonial et une étiquette; il n'en resta plus que les dehors et les mots, tels qu'on les trouve encore dans les codes des empereurs chrétiens. Le vrai culte, le culte sincère, spontané, fervent, date du début même de l'Empire et a duré environ trois siècles. Durant toute cette époque, chaque prince fut personnellement adoré: chacun eut ses temples, ses fêtes sacrées et ses prêtres. Chacun n'était-il pas un Auguste, c'est-à-dire plus qu'un homme? En parlant au prince, on lui disait :

[1] *Effigies Augusti, ut alia numinum simulacra* (Tacite, *Annales*, I, 73). — Cf. Dion Cassius, LVIII, 4 : Ταῖς εἰκόσι τοῦ Τιβερίου ἔθυον.

[2] Voir sur ce culte, Egger, *Examen critique des historiens d'Auguste*, 2ᵉ appendice ; et, du même savant, de nouvelles observations sur les Augustales, dans la *Revue archéologique*, année 1847. [Voir, sur la question des Augustales et des flamines, surtout les dissertations allemandes récentes, qu'on trouvera résumées dans le Manuel de Marquardt.]

« Très saint empereur[1]. » Le titre même de dieu, auquel il n'avait pas droit dans la langue officielle, lui était volontiers donné dans la langue ordinaire. Dès le temps de Caligula, on disait aux princes qu'ils étaient des dieux[2]. Cette forme de langage devint ordinaire sous les Flaviens[3]. On les appelait « Votre Divinité », « Votre Éternité[4] ». Le feu sacré était porté devant Hadrien, devant Antonin, devant Marc-Aurèle[5]. On jurait par l'empereur comme on eût juré par les plus puissants dieux, et ce genre de serment était le plus sacré[6]. Nous avons l'inscription d'un Gaulois des environs de Lyon qui se déclare dévot à la divinité de Marc-Aurèle[7]. Les meilleurs princes comme les plus mauvais, les plus sages comme les plus insensés, durent accepter ces titres et ces étranges respects. Ils pouvaient bien les repousser

---

[1] Trébellius Pollion, *Valeriani*, 6 : *Sanctissime imperator*. — Pline, *Lettres à Trajan*, 1 : *Sanctissime imperator*.

[2] Voir ce que raconte Dion Cassius, LIX, 27, d'un certain Lucius Vitellius, qui n'était, dit-il, οὔτ' ἀγενὴς οὔτ' ἄφρων. Il le représente se prosternant aux pieds de Caligula, θύσας αὐτὸν καὶ προσκυνήσας καὶ εὐξάμενος θύσειν αὐτῷ. Plus tard, il lui adresse la parole en ces termes : Ὑμῖν τοῖς θεοῖς, δέσποτα.... Dans l'inscription du *saltus Burunitanus* [*Corpus inscriptionum latinarum*, VIII, n° 10 570], les colons appellent l'empereur *Divina Tua Providentia*.

[3] Dion Cassius, LXVII, 13, représente Juventius Celsus se prosternant devant Domitien, προσκυνήσας αὐτῷ, δεσπότην τε καὶ θεὸν ὀνομάσας, et il ajoute ἃ παρὰ τῶν ἄλλων ἤδη προσαγορεύετο. — Suétone, *Domitien*, 13 : *Quum procuratorum suorum nomine dictaret epistolam, sic cœpit : Dominus et deus noster. Unde institutum ut ne scripto quidem ac sermone cujusquam appellaretur aliter.*

[4] Pline écrit à Trajan, l. 59 [67] : *Flavius Archippus per Salutem Tuam Æternitatemque petiit ut....*

[5] Hérodien, I, 8, 4 ; I, 16, 4 ; II, 3, 2 ; II, 6, 12 ; VII, 6, 2.

[6] Voir la loi municipale de Salpensa, XXV et XXVI : *Facito ut is juret per Jovem et divum Augustum et divum Claudium et divum Vespasianum Augustum et Genium imperatoris Domitiani et deos penates.* — *Lex Malacitana*, LIX. — Cf. Suétone, *Caligula*, 15 ; *Claude*, 11.

[7] *Imperatori Cæsari M. Aurelio Antonino Augusto C. Ulattius..., devotus numini majestatique ejus* (Aug. Bernard, *le Temple d'Auguste*, p. 81).

de leur entourage et éloigner l'encens de leur personne[1] ;
ils ne pouvaient pas empêcher que loin d'eux l'encens
fumât en leur honneur. Le plus philosophe d'entre eux,
Marc-Aurèle, n'eut même pas la pensée de supprimer
une si bizarre religion, qui d'ailleurs s'adressait moins
à lui qu'à l'autorité impériale dont il était revêtu. Il
institua un culte pour son collègue mort[2]. Il éleva un
temple à sa femme Faustine et créa pour elle un sacerdoce[3]. Il fut lui-même, et longtemps encore après
sa mort, honoré comme une divinité[4]. Son historien,
Jules Capitolin, dit que « de son temps encore, dans
beaucoup de maisons particulières, la statue de Marc-
Aurèle est placée entre les dieux pénates ; il est un dieu ;
il a ses prêtres et ses flamines[5] ». En sorte que ce même
homme que l'esprit moderne se représente comme le
type du philosophe, ces générations l'adorèrent comme
un dieu[6]. Caracalla aussi eut un temple et un clergé
spécial pour son culte[7]. Il en était ainsi de tous les
empereurs.

---

[1] Claude interdit προσκυνεῖν αὐτῷ μήτε θυσίαν οἱ ποιεῖν, Dion, LX, 5.

[2] Jules Capitolin, *Marcus*, 15 et 20 : *Fratri divini honores decreti... quum senatus fratrem consecrasset.*

[3] Ibidem, 26 : *Petiit a senatu ut honores Faustinæ ædemque decernerent, laudata eadem, quum impudicitiæ fama graviter laborasset.... Puellas Faustinianas instituit in honorem uxoris mortuæ..., ædem illi exstruxit.* — Il y a des inscriptions en l'honneur de *diva Faustina* (Orelli-Henzen, n⁰ˢ 868, 3253, 5365, 5472).

[4] De même Antonin le Pieux, dont le biographe dit : *Meruit et circenses et flaminem et templum et sodales Antoninianos* (Jules Capitolin, *Pius*, 13).

[5] Jules Capitolin, *Marcus*, 18 : *Hodie in multis domibus Marci statuæ consistunt inter deos penates ; dati sacerdotes et sodales et flamines et omnia quæ de sacratis decrevit antiquitas.* La première partie de cette phrase se rapporte à un culte privé et certainement volontaire, la seconde à un culte public.

[6] Ibidem, 19 : *Deusque etiam nunc habetur.*

[7] Spartien, *Caracalla*, 11 : *Inter deos relatus est ; habet templum,*

Ce culte étrange se comprend et l'on en sent toute la sincérité et toute la force si l'on songe à l'état psychologique de ces générations. Les hommes étaient fort superstitieux. Dans la société de l'Empire romain les pratiques de la dévotion étaient universelles; les plus hautes classes s'y livraient avec la même ferveur que les classes ignorantes. Les actes d'adoration et les sacrifices étaient ce qui tenait le plus de place dans l'existence. Chaque homme avait son *lararium*; les pauvres de chaque rue avaient leur chapelle et leur idole. Les sacerdoces se multipliaient, chacun voulant être prêtre de quelque dieu. Des confréries religieuses s'établissaient partout. La magie et la divination étaient fort en vogue, parce qu'on était préoccupé du surnaturel. Jules César croyait aux prodiges, Tibère cultivait l'astrologie, Vespasien faisait des miracles[1], Marc-Aurèle consultait les magiciens[2]. Il en était de même dans tous les rangs de la société : les princes et les riches avaient leurs devins dans leur maison; la foule courait aux devins des carrefours[3]. Beaucoup de gens

---

habet Salios, habet sodales. — On sait que les *sodales* étaient un collège ou une corporation de prêtres voués au culte d'un empereur; il y avait des *sodales Augustales*, des *sodales Hadrianales*, des *sodales Flaviales*, des *sodales Antoniniani* [Cf. p. 184, n. 2].

[1] Tacite les raconte longuement, *Histoires*, IV, 81.

[2] Dion Cassius, LXVI, 8; LXXI, 8. — Dion Cassius, qui est sénateur, se montre à chaque page de son livre le plus superstitieux et le plus dévot des hommes. — Sur la superstition et la dévotion de Marc-Aurèle, voir Jules Capitolin, *Marcus*, 13 : *Undique sacerdotes accivit, peregrinos ritus implevit, Romam omni genere lustravit*; 19 : *Cum ad Chaldæos Marcus retulisset*. Il s'agit ici d'une anecdote qui pourrait bien n'être pas vraie, mais qui marque assez bien les opinions du temps. Ailleurs, c. 24, nous voyons Marc-Aurèle faire un miracle : *Fulmen de cælo precibus suis contra hostes extorsit*.

[3] Sur l'habitude de consulter les *Chaldæi*, les *magi*, les *mathematici*, voir Tacite, *Annales*, II, 27; II, 32; III, 22; XII, 22; XIV, 9; XVI, 30. Notez que tous ces exemples se rapportent à des personnes des classes les

avaient, comme Septime Sévère, un livre où ils notaient jour par jour tous les prodiges et toutes les prédictions qui les concernaient personnellement. On ne parlait que de songes, d'oracles, d'évocation de morts. Il n'y avait personne qui ne portât sur soi quelque talisman, une pierre chaldéenne, un œuf druidique. L'esprit humain tremblant voyait la divinité partout. Son besoin d'adorer s'appliqua naturellement à ce qu'il trouvait de plus puissant dans les choses humaines, à l'autorité impériale.

Nous ne devons pas d'ailleurs confondre les pensées de ce temps-là avec la doctrine du droit divin des rois, qui n'a appartenu qu'à une autre époque[1]. Il ne s'agit pas ici d'une autorité établie par la volonté divine; c'était l'autorité elle-même qui était divine. Elle ne s'appuyait pas seulement sur la religion; elle était une religion. Le prince n'était pas un représentant de Dieu; il était un dieu. Ajoutons même que, s'il était dieu, ce n'était pas par l'effet de cet enthousiasme irréfléchi que certaines générations ont pour leurs grands hommes. Il pouvait être un homme fort médiocre, être même connu pour tel, ne faire illusion à personne, et être pourtant honoré comme un être divin. Il n'était nullement nécessaire qu'il eût frappé les imaginations par de brillantes victoires ou touché les cœurs par de grands bienfaits. Il n'était pas dieu en vertu de son mérite personnel; il

---

plus élevées. Dans Dion Cassius, pareils exemples sont innombrables. — Spartien, *Hadrien*, 3; *Septime Sévère*, 2; Jules Capitolin, *Gordiani*, 20.

[1] Dans les titres officiels des empereurs, que les inscriptions nous font connaître, il n'y a pas un mot qui présente l'idée du *gratia Dei* des royautés modernes. — Quand un chevalier romain dit à Tibère : *Tibi summum rerum judicium dii dedere* (Tacite, *Annales*, VI, 8), c'est le langage de la flatterie individuelle, ce n'est pas l'énoncé d'un principe politique.

était dieu parce qu'il était empereur. Bon ou mauvais, grand ou petit, c'était l'autorité publique qu'on adorait en sa personne. Cette religion n'était pas autre chose, en effet, qu'une singulière conception de l'État. La puissance suprême se présentait aux esprits comme une sorte de Providence divine[1]. Elle s'associait dans la pensée des hommes avec la paix dont on jouissait après de longs siècles de troubles, avec la prospérité et la richesse qui grandissaient, avec les arts et la civilisation qui s'étendaient partout. L'âme humaine, par un mouvement qui lui était alors naturel et instinctif, divinisa cette puissance. De même que dans les vieux âges de l'humanité on avait adoré le nuage qui, se répandant en eau, faisait germer la moisson et le soleil qui la faisait mûrir, de même on adora l'autorité suprême qui apparaissait aux peuples comme la garantie de toute paix et la source de tout bonheur.

Ces générations ne subirent pas la monarchie, elles la voulurent. Le sentiment qu'elles professèrent à son égard ne fut ni la résignation ni la crainte, ce fut la piété. Elles eurent le fanatisme du pouvoir d'un seul comme d'autres générations ont eu le fanatisme des institutions républicaines. Il est naturel à l'homme de se faire une religion de toute idée qui remplit son âme. A certaines époques il voue un culte à la liberté; en d'autres temps, c'est le principe d'autorité qu'il adore.

[1] Le prince est appelé dans une inscription θεός ἐμφανὴς καὶ κοινὸς τοῦ ἀνθρωπίνου βίου σωτήρ, Bœckh, n° 2957; Trajan est appelé *conservator generis humani*; Constantin, *conservator humanarum rerum*. — Dans une inscription rédigée par le collège des Frères Arvales, Claude est nommé *divinus princeps et parens publicus* (Henzen, n° 7849).

CHAPITRE III

De l'administration romaine et de la centralisation administrative.

La Gaule était entrée dans l'Empire romain à titre de *provincia*[1]. Ce mot n'avait pas alors une signification géographique ; il désignait proprement la subordination à l'État romain[2]. Il impliquait que la Gaule était, en théorie et en droit, un pays sujet[3]. En pratique, cela signifiait que la Gaule allait être gouvernée, non par ses propres lois, non pas davantage par les lois politiques de Rome, mais par l'autorité arbitraire et per-

---

[1] Suétone, *César*, 25 : *Galliam... in provinciæ formam redegit.* — Sur le sens de cette expression, cf. cette phrase du même écrivain : *Achaiam, Lyciam, Rhodum, libertate adempta, in provinciarum formam redegit* (Suétone, *Vespasien*, 8).

[2] On peut remarquer que Dion Cassius, qui écrit en grec, traduit toujours *provinciæ* par τὸ ὑπήκοον.

[3] Une question fort délicate est soulevée par le titre de « libre » ou d'« allié » qui fut laissé à plusieurs peuples gaulois. En droit, ces peuples ne devaient pas faire partie de la *provincia*, c'est-à-dire n'obéissaient pas au proconsul. Suétone donne à entendre que ce droit fut respecté dans la première organisation faite par César : *Galliam, præter socias ac bene meritas civitates, in provinciæ formam redegit.* Mais dans la nouvelle organisation faite par Auguste en l'an 27, nous ne voyons pas que cette distinction ait été conservée. Nous pouvons remarquer au contraire que le jour où « les Trois Provinces » élevèrent un temple à Rome et à Auguste, tous les peuples gaulois au nombre de soixante figurèrent au même titre dans cet acte de sujétion. Nous notons encore qu'au début du règne de Tibère la cité des Éduens, qui avait le titre d'alliée, était soumise à l'impôt comme les autres cités (Tacite, *Annales*, III, 40). Tout cela nous amène à penser que, si quelques cités furent d'abord placées en dehors de la subordination romaine, cela dura peu. Les termes de fédérés ou de libres furent plutôt des titres honorifiques que des marques d'indépendance.

sonnelle d'un gouverneur envoyé de Rome[1]. Telle est l'origine première du système administratif romain.

Auguste partagea la Gaule en quatre provinces : la Narbonnaise, l'Aquitaine, la Lugdunaise et la Belgique[2]. Cette division était assez conforme aux anciennes divisions du pays. Elle laissait même subsister deux des noms anciens[3].

Dans un autre partage que le même empereur fit de

---

[1] Primitivement, le mot *provincia* s'est dit de toute mission confiée par le sénat ou par le peuple à un citoyen avec pleins pouvoirs. Il se disait, par exemple, de la mission de faire une guerre et de combattre un peuple ennemi : *Bellum adversus Æquos Fabio provincia data est* (Tite Live, III, 2); *Sicinio Volsci, Aquilio Hernici, qui in armis erant, provincia evenit* (ibidem, II, 40); *decrevere Patres ut alteri consulum Italia bellumque cum Hannibale provincia esset* (ibidem, XXVI, 28). — Plus tard, ce terme s'appliqua plus particulièrement aux missions confiées hors de l'Italie aux proconsuls. Il désigna donc, non le pays lui-même, mais la délégation donnée à un proconsul de gouverner ce pays. Aussi la langue grecque traduisait-elle *provincia* par ἐπαρχία. C'est seulement sous l'Empire et pas tout à fait au début que le mot a pris une signification géographique.

[2] Strabon, IV, 1 : Ὁ Σεβαστὸς Καῖσαρ τετραχῆ διελὼν τοὺς μὲν Κέλτας τῆς Ναρβωνίτιδος ἐπαρχίας ἀπέφηνεν, Ἀκουιτανοὺς δ'οὕσπερ κἀκεῖνος... τὴν δὲ λειπὴν διελὼν δίχα τὴν μὲν Λουγδούνῳ προσώρισε μέχρι τῶν ἄνω μερῶν τοῦ Ῥήνου, τὴν δὲ τοῖς Βέλγαις. — Nous n'avons pas à insister sur certains faits accidentels : par exemple, Auguste confia quelquefois le gouvernement des trois provinces à la fois à un seul homme, à Agrippa, à Tibère, à Drusus, à Germanicus.

[3] Pour être complet, il faut mentionner encore la petite province des Alpes Maritimes, qui était administrée par un procurateur impérial (Wilmanns, n° 1256 et 1271) [*Corpus*, XII, p. 1 et p. xiii]. — A une date incertaine, probablement sous Tibère, furent créées les deux provinces de Germanie Supérieure et de Germanie Inférieure, le long du Rhin. Elles furent plutôt des territoires militaires que des provinces dans le sens ordinaire du mot. Dans chacune d'elles se trouvait une armée de quatre légions et de troupes auxiliaires. Le commandant de cette armée, *legatus pro prætore exercitus Germaniæ superioris* (Wilmanns, n° 867 et 1142), exerçait en même temps l'autorité civile sur la bande étroite de territoire où cette armée était cantonnée. Wilmanns, n° 1186; Henzen, n° 6501 : *C. Popilio..., legato imperatoris Antonini Augusti Pii pro prætore provinciæ Germaniæ superioris et exercitus in ea tendentis*. Cf. Tacite, *Annales*, III, 41; [I, 31], etc.; *Histoires*, I, 12.

toutes les provinces entre lui et le sénat, il mit la Narbonnaise dans la part du sénat, et garda pour lui l'Aquitaine, la Lugdunaise et la Belgique. Théoriquement, la première fut « province du peuple romain », et les trois autres furent « provinces de César ». En pratique, la seule différence fut que la Narbonnaise était gouvernée par un proconsul qui paraissait être nommé par le sénat et agir au nom du peuple romain[1], au lieu que les trois autres avaient pour proconsul l'empereur lui-même, représenté dans chacune d'elles par un « lieutenant de l'empereur », *legatus Augusti*[2].

Comptons les fonctionnaires employés au gouvernement de chaque province. En Narbonnaise il y avait un proconsul, et à côté de lui était un questeur chargé de percevoir les impôts et revenus du pays[3]. Dans chacune des trois autres provinces il y avait un légat propréteur et à côté de lui un procurateur impérial qui tenait la place du questeur[4]. En outre, deux procurateurs spéciaux

[1] Un proconsul d'Afrique se qualifie de *legatus populi romani*, Spartien, *Septime Sévère*, 2.

[2] Henzen, n° 6915 : *Memmio..., proconsuli provinciæ Narbonensis*. — Ibidem, n° 6454 [*Corpus*, XII, n° 3163] : *C. Æmilio Bereniciano..., proconsuli splendidissimæ provinciæ Narbonensis*. — Ibidem, n° 6907 : *Senecioni Memmio..., legato pro prætore provinciæ Aquitanicæ*. — Ibidem, n° 5502 : *L. Mario Maximo..., legato Augustorum pro prætore provinciæ Belgicæ*. — Ibidem, n° 7420 : *C. Sabucio..., legato Augusti pro prætore provinciæ Belgicæ*. — Dans une autre inscription, ibidem, n° 5449, un personnage est dit avoir été *legatus divi Nervæ pro prætore provinciæ Belgicæ*. — Orelli, n° 922 : *Legatus Augustorum provinciæ Narbonensis*. (*Augustorum*, parce qu'il y avait alors trois empereurs associés, peut-être Carus, Carinus et Numérianus, probablement Sévère, Caracalla et Géta.) — Wilmanns, n° 1164 : *C. Julio Cornuto..., legato pro prætore divi Trajani provinciæ Ponti, ejusdem legato pro prætore provinciæ Aquitani[cae]*. — Le terme général qui désignait les gouverneurs des provinces était *præsides* (Suétone, *Auguste*, 23 ; *Tibère*, 41). [Cf. p. 197, n. 2.]

[3] Wilmanns, n° 637 : *Quæstori provinciæ Narbonensis*; n° 1213 : *Q. Petronio..., quæstori provinciæ Narbonensis*; n° 1217.

[4] Souvent il n'y avait qu'un procurateur pour deux provinces. Wil-

étaient chargés de lever certains impôts déterminés, l'impôt sur les héritages et celui de la douane[1]. Cela faisait, pour la Gaule entière, un total de dix fonctionnaires représentant le pouvoir central, dont quatre seulement pour la partie administrative. Chacun d'eux était entouré sans nul doute d'un personnel assez nombreux. Le proconsul avait un lieutenant à qui il pouvait déléguer une partie de ses pouvoirs[2]. Il avait aussi un cortège d'amis qu'on appelait ses *comites* ou ses *contubernales*, jeunes gens qui faisaient l'apprentissage du service[3]. Il avait enfin quelques secrétaires ou employés de bureau, cinq ou six licteurs[4] et un plus grand nombre d'appariteurs ou de serviteurs à divers titres. Mais, quelque nombreux que pût être cet entourage, il n'y avait toujours que quatre personnages qui exerçassent

---

manns, n° 1274 : *Cn. Pompeio Homullo..., procuratori Augusti provinciarum duarum Lugudunensis et Aquitanicæ*. N° 1257 : *C. Julio Celso..., procuratori provinciarum Lugudunensis et Aquitanicæ*. De même, n° 1295. Henzen, n° 6539 : *P. Ælio Agrippino..., procuratori provinciæ Belgicæ*. Henzen, n° 6816 : *Procuratori provinciæ Lugdunensis*.

[1] Wilmanns, n° 1201 : *Procuratori vicesimæ hereditatium per Gallias Lugdunensem et Belgicam*; n° 1190 : *Procuratori Augusti vicesimæ hereditatium provinciarum Narbonensis et Aquitanicæ*. [Voir là-dessus surtout le livre de Cagnat sur *les Impôts indirects*, 1882.]

[2] Digeste, I, 16, 2 : *Apud legatum proconsulis*. — I, 16, 4, § 6 : *Proconsul mandare jurisdictionem legato suo post hæc debet nec hoc ante facere*. — I, 16, 6 : *Solent mandare legatis....* — I, 16, 12 : *Legatus mandata sibi jurisdictione judicis dandi jus habet*. — Ces textes marquent bien que le légat du proconsul n'est pas son mandataire; il n'est pas un fonctionnaire nommé directement par le pouvoir. Il ne correspond pas directement avec le pouvoir central; cela ressort de ce texte, I, 16, 6, § 2 : *Legatos non oportet principem consulere, sed proconsulem necesse*. Enfin le principe est nettement exprimé au fr. 13 : *Legati proconsulis nihil proprium habent, nisi a proconsule eis mandata fuerit jurisdictio*.

[3] Digeste, I, 18, 16.

[4] Ibidem, I, 16, 14 : *Proconsules non amplius quam sex fascibus utuntur*. — Monument de Thorigny : *Quinque fascibus*.

le commandement, quatre hommes pour gouverner la Gaule entière[1].

Le gouverneur de province, qu'on l'appelât proconsul ou légat de César[2], possédait ce que le langage romain appelait l'*imperium*. Cela comprenait tout autre chose que ce que le langage moderne appelle l'autorité administrative. Il avait en mains tous les pouvoirs de l'État[3]. C'était lui qui commandait les troupes, s'il s'en trouvait dans sa province. Il faisait ou dirigeait le recrutement des soldats. Quoiqu'il ne levât pas lui-même les impôts et n'eût pas le maniement des fonds, c'était lui qui avait la direction suprême en matière de finances. Il était surtout un juge. Il possédait d'abord la juridiction volontaire, et c'était devant lui que se faisaient les affranchissements, les émancipations, les adoptions[4]. Il possédait surtout la juridiction contentieuse. Il lui appartenait de punir les crimes[5]; il avait le droit d'arrêter les coupables, de les frapper, de les mettre à mort[6]. Il prononçait également dans les procès civils[7]; tout le monde

---

[1] Il faut ajouter quelques fonctionnaires temporaires, comme les *legati ad census*. Nous n'avons pas à compter les *procuratores patrimonii*, qui étaient les administrateurs du domaine privé.

[2] Le nom commun des gouverneurs de provinces était *præsides*. Digeste, I, 18, 1 : *Præsidis nomen generale est eoque et proconsules et legati Cæsaris et omnes provincias regentes præsides appellantur.*

[3] Paul, au Digeste, I, 18, 3 : *Præses provinciæ in suæ provinciæ homines imperium habet.* — Ulpien, au Digeste, I, 16, 8 : *Majus imperium in ea provincia habet omnibus post principem.*

[4] Digeste, I, 16, 2 : *Manumitti apud eos possunt tam liberi quam servi et adoptiones fieri.* — I, 18, 2 : *Præses apud se adoptare potest, quemadmodum et emancipare filium et manumittere servum potest.*

[5] Ibidem, I, 16, 9; I, 18, 13 et 21. Ces textes montrent que le gouverneur juge le *latrocinium*, le *sacrilegium*, le *parricidium*, le *servus stupratus*, la *ancilla devirginata*, etc.

[6] Ibidem, I, 16, 11 : *Animadvertendi, coercendi, atrociter verberandi (proconsul) jus habet.* — I, 18, 6, § 8 : *Jus gladii habent et in metallum dandi potestas eis permissa est.*

[7] Nous le voyons recevoir les plaintes des patrons contre leurs affranchis,

pouvait s'adresser à lui, cela était dit formellement dans les instructions impériales; et il jugeait par lui-même ou déléguait des juges à sa place¹. Nous verrons bien qu'il existait d'autres juridictions que la sienne; mais la sienne seule était légale, et toutes les autres s'inclinaient devant elle, car à lui seul appartenait le *jus gladii*². Il avait aussi des fonctions de police. Sa charge l'obligeait « à purger le pays des malfaiteurs³ ». Il devait aller plus loin que l'ordre matériel. Son devoir était « d'empêcher toute exaction illicite, toute spoliation sous forme de vente forcée ou de caution fictive⁴ ». Par lui nul ne devait « faire un gain injuste ni subir un dommage immérité⁵ », « les puissants ne devaient pas opprimer les faibles⁶ ». Un bon gouverneur veillait « à ce que sa province fût paisible et tranquille »; il recherchait les malfaiteurs; il punissait les sacrilèges, les brigands, les voleurs et ceux qui recélaient les vols⁷.

des pères contre leurs enfants, et en général toutes sortes de demandes de jugement : *Observare eum oportet ut sit ordo aliquis postulationum, ut omnium desideria audiantur... Advocatos quoque petentibus debebit indulgere*, etc. (Ulpien, au Digeste, I, 16, 9). — *Plenissimam jurisdictionem proconsul habet; omnium partes qui Romæ vel quasi magistratus vel extra ordinem jus dicunt, ad ipsum pertinent* (ibidem, fragment 7).

¹ Digeste, I, 18, 8 : *Sæpe audivi Cæsarem nostrum dicentem hac rescriptione « eum qui provinciæ præest adire potes » non imponi necessitatem proconsuli vel legato ejus suscipiendæ cognitionis, sed eum æstimare debere ipse cognoscere an judicem dare debeat.*

² Son *legatus* lui-même n'avait pas le droit *animadvertendi vel atrociter verberandi*, Digeste, I, 16, 11.

³ *In mandatis principum est ut curet malis hominibus provinciam purgare*, Digeste, I, 18, 3.

⁴ Ulpien, au Digeste, I, 18, 6 : *Illicitas exactiones e violentia factas, et extortas metu venditiones et cautiones vel sine pretii numeratione prohibeat præses provinciæ.*

⁵ Ibidem : *Ne quis iniquum lucrum aut damnum sentiat, præses provinciæ prævideat.*

⁶ Ibidem : *Ne potentiores viri humiliores injuriis afficiant, neve defensores eorum calumniosis criminibus insectentur innocentes.*

⁷ Ulpien, au Digeste, I, 18, 13: *Congruit bono et gravi præsidi curare*

Il ne lui était pas permis de s'absenter de sa province, « parce qu'il fallait qu'il y eût toujours quelqu'un pour s'occuper des intérêts des provinciaux[1] ». Il devait parcourir le pays, aller au-devant des justiciables et des plaignants. Il parcourait les villes, visitait les prisons[2], examinait les constructions publiques, veillait à leur entretien ou les faisait réparer[3], pouvait même ordonner la reconstruction des maisons privées si elles menaçaient ruine ou offraient un danger[4]. Son pouvoir portait sur toutes choses.

On voit par tout cela que ce pouvoir était à la fois absolu et tutélaire. Les provinciaux n'avaient aucun droit contre lui, du moins aucun droit garanti par une loi formelle. Ce que la langue officielle appelait *lex provinciæ* ou *provinciæ formula* n'était pas une charte pour les populations. A l'égard d'elles, le gouverneur était un maître tout-puissant. L'Empire n'effaça pas ce principe, qui avait été celui de la République.

Il y eut pourtant une grande différence entre les gouverneurs de l'époque républicaine et ceux de l'époque impériale. Le proconsul qu'avait envoyé la Répu-

---

ut pacata atque quieta provincia sit..., ut malis hominibus provincia careat, eosque conquirat... Sacrilegos, latrones, plagiarios, fures conquirere debet et prout quisque deliquerit in eum animadvertere, receptoresque eorum coercere.

[1] Digeste, I, 18, 15 : *Illud observandum est ne qui provinciam regit fines ejus excedat, nisi voti solvendi causa, dum tamen abnoctare ei non liceat.* — I, 16, 10 : *Meminisse oportebit usque ad adventum successoris sui omnia debere proconsulem agere, cum utilitas provinciæ exigat esse aliquem per quem negotia sua provinciales explicent.*

[2] Digeste, I, 16, 6.

[3] Ulpien, au Digeste, I, 16, 7 : *Si in quam civitatem advenerit,... ædes sacras et opera publica circumire inspiciendi gratia an sarta tectaque sint vel an refectione indigeant, etc.*

[4] Digeste, I, 18, 7 : *Præses provinciæ, inspectis ædificiis, dominos eorum causa cognita reficere ea compellat... et deformitati auxilium ferat.*

blique romaine n'avait dépendu légalement de personne. Il n'avait dû rendre ses comptes ni aux provinciaux ni même à la République. Il avait gouverné sous sa responsabilité propre; il avait été un véritable monarque dont l'autorité n'avait connu ni limite ni contrôle régulier[1].

Il n'en fut plus de même sous l'Empire. Ce n'est pas que les idées de liberté et de droit rationnel aient prévalu à cette époque et aient fait imaginer des moyens plus doux de gouvernement; la suite de ces études nous montrera combien les idées et les théories ont eu peu d'action, dans tous les temps, pour l'amélioration de l'existence humaine. Ce qui fit disparaître le despotisme des proconsuls, ce fut le despotisme impérial.

Lorsque le sénat romain organisa l'Empire, vers l'an 27 avant notre ère, il conféra à Auguste le pouvoir proconsulaire sur la moitié des provinces, et un droit de surveillance sur les gouverneurs de toutes les autres. Cette innovation, dans laquelle quelques esprits ne virent peut-être qu'une atteinte à la liberté, fut le germe d'un nouveau système administratif. Il arriva en effet que les chefs des provinces, au lieu d'être de vrais monarques gouvernant en leur nom propre, ne furent plus que les agents et les lieutenants du prince. Ce fait si simple et en apparence si insignifiant fut ce qui introduisit en Europe la centralisation administrative.

On ne peut guère douter que les peuples n'aient envisagé cette centralisation comme un grand bienfait. Il est fort différent d'être gouverné par un homme qui a

---

[1] Faisons toutefois cette réserve que, dès le temps de la République, il était permis aux provinciaux d'intenter une accusation à leurs gouverneurs. Tite Live, *Epitome*, 47; *Lex Repetundarum*, *Corpus inscriptionum latinarum*, t. I, p. 51-70; Cicéron, *In Verrem*, *Pro Flacco*.

un pouvoir personnel ou de l'être par un homme qui n'est que l'agent et le représentant d'un pouvoir éloigné. Ces deux modes d'administration ont leurs avantages et leurs inconvénients; mais les avantages du second l'emportent à tel point, qu'à presque toutes les époques de l'histoire les populations l'ont préféré. Les hommes aiment d'instinct la centralisation; il leur plaît de savoir que celui à qui ils obéissent obéit lui-même à un autre. Exposés à être opprimés par celui qui les administre directement, ils aiment à penser qu'une autorité supérieure peut les protéger. Contre les agents du prince, les Gaulois avaient un recours au prince lui-même. Le pouvoir suprême de l'empereur était une garantie contre les petites passions du fonctionnaire, contre son orgueil, ses rancunes ou sa cupidité.

Les gouverneurs ne pouvaient plus se considérer comme des souverains. Ils étaient les agents d'une autorité supérieure. Avant de partir pour leur province, ils recevaient de l'empereur des instructions écrites [1]. Ils lui rendaient compte de tous leurs actes. Sur tous les points douteux ils le consultaient. On peut voir dans les lettres de Pline le Jeune à Trajan [2] un exemple de la correspondance presque quotidienne que chaque gouverneur devait entretenir avec le prince. On y observera toute la distance qui sépare un gouverneur du temps de l'Empire d'un proconsul de la République. On y remarquera combien les provinciaux dépendaient du prince;

---

[1] Dion Cassius, LIII, 15 : Ἐντολὰς καὶ τοῖς ἐπιτρόποις καὶ τοῖς ἀνθυπάτοις τοῖς τε ἀντιστρατήγοις δίδωσιν, ὅπως ἐπὶ ῥητοῖς ἔξωσι.

[2] Livre X. Il ne faudrait pourtant pas supposer que la Gaule fût traitée par le pouvoir central comme nous voyons que l'était la Bithynie au temps de Pline. L'Empire, qui commandait à tant de peuples de nature diverse, se gardait bien de mettre une uniformité absolue dans son administration.

mais on y remarquera aussi combien peu ils avaient à redouter les abus de pouvoir de leurs administrateurs.

Dans le régime précédent, la République avait bien essayé de sauver les sujets de l'extrême arbitraire et de l'insatiable avarice des proconsuls; elle avait créé à cet effet toute une série de tribunaux qui paraissaient devoir être sévères; en réalité, ce moyen avait été inefficace[1], et il avait été rare que les juges ne fussent pas de connivence avec les accusés. Le régime impérial atteignit le but par un moyen beaucoup plus simple, par la subordination des gouverneurs au pouvoir central.

Du jour, en effet, où tous les pouvoirs eurent été remis au prince, sa maison, que l'on ne tarda pas à appeler le Palais, *palatium*, devint le centre de toute l'administration de l'Empire. Là se trouvait un nombreux personnel, et des bureaux furent tout de suite organisés. Cela était si nouveau, que ni sénateurs, ni chevaliers, ni citoyens, ni hommes libres n'eurent l'idée d'en faire partie, ou qu'on n'eut pas d'abord l'idée de les employer. Mais, de même que dans l'aristocratie romaine chaque grande maison avait ses secrétaires et ses copistes, qui étaient des esclaves ou des affranchis du maître, de même la maison impériale trouva, parmi ses esclaves et ses affranchis, un nombreux personnel de secrétaires, de commis, de gardiens d'archives[2]. Ce furent là les bureaux des cent premières années de l'Empire. Plus

---

[1] Tacite le dit lui-même : *Invalido legum auxilio* (*Annales*, I, 2).

[2] Tous ceux dont les noms nous sont connus portent des noms d'affranchis : c'est Polybius (Sénèque, *Consolatio ad Polybium*), Doryphorus (Dion Cassius, LXI, 5), Entellus (idem, LXVII, 15), Épaphroditus (Suétone, *Néron*, 49). On sait que ces sortes de noms n'étaient jamais portés par des ingénus. Voir aussi dans une inscription (*Corpus inscriptionum latinarum*, VI, 8614) un Titus Flavius Herméros qui était à la fois *Augusti libertus* et *a libellis*.

tard, des citoyens libres et même des chevaliers furent admis dans les plus hauts emplois[1].

Ces bureaux du palais portaient le nom général d'*officia*[2]. Ils étaient au nombre de cinq, que l'on appelait *a libellis, ab epistolis, a rationibus, a memoria, a cognitionibus*[3]. Chacun d'eux avait à sa tête un chef ou directeur qu'on appela *princeps* ou *magister officii*, sous lui un sous-chef ou *adjutor*, un premier employé ou *proximus*, et une série de *scriniarii* ou *tabularii*.

Le bureau *a libellis* recevait toutes les lettres qui étaient adressées à l'empereur de toutes les parties de l'Empire, soit par les fonctionnaires, soit par les particuliers[4]. Il faisait un examen préliminaire de chacune de ces lettres, et le chef du bureau les mettait sous les yeux de l'empereur avec son propre rapport[5]. Le bureau *ab epistolis* rédigeait les réponses du prince[6]. Nous n'avons

---

[1] Spartien, *Hadrien*, 22 : *Ab epistolis et a libellis primus equites romanos habuit.* — Les inscriptions mentionnent dès lors plusieurs chevaliers romains qui sont *a libellis*. Exemple : *C. Julio Celso..., a libellis; et censibus* (Wilmanns, n° 1257). Papinien et Ulpien furent *a libellis* (Digeste, XX, 5, 12 ; Spartien, *Niger*, 7). [Voir sur cette administration impériale les *Untersuchungen* de Hirschfeld, 1876, p. 201 et s. ; le *Conseil des Empereurs*, de Cuq, 1884.]

[2] Suétone, *Vespasien*, 21 ; *Domitien*, 7 ; Vopiscus, *Aurélien*, 13. Suétone, qui était *ab epistolis*, avait écrit, suivant Priscien, un traité *De institutione officiorum*.

[3] Peut-être y faut-il ajouter un bureau *a studiis*.

[4] Sénèque, *Consolatio ad Polybium*, c. 26, marque l'importance de ce bureau : *Audienda sunt tot hominum millia, tot disponendi libelli! tantus rerum ex orbe toto congestus ut possit per ordinem principis animo subjici.*

[5] Le chef du bureau fut d'abord qualifié seulement *a libellis* (Suétone, *Néron*, 49 ; Henzen, n° 6947 ; Wilmanns, n° 1257). La qualification de *principes officiorum* est dans Jules Capitolin, *Marcus*, 8 ; celle de *magister libellorum* n'apparaît pas, à notre connaissance, avant le III° siècle. *Corpus inscriptionum latinarum*, VI, n° 1628 ; Wilmanns, n° 1223 ; cf. ibidem, n° 140.

[6] Sur les *ab epistolis*, voir *Corpus inscriptionum latinarum*, III,

pas de renseignements précis sur les attributions du bureau *a memoria*, et ce n'est qu'une conjecture de dire qu'il fut une sorte de bureau d'archives où l'on pût retrouver et consulter les actes antérieurs¹. Le bureau *a rationibus* était celui où tous les comptes financiers de Rome et des provinces étaient portés. Ils y étaient examinés et vérifiés². Le bureau *a cognitionibus* était celui qui recevait les nombreuses demandes de jugement qui étaient adressées à l'empereur, et qui faisait sur chacun de ces procès une enquête préliminaire³.

L'institution de ces bureaux fut une chose toute nouvelle dont Rome ni aucun pays de l'Europe n'avait encore d'exemple. Elle put surprendre les hommes. Ce qui les surprit surtout, ce fut de voir les actes ou les comptes d'un gouverneur de province, qui était sénateur et de grande famille, être examinés au fond d'un bureau par un humble affranchi. De là l'aigreur et le mépris de Tacite⁴; et nous devons croire que quelques-uns de ces hommes méritèrent le mépris. Mais Pline le Jeune parle d'eux avec plus de considération⁵, et le poète Stace, qui

---

n° 5215; VI, n°⁸ 798, 1607, 1654, 8612; VIII, n° 1174. — Spartien dit que Suétone fut *magister epistolarum* sous Trajan (Spartien, *Hadrien*, 11).

¹ Quelques personnages qualifiés *a memoria* sont mentionnés dans les inscriptions. On voit, par exemple, un *custos officii a memoria* (*Corpus inscriptionum latinarum*, VI, n° 8813), un *magister memoriæ* (Wilmanns, n° 410; Trébellius Pollion, *Claudius*, 7), un *a memoria* (*Corpus inscriptionum latinarum*, VI, n° 1598). — Dion Cassius et Hérodien nomment des personnages προσετώς τῆς μνήμης (Dion, LXXVI, 14; Hérodien, IV, 8). Le jurisconsulte Paul fut quelque temps *ad memoriam* (Spartien, *Niger*, 7).

² Sur la composition du bureau *a rationibus* on peut voir plusieurs inscriptions. *Corpus inscriptionum latinarum*, III, n° 348; VI, n°⁸ 1599, 1620, 5505, 8425-8429, 8450; Wilmanns, n° 2841.

³ Sur le bureau *a cognitionibus*, Dion Cassius, LXXVIII, 13; *Corpus inscriptionum latinarum*, II, n° 1085; VI, n° 8634; VIII, n° 9360.

⁴ Tacite, *Histoires*, I, 76 : *Nam et hi malis temporibus partem se reipublicæ faciunt*. Cf. *Germanie*, 25.

⁵ Pline, *Panégyrique de Trajan*, 88 : *Tu libertis tuis summum quidem*

à la vérité n'est pas un sénateur, leur rend pleine justice ; il a connu personnellement plusieurs de ces chefs de bureau, l'*ab epistolis* Abascantus, l'*a rationibus* Claudius Étruscus, et il les dépeint comme des hommes honnêtes et laborieux[1]. Aux générations suivantes, nous voyons siéger dans ces bureaux un Papinien et un Ulpien[2].

Par ces bureaux les actes et les comptes des fonctionnaires étaient contrôlés presque jour par jour[3]. Toute affaire de quelque importance était examinée. Les gouverneurs consultaient le prince sur tous les points douteux[4]. Les villes et les provinces correspondaient aussi, par ces bureaux, avec le prince. Si, par exemple, une province se croyait trop chargée d'impôts[5], elle écrivait au prince, sûre, sinon d'obtenir le dégrèvement, du moins de voir ses intérêts examinés en dehors du gouverneur. Si un particulier se croyait lésé en justice, il écrivait au prince et savait qu'il y avait dans les bureaux du palais quelques jurisconsultes obscurs qui étudieraient son affaire et peut-être en proposeraient au prince la revision[6]. Les

---

honorem, sed tanquam libertis, habes, abundeque sufficere his credis si probi et frugi existimentur... digni quibus honor omnis præstetur a nobis....

[1] Stace, *Silvæ*, V, 1 ; III, 3.

[2] Digeste, XX, 5, 12 : *Libellos agente Papiniano.* — Spartien, *Niger*, 7 : *Quum ad libellos paruisset.*

[3] Spartien, *Pius*, 7 : *Rationes omnium provinciarum adprime scivit et vectigalium.*

[4] On peut voir dans les lettres de Pline que ce gouverneur de Bithynie consulte l'empereur sur toutes sortes de sujets, sur la construction de bains publics ou d'un aqueduc, sur l'institution d'un *collegium fabrorum*, etc. Il faut bien entendre que cette correspondance entre Pline et Trajan n'est en général qu'une correspondance entre un gouverneur de province et les bureaux. — On peut voir aussi au Digeste combien il était fréquent qu'un gouverneur consultât le prince sur un point douteux de droit civil.

[5] Tacite, *Annales*, II, 42 : *Provinciæ..., fessæ oneribus, deminutionem tributi orabant.*

[6] Digeste, XXVIII, 5, 93 ; XLIX, 5, 5.

bureaux furent tout-puissants, mais les gouverneurs cessèrent de l'être.

Tous les monuments historiques sont d'accord pour montrer que cette centralisation fut favorable aux provinces. « Tibère veillait, nous dit Tacite, à ce que de nouvelles charges ne leur fussent pas imposées, et à ce que les anciennes ne fussent pas aggravées par l'avarice et la cruauté des fonctionnaires[1]. » Les historiens rendent la même justice à presque tous les empereurs : « Domitien, dit Suétone, s'appliqua à maintenir dans le devoir les chefs des provinces et les contraignit à être intègres et justes[2]. » « Hadrien, dit le biographe de ce prince, visita tout l'Empire, et quand il rencontra des gouverneurs coupables, il les frappa des peines les plus sévères et même du dernier supplice[3]. » Cette rigueur à l'égard des fonctionnaires est restée la règle traditionnelle de l'Empire; on la retrouve à chaque page des codes impériaux. Elle ne fit pas disparaître absolument les abus et les iniquités; mais elle fit qu'ils ne furent que l'exception. Les inscriptions confirment à cet égard ce qu'enseignent les historiens; elles montrent que les provinces se regardaient en général comme bien administrées et qu'elles en étaient reconnaissantes au prince[4].

---

[1] *Ne provinciæ novis oneribus turbarentur, utque vetera sine avaritia aut crudelitate magistratuum tolerarent, providebat.* Tacite, *Annales*, IV, 6.

[2] *Provinciarum præsidibus coercendis tantum curæ adhibuit ut neque modestiores unquam neque justiores exstiterint.* Suétone, *Domitien*, 8.

[3] *Circumiens provincias, procuratores et præsides pro factis supplicio affecit.* Spartien, *Hadrianus*, 13. — *Procuratores suos modeste suscipere tributa jussit; excedentes modum rationem factorum suorum reddere jussit* (Spartien, *Pius*, 6). Voir encore Vopiscus, *Aurélien*, 39; Dion Cassius, LVI, 27; LVII, 22; LX, 25.

[4] *C. Lælio Pollioni, legato Augusti propraetore Germaniæ superioris, præsidi integerrimo* (Orelli, n° 182). — Wilmanns, n° 1269 : *Tiberio*

Leur prospérité durant trois siècles est hors de doute, et elle serait inconciliable avec une mauvaise administration.

L'Empire romain ne se départit jamais de l'observation de quelques règles administratives. — La première était que les fonctions ne fussent jamais vénales : l'habitude de mettre en vente et de donner à ferme les offices et les pouvoirs publics, habitude que nous verrons paraître à d'autres époques de l'histoire, fut toujours réprouvée de l'Empire romain. Un de ces princes disait fort justement : « Je ne souffrirai jamais qu'on achète les fonctions, d'abord parce qu'il est inévitable que celui qui a acheté revende, ensuite parce que je ne saurais punir le fonctionnaire qui aurait payé sa charge[1]. » — La seconde règle était que toutes les fonctions fussent temporaires : le gouverneur de province savait qu'il n'était nommé que pour un petit nombre d'années[2] ; il

---

Antistio Marciano..., integerrimo abstinentissimoque p. uratori tres provinciæ Galliæ ad aram Cæsarum statuam ponendam censuerunt. — Wilmanns, 1233 a : *Julio Festo Hymetio..., quod caste in provincia integreque versatus est, quod neque æquitati in cognoscendo neque justitiæ defuerit....* — La reconnaissance des provinces se marquait ordinairement par des statues qu'elles faisaient ériger à leurs frais à leurs gouverneurs. Si ces statues avaient été décernées à des fonctionnaires en exercice, elles n'eussent prouvé peut-être que la servilité et l'adulation ; mais Auguste avait formellement interdit que cet honneur fût accordé à aucun magistrat pendant la durée de ses pouvoirs, et même pendant les soixante jours qui en suivaient l'expiration (Dion Cassius, LVI, 25). L'étude des inscriptions prouve que cette loi fut toujours observée. Voy. L. Renier, *Mélanges d'épigraphie*, p. 107.

[1] Lampride, *Alexandre Sévère*, 49. — Nous ne voulons pas dire que la vénalité ne s'exerçât jamais ; nous aurions la preuve du contraire, s'il en était besoin, dans les loi. mêmes des empereurs qui l'interdisent (Code Théodosien, II, 29, 1 ; VI, 22, 2 et 3, etc.) ; mais il n'y eut jamais vénalité légale, vénalité au profit du pouvoir, comme cela s'est vu sous d'autres régimes. La vénalité fut un abus plus ou moins rare, ce ne fut jamais une règle.

[2] La durée des pouvoirs d'un proconsul était d'une année ; celle d'un

ne pouvait espérer de se perpétuer dans sa dignité ou de faire de sa province un petit royaume. Il résulta de là que l'Empire fut toujours obéi de ses fonctionnaires et qu'il n'eut jamais à soutenir contre eux cette sorte de lutte à laquelle s'usèrent les forces de plusieurs dynasties de rois. — La troisième règle était que les gouverneurs de provinces reçussent un traitement fixe et des fournitures dont la valeur était déterminée par la loi[1]. Il ne leur était pas permis de tirer de leur charge un bénéfice personnel, et l'on peut voir dans les codes toutes les précautions minutieuses que le pouvoir prenait pour garantir les peuples contre leur avidité et surtout contre celle de leurs subalternes[2]. Le fonctionnaire n'avait le droit ni d'entrer dans aucune opération commerciale, ni

---

légat variait entre trois et cinq ans. Un même personnage pouvait administrer successivement plusieurs provinces.

[1] Il est fait allusion aux traitements accordés aux gouverneurs de provinces, par Pline, *Histoire naturelle*, XXXI, 41, 89, et par Tacite, *Agricola*, 42. Au temps des Sévère, Dion Cassius indique que le traitement du proconsul d'Afrique était de 250 000 drachmes (LXXVIII, 22). Lampride et Pollion énumèrent les fournitures qui étaient accordées aux gouverneurs, *exemplo veterum* (*Alexandre Sévère*, 42; *Claude*, 15). Il nous est difficile d'apprécier exactement la valeur de ces fournitures et de ces honoraires (*salaria*). Si l'on calcule que le gouverneur devait entretenir à ses frais toute une *cohors* d'employés et de secrétaires, tenir un train de maison luxueux, donner des fêtes et des repas, on jugera que son traitement n'était pas fort au-dessus de ses dépenses. Les dignités publiques n'étaient pas un moyen de faire fortune; on peut remarquer, au contraire, qu'elles étaient ordinairement conférées à des hommes déjà riches et de grande famille, comme si ceux-là seuls étaient capables de les remplir. C'est se tromper beaucoup que de se figurer les fonctionnaires de l'Empire romain comme une classe besogneuse, faisant métier de pressurer la population, et tout occupée à s'enrichir. Les fonctions (si l'on excepte du moins celles de procurateur) étaient plus honorables que lucratives, et aussi n'étaient-elles exercées que par les hautes classes de la société. C'est ce qu'on peut voir dans Tacite, dans Pline, dans Dion Cassius, dans Ammien, dans Ausone, dans Rutilius, dans Sidoine Apollinaire; c'est aussi ce que montrent les inscriptions.

[2] Voir surtout le titre 16 du livre Ier du Code Théodosien.

d'acheter un fonds de terre; il lui était interdit de recevoir des présents. Il levait l'impôt, mais il n'en fixait pas le chiffre, et toute somme perçue par lui indûment devait être restituée au quadruple. Les exactions des employés subalternes étaient frappées des peines les plus sévères. Le gouverneur, après l'expiration de ses pouvoirs, était tenu de demeurer cinquante jours dans sa province, afin de répondre à toutes les réclamations que ses administrés pouvaient porter contre lui.

Il est difficile de dire jusqu'à quel point l'observation de ces trois règles assura la régularité et l'équité de l'administration; mais on verra, dans la suite de ces études, qu'elles ont disparu avec l'Empire romain; on observera à quels désordres cette disparition livra la société; on pourra calculer ce qu'il y eut alors d'iniquité et d'oppression; et par le mal que fit l'absence de ces règles, on pourra se faire une idée du bien qu'elles avaient pu produire.

Il en fut de même de la centralisation; à supposer que les documents de ce temps-là ne nous démontrent pas avec une pleine certitude que les peuples l'aient aimée, les documents des âges suivants prouveront qu'après l'avoir perdue ils ne cessèrent pas de la regretter.

CHAPITRE IV

De quelques libertés provinciales sous l'Empire romain, les assemblées et les députations.

Les provinces n'étaient pas absolument dépourvues de moyens de défense contre les excès de pouvoir. Il a existé, du commencement à la fin de l'Empire, un ensemble d'usages et d'institutions qui étaient des garanties pour les intérêts et les droits des peuples. On ne doit pas s'attendre, sans doute, à trouver ici ce que les hommes de nos jours appellent le système représentatif; les anciens ne l'avaient jamais connu et les empereurs ne s'appliquèrent pas précisément à le constituer; c'est pourtant au temps de l'Empire que les institutions qui sont le germe de ce régime apparaissent pour la première fois en Europe.

Les historiens de l'Empire mentionnent fréquemment les députations que les cités ou les provinces envoyaient à Rome. Or, ce qui est remarquable ici, c'est que ces députations n'étaient pas élues secrètement, mais au grand jour. Parmi tant de récits où nous les voyons figurer, nous n'apercevons jamais qu'il leur soit reproché de manquer d'un titre régulier. La nomination de députés était chose légale et régulière[1].

Il est vrai que ces députés ne se présentaient à Rome qu'en solliciteurs. Encore avaient-ils le droit de

---

[1] Sur ces *legationes* en général, voir Tacite, IV, 43; Dion Cassius LVII, 17 : Ταῖς πρεσβείαις ταῖς παρὰ τῶν πόλεων καὶ τῶν ἐθνῶν. — Suétone *Vespasien*, 24 : *Ut legationes audiret.* — Fronton, *Ad amicos*, II, 6. — Pline, *Lettres à Trajan*, 52, montre que l'usage des *legationes* alla jusqu'à l'abus; les frais en étaient faits par les villes, et elles coûtaient cher.

faire valoir les intérêts de la province, ses vœux, ses besoins. Ils étaient reçus, soit par le sénat, soit par le prince[1].

Ces députations jouissaient de certains droits vis-à-vis des gouverneurs de la province. Quelquefois elles avaient mission de faire son éloge. Cela même était pour les provinces un assez utile privilège. Tel proconsul avait soin d'administrer de manière à mériter ces éloges; tel autre, tout au moins, s'arrangeait habilement pour se les faire accorder[2]. Ce qui était plus efficace, c'est que la province avait le droit, par sa députation, d'intenter une accusation contre son gouverneur. Nous avons de nombreux exemples de pareils procès soutenus par une province devant le sénat ou devant l'empereur[3], et nous avons aussi de nombreux exemples de condamnations prononcées contre des gouverneurs[4].

---

[1] Dion Cassius représente l'empereur Claude πρεσβείας ἀκροώμενον (LX, 33). Il dit la même chose de Marc-Aurèle (LXXI, 19). Les vœux présentés par les provinces étaient de nature diverse. Souvent elles demandaient une diminution d'impôt (Tacite, *Annales*, IV, 13; I, 76; Dion Cassius, LXXI, 19). — Au sujet des *legationes* on consultera utilement P. Guiraud, *les Assemblées provinciales*, liv. II, c. 7.

[2] Voir sur ce sujet ce que dit Tacite, *Annales*, XV, 20 et 21.

[3] Ibidem, IV, 15 : *Procurator Asiæ Lucilius Capito, accusante provincia, causam dixit.* — Ibidem, XIII, 33 : *Idem annus plures reos habuit, quorum P. Celerem, accusante provincia.* — Pline, *Lettres*, II, 2 : *Marius Priscus, accusantibus Afris, quibus pro consule præfuit, judices petiit; ego et Cornelius Tacitus adesse provincialibus jussi.* — Ibidem, III, 9 : *Marium Priscum una civitas publice, multique privati reum peregerunt; in Classicum tota provincia incubuit.*

[4] Tacite, *Annales*, IV, 15 : *Lucilius Capito... damnatur.* — III, 70 : *Auditi Cyrenenses et Cæsius Cordus repetundarum damnatur.* — XII, 22 : *Damnatus Cadius Rufus accusantibus Bithynis.* — XIII, 30 : *Damnatus Vipsanius Lænas ob Sardiniam provinciam avare habitam.* — XIV, 18 : *Motus senatu Pedius Blæsus, accusantibus Cyrenensibus, ob dilectum militarem pretio et ambitione corruptum.* — Pline, *Lettres*, III, 9 : *Bona Classici placuit spoliatis relinqui.* — VII, 33 : *Dederat*

Il est donc vrai de dire que les provinces avaient une représentation au moins intermittente, représentation qui à la vérité n'avait pas le pouvoir de faire la loi ni de voter l'impôt, mais qui pouvait au moins faire entendre les vœux et les réclamations des peuples, et qui obtenait souvent satisfaction.

Les inscriptions sont sur cette matière plus explicites encore que les historiens. Elles nous mettent sous les yeux avec une pleine clarté tout un côté de la vie publique de ce temps-là. Déjà elles nous ont fait voir qu'il s'était établi dès les premiers temps de l'Empire romain une sorte de religion politique dont la divinité suprême était l'empereur. Elles vont nous montrer encore que cette même religion, qu'au premier abord on jugerait faite pour des esclaves, fut au contraire un principe de liberté.

On sait que chaque province avait son temple d'Auguste[1]. On retrouve l'existence de ce temple en Galatie, en Bithynie, en Grèce, en Afrique, en Espagne. La Gaule Narbonnaise avait un temple à Narbonne. Les trois grandes provinces qu'on appelait l'Aquitaine, la Lugdunaise et la Belgique s'étaient associées dans ce culte et avaient élevé un temple magnifique sur un petit territoire qui leur appartenait en commun près de Lyon. C'est là que s'accomplissaient les cérémonies religieuses et les fêtes sacrées des Trois Gaules[2].

---

me senatus advocatum provinciæ Bæticæ contra Bæbium Massam, damnatoque Massa censuerat ut bona ejus publice custodirentur. — Jules Capitolin, Pius, 6 : Contra procuratores suos conquerentes libenter audivit; 10 : Si quos repetundarum damnavit... ut illi provincialibus redderent. — Spartien, Sévère, 8 : Accusatos a provincialibus judices (judices est le terme général qui désigne les gouverneurs et les fonctionnaires publics), probatis rebus, graviter punivit.

[1] [Cf. plus haut, c. 2, p. 184.]

[2] Dion Cassius, LIV, 32. — Orelli, Inscriptions, n°° 184, 185, 4048,

Chacun de ces temples, en Orient comme en Occident, avait son grand prêtre. Les inscriptions grecques appellent ce personnage ἀρχιερεύς; les inscriptions latines l'appellent *sacerdos* ou *flamen*; ces deux termes indiquaient, dans la langue du temps, une dignité religieuse d'un ordre élevé[1].

Si l'on songe à l'importance que ce culte avait dans les croyances des peuples, on doit penser que l'homme qui y présidait jouissait lui-même d'une très haute considération. Aussi ce sacerdoce n'était-il conféré qu'aux hommes les plus distingués de la province; pour y parvenir, il fallait avoir rempli déjà les fonctions les plus élevées et les premières magistratures municipales[2]. Représentons-nous les usages et les idées de cette époque : voyons ce grand prêtre s'avancer sous son brillant costume de pontife, couvert d'une robe de pourpre brodée d'or, la couronne d'or sur la tête[3], et,

---

6966. Wilmanns, n°° 885, 2220-2223. — Aug. Bernard, *le Temple d'Auguste et la Nationalité gauloise*. [Allmer, *Musée de Lyon*, t. II.]

[1] Le titre de *sacerdos* était encore porté au v° et au vi° siècle par les évêques chrétiens.

[2] *Sex. Attius, Viennensis, omnibus honoribus in patria sua functus, flamen provinciæ Narbonensis* (Herzog, *Galliæ Narbonensis historia*, appendice, n° 501). — *Q. Solonius, equo publico* (décoré du titre de chevalier romain), *flamen provinciæ Narbonensis* (ibidem, n° 106) [*Corpus*, XII, n° 5184.] — Τρεβέλλιον Ῥοῦφον ἀρχιέρεα ἐπαρχίας τῆς ἐκ Νάρβωνος καὶ πάσαις τιμαῖς ἐν τῇ πατρίδι Τολώσῃ τετιμημένον (Pittakis, Ἐφημερίς, n° 59). — *Sex. Julio Lucano, duumviro civitatis Segusiavorum, sacerdotali* (A. Bernard, p. 58). — *P. Vettio Perenni, Carnutino, ex provincia Lugdunensi, duumvirali, sacerdoti* (ibidem, p. 57). — Cf. Orelli, n°° 184, 2273; Henzen, n° 6966. — Encore en 395, une loi insérée au Code Théodosien (XII, 1, 148) prononce que pour obtenir la dignité de grand prêtre provincial il faut réunir trois conditions : le mérite, la fortune, et l'exercice préalable des plus hautes magistratures municipales. — [Cf. plus haut, p. 185.]

[3] *Purpura illa et aurum cervicis ornamentum eodem more apud Ægyptios et Babylonios insignia erant dignitatis, quo more nunc prætextæ, vel trabeæ, vel palmatæ, et coronæ aureæ sacerdotum provin-*

au milieu de la grande assemblée silencieuse et recueillie, accomplir le pompeux sacrifice « pour le salut de l'empereur et pour le salut du pays » ; nul doute qu'un tel personnage ne tienne un rang très haut dans l'estime des hommes et qu'en ce jour solennel il ne marche à peu près l'égal du gouverneur. Celui-ci a le droit de glaive ; lui, il est en possession du droit de prononcer la prière et d'attirer la bienveillance divine. Le gouverneur est le représentant du prince ; lui, il est le prélat de la province. Or ce grand prêtre ne dépendait pas du pouvoir et n'était pas nommé par l'empereur ; il était élu chaque année par la Gaule elle-même, c'est-à-dire par les délégués des soixante cités. C'était donc un chef électif du pays qui se plaçait vis-à-vis du fonctionnaire impérial.

Dans l'exercice de son sacerdoce, il était entouré et assisté par les représentants des différentes cités composant la province.

Cette réunion de personnages revêtus d'un caractère sacré et choisis par toutes les parties du pays ressemble assez à ce que l'ancienne Grèce avait connu sous le nom d'Amphictyonies, et à ce que l'ancienne Italie avait appelé Féries Latines. La province était une sorte de confédération religieuse et politique à la fois. Elle marquait son unité et en même temps sa soumission à l'Empire par un culte. Il fallait qu'aux cérémonies annuelles de ce culte tous les membres de la confédération fussent représentés ; ils faisaient ensemble le sacrifice et se partageaient la chair de la victime dans un repas sacré.

cialium (Tertullien, De idolatria). Cf. Dion Chrysostome, Oratio 34 : Ἐστεφανωμένους ἰδεῖν ἐστὶ καθ' ἑκάστην πόλιν καὶ θύοντας ἐν κοινῷ καὶ προϊόντας ἐν πορφύρᾳ. — [Ajouter maintenant Corpus, XII, p. 864*.]

Tout cela n'était pas un pur cérémonial ; quand on sait combien ces générations étaient superstitieuses et quel empire la religion exerçait sur leurs âmes, on ne peut pas douter que la fête annuelle du temple d'Auguste ne fût un des événements les plus graves de l'existence humaine de ce temps-là. La religion et la politique y étaient également intéressées. Pour les peuples, c'était la plus grande fête de l'année, c'était le jour de la plus fervente prière et aussi des plus vifs plaisirs, le jour des festins et des spectacles. Pour le fonctionnaire impérial, c'était le jour solennel entre tous où la population marquait son dévouement et par son allégresse ratifiait l'Empire. Il devait envoyer un rapport à Rome sur la manière dont cette journée s'était passée. Il était très important qu'il pût écrire chaque année ce que Pline, gouverneur de Bithynie, écrivait à Trajan : « Ma province est dans des sentiments de soumission et de dévouement à votre égard ; nous nous sommes acquittés des vœux annuels pour votre salut et pour le salut public ; après avoir prié les dieux qu'ils vous conservent pour le genre humain dont vous assurez le repos, toute la province, avec un zèle pieux, a renouvelé le serment de fidélité[1]. »

Cette prière et ce serment, dont parle Pline, étaient certainement prononcés par le prêtre et les députés que

[1] *Diem celebravimus... precati deos ut te generi humano incolumem præstarent; præivimus et commilitonibus jusjurandum more solenni præstantibus et provincialibus, qui eadem certarunt pietate, jurantibus* (Pline, *Lettres*, X, 60). Cf. X, 28; X, 44 et 45. — X, 101 : *Vota, domine, persolvimus, curante provincialium pietate, precati deos ut te remque publicam florentem et incolumem servarent.* — Le même auteur (*Panégyrique*, 68) marque l'importance que les empereurs eux-mêmes attachaient à ces vœux des provinciaux ; il montre le prince attendant avec anxiété les courriers qui doivent lui annoncer que les vœux ont été prononcés. Ce n'était donc pas tout à fait une vaine formalité.

la province elle-même avait élus. Supposons que la province fût mécontente et que l'esprit d'opposition y régnât, le gouvernement n'avait pas de moyens matériels pour la contraindre à élire des hommes qui se prêtassent à l'accomplissement de ces formalités. Si fort que soit un pouvoir, il ne lui serait pas aisé d'arracher à une population hostile un assentiment annuel, et cela durant trois siècles. Telle était l'importance de la fête solennelle que, si une seule ville dans la province avait été ennemie du gouvernement et eût marqué son opposition par un refus d'envoyer son représentant, il n'est pas douteux qu'un tel refus n'eût été un acte fort grave et que le gouvernement impérial n'y eût été très sensible. C'est en se plaçant au milieu des croyances des hommes qu'on s'aperçoit bien que ces générations avaient des moyens d'action assez efficaces à l'égard de leurs administrateurs. Il y a lieu de croire qu'un fonctionnaire avait pendant toute l'année les yeux fixés sur la grande fête religieuse où la province devait dire si elle était heureuse et satisfaite. Toute son habileté devait tendre à ce que ce concert de reconnaissance et de dévouement ne fût troublé par aucune discordance. Ce n'était pas lui qui nommait les prêtres; leur élection était nécessairement à ses yeux la plus grave affaire de chaque année. Elle avait à peu près la signification et l'importance qui s'attachent, de nos jours, au choix des députés d'un pays ou des conseillers généraux d'un département[1]. Il faut d'ailleurs

---

[1] Ces élections étaient fort disputées. Un jurisconsulte du IIIe siècle parle des brigues et quelquefois même des luttes à main armée qui les accompagnaient. Paul, *Sentences*, V, 30 : *Petiturus magistratum vel provinciæ sacerdotium, si turbam suffragiorum causa conduxerit, servos advocaverit, alianve quam multitudinem conduxerit.*

remarquer que ces prêtres annuels n'étaient pas ce que sont chez nous les ministres du culte, c'est-à-dire des hommes uniquement soucieux de la religion et placés en dehors de la vie politique. Les inscriptions montrent au contraire que les villes choisissaient comme prêtres les hommes qui avaient d'abord exercé les magistratures municipales. Ils étaient donc ce qu'on appellerait de nos jours des hommes politiques. Ils avaient administré longtemps les affaires de leur pays; ils en connaissaient les intérêts, les besoins, les vœux, les sujets de plainte; ils en étaient de véritables représentants.

Fixons un moment les yeux sur le temple qui avait été élevé par les trois provinces des Gaules près de Lyon. La fête annuelle avait lieu aux calendes du mois d'août. Elle commençait par un sacrifice; les prêtres élus immolaient des victimes, faisaient brûler l'encens, récitaient les prières et les hymnes. On faisait ensuite un repas religieux en se partageant les chairs des victimes. Venaient enfin les jeux et les spectacles qui, dans les croyances de l'époque, n'étaient pas un simple amusement et qui formaient, au contraire, une des parties les plus essentielles du culte. Les soixante représentants des soixante cités des Trois Gaules étaient présents à ces jeux, assis à des places d'honneur et revêtus du costume des cérémonies religieuses.

Quand les sacrifices et les spectacles étaient terminés, ces représentants des cités ne se séparaient pas encore. Ils restaient réunis pendant quelques jours et ils formaient un corps que la langue officielle elle-même appelait « l'assemblée des Gaules », *concilium Galliarum*. C'était en effet une sorte d'assemblée nationale qui se tenait régulièrement chaque année[1].

[1] M. Glasson prétend, page 291, que le *concilium Galliarum* fut

Les inscriptions nous donnent une idée des objets dont cette assemblée avait à s'occuper. Ses premières délibérations portaient sans doute sur les frais de la fête qui venait d'avoir lieu et sur le règlement des comptes. Elle disposait à cet effet d'un trésor commun (*arca*), qui était alimenté par les cotisations des villes. Elle élisait chaque année un percepteur général (*allector arcæ*)[1], un juge chargé d'apprécier les réclamations (*judex arcæ Galliarum*)[2], et un répartiteur ou enquêteur du pays (*inquisitor Galliarum*)[3]. C'était une sorte d'administration provinciale, et elle était indépendante de l'autorité romaine.

Là ne se bornaient pas les attributions de l'assemblée. Elle examinait l'état des provinces et passait en revue les

---

organisé par Auguste, et qu'il le fut en l'an 27 avant notre ère. C'est une erreur. M. Glasson a confondu le *concilium Galliarum* avec le *conventus* qu'Auguste réunit à Narbonne cette année-là. Il ajoute qu'à partir de cette même année les députés des soixante cités se réunirent à Narbonne ; l'inexactitude est manifeste : Narbonne n'était pas dans la même province que les soixante cités gauloises, et ne pouvait pas en être le chef-lieu. Notons surtout que le *conventus* de l'an 27 n'a aucun rapport avec l'institution des assemblées provinciales. La théorie de M. Glasson est que les assemblées provinciales ont été établies avant le culte de Rome et d'Auguste, c'est-à-dire comme une pure institution politique. Nous croyons que cette théorie est absolument démentie par les documents.

[1] Wilmanns, n° 2219 : *L. Besio Superiori, Viromanduo, omnibus honoribus apud suos functo, allectori arcæ Galliarum, tres provinciæ Galliæ.*

[2] Ibidem, n° 2217 : *Tib. Pompeio Prisco, Cadurco, judici arcæ Galliarum, tres provinciæ Galliæ.*

[3] Wilmanns, n° 2218 : *L. Cassio Meliori, Suessioni, omnibus honoribus apud suos functo, inquisitori Galliarum, tres provinciæ Galliæ.* — Spon-Renier, p. 147 : *C. Julio Severino, Sequano, inquisitori Galliarum.* — Idem, p. 158 : *Paterno Urso, Turono..., inquisitori Galliarum, tres provinciæ Galliæ.* — Une opinion nouvelle a été présentée par M. P. Guiraud, *Assemblées provinciales*, liv. II, c. 3 ; suivant lui, cet *inquisitor* serait un agent provincial de l'ordre judiciaire. Il nous reste quelque doute sur ce point. Nous ne nous expliquerions pas une pareille fonction, dont nous ne trouvons d'analogue nulle part.

actes de l'année écoulée; enfin elle discutait s'il y avait lieu d'accorder un éloge ou d'infliger un blâme aux gouverneurs et aux fonctionnaires impériaux.

Une inscription qui a été trouvée en Normandie est singulièrement instructive. Gravée l'an 238 de notre ère, elle contient une lettre qu'un ancien gouverneur de Gaule écrivait à l'un de ses successeurs. Cette lettre mérite d'être citée : « A l'époque où j'étais légat impérial dans la province de Lugdunaise, j'ai connu plusieurs hommes distingués, du nombre desquels était Sennius Solemnis de la cité des Viducasses (Vieux, près de Caen); il avait été député comme prêtre au temple de Rome et d'Auguste. J'aimais déjà cet homme pour son caractère religieux, sa gravité, l'honnêteté de ses mœurs; un autre motif encore lui valut mon amitié. Pendant que mon prédécesseur Claudius Paulinus gouvernait la province, il arriva que dans l'assemblée des Gaules quelques membres, qui croyaient avoir à se plaindre de lui, prétendirent lui intenter une accusation au nom de la province; mais Solemnis combattit leur proposition et déclara que ses concitoyens, en le nommant leur député, loin de lui donner pour mandat d'accuser le gouverneur, l'avaient chargé de faire son éloge. Sur cette raison l'assemblée ayant délibéré décida unanimement que Claudius Paulinus ne serait pas mis en accusation[1]. »

Voilà donc une assemblée de députés élus de la Gaule qui, dans la capitale du pays, après avoir accompli les

---

[1] Cette inscription se trouve gravée sur une des faces d'un piédestal qu'on appelle le monument de Thorigny, et qui est aujourd'hui à Saint-Lô. M. Léon Renier en a fait une étude particulière dans les *Mémoires de la Société des antiquaires de France*, t. XXII. Elle a été publiée également par M. Mommsen dans les *Mémoires de l'Académie de Saxe*, 1852, puis par M. Aug. Bernard, et en dernier lieu par M. E. Desjardins, *Géographie de la Gaule*, t. III, p. 200.

cérémonies du culte, a délibéré sur la conduite et sur l'administration du gouverneur impérial. Elle a pu décider qu'elle lui intenterait une accusation; elle a discuté cette question en pleine liberté; si l'accusation n'a pas été produite, c'est parce que l'assemblée a voulu qu'elle ne le fût pas.

Ces assemblées n'étaient pas particulières à la Gaule; elles étaient une institution générale de l'Empire. Autour du temple d'Auguste qui s'élevait dans chaque province se groupait un conseil provincial ou national. Les inscriptions de la Grèce mentionnent fréquemment ce conseil; elles nous le montrent élisant son président annuel et promulguant même des décrets. Celles d'Espagne signalent de même le conseil de la Bétique et celui de la Tarraconnaise qui se tenaient chaque année, à époque fixe, dans les capitales de ces deux provinces[1]. Partout on trouve la trace de ces assemblées[2].

Un chapitre de Tacite confirme et éclaire tous ces documents. Sous le règne de Néron, le sénat romain se

---

[1] Τὸ κοινὸν τῆς Ἀχαΐας (Boeckh, *Corpus inscriptionum*, n° 1224). — Δόγμα τοῦ κοινοῦ πάσης τῆς Κρητῶν ἐπαρχίας (ibidem, n°° 2595, 2596, 2597). — Τὸ κοινὸν τῶν ἐν Βιθυνίᾳ Ἑλλήνων (G. Perrot, *Exploration archéologique de la Galatie*). — Deux inscriptions trouvées en Macédoine par M. Delacoulonche mentionnent un κοινὸν Μακεδόνων (voir la *Revue des sociétés savantes*, 1858). — On trouve l'existence de ce conseil jusque dans les provinces des côtes de la mer Noire (voir G. Perrot, *Revue archéologique*, 1874). — Les inscriptions latines signalent le *concilium Bæticæ*, le *concilium Tarraconensis provinciæ*. On peut voir sur ce sujet un remarquable travail que Marquardt a publié dans l'*Ephemeris epigraphica*, en 1872. Cf. Waddington, *Voyage archéologique*, partie V, n°° 1175 à 1178, et les notes que le savant explorateur a données sur ces inscriptions.

[2] Au moment même où je retouche cette troisième édition, il paraît un savant livre de M. Guiraud, sur les *Assemblées provinciales dans l'Empire romain*. L'auteur montre, à l'aide des documents, surtout des documents épigraphiques, qu'il a existé de pareilles assemblées en Espagne, en Dacie, en Thrace, en Macédoine, en Thessalie, en Grèce, en Asie, en Galatie, en Cappadoce, en Syrie, en Afrique, en Grande-Bretagne.

plaignit de ce que les provinces, au lieu de trembler devant leurs gouverneurs, leur faisaient la loi. « Voyez nos proconsuls, dit un sénateur : ils sont comme des candidats qui brigueraient les suffrages de leurs administrés ; ils redoutent leurs accusations et ils mendient leurs éloges[1]. » On cita à ce sujet l'orgueilleuse parole d'un homme de province qui avait dit « qu'il dépendait de lui que son gouverneur reçût, ou non, des actions de grâces ». Le sénat s'émut ; il chercha les moyens de relever l'autorité. Il se demanda s'il retirerait aux provinces le droit d'accuser leurs administrateurs ; mais il n'osa pas le faire. Il voulut au moins leur enlever, ce qui en était la contre-partie, la faculté de décerner des éloges et des honneurs publics. Il fut alors décidé que les assemblées provinciales pourraient députer à Rome pour accuser, mais non pour remercier[2].

Ainsi, dès le règne de Néron, on reconnaissait l'existence légale des assemblées ; on se plaignait à Rome de leur trop de puissance et on n'osait leur enlever qu'une seule de leurs attributions, qui leur fut même bientôt rendue. A une autre époque, l'historien Ammien Marcellin signale l'assemblée annuelle d'une province et nous la montre élisant des députés pour porter à l'empereur ses doléances[3].

Il est si vrai que ces assemblées étaient régulières et légales, que le Digeste a conservé plusieurs rescrits impé-

---

[1] Tacite, *Annales*, XV, 21 : *Colimus externos et adulamur ; et quomodo ad nutum alicujus grates, ita promptius accusatio decernitur. Decernaturque et maneat provincialibus potentiam suam isti modo ostentandi. Sed laus falsa cohibeatur.... Magistratuum nostrorum finis inclinat, dum in modum candidatorum suffragia conquirimus.*

[2] Tacite, ibidem, 20-22.

[3] *Adlapso legitimo die concilii, quod apud eos est annuum, creavere legatos ut lacrymosas provinciæ ruinas docerent.* Ammien, XXVIII, 6.

riaux adressés par Hadrien et par Antonin à l'assemblée de la Bétique, à celle des Thraces, à celle des Thessaliens¹. On a des lois de Vespasien, d'Hadrien, d'Alexandre Sévère qui ont trait aux députations provinciales². Nous verrons plus loin que le régime plus despotique inauguré par Dioclétien ne les fit pas disparaître³.

Les membres de ces députations étaient élus par les représentants des différentes cités de la province réunis en une assemblée commune. L'usage était que cette assemblée rédigeât d'abord ses vœux et ses demandes ; elle élisait ensuite un ou plusieurs députés à qui elle remettait la lettre ou le cahier dans lequel ses vœux étaient consignés. Les députés n'avaient autre chose à faire qu'à porter ce cahier à l'empereur et à le soutenir devant lui par leur parole; ils ne pouvaient pas s'écarter du mandat qu'ils avaient reçu de leurs concitoyens. Tantôt il s'agissait seulement d'adresser au prince les remerciments de la province. Tantôt c'étaient des plaintes ou des réclamations qu'il fallait présenter. Quelquefois il fallait faire connaître au prince les désastres qui avaient frappé la province, demander une réduction d'impôt ou une subvention pour l'établissement d'un aqueduc, d'une école ou d'un théâtre. Un député pouvait être élu malgré lui; il n'avait pas le droit de refuser le mandat. Les frais du voyage étaient supportés par le budget de la province⁴.

¹ Digeste, V, 1, 37 : *Divus Hadrianus* τῷ κοινῷ τῶν Θεσσάλων, *id est, communi seu reipublicæ Thessalorum rescripsit.* — Ibidem, XLVII, 14, 1 : *Divus Hadrianus concilio Bæticæ rescripsit.* — Ibidem, XLIX, 1, 1 : *De qua re exstat rescriptum divi Pii* πρὸς τὸ κοινὸν τῶν Θρᾳκῶν, *id est, ad communitatem Thracum.*

² On les trouvera au Digeste, livre L, titre 7, *De legationibus.* — Comparer Code Justinien, livre X, titre 63.

³ [Dans le volume sur l'*Invasion germanique*, livre I.]

⁴ Voir sur tous ces points le Code Théodosien, liv. XII, titre 1, loi 25;

On se ferait sans doute une idée fort inexacte de ces assemblées provinciales et de ces députations, si on les rapprochait des parlements des nations modernes. Dire que le régime parlementaire ait été trouvé dans l'Empire romain serait aussi faux que de dire « qu'il a été trouvé dans les bois de la Germanie ». Les assemblées de Lyon et de Narbonne ne firent jamais de lois et n'eurent pas à voter les impôts. Elles n'eurent même jamais le droit de s'opposer à une loi ou d'arrêter la levée d'aucun impôt. D'aucune façon elles n'entrèrent en partage de l'autorité publique. Elles ne furent même pas des centres d'opposition. On ne voit pas qu'elles se soient jamais posées en face du pouvoir impérial comme une puissance adverse, et aussi le gouvernement ne vit-il jamais en elles des ennemis.

L'Empire romain ne connaissait assurément pas cette sorte de régime représentatif où les populations gouvernent sous le nom d'un roi. Il connaissait du moins cette autre sorte de régime où les populations, sans jamais gouverner, ont des moyens réguliers et légaux de faire entendre leurs désirs et leurs plaintes.

Que l'on observe de près cette institution qui a duré cinq siècles, on remarquera qu'elle n'a donné lieu à

---

et liv. XII, titre 12, lois 12, 13, 15. — Cf. Symmaque, *Lettres*, I, 2; IV, 52; X, 53; et le Digeste, liv. L, titre 7. — Il est à peine besoin de faire observer que le gouverneur réussissait souvent à faire nommer pour député un homme de son choix et à ne faire dire par ce député que ce qu'il voulait qu'il fût dit; c'est là un fait qui dut se reproduire bon nombre de fois dans l'espace de ces cinq siècles; on peut supposer pourtant qu'il ne fut que l'exception. Ammien Marcellin (XXX, 5) cite une scène curieuse : il s'agit d'un gouverneur qui a déterminé, nous ne savons par quel moyen, l'assemblée provinciale à charger son député d'un mandat de remercîment; mais l'empereur, qui a quelque soupçon, oblige ce député à lui dire la vérité tout entière, et comme il apprend que les provinciaux ont été maltraités, il destitue le gouverneur.

aucun trouble, qu'elle n'a engendré aucun conflit. Il semble plutôt qu'elle ait été un appui pour le gouvernement impérial. Elle aurait pu devenir un puissant instrument d'opposition, si l'idée d'opposition avait été dans les âmes. Dans l'état des esprits, elle fut plutôt un moyen de gouvernement. Par elle, les peuples étaient en communication incessante avec le pouvoir. Ne nous figurons donc pas cette société muette et résignée; c'est sous un tout autre aspect que les documents nous la montrent. Tantôt elle remercie et adule, tantôt elle récrimine et accuse; toujours elle parle, et librement; elle est en perpétuel dialogue avec son gouvernement, qui ne peut jamais ignorer ses opinions et ses besoins. Cette institution n'était pas inconciliable avec une obéissance constante, avec une fidélité irréfléchie, et même avec certaines habitudes de servilité. Mais il y a un degré d'oppression qui aurait été incompatible avec elle; il n'est pas humainement possible que des peuples, qui avaient une telle arme dans les mains, eussent supporté et servi pendant cinq siècles un régime qui aurait été contraire à leurs intérêts. L'adulation des hommes ne va jamais jusqu'à souscrire à leur ruine.

CHAPITRE V

La cité gauloise sous l'Empire romain.

Avant la domination romaine on avait compté dans la Gaule environ 80 peuples; on en compta à peu près autant dans la Gaule soumise à Rome[1]. Si l'on com-

[1] M. Ern. Desjardins (*Géographie de la Gaule*, t. III) arrive au chiffre

pare, géographiquement, aux temps de l'indépendance ceux de la domination romaine, on remarque quelques changements; mais ils sont surtout dans le Midi, c'est-à-dire dans la Narbonnaise. Le peuple des Allobroges est devenu la cité de Vienne. Le peuple des Volques Tectosages a formé les cités de Toulouse, de Narbonne, de Carcassonne, de Béziers. Le peuple des Volques Arécomiques est devenu la cité de Nîmes. La [presque totalité] de ces cités s'appellent des colonies romaines [1]; les unes ont reçu un petit nombre de colons italiens qui se sont bien vite fondus dans la masse des indigènes; les autres, sans qu'aucun colon y ait été envoyé;

de 89 cités, dont 22 en Narbonnaise, 17 en Aquitaine, 23 en Lugdunaise, 14 en Belgique, 10 dans les deux Germanies. Nous nous écartons un peu de lui, surtout en ce qui concerne cette dernière région.

[1] [On trouve vingt-deux cités en Narbonnaise] qui, dans Pline, [Ptolémée] ou dans les inscriptions ont la qualification de *colonia* [et le nombre total des cités de la province n'a pas dû être de beaucoup supérieur à ce chiffre]. Ce sont : *Vienna, Nemausus, Narbo, Tolosa, Carcasso, Bæterræ, Ruscino, Valentia, Avennio, Arausio, Cavellio, Arelate, Aquæ Sextiæ, Julia Meminorum* (l'ancienne *Carpentoracte*, dont le nom est resté, Carpentras), [*Dea Vocontiorum, Sextantio*], *Julia Reiorum* (Riez), *Apta Julia*, [*Forum Julii*, Fréjus], *Luteva* (Lodève). — [*Dinia*; le nombre de ces colonies pourra d'ailleurs s'augmenter, cf. *Corpus*, XII, n° 6037 *a*.] Il faut ajouter *Lugdunum* et un peu plus tard quelques cités détachées de la cité [des Helvètes], *colonia Equestris* (Nyon), *colonia Aventicum* (Avenches). — Remarquons les vrais noms, les noms officiels de ces cités. Narbonne s'appelle *colonia Julia Paterna Claudia Narbo Martius* (Orelli, n° 2489; Wilmanns, n°° 104, 2194; Henzen, n° 5232); Aix s'appelle *colonia Julia Augusta Aquæ Sextiæ* (Wilmanns, n° 2215; Herzog, n° 356); Lyon s'appelle *colonia Claudia Copia Augusta Lugdunum* (Wilmanns, n°° 2210, 2228, 2232); Orange s'appelle *colonia Firma Julia Secundanorum Arausio* (Wilmanns, n° 2210); Arles s'appelle *colonia Julia Paterna Arelate* (Orelli, n°° 200 et 202); Apt s'appelle *colonia Julia Apta* (ibidem, n°° 197, 200; Henzen, n° 5210); Nyon s'appelle *colonia Julia Equestris* (Orelli, n°° 507, 511); Avenches s'appelle *colonia Pia Flavia Constans Emerita* (ibidem, n°° 363 et 364). [Cf. *Corpus*, XII, p. 939.] Ainsi il en fut des villes comme des hommes. De même que l'homme qui devenait citoyen romain prenait le nom de celui à qui il devait la cité, de même la ville prenait le nom de celui qui la fondait. [Toute cette question des colonies de la Narbonnaise a été reprise et renouvelée par M. Hirschfeld.]

ont reçu la qualification de colonie comme un titre et comme la marque de droits municipaux qui leur étaient accordés.

En même temps quelques villes nouvelles étaient fondées dans la vallée du Rhin : *Augusta Rauracorum* (Augst, près de Bâle), *Breucomagus Tribocorum* (Brumath), *Nemetes* (Spire), *Mogontiacum* (Mayence), *Juliacum* (Juliers), *Colonia Claudia Agrippina* (Cologne), *Colonia Ulpia Trajana* (Xanten), *Confluentes* (Coblentz), et quelques autres.

Mais si nous mettons à part la Narbonnaise et les bords du Rhin, si nous prenons « les Trois Provinces des Gaules », c'est-à-dire l'Aquitaine, la Lugdunaise et la Belgique, lesquelles forment les quatre cinquièmes du pays, nous n'y apercevons aucun changement notable. Strabon y compte 60 peuples, ce qui est à peu près le même chiffre qu'avant la conquête[1]. Un peu plus tard, Tacite en compte 64, apparemment parce qu'il ajoute quelques cités nouvellement formées dans la région du Rhin[2]. Un siècle après, le géographe Ptolémée énumère dans cette région 64 peuples[3].

---

[1] Strabon, IV, 3, 2. Cela résulte du rapprochement des mots ὑπὸ πάντων κοινῇ τῶν Γαλατῶν (la Narbonnaise non comprise) et τῶν ἐθνῶν ἑξήκοντα τὸν ἀριθμόν. Strabon s'appuie ici sur l'inscription officielle gravée dans le temple de Lyon.

[2] Tacite, *Annales*, III, 44 : *Quatuor et sexaginta civitates Galliarum.*

[3] Ptolémée, édit. Ch. Müller, dans la collection Didot, liv. II, c. 8, 9, 10, p. 206 à 229. Le chiffre de 64 me paraît plus exact que celui que donne M. Desjardins. La difficulté vient de ce qu'on ne distingue pas toujours dans ce texte de Ptolémée les peuples et les villes. Pourtant le géographe s'exprime clairement ; il donne d'abord le nom du peuple, et il ajoute les noms des villes, qui sont quelquefois au nombre de deux et de trois pour chaque peuple. En faisant attention à ce point, on compte 17 peuples dans l'Aquitaine, 25 dans la Lugdunaise, et 22 peuples dans la Belgique ; total 64. Il faut noter que Ptolémée ne fait pas des deux Germanies deux provinces distinctes. En effet, il commence par dire que la Gaule entière est partagée en quatre provinces, l'Aquitaine, la Lugdu-

Ce qui est surtout digne de remarque, c'est que ce sont les mêmes peuples qu'au temps de l'indépendance. Tous ceux que César a énumérés, les Trévires, les Nerviens, les Atrébates, les Ambiens, les Tongres, les Véromanduens, les Rèmes, les Bellovaques, les Médiomatrices, les Lingons, les Séquanes, se retrouvent dans la Belgique romaine[1]. Ceux qu'il avait nommés dans la Celtique, les Éduens, les Ségusiaves, les Sénons, les Parisiens, les Carnutes, les Turons, les Éburovices, les Calètes, les Cénomans, les Namnètes, les Vénètes, les Lexoviens, se retrouvent dans la province Lugdunaise[2]. Les Pictons, les Santons, les Bituriges de Bordeaux et les Bituriges de Bourges, les Pétrocores, les Lémovices, les Arvernes, les Cadurques, les Gabales, les Ausques, les Rutènes, que César avait eus pour alliés ou pour enne-

---

naise, la Belgique et la Narbonnaise (II, 7, p. 206); puis c'est dans la Belgique qu'il place la Germanie Inférieure et la Germanie Supérieure; même, il les intercale entre les Médiomatrices et les *Leuci* d'une part, les Lingons et les Séquanes de l'autre, ceux-ci faisant partie visiblement de la Belgique, et non pas de la Germanie ; voir Pline, *Histoire naturelle*, IV, 17, 106.

[1] Voici la liste complète des cités de la Belgique, d'après Ptolémée : *Atrebatii, Bellovaci, Ambiani, Morini* (capitale *Tervanna*), *Tungri* (cap. *Atuatucum*), *Menapii, Subanecti, Viromandui, Vessones, Remi, Treveri, Mediomatrices, Leuci* (capitale *Tullum*), *Lingones, Sequani, Helvetii, Batavi, Nemetes, Vangiones, Triboci, Raurici.* — L'énumération de Pline est un peu différente : *Texuandri, Menapii, Morini, Oromarsaci, Britanni, Ambiani, Bellovaci, Bassi, Atrebates, Nervii, Veromandui, Suessiones, Ulmanetes, Tungri, Leuci, Treveri, Lingones, Remi, Mediomatrici, Sequani, Raurici, Helvetii..., Nemetes, Triboci, Vangiones..., Batavi.* — [L'orthographe de plusieurs de ces noms est douteuse, nous étant arrivée assez corrompue par les manuscrits. Voir en dernier lieu l'*Atlas de la France*, de M. Longnon.]

[2] Voici la liste complète des cités de la Lugdunaise, d'après Ptolémée : *Caletæ* (cap. *Juliobona*, Lillebonne), *Lexovii, Venelli, Viducassii, Osismii, Veneti, Samnitæ, Diablintes, Arvii, Veliocassii* (cap. *Rotomagus*, Rouen), *Andecavi, Cenomani, Namnetæ, Abrincatui, Eburovici, Redones, Senones, Carnuti, Parisii, Tricassi, Turoni, Segusiavi, Meldæ, Vadicassii, Ædui.*

mis, existent encore sous les Romains et composent l'Aquitaine[1]. Vous retrouvez tous ces mêmes noms dans la liste de Pline, dans celle de Ptolémée, et dans les inscriptions.

Il est visible d'après cela que Rome n'a pas brisé les corps politiques qu'elle avait trouvés établis. Elle a laissé à chacun d'eux son ancien nom[2]; elle lui a laissé son territoire et son étendue. Elle n'a même pas pris la peine de couper en deux les plus forts, ceux qui, comme les Arvernes, l'avaient tenue quelque temps en échec.

Les cités de la Gaule romaine ne furent pas autre chose que ces anciens peuples. Ce que l'on appelait une cité était bien plus qu'une ville et que sa banlieue; c'était, géographiquement, un territoire où l'on trouvait une capitale, plusieurs *pagi*, quelques petites villes, un certain nombre de villages, *vici*, et un nombre incalculable de propriétés rurales; c'était, politiquement, un corps organisé, qui se souvenait d'avoir été un État souverain. On voit déjà par là que le régime municipal dont nous allons parler était fort différent de ce qu'on appelle aujourd'hui du même nom.

Pour étudier ce régime municipal avec quelque exactitude, il faut faire d'abord une distinction. On doit mettre d'un côté les cités dites colonies romaines et celles qu'on appelait de droit latin[3], et de l'autre les cités qui n'avaient pas ces qualifications.

---

[1] Ptolémée compte dans l'Aquitaine : *Pictones, Santones, Bituriges Vivisci, Tarbelli, Lemovici, Cadurci, Petrocori, Bituriges Cubi, Nitiobriges* (capitale *Aginnum*), *Vasatii* (le Bazadais), *Gabali* (le Gévaudan), *Datii, Auscii, Arverni, Velauni, Ruteni, Convenæ*. [Comparez à ces nomenclatures celle de plus haut, p. 9.]

[2] Nous avons vu plus haut [p. 109] que quelques villes prirent des noms nouveaux, mais que les noms des peuples et des cités ne changèrent pas.

[3] Pline, *Histoire naturelle*, III, 4, 31-36 : *Ruscino Latinorum..*

Ce qui distingue les cités dites colonies, c'est moins d'avoir reçu quelques colons de sang italien que d'avoir reçu de Rome leur constitution. Les inscriptions nous ont conservé les chartes municipales de plusieurs villes d'Italie et d'Espagne[1]. Ces chartes sont des lois faites par le pouvoir central à l'usage des villes. D'ailleurs, le trait commun à toutes ces chartes est qu'elles constituaient les cités à l'image de l'ancienne République romaine[2]. Le peuple de la cité, partagé en tribus ou en curies, se réunissait dans ses comices et élisait chaque année ses magistrats[3]. Les magistrats suprêmes étaient le plus souvent au nombre de deux, comme les anciens consuls de Rome; on les appelait duumvirs. Ils avaient aussi, comme les anciens consuls, les pouvoirs administratif, judiciaire, et militaire[4]. Tous les cinq ans [ils prenaient] le titre de *duumviri quinquennales*, [et] remplissaient les fonctions de l'ancien censeur. Au-dessous d'eux se trouvaient deux édiles, chargés de la surveillance des voies publiques et des marchés, du soin des fêtes et du culte. Des questeurs faisaient les opérations

---

Oppidum latinum Antipolis... Oppida latina Aquæ Sextiæ, Avennio, Apta Julia. — Strabon, IV, 2, 2 : Δεδώκασι Λάτιον οἱ Ῥωμαῖοι Ἀκουιτανῶν τισι, καθάπερ Αὐσκίοις. — IV, 1, 12 : Νέμαυσος... ἔχουσα τὸ καλούμενον Λάτιον, ὥστε τοὺς ἀξιωθέντας ἀγορανομίας καὶ ταμιείας ἐν Νεμαύσῳ Ῥωμαίους ὑπάρχειν.

[1] *Lex Julia municipalis*, de l'an 46 ou 45 av. J.-C., dans le *Corpus inscriptionum latinarum*, t. I, p. 120; Orelli, n° 3676. — *Lex Salpensana* et *Lex Malacitana*, rédigées sous le règne de Domitien, dans le *Corpus inscriptionum latinarum*, t. II, n°° 1963 et 1964; Henzen, n° 7424; Giraud, *Antiqui juris romani vestigia*. — *Lex Coloniæ Juliæ Genetivæ*, dans le *Corpus inscriptionum latinarum*, II, p. 191.

[2] Aulu-Gelle, XVI, 13 : *Jura institutaque omnia populi romani* ¿ *bent.*

[3] *Lex Malacitana*, LIII. — *Lex Coloniæ Genetivæ*, CI. — Cf. pour des villes d'Afrique, L. Renier, *Inscriptions de l'Algérie*, n°° 91 [Wilmanns, n° 2360] et 5287.

[4] *Lex Malacitana*, LXV. — *Lex Coloniæ Genetivæ*, CXXXII.

financières, telles que locations, baux, enchères publiques. Un sénat, comme dans l'ancienne République, avait la direction générale et la préparation de tout ce qui devait être décidé par le peuple. On l'appelait ordinairement du nom de curie et ses membres du nom de décurions. Il était composé, ainsi qu'à Rome, de ceux qui avaient exercé les magistratures et de ceux que le *quinquennalis* inscrivait sur l'*album*[1]. Il est curieux que le gouvernement impérial ait ainsi donné aux cités une constitution qui, loin d'être conforme à lui-même, restait toute républicaine.

Quoique aucune des chartes municipales des villes de Gaule qualifiées colonies ne nous soit parvenue, nous pouvons penser qu'elles ressemblaient pour le fond à celles qui ont été conservées en Espagne et en Italie. Ce qui confirme pleinement cette opinion, c'est que tous les éléments essentiels de ces chartes se retrouvent dans les inscriptions qui concernent les colonies romaines de Gaule. A Narbonne, nous voyons le peuple faisant une loi[2]. A Lyon nous voyons la curie, *curia, ordo*[3]. Les décurions nous apparaissent dans une série d'inscriptions de Nîmes, de Narbonne, d'Arles,

---

[1] Voir, par exemple, l'album de Canusium, dressé en l'année 223, dans Orelli, n° 3721 [et Wilmanns, n° 1830]. En tête sont les *duumviri quinquennales* de l'année ; puis viennent trente et un patrons de la cité, *viri clarissimi*, [et huit patrons, qui ne sont que *equites Romani*,] puis les sept citoyens anciens *quinquennales*, et quatre *allecti inter quinquennalicios*, puis [vingt-neuf] anciens *duumviri*, dix-neuf *ædilicii*, neuf *quæstoricii*, trente-deux décurions qui n'ont pas été magistrats, enfin vingt-cinq *prætextati*.

[2] Wilmanns, n° 104, Lebègue, p. 117 [*Corpus*, XII, p. 530]. — De même chez les Voconces, Wilmanns, n° 2216 [*Corpus*, XII, n° 1585] : *Ex consensu et postulatione populi*. — De même à Lyon, ibidem, n° 2224.

[3] Wilmanns, n° 2216 [*Corpus*, XII, n° 1585] : *Adlecto in curiam Lugudunensium... a splendidissimo ordine eorum.* — N° 2224 : *Suffragio sanctissimi ordinis.* — N° 120 : *Locus datus decreto decurionum.* — Henzen, n° 7009 : *Allecto in amplissimum ordinem.*

de Cologne [et de beaucoup d'autres cités[1]]. Nous apercevons des duumvirs à Narbonne, à Vienne, à Lyon, à Cologne, et des *quattuorviri* à Nîmes[2]; des édiles à Cologne, à Lyon, à Vienne, à Nîmes, à Aix[3]; des questeurs à Narbonne et à Arles[4]. [Nous ne citons que les plus importantes colonies.]

Mais il ne faut pas perdre de vue que les cités que nous venons d'énumérer n'étaient qu'une petite partie de la Gaule. Toutes les autres étaient formées d'anciens peuples gaulois. Or aucun de ces peuples entrant dans l'Empire ne reçut du gouvernement romain une constitution municipale.

Les uns furent qualifiés libres ou alliés, ce qui signifiait tout au moins qu'ils ne recevaient de Rome aucune loi. Les autres étaient *déditices*, et cela signifiait qu'ils n'avaient aucune loi officiellement reconnue par Rome. Dans l'un et l'autre cas il est visible que le gouvernement central n'eut pas à leur donner de constitutions. Ainsi l'origine du régime municipal gaulois, pour la grande majorité du pays, doit être cherchée dans les habitudes et les traditions de l'ancienne Gaule, modi-

---

[1] Décurions à Narbonne, Wilmanns, n° 104 [*Corpus*, XII, p. 530]; à Nîmes, Herzog, n° 225 [ibidem, n° 3316]; à Lyon, Allmer, n° 524; à Arles, Wilmanns, n° 2741 [ibidem, n° 314]; à Genève, ibidem, n° 2724 [*Corpus*, XII, n° 2610. L'existence de décurions à Genève n'est point certaine]; à Cologne, ibidem, n°° 2253 et 2284. — [*Corpus*, XII, p. 939.]

[2] *Duumviri* à Narbonne, Wilmanns, n° 2195 [*Corpus*, XII, n° 4406]; à Lyon, ibidem, n° 2223; à Vienne, ibidem, n°° 2235 et 2244 [*Corpus*, XII, n° 1902]; à Nyon, ibidem, n° 2246 a [*Corpus*, XII, n°° 2606 et 2607]; à Cologne, ibidem, n° 2283. — A Nîmes ce sont des *quattuorviri*, ibidem, n°° 2200, 2201, 2205 [*Corpus*, XII, p. 382].

[3] Wilmanns, n° 2206; Orelli, n°° 2213, 4023; Henzen, n° 5232; Herzog, n° 268; *Inscriptiones helveticæ*, n° 120; Brambach, n° 549 [*Corpus*, XII, p. 940 et les préfaces aux diverses cités].

[4] Henzen, n° 5232; Herzog, n°° 268, 330; Wilmanns, n° 2207 [*Corpus*, XII, p. 940].

fiées apparemment par l'exemple des colonies romaines.

Nous avons vu, en effet, que la Gaule avant la conquête avait eu un régime politique dans lequel chaque petit peuple avait été un corps indépendant et s'était gouverné lui-même. Rien de cela ne fut détruit par la conquête. Rome se gardait bien d'enlever aux peuples qu'elle avait soumis leurs organismes propres. Elle ne leur enlevait pas non plus toute liberté. Un siècle et demi après la conquête, il y avait encore quatre peuples gaulois qui étaient appelés, non pas sujets, mais alliés de Rome : c'étaient les Rèmes, les Lingons, les Éduens et les Carnutes[1]. D'autres, au nombre de dix, étaient des « peuples libres » : c'étaient les Nerviens, les Suessions, les Ulmanètes, les Leuques, les Trévires, les Meldes, les Ségusiaves, les Santons, les Bituriges, les Turons[2]. Les inscriptions marquent que ces cités tenaient à leur qualification d'alliée ou de libre[3]. D'autre part, il nous a été conservé une lettre écrite par le sénat de Rome à la curie de Trèves, au IIIe siècle, et cette lettre commence ainsi : « Vous êtes et avez toujours été un peuple libre[4]. »

---

[1] Les Rèmes et les Lingons avaient toujours été fidèles à Rome, les Éduens avaient combattu César dans la dernière campagne ; les Carnutes avaient toujours combattu contre lui.

[2] Pline, *Histoire naturelle*, IV, 17-19, 105-108 : *In Gallia... Nervii liberi, Suessiones liberi, Ulmanetes liberi [Silvanectes ?]..., Leuci liberi, Treveri liberi antea, Lingones fœderati, Remi fœderati....., Ædui fœderati, Carnuti fœderati, Meldi liberi, Secusiani [?] liberi..., Santones liberi..., Bituriges liberi qui Cubi appellantur..., Arverni liberi.* — Trèves reçut plus tard le titre de colonie ; Tacite, *Histoires*, IV, 62 ; Wilmanns, n° 2281. [De même, Langres, la cité des Séquanes, etc.]

[3] La cité de Reims est qualifiée *fœderata* dans des inscriptions du temps de Trajan (Allmer, n° 68 ; Henzen, n° 5212 ; Wilmanns, n°° 2246 d, 2246 e) [*Corpus*, XII, n°° 1869 et 1855]. — De même la cité de Tours est qualifiée *civitas Turonum libera* (*Revue archéologique*, t. XIII, p. 66). — On trouve aussi *civitas Vellavorum libera* (Henzen, n° 5221).

[4] Vopiscus, *Florianus*, 18, édit. Peter, t. II, p. 183 : *Alia epistula :*

Il ne faut ni exagérer ni amoindrir la valeur de ces titres. Sans doute ils ne pouvaient pas signifier que ces peuples fussent indépendants de Rome et de l'empereur ; mais ils signifiaient que chacun d'eux conservait ses lois propres, sa juridiction, ses magistratures. Il fallait, à la vérité, obéir aux ordres du prince représenté par son légat; il fallait payer des impôts, fournir des soldats. Mais, ces obligations une fois remplies, le peuple qui était appelé libre ou allié ne sentait plus l'action du gouvernement central; les actes de sa vie intérieure étaient libres[1].

Il nous est resté quelques vestiges de la vie municipale de ces cités gauloises pendant les deux premiers siècles. On peut constater d'abord que les historiens ne signalent jamais l'existence d'une garnison romaine dans leurs murs. Tacite montre la cité des Éduens

---

Senatus amplissimus curiæ Treverorum. Ut estis liberi et semper fuistis, lætari vos credimus; creandi principis judicium ad senatum redit....

[1] Il faut bien entendre que les mots *liberi, socii, fœderati,* n'avaient pas dans la langue des Romains un sens absolu. Quand les Romains voulaient définir ces termes, ils devaient reconnaître que chacun d'eux avait des significations diverses. Voir d'abord Tite Live essayant de définir le *fœdus* ou la *societas,* XXXIV, 57 : *Tria genera fœderum : unum quum bello victis dicerentur leges; alterum, quum pares bello fœdere æquo in pacem venirent; tertium, quum qui nunquam hostes fuerunt ad amicitiam sociali fœdere jungendam coeant.* — Il est clair que les Carnutes qui avaient été *bello victi* n'avaient pas reçu de César le *fœdus æquum.* Il y avait un *fœdus* qui entraînait des obligations à l'égard de Rome, et qui était compatible avec la sujétion. C'est encore ce que dit Tite Live, XLI, 6 : *Ut in ditione populi romani civitates sociæ sint.* — Pour l'Empire, nous trouvons au Digeste ce qu'il faut entendre par *populi liberi* ou *fœderati;* Digeste, XLIX, 15, 7 : *Populus liber... aut fœderatus est, sive æquo fœdere in amicitiam venit sive fœdere comprehensum est ut is populus alterius populi majestatem comiter conservaret. Hoc adjicitur ut intelligatur alterum populum superiorem esse, non ut intelligatur alterum non esse liberum.* Le jurisconsulte ajoute que les membres de ces cités alliées sont justiciables des magistrats romains : *Fiunt apud nos rei ex civitatibus fœderatis, et in eos damnatos animadvertimus.*

levant elle-même des troupes et se chargeant de réprimer une insurrection de paysans[1]. Il montre ailleurs la cité des Rèmes envoyant des députés aux autres peuples gaulois et convoquant dans ses murs un congrès de représentants de la Gaule[2]. L'historien n'ajoute pas qu'un acte si grave ait dépassé les droits d'une cité. Des faits de telle nature supposent le maintien d'un organisme politique assez indépendant et une certaine habitude de la liberté.

Quant aux autres peuples gaulois qui n'avaient ni le titre d'allié ni celui de libre, aucun historien ne nous renseigne sur leur condition. Il est toutefois impossible de ne pas remarquer deux choses : l'une, que Tacite en parlant des cités gauloises ne les sépare jamais en deux catégories différentes ; l'autre, que les inscriptions qui nous viennent des cités non réputées libres, ressemblent de tout point à celles des cités qui ont ce titre : comme celles-ci, elles signalent des magistratures locales et des décrets municipaux. D'ailleurs les délégués des soixante cités gauloises figuraient à titre égal dans la fête du temple d'Auguste et dans les délibérations qui la suivaient. Rien n'autorise donc à croire que les peuples à qui manquent les noms d'alliés ou de libres aient été traités avec beaucoup plus de rigueur que ceux à qui ces titres furent donnés.

La constitution intérieure de ces cités gauloises nous est moins bien connue que celle des colonies dont nous parlions tout à l'heure. Les inscriptions ici sont moins nombreuses, et leurs indications moins précises.

---

[1] Tacite, *Histoires*, II, 61 : *Gravissima civitas... electa juventute... fanaticam multitudinem disjecit.*

[2] *Ibidem*, IV, 67-68 : *Remi... per Gallias edixere ut missis legatis in commune consultarent.* [Cf. plus haut, p. 81.]

Comme nous ne voyons à aucun indice que Rome leur ait donné une constitution municipale, nous pouvons admettre qu'elles gardèrent d'abord le genre de gouvernement qu'elles avaient eu avant la conquête. Il s'y produisit seulement quelques modifications naturelles. Comme le parti démocratique s'était montré hostile aux Romains, il est probable que ce qu'il y avait de démocratique dans la constitution des États en disparut. Partout l'autorité fut entre les mains de sénats, c'est-à-dire de corps aristocratiques. Puis, à mesure que les Gaulois se détachèrent du druidisme et adoptèrent les dieux romains, les druides disparurent des conseils des cités et furent remplacés par les pontifes et les flamines de la religion nouvelle.

Un autre changement se laisse entrevoir dans les inscriptions. Aucune d'elles ne nous donne les noms [complets de] [toutes les] magistratures dans les cités des trois provinces. Mais plusieurs portent cette formule qu'un personnage « s'est acquitté de toutes les magistratures dans sa cité [1] ». Il y avait donc dans ces cités une série de magistratures que l'homme remplissait l'une après l'autre. Or, comme la même formule était usitée dans les colonies du midi de la Gaule [2], où elle

---

[1] *Omnibus honoribus apud suos functus*, ou *officiis et honoribus omnibus functus*, ou encore *omnibus honoribus municipalibus in patria functus*. Nous trouvons cette formule appliquée à un Éduen (Aug. Bernard, *le Temple d'Auguste*, p. 55), à un Suession (Wilmanns, n° 2218), à un Véromanduen (idem, n° 2219), à un Nervien (idem, n° 2222), à un Cadurque (Aug. Bernard, p. 68), à un Tricasse (idem, p. 62), à un Carnute (idem, p. 55), à deux Sénons (Julliot, *Monuments du musée de Sens*, n° 16 et n° 43). [Cf. plus haut, p. 185, n. 2, et p. 213, n° 1.]

[2] Wilmanns, n° 2204, pour Narbonne. — Henzen, n° 6468, pour Lyon. — Herzog, n° 326, pour Arles. — Cf. Orelli-Henzen, n°° 2296, 2762, 3704, 7016, 2017 [*Corpus*, XII, n°° 3236, 349; 4554, 4393; 3176, 3187, 3236, 3275, 3286, 3289, 3307].

signifiait visiblement que le personnage avait obtenu la questure, l'édilité, le duumvirat, nous sommes amené à croire que c'étaient les mêmes magistratures ou des magistratures analogues qui s'étaient établies dans les cités des trois provinces. Il y a donc apparence que le nombre des magistrats s'était augmenté et que les Éduens, par exemple, au lieu d'un vergobret unique, avaient des duumvirs annuels, à l'imitation des colonies romaines.

Nous pouvons donc, en attendant que de nouveaux documents confirment ou modifient notre opinion, nous représenter le régime de la cité gauloise de la manière suivante:

Un premier point est que dans cette cité le gouvernement central n'entretenait aucun agent. Il existait un *præses* pour l'ensemble de la province, c'est-à-dire, par exemple, pour toute la Lugdunaise, qui était un tiers de la Gaule; il n'existait pas de fonctionnaire dans la cité des Éduens ou dans celle des Arvernes, qui était pourtant plus grande qu'un de nos départements modernes.

Chacun de ces peuples continua à former un État. Le langage officiel l'appelait *civitas* ou *respublica*[1]. Or ces

---

[1] *Civitas Remorum* (Wilmanns, n° 1082). — *Civitas Senonum* (Julliot, *Monuments du musée de Sens*, n° 1). — *Civitas Veliocassium* (Wilmanns, n° 2240). — *Civitas Equestrium* (*Inscriptiones helveticæ*, n° 115). — *Civitas Sequanorum* (Aug. Bernard, *le Temple d'Auguste*, p. 80). — *Civitas Biturigum Viviscorum* (Jullian, *Inscriptions de Bordeaux*, n° 1). — *Cives Remi* (Orelli, n° 1977). — *Civis Lingonus* (Renier, dans la *Revue archéologique*, t. XI, p. 415). — *Civis Senonius* (ibidem, p. 420). — *Civi Bellovaco* (Allmer, n° 334). — *Respublica Nemausensis* [*Corpus*, XII, p. 935]. — *Respublica Viennensium* (Allmer, n° 197) [*Corpus*, XII, n° 1895]. — *Respublica Narbonensium* (Henzen, n° 6484). — *Curator reipublicæ civitatis Venetum* (L. Renier, *Mélanges d'épigraphie*, p. 43) — Dans le Digeste, le terme *respublica* s'applique toujours aux cités; voir, par exemple, ce texte de Papinien, L, 1, 15: *Qui reipublicæ negotia gessit.*

deux termes, dans la pensée des hommes, désignaient autre chose que de simples divisions territoriales; ils présentaient à l'esprit l'idée de véritables corps politiques. Aussi les lirons-nous dans des décrets qui ont été rédigés par ces petits États avec une pleine indépendance.

Le territoire de la cité se partageait ordinairement en cantons qu'on appelait *pagi*. Ces subdivisions, qui avaient déjà existé dans la Gaule indépendante[1], ont été si universellement usitées et si vivaces, que nous les retrouverons dans toutes les parties de la Gaule après la chute de l'Empire romain. Ils apparaissent déjà dans les inscriptions du temps de cet Empire[2]. Ils avaient des chefs que l'on appelait *magistri*; mais nous ne savons pas bien s'ils les élisaient eux-mêmes ou si ces chefs leur étaient donnés par la cité. Quelles étaient les relations entre le *pagus* et la cité, c'est ce qu'il est impossible de dire sûrement. En droit, le *pagus* dépendait de la cité et n'en était qu'une partie[3]. En pratique, on ne

[1] César, *De bello gallico*, I, 12; VI, 11 : *In Gallia... in omnibus pagis partibusque*. Il cite aussi, VII, 64, les *pagi Arvernorum*. [Cf. plus haut, p. 10.]

[2] A ne parler que de la Gaule, nous avons [notamment] une inscription d'un *pagus* de Narbonne (Herzog, n° 78), une d'un *pagus Lucretius* du territoire d'Arles (Orelli, n° 202), une d'un *pagus Vordensis* en Provence (Orelli, n° 197) [*Corpus*, XII, n°° 594, 1114, 5370; cf. p. 939], une d'un *vicus* d'Aoste (Allmer, n° 221) [*Corpus*, XII, n° 2395], une du *vicus* d'Aix-les-Bains (Allmer, n° 235) [*Corpus*, XII, n° 2461], une d'un *vicus* [de Belginum] (Henzen, n° 5238), une du *pagus Condatium* (Wilmanns, n° 2225), enfin une inscription qui marque que la cité des Helvètes resta partagée en quatre *pagi* (Mommsen, *Inscriptiones helveticæ*, n° 192). — D'après Strabon, IV, 1, 12, la cité de Nîmes comptait 24 *pagi*. Tacite parle des *pagi* des Éduens, sans en indiquer le nombre (*Histoires*, II, 61). Dans la *civitas* de Trèves, nous connaissons les *vici* Ambiatinus (Suétone, *Caligula*, 8), Belginum (Henzen, n° 5238), Voclanni (idem, n° 5237). Nous avons une inscription des *vicani Marosallenses*, dépendant des Médiomatrices (idem, n° 5214).

[3] Voir la définition qu'en donne Isidore de Séville, qui écrivait au

sait pas par quels procédés ni dans quelle mesure cette supériorité de la cité s'appliquait. Les historiens modernes ont professé que la ville dominait les campagnes. Ils ont émis cette théorie que le principe du régime municipal romain était la subordination des campagnes aux villes. Cette théorie ne s'appuie sur aucun fait. Elle vient d'une confusion qu'on a faite entre les termes de ville et de cité, *urbs* et *civitas*. La cité avait sans nul doute un chef-lieu, *urbs*, mais elle comprenait tout le territoire. Les *pagi* n'étaient pas soumis à la *civitas*, ils en faisaient partie. Les habitants du chef-lieu n'avaient pas plus de droits ni d'autres droits que les propriétaires des campagnes. C'étaient les riches, les grands propriétaires ruraux, qui exerçaient les magistratures de la cité, et ils les exerçaient sur toute la cité indistinctement. Le trait essentiel du régime municipal romain était l'union de la campagne et de la ville.

Les documents connus jusqu'à ce jour ne nous montrent pas de comices populaires dans les cités gauloises[1].

viie siècle, mais qui se servait de sources anciennes : *Vici et castella et pagi ii sunt qui nulla dignitate civitatis ornantur, sed vulgari hominum conventu incoluntur et propter parvitatem sui majoribus civitatibus attribuuntur.* — En droit, le *vicus* ne compte pas. *Qui ex vico ortus est, eam patriam intelligitur habere cui reipublicæ vicus ille respondet* (Ulpien, au Digeste, L, 1, 30).

[1] Nous exceptons toujours « les colonies » et les « villes de droit latin ». On y trouve des traces de comices populaires, au moins durant le 1er siècle; ainsi, à Arles (Herzog, n° 325) [*Corpus*, XII, n° 697]. Pour les villes latines en général, les Lois de Salpensa et de Malaga attestent l'existence de comices. Il n'en est plus de même pour les cités des « Trois Gaules ». Des expressions telles que *Sequani publice* (A. Bernard, p. 54), ou *cives Remi* (Orelli, n° 1977) n'impliquent pas précisément une assemblée du peuple. Ce sont des expressions synonymes de *civitas Sequanorum*, *civitas Remorum*, l'État séquane, l'État des Rèmes. — L'expression *ex postulatione populi* que l'on trouve quelquefois au sujet de la nomination d'un magistrat, montre bien que, si parfois l'on tient compte de l'opinion du peuple, du moins ce n'est pas au peuple que la nomination appartient.

On peut admettre qu'il en exista, surtout dans les deux premiers siècles; mais on ne saurait dire comment ils étaient composés. Se figurer une assemblée de tous les hommes libres votant indistinctement serait téméraire.

Ce qui se voit mieux, c'est que chacune de ces cités avait un conseil dirigeant que l'on appelait son sénat, son ordre des décurions, sa curie[1]. Les inscriptions donnent souvent à ce conseil l'épithète de très grand, très saint, *splendidissimus, sanctissimus ordo*[2]. La liste des décurions était dressée tous les cinq ans par le *quinquennalis*, qui devait y faire entrer tous les anciens magistrats de la cité, et les membres étaient inscrits sur cette liste suivant le rang que leur donnaient les magistratures qu'ils avaient exercées[3]. C'était ce conseil qui

---

[1] On trouve un *ordo civitatis Albensium*, probablement *Alba Helvorum* en Narbonnaise (Wilmanns, n° 2230; Henzen, n° 7007) [*Corpus*, XII, p. 536]; un *ordo Vintiensium*, de la cité de Vence (Henzen, n° 5228) [ibidem, n° 12]; un *ordo Brigantium* [?] (Orelli, n° 1012) [*Corpus*, XII, n° 57]; un *ordo Viducassium*, cité de Vieux (marbre de Thorigny); un *ordo Redonum*, cité de Rennes (*Revue historique de droit*, 1879, p. 302; *Antiquaires de France*, 1848, p. 84). — L'ordo decurionum ou *senatus* est d'ailleurs une institution générale de l'Empire (Orelli, n°° 3721, 3726, 3728, 3734, 3742, 3782, 3286; Henzen, n°° 5287 a, 6499, 6994, 6995, 6997, 7020, 7066; Wilmanns, n°° 1830, 1853, 1858, 2100, 2193, 2205, 2291; *Corpus inscriptionum latinarum*, II, n°° 1055, 2026, 4062, 4191, 4202, etc.; Brambach, n°° 1088, 1241, 1633, 2279.) — *Ordo* et *senatus, decurio* et *senator* sont employés comme synonymes; *Lex Julia municipalis*: *senator decurio conscriptusve*. On lit dans Dion Cassius qu'Auguste promit à ses centurions de les faire sénateurs dans leurs villes natales, ἐς τὰς βουλὰς τὰς ἐν ταῖς πατρίσι καταλέξων (Dion, XLIX, 14). — Le mot *curia* désignait d'abord le lieu où s'assemblait l'*ordo* (Wilmanns, n°° 2083, 2117, 2348); il n'a pas tardé à s'appliquer à l'*ordo* lui-même.

[2] Wilmanns, n° 119: *Sanctissimus ordo Lugudunensis*; n° 2216: *A splendidissimo ordine*. — Cf. Apulée, *Florides*: *Sanctissima curia*, en parlant de la curie de Carthage.

[3] Ulpien, au Digeste, *De albo scribendo*, L, 3, 1: *Decuriones in albo ita scriptos esse oportet... eo ordine quo quisque eorum maximo honore in municipio functus est....* — Dans les délibérations, ils votaient dans le même ordre (Ulpien, ibidem). — Les membres de la curie étaient rangés

délibérait sur tous les intérêts du petit État[1]. Il examinait les comptes de finances. Souvent il s'érigeait en tribunal pour recevoir les appels des magistrats[2]. Il rédigeait des décrets qui avaient force de loi pour tous les membres de la cité. Beaucoup d'inscriptions nous sont parvenues avec la mention *ex decreto decurionum*[3].

La cité avait ses magistratures, que la langue du temps appelait *honores*. Ces honneurs formaient une série dont il fallait gravir les divers échelons. Arrivé au terme de sa carrière, un personnage pouvait dire qu'il avait rempli tous les honneurs dans sa cité, *omnibus honoribus functus*[4]. On commençait par être questeur, puis édile, puis duumvir et flamine de la cité.

---

sur l'*album* d'après les magistratures qu'ils avaient exercées; c'est du moins ce qui peut se conclure de l'*album* de Canusium qui nous est parvenu (Orelli, n° 3721; Wilmanns, n° 1830) [cf. p. 230, n. 1] et de celui de Thamugas (*Ephemeris epigraphica*, t. III, p. 77). Ce dernier offre cette particularité que les prêtres de la cité figurent au premier rang. — Nous n'insistons pas sur les modes de convocation et de délibération ; nous n'avons pas de textes particuliers à la Gaule. Une loi [de 416], au Code Théodosien, XII, 12, 15, dit : *Universos curiales præcipimus in locum curiæ convenire.* Une loi [de 285], au Code Justinien, X, 32, 2, dit : *Decurionibus sollemniter in curiam convocatis.* Ulpien, au Digeste, L, 9, 5 : *Lege municipali cavetur ut ordo non aliter habeatur quam duabus partibus adhibitis.* *Lex coloniæ Juliæ Genetivæ*, XCVII : *De majoris partis decurionum per tabellam sententia, cum non minus quinquaginta aderunt.*

[1] Ibidem, XIII : *Ad decuriones referto, consulito, decretum facito.*

[2] *Lex coloniæ Juliæ Genetivæ*, CXXV. *Lex Malacitana*, LXVI.

[3] *Locus datus decreto decurionum* (Allmer, n° 126). *Locus emptus ex decreto decurionum* (idem, n° 127). *Ex decreto decurionum de publica pecunia* (Lebègue, n° 78). Cf. Wilmanns, n°s 2224, 2246, 2205 [*Corpus*, XII, p. 940]. — Le droit de faire des décrets est signalé plusieurs fois dans le Digeste : *Decreta quæ non legitimo decurionum numero facta sunt, non valent* (Digeste, L, 9, 2). *Quod semel ordo decrevit non oportere rescindi divus Hadrianus rescripsit* (ibidem, L, 9, 5). Il n'y a nul indice que ces décrets des décurions dussent être soumis préalablement à l'autorisation du gouverneur de la province. — Il est d'ailleurs bien entendu que ces décrets ne pouvaient toucher à la politique ni contrevenir aux lois générales.

[4] *Tib. Cl. Professus Niger omnibus honoribus apud Æduos et Lin-*

Les duumvirs avaient en mains ce que le langage moderne appelle le pouvoir exécutif, et étaient comme des chefs de république[1]. C'étaient eux qui convoquaient et présidaient la curie. Ils proposaient les décrets, les faisaient voter, et les exécutaient. Ils possédaient en même temps l'autorité judiciaire avec un droit de coercition sur tous les membres de la cité[2]. Ils géraient aussi les intérêts financiers, affermaient les terres publiques, mettaient en adjudication la construction des édifices. Les contrats et les donations, l'adoption et l'affranchissement s'accomplissaient devant eux et recevaient d'eux le caractère d'actes authentiques[3]. Tous les cinq ans, ces duumvirs ajoutaient à leur titre ordinaire celui de *quinquennaux*, et ils remplissaient alors les fonctions si importantes qu'avaient eues autrefois les censeurs de Rome; ils faisaient le recensement, évaluaient les fortunes, répartissaient les impôts, fixaient à chaque citoyen son rang, et dressaient la liste des décurions et sénateurs[4].

gones functus (Orelli, n° 2028). De même, chez les Nerviens, chez les Suessions, chez les Véromanduens, chez les Cadurques (Wilmanns, n°s 2217-2222). [Cf. plus haut, p. 255, n. 1 et p. 185, n. 2.]

[1] On trouve des duumvirs chez les Séquanes (Orelli, n° 4018), chez les Petrocorii (idem, n° 4019), chez les *Morini* (Henzen, n° 5211), à Marseille (Orelli, n° 4024) [*Corpus*, XII, p. 55]. Nous n'avons pas besoin de rappeler qu'ils se trouvent aussi dans les colonies, Lyon, Narbonne, Vienne, Aix, Cologne.

[2] *Lex Malacitana*, LXV et LXVI; *Lex coloniæ Juliæ Genetivæ*, CII. Les duumvirs sont souvent appelés dans les inscriptions *duumviri jure dicundo*. Ce pouvoir judiciaire est bien marqué dans cette phrase de Siculus Flaccus, *Gromatici veteres*, édit. Lachmann, p. 155 : *Municipiorum magistratibus jus dicendi coercendique est libera potestas*. On peut voir d'ailleurs quelles étaient les limites de cette juridiction municipale, dans Paul, au Digeste, L, 1, 28. Cf. Digeste, II, 4, 12; XLVII, 10, 13, § 39.

[3] *Lex Salpensana*, XXVIII. Code Justinien, I, 56, 2.

[4] Pour les villes de Gaule, il n'y a pas d'inscriptions, à ma connaissance, qui mentionnent les *quinquennales*. Pour la cité des Rèmes seulement nous trouvons un *censor* (Wilmanns, n°s 2246 d, 2246 e; Herzog,

Au-dessous des duumvirs, la cité avait deux édiles, qui avaient la police des marchés et des rues, et un questeur, qui avait le maniement des fonds publics[1]. Puis venaient des fonctionnaires inférieurs, les *curatores annonæ*, les *curatores viarum*, les *scribæ*[2], et enfin tout un personnel d'affranchis et d'esclaves publics, *liberti, servi publici*. Notons bien, d'ailleurs, que la liste des magistratures et leurs noms n'étaient pas les mêmes dans toutes les cités. Jamais l'uniformité ne régna dans ce régime municipal de l'Empire romain.

Quelque doute qu'il puisse y avoir, en l'absence de documents suffisants, sur la nature et les attributions de ces magistrats, comme sur leur mode précis de nomination, une chose du moins paraît bien certaine : durant les deux premiers siècles, la cité gauloise, la grande cité comme était celle des Arvernes, celle des Éduens ou

---

nᵒˢ 510, 511) [*Corpus* XII, nᵒˢ 1869 et 1855]. Plusieurs érudits ont vu dans ce *censor* l'analogue du *quinquennalis* qui apparaît fréquemment dans les inscriptions d'Espagne et d'Italie. J'ai quelque doute sur ce point. On consultera L. Renier, *Mélanges d'épigraphie*, pages 47 et suiv.

[1] Ici encore nous devons prévenir que les documents qui mentionnent les édiles et des questeurs pour les villes colonies (Narbonne, Wilmanns, nᵒ 2194; Vienne, idem, nᵒ 2243 [*Corpus*, XII, nᵒ 1783]; Lyon, idem, nᵒ 2224; Cologne, idem, nᵒ 2285 [*Corpus*, XII, p. 940 et 941], ne les mentionnent pas pour les villes des trois provinces. [Il est vrai que les documents épigraphiques sont plus rares. Ils permettent cependant de supposer en toute vraisemblance l'existence de fonctions de ce genre dans la plupart des cités des Trois Gaules et l'analogie complète des institutions municipales dans ces deux groupes de villes.] — Nous ne combattons pas l'opinion reçue au sujet des édiles et des questeurs des cités gauloises; nous tenons toutefois à faire observer que cette opinion, si probable qu'elle soit, ne s'appuie pas sur des documents certains.

[2] Ces divers fonctionnaires municipaux sont énumérés dans le Digeste, L, 1, 1, 3, 18 : *Legatio ad census accipiendum, annonæ cura, cura prædiorum publicorum, cura frumenti comparandi, cura ludorum, divisio annonæ*. Un autre jurisconsulte mentionne : l'irénarque *qui disciplinæ publicæ et corrigendis moribus præficitur*, l'*episcopus* chargé des distributions gratuites, le *curator qui ad colligendos civitatium publicos reditus eligi solet*, les *tabularii*.

celle des Séquanes, eut un corps de magistrats et de chefs qui ne lui étaient pas envoyés par le gouvernement impérial, mais qu'elle nommait elle-même[1]. C'était à elle aussi qu'à l'expiration de leur charge ils rendaient leurs comptes. C'était vis-à-vis d'elle, et non du pouvoir central, qu'ils étaient responsables de leurs actes.

Non seulement cette cité ne recevait pas de garnison romaine, mais elle avait ses soldats à elle, sa petite armée pour la police locale[2]. Les villes avaient des fortifications[3].

---

[1] Cette règle semble avoir été violée par l'institution de *præfecti* désignés par l'empereur. Mais il faut observer de près cette pratique pour en voir le vrai sens et le peu de portée. Nous lisons dans la *Lex Salpensana*, XXIV : « Si les décurions ou sénateurs, au nom de la cité, choisissent l'empereur pour duumvir, et si l'empereur accepte cette dignité, le préfet qu'il mettra à sa place exercera les fonctions des duumvirs. » C'est qu'il arrivait quelquefois qu'une cité, soit pour flatter le prince, soit pour toute autre raison, déférât à l'empereur sa magistrature suprême. Si l'empereur acceptait, il était duumvir de la cité, et un préfet désigné par lui remplissait la charge à sa place. L'empereur Hadrien fut un de ceux qui acceptèrent le plus souvent le titre de duumvir en Occident, ou celui d'archonte en Grèce. Spartien, *Vita Hadriani*, 19 : *Per latina oppida dictator et ædilis et duumvir fuit, apud Neapolim demarchus, et Athenis archon*. Mais on se tromperait si l'on voyait dans ce fait une diminution des libertés municipales. Il s'agissait d'une nomination faite par la cité elle-même, qui avait cru rehausser sa magistrature en en revêtant le prince, c'est-à-dire en faisant du prince nominalement un magistrat municipal. Aussi ne l'était-il que pour un an ; l'année expirée, la cité reprenait le cours de ses élections.

[2] Nous trouvons à Nîmes des *præfecti vigilum et armorum* (Wilmanns, nᵒˢ 2198, 2200, 2201, 2202 ; Herzog, nᵒˢ 121-125) [*Corpus*, XII, p. 382]. De même à Nyon nous trouvons un *præfectus arcendis latrociniis* qui commande visiblement une force armée [Wilmanns, nᵒ 2248 ; cf. *Corpus*, XII, nᵒ 1368]. A cela paraît se rattacher l'institution des *tribuni militum a populo* qui est mentionnée par quelques inscriptions (Wilmanns, nᵒˢ 1604, 1605, 1894, 1907, 1909 c, 1910, 1920). Le paragraphe CIII de la *Lex coloniæ Juliæ Genetivæ* porte que les décurions ont le droit d'ordonner l'armement de la population et que les duumvirs exercent en ce cas le commandement militaire.

[3] Cela résulte implicitement de cette phrase de Suétone, [*Vie de Galba*, 12] : *Galba… urbes Galliarum quæ sibi cunctantius accessissent, quasdam etiam murorum destructione punivit*.

Chaque cité possédait sa fortune publique, qui consistait en édifices, en terres[1], en capitaux, en contributions. Elle pouvait recevoir des donations et des legs[2]. Elle administrait elle-même cette fortune[3]. Elle affermait ses terres et plaçait ses capitaux à intérêts[4]. Elle avait ses contributions propres, telles que octrois, droits sur les marchés, droits de passage aux ponts et sur les routes[5].

Elle avait aussi ses dépenses propres. Elle devait entretenir ses fortifications, ses rues, son forum, ses basiliques, ses temples, ses bains publics et son théâtre, ses routes et ses ponts[6]. Elle fondait des écoles et elle en nommait les maîtres[7], comme elle nommait ses médecins[8].

---

[1] La propriété municipale a donné lieu, au moins dans quelques cités, à l'institution de *triumviri locorum publicorum persequendorum* (Allmer, n°° 157, 159 ; Mommsen, *Inscriptiones helveticæ*, n° 83) [*Corpus*, XII, p. 938].

[2] Digeste, L, 8, 6.

[3] Au moins avant l'institution des *curatores* dont nous parlerons plus loin.

[4] Sur la location des terres publiques par baux, voir le titre du Digeste *Si ager vectigalis*, VI, 3; cf. XX, 1, 31. Sur les biens des cités voir le titre du Digeste *De administratione rerum ad civitates pertinentium*, liv. L, tit. 8.

[5] Henzen, n° 7170. — Digeste, L, 5, 18.

[6] La *Lex coloniæ Juliæ Genetivæ* règle ainsi le droit de réquisition : *Quamcumque munitionem decuriones decreverint, eam munitionem fieri licito, dum ne amplius in annos singulos inque homines singulos puberes operas quinas et in jumenta plaustraria juga singula operas ternas decernant; eique munitioni ædiles qui tum erunt ex decurionum decreto præsunto.*

[7] Code Théodosien, XIII, 3, 5 : *Quisquis docere vult, judicio ordinis probatus decretum curialium mereatur, optimorum conspirante consensu.*

[8] Digeste, L, 9, 1 : *Medicorum intra præfinitum numerum constituendorum arbitrium non præsidi provinciæ commissum est, sed ordini et possessoribus cujusque civitatis ut certi de probitate morum et peritia artis eligant ipsi quibus se liberosque suos in ægritudine committant.*

Elle nommait aussi ses prêtres, ses flamines, ses pontifes[1]. Elle avait même ses dieux à elle. Nous avons vu que l'autorité monarchique divinisée était l'objet d'un culte; il y avait aussi un culte municipal. A chaque cité gauloise présidait un Génie qui recevait l'adoration des hommes[2]. Elle avait ses autels, son culte local, ses fêtes. Les spectacles tenaient une grande place dans la vie de cette cité; c'est qu'ils étaient chose sacrée. Une idée religieuse s'y attachait encore. Le peuple tout entier y assistait, chacun suivant son rang, les magistrats et les décurions aux places d'honneur[3], et la cité regardait,

---

[1] *Flamen sacrorum publicorum municipalium* (Orelli, n° 2158). — *Flamen in civitate Sequanorum* (idem, n° 4018). — *Sacerdos civitatis Vocontiorum* (idem, n° 2352).— *Vocontiorum pontifici* (idem, n° 459).— *Sacerdos civitatis Lugdunensis* (Henzen, n°° 6031, 6052).—*Pontifex municipii* (Henzen, n° 7048). — *Pontifex civitatis Valentiæ, sacerdos civitatis Albensis* (Orelli, n° 2332). — *Pontifex publicorum sacrificiorum Nemausi* (Herzog, n° 120). — *Flamen in colonia Equestri* (Orelli, n° 253). — [On trouvera la liste des sacerdoces municipaux dans le *Corpus*, XII, p. 928.] — Cf. *Lex coloniæ Juliæ Genetivæ*, XCI. — On peut voir aussi sur ces sacerdoces municipaux électifs une curieuse anecdote dans Dion Cassius, LXIX, 3, et d'autres dans Philostrate, *Vie des sophistes*.

[2] *Augusto sacrum et Genio civitatis Biturigum Viviscorum* (Jullian, *Inscriptions de Bordeaux*, n° 1). — *Genio Arvernorum* (Orelli, n° 193). — *Mercurio Arverno* (idem, n° 1414). — *Deæ Eponæ et Genio Leucorum* (Henzen, n° 5259). — *Genio coloniæ Helvetiorum* (Orelli, n° 367). — *Genio Trevirorum* (idem, n° 1805). — *Deæ Aventiæ et Genio incolarum* (idem, n°° 368, 369, 370). — *Deæ Arentiæ sacerdos* (idem, n° 400). — *Deæ Nariæ regionis Arvrensis* (Henzen, n° 5903). — Nîmes avait son *deus Nemausus* (Orelli, n° 2032) [*Corpus*, XII, n°° 3093 et s.]. La cité de Vence avait son Mars Vincius (Orelli, n° 2066) [ibidem, n° 3], celle de Vaison avait son dieu Vasio (Henzen, n° 5919) [ibidem, n°° 1336-1338]. Les Ségusiaves avaient leur *dea Segusiavorum* (Orelli, n° 2044). — *Jovi Optimo Maximo et Genio municipii nostri* (Henzen, n° 5274) — Sur les Génies des cités en dehors de la Gaule, voir Orelli-Henzen, n°° 1683, 1688, 1693, 1694, 1943, 7159. Une inscription porte qu'un personnage *in theatro posuit statuas duas, genium patriæ nostræ* (Henzen, n° 5320).

[3] Fronton, *Ad amicos*, II, 6 : *Decurio... spectaculis sedit.*

à la fois recueillie et joyeuse, ces jeux offerts à ses divinités[1].

En résumé, la cité sur son vaste territoire était constituée comme un véritable État. Nous ne voulons pas dire par là qu'elle fût indépendante. Se la représenter comme une communauté libre sous la simple suzeraineté de l'Empire est exagéré et peu exact. Elle devait obéir à tous les ordres du gouvernement impérial. Elle ouvrait ses portes au proconsul toutes les fois qu'il voulait la visiter[2], et nous verrons plus loin que presque tous ses actes étaient soumis à l'approbation du gouverneur de la province. Mais ce que nous devons noter ici, c'est d'abord que le gouvernement impérial n'avait pas un agent toujours présent dans la cité; c'est ensuite que cette cité avait un organisme complet et une vie propre. Elle possédait son sénat dirigeant, son corps de magistrats, sa juridiction, sa police, son trésor, ses biens meubles et immeubles, sa fortune publique, ses écoles, son clergé et son haut sacerdoce. Rien de tout cela ne lui venait du dehors : magistrats, professeurs, prêtres, elle trouvait tout en elle-même. Sans doute elle n'était pas un État libre; elle était du moins un État.

---

[1] Plusieurs inscriptions marquent le caractère de ces jeux. *Corpus inscriptionum latinarum*, II, n° 1663 : *Flamen perpetuus... editis scænicis ludis per quatriduum et circensibus, et epulo diviso.* — Wilmanns, n° 2404 : *Flamini..., agonothetæ perpetuo certaminis quinquennalis.* — Les jurisconsultes comptent parmi les *munia* qui incombent aux magistrats *ludorum circensium spectacula* (Digeste, L, 4, 4, § 2).

[2] Ulpien, au Digeste, I, 16, 7.

CHAPITRE VI

De quelques règles de ce régime municipal.

C'est à la faveur de ce régime municipal que les villes gauloises se sont agrandies et embellies et que les populations ont prospéré durant trois siècles. Il est utile d'observer quelles sont les règles qui en ont assuré le fonctionnement régulier durant un si long espace de temps.

A première vue, cet organisme municipal semble avoir été démocratique. L'Empire ne supprima nulle part, si ce n'est à Rome, les comices populaires. Les inscriptions de l'Espagne, comme celles de l'Italie, de la Grèce et de l'Afrique, nous montrent ces assemblées se perpétuant assez longtemps ; elles nous permettent de nous représenter les habitants d'une cité votant pour l'élection de leurs duumvirs ou de leurs questeurs ; parfois même elles nous mettent sous les yeux les brigues des candidats et les agitations du corps électoral[1].

Il faut se garder toutefois d'attribuer une trop grande importance à ces comices et surtout de les considérer

---

[1] Voir *Lex Rubria de Gallia Cisalpina*, dans le *Corpus inscriptionum latinarum*, t. I, p. 115 ; *Lex Julia municipalis*, ibidem, p. 119 ; *Lex municipalis Salpensana*, *Lex municipalis Malacitana*, ibidem, t. II, p. 251 et suiv. ; les Bronzes d'Osuna dans le *Journal des savants*, mai 1874. Cf. *Corpus inscriptionum græcarum*, passim, et Orelli-Henzen, nᵒˢ 3700 et suiv., nᵒˢ 7227, 7276. — Mommsen, *die Stadtrechte der lateinischen Gemeinden Salpensa und Malaga*, 1855 ; Ed. Laboulaye et Ch. Giraud, *les Tables de Malaga et de Salpensa*, 1856 ; Giraud, *les Bronzes d'Osuna*, 1875 ; Herzog, *Galliæ Narbonensis historia*, p. 174-235 ; Zumpt, *Studia romana* ; Marquardt, *Rœmische Staatsverwaltung*, 1873 ; [1881, 2ᵉ édit.] ; Houdoy, *le Droit municipal*, 1876 ; Duruy, *Histoire des Romains*, t. V ; [Willems, *les Élections municipales à Pompéi*]

comme des assemblées tout à fait populaires. Le peu de renseignements qui nous sont parvenus à leur sujet nous montrent que les hommes y étaient répartis en cadres qu'on appelait curies ou tribus[1]; que les votes s'y comptaient, non par têtes, mais par groupes; et qu'il y a grande apparence que les petites gens étaient relégués, ainsi que dans les anciens comices de Rome, dans un petit nombre de ces groupes de manière à ne former jamais la majorité. Il est même des faits qui donnent à penser que les prolétaires n'étaient pas inscrits sur la liste des citoyens. Pour ce qui est des grandes cités gauloises, comme celles des Éduens et des Lingons, qui embrassaient un vaste territoire et comprenaient une population fort nombreuse, il n'y a pas d'indice qu'une si grande multitude s'y soit jamais réunie en comices.

Deux choses sont mieux connues et ont eu certainement plus d'importance que ces comices d'apparence démocratique : l'une est la composition du sénat municipal; l'autre est la responsabilité des magistrats. C'est par l'observation de ces deux choses qu'on se fera une idée exacte du régime municipal de l'Empire romain.

Le sénat de la cité, *ordo decurionum* ou *senatus*, n'était sans doute pas nommé par le gouvernement; il eût été absolument contraire aux habitudes du pouvoir impérial d'en désigner lui-même les membres. Il n'était pas non plus élu par la foule; l'esprit romain n'avait jamais admis, même au temps de la République, qu'un conseil dirigeant, dont les premières qualités doivent être l'expérience et l'indépendance, pût être l'expression des volontés inconstantes de la multitude. Le sénat mu-

---

[1] *Lex Malacitana : Qui comitia habebit, is municipes curiatim ad suffragium ferendum vocato, ita ut... curiæ singulæ in singulis conseptis suffragium per tabellam ferant.* — [Cf. plus haut, p. 229.]

nicipal, à l'image de l'ancien sénat romain, était composé d'après une liste dressée par un magistrat, le *duumvir quinquennalis*, qui faisait ainsi l'office de l'ancien censeur[1].

Or ce magistrat, pas plus que le censeur romain, ne pouvait composer la liste arbitrairement. Il ne devait y porter que des hommes appartenant à des catégories qui étaient déterminées ou par des lois formelles ou par des usages aussi respectés que les lois. La première condition pour qu'on y fût inscrit, était qu'on possédât un certain chiffre de fortune. Qui n'avait pas au moins 100 000 sesterces en biens inscrits au cens, n'était pas décurion[2]. Non seulement aucune indemnité pécuniaire n'était attachée à la dignité de décurion, mais c'était même un usage assez général que chaque nouveau membre en entrant dans ce corps payât une somme de 1000 ou 2000 pièces d'argent[3]. Il fallait donc avoir

---

[1] *Lex Julia municipalis.* — *Lex coloniæ Juliæ Genetivæ.* — Pline, *Lettres*, X, 85, 113, 114. — [Cf. plus haut, p. 241.]

[2] Cette règle ressort d'un passage de Pline, *Lettres*, I, 19 : *Esse tibi centum millium censum satis indicat quod decurio es*, et d'un autre de Pétrone, c. 44 : *Jam scio unde acceperit denarios mille aureos*. Ces 1000 deniers d'or font justement 100 000 sesterces. Cf. *Lex Malacitana*, LX. Toutefois il ne faudrait pas penser que ce chiffre de 100 000 sesterces fût déterminé uniformément pour tout l'Empire.

[3] Cela ressort d'une lettre de Pline à Trajan et de la réponse du prince, lettres qui montrent que la règle n'était pas générale ; Pline écrit que la *Lex Pompeia*, loi qui a constitué la province de Bithynie, ne prescrit pas à ceux qui entrent dans le sénat de donner de l'argent ; mais l'usage s'en est introduit et tend à se généraliser. Trajan répond avec sa sagesse habituelle : *Honorarium decurionatus omnes qui in quaque civitate Bithyniæ decuriones fiunt inferre debeant nunc, in universum a me non potest statui* (Pline, *Lettres*, X, 113, 114). Un peu plus tard, une lettre de Fronton, *Ad amicos*, II, 6, semble montrer que l'usage est devenu une règle. Cette somme était appelée *honorarium, summa honoraria, pecunia ob decurionatum*. Plusieurs inscriptions mentionnent comme un fait exceptionnel qu'un décurion ait été nommé *gratuito* (Wilmanns, n°° 1562, 1725, 1894, 2038, 2210).

quelque fortune pour être décurion[1]. L'ensemble des faits permet de croire que, dès qu'on était riche, on entrait naturellement dans ce conseil. Enfin, bien que la liste en fût renouvelée tous les cinq ans, il est visible que la dignité de décurion était considérée comme viagère. Il ne faut donc pas se représenter ce sénat municipal comme un conseil électif, mais plutôt comme la réunion des plus riches personnages et des grands propriétaires du pays[2].

Le législateur romain explique nettement le principe qui a présidé à cette organisation : « Ceux qui ont fondé nos institutions, dit-il, ont jugé nécessaire de grouper dans chaque cité les hommes notables et d'en former un corps qui administrât avec ordre les intérêts communs[3]. »

C'était constituer une aristocratie municipale. L'ordre des décurions avait, en effet, un rang fort supérieur à ce qu'on appelait la plèbe[4]. On lui assurait des places d'honneur dans les repas sacrés et dans les jeux[5]. Mais il n'y a de véritable aristocratie que là où les obligations sont proportionnées aux privilèges; aussi était-ce ce

---

[1] Sur la règle de payer une somme d'argent en entrant dans le décurionat, il y a un renseignement curieux dans Fronton, *Ad amicos*, II, 6 : *Pecuniam ob decurionatum intulit.*

[2] Il ne faut pas perdre de vue que ce qu'on appelait une cité était à la fois ville et campagne. La plupart des grandes fortunes étaient des fortunes foncières.

[3] Novelles de Justinien, IV, 17 : *Qui rempublicam olim nobis disposuerunt, existimaverunt oportere adunare in unaquaque civitate nobiles viros et unicuique senatus dare curiam per quam debuissent agi quæ publica sunt atque omnia fieri secundum ordinem.*

[4] Paul, au Digeste, L, 2, 7 : *Decurionum honoribus plebeii prohibentur.* — Ulpien, au Digeste, L, 2, 2. — Bronzes d'Osuna, CXXV-CXXVII.

[5] Fronton, *Ad amicos*, II, 6 : *Usus est per quinque et quadraginta annos omnibus decurionum præmiis commodisque..., cenavit, in spectaculis sedit.*

qu'on avait voulu établir. Si les décurions étaient en possession du droit d'administrer les cités, ils supportaient en retour toutes les charges de cette administration. Ils géraient la fortune publique à leurs risques et périls. Ils avaient le devoir de maintenir la plèbe dans l'ordre, de faire la police, de passer leur temps à juger. Ils avaient même la charge de lui fournir du blé à bas prix, d'entretenir pour elle des bains gratuits, de lui donner des fêtes[1]. On ajouta ensuite à toutes leurs obligations celle de percevoir les impôts, et on les rendit responsables pécuniairement pour ceux qui ne payaient pas[2].

Quant aux magistratures municipales, c'était une règle absolue qu'elles fussent gratuites; elles étaient même fort coûteuses. L'homme qui en était revêtu devait d'abord payer un *honorarium* à la cité. Si ce n'était une règle absolue, c'était du moins un usage assez fréquent pour que plusieurs inscriptions le signalent[3]. Il devait ensuite, pendant l'année de sa magistrature,

---

[1] Digeste, L, 4, 1 : *Civilia sunt munera, defensio civitatis, id est ut syndicus fiat, legatio ad census accipiendum, annonæ cura, prædiorum publicorum, frumenti comparandi, aquæductus, equorum circensium spectacula, publicæ viæ munitiones, calefactiones thermarum.* — Il est vrai que, pour plusieurs de ces charges, les décurions pouvaient rejeter une partie du fardeau sur la plèbe par un système de corvées que signale Siculus Flaccus (*Gromatici*, édit. Lachmann, p. 146) et dont il est parlé aussi dans les Bronzes d'Osuna, XCVIII. — L'obligation de rendre la justice est attestée par ce passage d'Ulpien, au Digeste, L, 5, 13 : *Qui non habet excusationem etiam invitus judicare cogitur.*

[2] L'*exactio tributorum* est déjà mentionnée par Ulpien, au Digeste, L, 4, 3, § 11.

[3] Il fallait d'abord payer, presque toujours, un *honorarium* ; Wilmanns, n° 681 : *M. Cælius Saturninus ob honorem quinquennalitatis inlata reipublicæ summa honoraria, ex sestertium quinque millibus...* — N° 2370 : *L. Vibius Saturninus quattuorvir... amplius ad honorariam summam quum sestertium tria millia promisisset, ex sestertium sex millibus pecunia sua posuit* Cf. ibidem, n°° 725 et 2337.

faire le sacrifice, non seulement de son temps et de ses soins, mais encore d'une partie de sa fortune. Il fallait qu'il fît des largesses au petit peuple, qu'il célébrât des jeux, qu'il accomplît, en grande partie à ses frais, un grand nombre de cérémonies religieuses et de repas sacrés[1]. Il était souvent entraîné à construire ou à réparer à ses dépens les édifices publics, un théâtre, un temple, un marché[2]. Puis, l'année expirée, il devait rendre des comptes. Il était responsable de la gestion des intérêts municipaux. Il pouvait être poursuivi, non seulement pour fait d'improbité, mais pour fait d'im-

---

[1] Les inscriptions sont pleines de renseignements sur ce sujet. *Sennius Solemnis cujus cura omne genus spectaculorum atque Taurinicia Diana data* (monument de Thorigny). — *L. Postumio, duumviro, ob magnificentiam gladiatorii muneris quod civibus suis triduo edidit* (L. Renier, *Mélanges d'épigraphie*, p. 220). — *Ludos circenses dedit* (Orelli, n° 4020). — *L. Fabio Cordo, quattuorviro, ob viginti paria gladiatorum data* (Wilmanns, n° 663). — *Ob præcipuam ejus in edendis spectaculis liberalitatem* (idem, n° 2216) [*Corpus*, XII, n° 1585]. — *Ludos scænicos sua pecunia fecit* (idem, n° 1728). — *Honore sibi quinquennalitatis oblato, viginti paria gladiatorum sua pecunia edidit* (idem, n° 1810). — *C. Junius Priscus, duumvir jure dicundo, quinquennalis candidatus Arelatensium, spectacula quæ municipibus Arelatensibus pollicitus erat sestertium....* [?] (Herzog, n° 325) [*Corpus*, XII, n° 697]. — On calculait ce que coûtait l'exercice d'une magistrature : *Æstimationem honoris in pecunia pro administratione offerentes* (Paul, au Digeste, L, 4, 16). — Le Code Théodosien (XII, 1, 29) parle aussi des magistratures municipales comme d'une source de dépenses : *Magistratus desertores, quascumque pro his expensas civitas prærogavit, refundere cogantur.* — Code Justinien, XI, 40, 1 : *Primates viri populi studiis ac voluptatibus grati esse cupiant.*

[2] Wilmanns, n° 1798 : *Cn. Væsio Apro, quæstori, ædili, duumviro, flamini..., quod tempore honorum curarumque suarum plenissimo munificentiæ studio voluptatibus et utilitatibus populi plurima contulerit, ludum etiam gladiatorum solo empto pecunia sua exstructum publice optulerit.* — Idem, n° 1813 : *Ædem Fortunæ sua pecunia refecit.* — Lebègue, *Épigraphie de Narbonne*, n° 71 : *Duumvir... macellum de sua pecunia fecit* [*Corpus*, XII, n°° 4429, 4430]. — Autres exemples dans le recueil de Wilmanns, n°° 1724, 1724 a, 1780, 1786, 1791, 1852, 1864, 1873, 1877, 1907, 2009, 2062.

prudence ou de négligence¹. Il avait administré la fortune publique à ses risques et périls. S'il avait adjugé l'entreprise de la construction d'un édifice, il répondait de la bonne exécution du travail². S'il avait affermé les biens communaux, il répondait du payement des fermages³. S'il avait placé les capitaux de la cité, il répondait pour les débiteurs insolvables⁴. Aussi exigeait-on qu'en entrant en charge il donnât un cautionnement et engageât son bien⁵. Sa fortune personnelle était la garantie de la bonne administration des finances municipales.

On conçoit d'après cela qu'un homme pauvre ne voulût ni ne pût jamais aspirer à la magistrature. Une ville n'aurait même pas voulu d'un homme sans fortune pour en faire un magistrat⁶. La première condition pour être questeur, édile, duumvir, était de posséder une propriété foncière qui pût servir de gage. Les riches seuls pouvaient donc arriver à la magistrature, et ils y laissaient quelquefois leur richesse. Il y a une loi qui accorde une pension alimentaire à ceux qui se sont ruinés pour le service de la cité⁷.

---

¹ Ulpien, au Digeste, L, 8, 8 (6).
² Voir le titre *De operibus publicis* au livre VIII du Code Justinien.
³ Papinien, au Digeste, L, 8, 5 (3), et 12.
⁴ Digeste, L, 1, 36.
⁵ *Lex Malacitana*, LX : *Qui duumviratum quæsturamve petent..., quisque eorum, quo die comitia habebuntur, prædes in commune municipum dato, pecuniam communem eorum quam in honore suo tractaverit salvam fore.... Prædia subsignato...* Cf. Digeste, L, titres 1, 4, 8. Il fallait même que le magistrat sorti de charge fût encore caution pour son successeur. — Remarquons bien que ces personnages étaient responsables, non envers l'État, mais envers la cité.
⁶ *In honoribus gerendis considerandum est... an facultates sufficere injuncto muneri possint* (Callistrate, au Digeste, L, 4, 14, § 3).
⁷ *Decurionibus facultatibus lapsis alimenta decerni si ob munificentiam in patriam patrimonium exhauserint* (Digeste, L, 2, 8).

Au milieu de ces règles ou de ces usages, que pouvaient devenir les comices populaires? Leur choix était bien restreint; leur liberté, si grande qu'elle pût être dans le texte de la loi, était en réalité presque nulle. A supposer qu'ils eussent essayé de montrer quelque exigence démocratique, l'ordre des décurions était armé contre eux : il examinait les cas d'indignité des élus, pouvait casser l'élection, et si les comices refusaient d'élire des candidats à son gré, il nommait lui-même, à la place de duumvirs, des préfets[1]. D'ailleurs, avec les mœurs municipales que nous venons de décrire, quel intérêt la plèbe avait-elle à pousser ses membres aux magistratures ou à se mêler de l'administration de la cité[2]?

On ne trouve dans l'histoire de l'Empire romain aucune loi qui ait aboli les comites municipaux. Il semble qu'ils aient disparu d'eux-mêmes. Ou bien ils cessèrent de se réunir, ou bien ils ne se réunirent que pour la forme, afin de confirmer des choix qui leur étaient indifférents et des décrets où ils n'étaient pour rien.

A partir de la fin du IIIe siècle, les classes inférieures semblent absolument écartées du gouvernement municipal. L'ordre des décurions en reste seul chargé. Le

---

[1] Voyez Orelli, n° 5679, et la note. Cf. *Lex Salpensana*, XXIV. [Cf. plus haut, p. 243, n. 1.]

[2] Trois attributions importantes paraissent avoir été toujours étrangères aux comices et réservées aux décurions : 1° la nomination des prêtres (inscriptions citées par Herzog, n°° 504 et 518) [*Corpus*, XII, n°° 1872 et 1904]; 2° la juridiction, ou du moins l'appel des arrêts des magistrats; on ne voit pas, dans les documents qui nous sont parvenus, trace de juridiction populaire; les mots *judicia plebis*, que l'on trouve dans une seule inscription (Orelli, n° 2489), n'indiquent pas une institution de cette nature; telle est du moins l'opinion de Herzog, p. 206-208; 3° la vérification des comptes de finances (*Lex Malacitana*, LXIII, LXIV, LXVII, LXVIII). Ces trois attributions assuraient au sénat municipal une influence prépondérante.

terme de curiales qui, à l'époque précédente, s'était appliqué à tous les citoyens, ne désigne plus que les décurions, c'est-à-dire les membres du sénat local[1].

Dès lors aussi le rang de curiale ou de décurion devient absolument héréditaire et s'attache forcément à la possession du sol[2]. On est curiale parce qu'on est propriétaire. Dès lors enfin tout ce qui est riche ou seulement aisé a l'obligation d'exercer les magistratures. Il n'y a même plus d'apparence de comices. L'usage s'établit que le magistrat en fonction présente son successeur; ce choix est ensuite ratifié par le vote de la curie[3].

Quand on lit les codes romains, on est d'abord surpris d'y voir que la dignité de décurion ou celle de magistrat est plus souvent présentée comme un fardeau que comme un avantage[4]. Les lois obligent le propriétaire à être décurion malgré lui; elles le condamnent à être édile ou duumvir. Essaye-t-il de fuir la curie, elles l'y ramènent de force, elles l'y enchaînent[5]. Il ne faut pas croire que ces lois soient le fruit de la décadence ou l'œuvre d'une tyrannie aveugle; elles ont été promulguées par les Antonins[6]. Ces princes sont, en effet,

---

[1] Code Théodosien, XII, 1, 27 : *Rarum Carthaginis senatum et exiguos residere curiales.* — Cassiodore, *Variarum*, VI, 13 : *Curiales qui legibus appellati sunt minor senatus.*

[2] Ibidem, XII, 1, 5 : *Qui originis gratia vel ex possidendi conditione vocatur in curiam.*

[3] Papinien, au Digeste, L, 1, 15, § 1, et 17, § 14. La présentation s'appelait *nominatio*.

[4] *Onera decurionatus, onera duumviratus* (Code Théodosien, XII, 1, 12 et 16).

[5] *Decuriones quos sedibus civitatis relictis in alia loca transmigrasse probabitur, præses provinciæ in patrium solum revocare et muneribus congruentibus fungi curet* (Ulpien, au Digeste, L, 2, 1). Il était défendu de se racheter de l'exercice d'une magistrature par le payement d'une somme d'argent (Paul, au Digeste, L, 4, 16).

[6] *Imperatores Antoninus et Verus rescripserunt eos qui compulsi ma-*

les vrais organisateurs de ce régime municipal dont nous venons de montrer le caractère. En instituant cette aristocratie, ils lui ont marqué ses devoirs en même temps que ses droits; et ils ont si bien lié les uns aux autres, que l'on s'est demandé de nos jours si le sort de ce décurion ou de ce magistrat n'était pas plus à plaindre qu'à envier, et si cette liberté municipale n'était pas une forme de tyrannie.

Il est vrai que les règles de ce temps-là paraissent étranges aux hommes de notre siècle; mais cela tient apparemment à ce que notre manière de penser en matière de gouvernement n'est plus la même qu'à cette époque. Aux yeux des générations actuelles, tout privilège est une faveur, tandis que dans presque tous les siècles de l'histoire les privilèges ont été des obligations. Nous sommes portés à croire que les privilégiés les ont usurpés par la force ou par la ruse, au lieu que le plus souvent ils n'ont fait que les accepter et les subir. Nous pensons volontiers que ces privilégiés ont dû tenir beaucoup à l'exercice de leurs droits et à la conservation de leurs avantages, tandis que presque toujours il a fallu qu'on les contraignît à les garder, et que, dès qu'ils ont été libres, ils se sont empressés de s'en défaire.

Notre siècle diffère aussi de ceux dont nous parlons par la manière dont il conçoit la liberté. Il la fait consister principalement à prendre part, ne fût-ce qu'indirectement et en apparence, au gouvernement d'un pays ou à l'administration d'une ville, au lieu que dans

---

gistratu funguntur, non minus cavere debere quam qui sponte officium agnoverunt (Digeste, L, 1, 38). Déjà dans la *Lex Malacitana*, LI, on voit qu'un homme pouvait être nommé magistrat malgré soi. Il en était de même pour le décurionat, dès le temps d'Ulpien et même de Trajan : *Qui inviti fiunt decuriones* (lettre de Trajan à Pline, X, 114) ; *ad decurionatus honorem inviti vocari* (Ulpien, au Digeste, L, 2, 2, § 8).

d'autres siècles les hommes plaçaient la liberté partout ailleurs que dans l'exercice des devoirs politiques. Quand les législateurs romains établirent ce régime municipal, ils ne pensèrent certainement pas à faire œuvre de libéralisme, et les populations apparemment ne le leur demandaient pas. Ce qu'on voulut, c'est que les affaires municipales fussent administrées et que les intérêts locaux fussent garantis. On ne trouva pas de plus sûr moyen pour atteindre ce but que de grouper les propriétaires, c'est-à-dire les principaux intéressés, et de les charger des difficiles fonctions de gérer sous leur responsabilité les intérêts de tous[1]. Mais pouvait-on laisser à chacun d'eux la liberté d'accepter ou de refuser ces fonctions? Il faudrait bien peu connaître la nature humaine pour croire que beaucoup d'hommes eussent brigué un honneur si périlleux. On jugea donc que la richesse ne donnait pas seulement un droit, mais qu'elle imposait encore un devoir. Le propriétaire fut, bon gré, mal gré, membre de la curie. On lui interdit d'émigrer, de vendre sa terre, de se faire soldat ou moine; on lui ferma toutes les issues par lesquelles il aurait pu échapper à ses obligations[2]. Les curies se seraient bien-

---

[1] Les inscriptions nous donnent la vraie pensée des hommes. Qu'on étudie avec attention toutes celles qui ont un caractère municipal, et l'on remarquera que les cités louent et remercient chaque personne qui s'est acquittée de toutes les magistratures, *omnibus honoribus in civitate functus*. Ce n'est pas le magistrat qui remercie la cité; c'est plus souvent la cité qui remercie le magistrat, tant il est vrai que la magistrature apparaît comme une charge au moins autant que comme un honneur. Des inscriptions portent *omnibus oneribus et honoribus functus* (Wilmanns, n°ˢ 1832 et 2011). — Une autre porte aux nues un personnage qui, alors qu'il eût pu se faire exempter, *quum honoribus et muneribus potuisset excusari*, a pourtant consenti à gérer les magistratures (Wilmanns, n° 2009).

[2] *Sancimus ut qui ultra viginti quinque jugera privato dominio possidet, curiali consortio vindicetur* (Code Théodosien, XII, 1, 33). — *Revocetur ad curiam, substantiam muneribus aptam possidens* (ibidem,

tôt trouvées vides, si les lois ne les eussent protégées contre une désertion inévitable.

La liste de la curie (*album curiæ*) était dressée tous les cinq ans, non pas par un fonctionnaire impérial qui eût été étranger à la cité, mais par les curiales eux-mêmes ou par le magistrat qu'ils avaient choisi. Ils étaient naturellement intéressés à n'omettre aucun nom ; il paraît même qu'ils étaient tentés d'inscrire plus de noms qu'il n'eût fallu, afin qu'il y eût un plus grand nombre de copartageants aux charges publiques[1]. De là deux séries de réclamations en sens contraire qui n'ont cessé d'assiéger les empereurs durant trois siècles. D'une part, beaucoup d'hommes se plaignaient d'être indûment portés sur la liste ; ils alléguaient ou leur âge ou leur pauvreté. D'autre part, les curies se récriaient, disant que beaucoup de leurs citoyens réussissaient à leur échapper et que le fardeau devenait trop lourd pour ceux qui restaient. A ces deux genres de récriminations le pouvoir répondait par deux séries de règlements qu'une lecture attentive du Digeste et des Codes fait très bien discerner. D'un côté, il défendait d'inscrire sur l'album ceux qui avaient moins de 18 ans ou qui possédaient moins de 25 arpents de terre ; de l'autre, il ramenait dans les curies ceux qui avaient voulu se déro-

---

XII, 1, 17). — *In fraudem civilium munerum per tacitam fidem prædia translata fisco vindicentur* (Papinien, au Digeste, L, 1, 15). — *Quoniam relictis curiis nonnulli ad militiæ præsidia confugiunt, reverti ad curiam præcipimus* (Code Théodosien, XII, 1, 11). — *Qui derelicta curia militaverit, revocetur ad curiam* (Code Justinien, X, 31, 17, loi de 326).

[1] Cette pensée est exprimée dans une inscription. Une cité loue pompeusement un personnage d'avoir augmenté le nombre des décurions, *ut sint cum quibus munera decurionatus jam ut paucis onerosa honeste compartiamur* (Henzen, n° 7168, page 445). — On ne peut malheureusement donner la date de ce document.

ber aux charges municipales. De ces mesures, les premières étaient prises dans l'intérêt des individus; les secondes, dans l'intérêt des curies. On s'explique tous ces règlements divers du pouvoir si l'on entend par la pensée les demandes diverses des populations[1].

Il n'est pas douteux que l'édilité, la questure, le duumvirat, ne fussent de très hautes dignités. L'homme qui était pour une année le chef d'une de ces grandes cités, dont le territoire égalait l'étendue d'un de nos départements, devait être un personnage fort honoré; les inscriptions témoignent en effet de la considération qui l'entourait, et il n'était pas rare que pour reconnaître son habile administration ou ses sacrifices pécuniaires la cité lui élevât par un décret public une statue. Mais bien peu d'hommes devaient aspirer à ces grandeurs brillantes. A compter ce qu'elles coûtaient, il est difficile de croire qu'il s'offrît chaque année un nombre suffisant de candidats. Il fallait donc élire des hommes qui n'avaient rien brigué, rien souhaité, ou qui avaient souhaité ardemment de n'être pas élus. Contre de tels choix les protestations n'étaient pas rares; elles venaient des élus eux-mêmes et non pas des candidats évincés[2]. On était magistrat malgré soi. En vain fuyait-on[3]; en vain se cachait-on; la loi disait : « Si un homme désigné pour une magistrature s'est enfui, qu'il soit recherché;

---

[1] Voir, par exemple, au Code Théodosien, XII, 1, 96, une loi qui est portée sur la demande des curies.

[2] Ulpien, au Digeste, XLIX, 4, 1; XLIX, 1, 21. Code Justinien, X, 31, 2. — Dès le III° siècle, il n'y avait presque plus d'élections; chacun était magistrat à son tour et obligatoirement. Ulpien, au Digeste, L, 4, 3, § 15 : *Præses provinciæ provideat munera et honores in civitatibus æqualiter per vices secundum ætates et dignitates injungi, ne, frequenter iisdem oppressis, simul viris et viribus respublicæ destituantur.* D'autres lois rappellent qu'il faut empêcher les *locupletiores* de fuir les charges.

[3] *Magistratus desertores* (Code Théodosien, XII, 1, 29).

si on ne le trouve pas, que sa fortune lui soit enlevée et qu'elle soit donnée à celui qui sera duumvir à sa place; si on le trouve, son châtiment sera de porter durant deux ans entiers le poids du duumvirat[1]. »

De telles lois ont paru inexplicables aux hommes de nos jours ; elles sont pourtant conformes à la nature des choses. Le gouvernement d'une société ou d'une ville est un ensemble de charges; pour qu'une classe aristocratique consente à porter un tel fardeau, il faut ou bien l'y déterminer par de grandes compensations, ou bien l'y contraindre par la force. L'Empire romain ne donna à l'aristocratie municipale que des compensations insuffisantes; il lui fallut donc, pour obtenir qu'elle se chargeât d'administrer le pays, déployer contre elle toute la sévérité de ses lois.

CHAPITRE VII

De la surveillance exercée sur les cités.

A côté des faits qui nous ont présenté les cités comme des corps assez indépendants, il en est d'autres qui vont nous montrer l'ingérence du pouvoir impérial dans leurs affaires. Il est vrai que le trop petit nombre de documents que nous possédons sur la Gaule nous oblige à chercher ces faits dans d'autres provinces.

Pline nous montre dans une de ses lettres qu'un de ses amis a reçu de l'empereur Trajan une mission en Achaïe et que cette mission consiste « à mettre l'ordre

---

[1] Loi de 326, au Code Justinien, X, 31, 18.

dans le régime intérieur des cités¹ ». Pline lui-même, comme proconsul de Bithynie, paraît avoir reçu de l'empereur des instructions de même nature; car Trajan lui rappelle dans une lettre « que son premier soin doit être d'examiner les comptes financiers des villes² ». En effet, dès qu'il est entré dans sa province, il se fait donner les comptes de la cité de Pruse; il examine « ses dépenses, ses revenus, ses créances³ », et il ajoute « que cette inspection avait grand besoin d'être faite ». Il agit de même à Apamée, à Nicomédie, à Nicée, partout⁴.

Après lui, dans la même province, une inscription nous montre un personnage qui a été envoyé par l'empereur Hadrien pour examiner les comptes⁵. Un autre a reçu du même empereur, dans la province de Syrie, la mission « d'examiner les comptes des cités⁶ ». En effet le biographe d'Hadrien remarque qu'il surveillait avec un soin vigilant les finances des villes de province⁷.

C'est que ces finances étaient en mauvais état; Trajan le dit dans sa lettre à Pline, et il dit encore qu'il y avait beaucoup de choses à corriger⁸. D'une part, les grands

---

¹ Pline, *Lettres*, VIII, 24, *ad Maximum* : *Te missum in provinciam Achaiam... missum ad ordinandum statum liberarum civitatum.*

² Ibidem, X, 29, *Trajanus Plinio* : *Rationes in primis tibi rerumpublicarum excutiendæ sunt.*

³ Ibidem, X, 28 : *Nunc reipublicæ Prusensium impendia, reditus, debitores excutio, quod ex ipso tractatu magis ac magis necessarium intelligo.*

⁴ Ibidem, X, 47, 48, 56.

⁵ *Corpus inscriptionum græcarum*, nᵒˢ 4033-4034 : Πεμφθεὶς εἰς Βιθυνίαν διορθωτὴς καὶ λογιστὴς ὑπὸ θεοῦ Ἀδριανοῦ. — Nous voyons un autre personnage, L. Burbuleius, qui a été λογιστὴς Syriæ au temps d'Hadrien [*logiste*, dit l'inscription, Wilmanns, nᵒ 1181].

⁶ Wilmanns, nᵒ 1180 ; Henzen, nᵒ 6485 ; L. Renier, *Inscriptions de l'Algérie*, nᵒ 1812 : *P. Pactumeio Clementi..., legato divi Hadriani ad rationes civitatium Syriæ putandas.*

⁷ Spartien, *Hadrien*, 11 : *Reditus provinciales sollerter explorans.*

⁸ Pline, *Lettres*, X, 28 : *Trajanus Plinio* : *Rationes tibi rerumpu-*

travaux faits depuis un siècle et la transformation des villes avaient souvent compromis la fortune municipale. D'autre part, le manque de surveillance avait amené bien des abus et même des fraudes. Pline montre, par exemple, que les villes étaient souvent trompées par les entrepreneurs de travaux; aussi est-ce à eux qu'il s'attaqua d'abord, les obligeant à restituer aux villes de grandes sommes[1]. Les magistrats annuels géraient singulièrement les intérêts de la cité. On en voyait qui commençaient la construction d'un aqueduc; leurs successeurs ordonnaient d'en construire un autre, et tous les deux restaient inachevés, après avoir coûté plus de cinq millions de sesterces[2]. Ailleurs, c'était un théâtre dont les fondations avaient été si mal faites, qu'on ne savait pas s'il serait possible de l'achever; Pline craint que la cité « n'ait bien mal placé son argent[3] ». Ces petits gouvernements se sentaient trop faibles vis-à-vis de leurs propres débiteurs, et ne pouvaient pas obtenir le payement de ce qui leur était dû[4]. Faibles aussi devant certaines influences locales, ils se laissaient entraîner à des dépenses non justifiées et quelquefois même à des dons inexplicables[5].

---

blicarum excutiendæ sunt, nam et eas esse vexatas satis constat. — X, 41 : *Multa emendanda apparuerunt.*

[1] Pline, *Lettres*, X, 28 : *Videntur non mediocres pecuniæ posse revocari a curatoribus operum, si mensuræ fideliter aguntur.*

[2] La chose se passait à Nicomédie; Pline, X, 46. — Trajan répond qu'il faut chercher *quorum vitio Nicomedenses tantam pecuniam perdiderint.*

[3] Pline, *Lettres*, X, 48. Il s'agit ici de la ville de Nicée.

[4] Ibidem, X, 28 : *Multæ pecuniæ variis ex causis a privatis detinentur.* Pline s'occupa de faire rentrer cet argent.

[5] Ibidem : *Quædam sumptibus minime legitimis erogantur.* Dans la lettre 111, il raconte qu'une cité a fait une donation de 40 000 deniers à un certain Julius Pison. Ulpien, au Digeste, signale cet abus comme un des plus fréquents : *Si decreverint, ut solent, de publico*

Les faits que nous citons ici ne concernent, à la vérité, que la Bithynie, province fort éloignée de la Gaule. C'est que, de toutes les correspondances officielles que les gouverneurs ont eues avec le prince et ses bureaux, celle d'un gouverneur de Bithynie nous est seule parvenue. Mais nous devons songer qu'à la même époque les cités gauloises firent aussi de grands travaux. En ce siècle elles construisirent des routes, des ponts, des aqueducs, surtout des temples, des écoles, des thermes, des basiliques. Tout était à faire; tout fut fait très vite, avec un grand empressement, avec une grande inexpérience. Nous pouvons admettre que, comme en Bithynie, il y eut beaucoup d'incurie et de maladresse d'une part, beaucoup de fraudes et de malversations de l'autre. Il n'est donc pas téméraire de penser que le tableau que Pline fait de la Bithynie serait assez exact pour les cités gauloises. En d'autres temps, une situation pareille se serait « liquidée » par des emprunts que les générations suivantes auraient payés. Mais cet usage n'existait pas encore. Les finances de beaucoup de cités restaient en souffrance, et cela mettait en péril tout le régime municipal.

L'Empire vint au secours des cités. Ses puissants fonctionnaires qu'aucune influence locale n'intimidait examinèrent leurs registres des comptes, firent rentrer l'argent qui leur était dû, révoquèrent leurs donations illégitimes, vérifièrent leurs travaux. Les cités se plaignirent-elles de cette intervention du pouvoir central? Nous ne savons. Pline en signale seulement une qui déclara à la fois qu'elle était en droit de ne pas présen-

---

alieni vel prædia vel ædes vel certam quantitatem præstari (Digeste, L, 9, 4).

ter ses comptes au gouverneur, et qu'elle désirait unanimement qu'il les examinât[1].

Ainsi commença, très naturellement, l'intervention du pouvoir central dans les affaires intérieures des cités. Elle s'établit au temps de Trajan, d'Hadrien, des Antonins, c'est-à-dire sous des princes qui n'étaient pas de purs despotes. On ne saurait dire si les empereurs l'imaginèrent comme une augmentation de leur puissance, ou si elle s'imposa à eux comme une obligation.

Dès lors nous voyons certaines règles prévaloir : le gouverneur de province a la charge d'examiner les travaux des villes; il oblige les débiteurs de ces villes à s'acquitter[2]; il recherche les propriétés municipales qui ont été usurpées par les particuliers et les fait restituer[3]. Bientôt la cité ne pourra plus construire un édifice, un théâtre, un bain public, sans en demander l'autorisation au gouverneur ou au prince lui-même[4];

---

[1] Pline, *Lettres*, X, 56 : *Quum vellem Apameæ cognoscere et reditum et impendia, responsum est mihi cupere quidem universos ut a me rationes coloniæ legerentur, nunquam tamen esse lectas ab ullo proconsulum; habuisse privilegium arbitrio suo rempublicam administrare.* — Trajan (ou le chef de bureau qui parle sous son nom) répond habilement que Pline examinera les comptes de la ville, mais qu'on dira aux habitants que cela ne dérogera point à leur privilège.

[2] Ibidem, X, 54 : *Pecuniam revocare a privatis et exigere cœpi.*

[3] Ulpien, au Digeste, L, 10, 5 : *Fines publicos a privatis detineri non oportet; curabit igitur præses, si qui publici sunt (publicus* signifie ce qui appartient à la *civitas*, à la *respublica*), *a privatis separare et publicos potius reditus augere; si qua loca publica vel ædificia in usus privatorum invenerit, æstimare... et id quod utilius reipublicæ intellexerit sequi.*

[4] Pline, *Lettres*, X, *passim*. Ainsi la permission est demandée pour un bain public à Pruse (lettre 34), pour un aqueduc à Nicomédie (lettre 46), pour un canal couvert à Amastris (lettre 109), pour un aqueduc à Sinope (lettre 91).

et cela est posé en règle par les jurisconsultes[1]. En retour, le gouverneur, chaque fois qu'il visite une ville, peut noter les constructions en mauvais état et ordonner qu'elles soient ou réparées ou refaites[2].

Ce même besoin de surveillance en matière financière, qui a provoqué l'intervention de l'État et de ses proconsuls dans les affaires des cités, a donné naissance à une sorte de magistrature d'un caractère singulier. L'homme qui en était revêtu portait le titre de « curateur de la cité » ou « curateur de la république[3] ». Elle apparaît pour la première fois sous Domitien[4]; mais c'est surtout sous Trajan, Hadrien, Marc-Aurèle qu'elle prend vigueur. Bien que les historiens la mentionnent à peine, elle nous est passablement connue par quelques fragments du Digeste et par de nombreuses inscriptions. Nous allons présenter d'abord les faits qui se dégagent des textes épigraphiques avec le plus de certitude.

Le premier est que le curateur n'appartenait jamais, sauf des exceptions très rares, à la cité dont il avait la curatelle[5]. Par là déjà il se distinguait des vrais magis-

---

[1] Digeste, L, 10, 3 : *Publico sumptu opus novum sine principis auctoritate fieri non licere constitutionibus declaratur.*

[2] Ulpien, au Digeste, I, 16, 7.

[3] Wilmanns, n° 637 : *Curatori civitatis Arausensium.* — N° 1181 : *Burbuleio..., curatori reipublicæ Narbonensium.* — N° 1209 : *Cn. Petronio..., curatori reipublicæ Ardeatinorum.* — N° 1750 : *C. Dissenio, curatore reipublicæ Bovillensium.* — N° 2052 : *Sex. Minio..., curatori civitatis Atinatium.* — *Curator reipublicæ* (Ulpien, au Digeste. L, 8, 2). — *Curator civitatis* (Digeste, L, 8, 9). — Ulpien avait fait un traité *De officio curatoris reipublicæ*, dont quelques fragments sont au Digeste; L, 9, 5; L, 12, 1. — Il importe de ne pas confondre ce *curator reipublicæ* avec plusieurs autres personnages qui portaient aussi le nom de *curator, curator operum, curator calendarii, curator annonæ, curator aquarum.*

[4] *Corpus inscriptionum latinarum*, III, n° 291; un personnage que l'on sait être contemporain de Domitien, est qualifié *curator coloniarum et municipiorum*, curateur de plusieurs colonies et municipes.

[5] Comme exceptions, nous pouvons citer [entre autres] un personnage

trats municipaux. Il ne paraît même pas qu'il résidât habituellement dans cette cité; car nous voyons le même personnage exercer la curatelle dans plusieurs cités éloignées l'une de l'autre[1]. Ce qu'on peut remarquer encore dans toutes ces inscriptions, ou presque toutes, c'est que les curateurs ne suivaient pas ce qu'on peut appeler la carrière des magistratures municipales; ils appartenaient à la carrière des fonctions impériales. La plupart commençaient par cette charge et finissaient par les proconsulats et le gouvernement des meilleures provinces[2]. Ceux-là étaient sénateurs. D'autres appartenaient à l'ordre équestre. Presque tous les curateurs qui nous sont connus par les inscriptions ont vécu fonctionnaires impériaux.

Si l'on cherche quelles étaient leurs attributions, elles ressortent de quelques inscriptions comme celle-ci : « A L. Gabinius..., patron de la colonie des Tridentins, curateur des municipes des Privernates et des Interamnates, les Interamnates élèvent cette statue parce qu'il a mis toute sa sollicitude à conserver et à accroître les édifices de la cité, et notamment parce qu'il a rétabli

---

qui fut curateur à la fois dans sa ville natale et dans deux autres villes (Wilmanns, n° 2094), un autre qui fut questeur, édile, duumvir et curateur dans la même ville (ibidem, n° 2102). Toutes les autres inscriptions, et elles sont au nombre de plus de cent, nous montrent le curateur étranger à la cité.

[1] *Corpus inscriptionum latinarum*, VI, n° 1406 : *A. Egnatio..., curatori reipublicæ Concordiensium, curatori reipublicæ Albensium, curatori reipublicæ Bovillensium.* — N° 1419 : *Curatori splendidissimarum coloniarum....* — Autres exemples, Wilmanns, n°˚ 1201, 1276, 1750, 2091, 2123.

[2] Par exemple, Burbuléius fut curateur de Narbonne et d'Ancône, et devint proconsul de Sicile, préfet de l'ærarium, légat de Cappadoce, légat de Syrie et consul (*Inscriptiones regni Neapolitani*, n° 4080; Henzen, 6484; Wilmanns, n° 1181). Autres exemples semblables, Wilmanns, n°˚ 1202, 1203, 1211, 1213, 1215, 1217, 1219 a, 1223, 1225 a, 2118, etc.

un aqueduc qui avait été longtemps négligé par suite du manque de ressources de la ville[1]. » Le curateur était donc l'homme qui était chargé de veiller à la conservation des édifices municipaux et d'ordonner, s'il y avait lieu, les constructions à faire. Or les édifices ne sont qu'une partie de la fortune municipale ; c'est visiblement sur cette fortune tout entière qu'il veillait. Aussi avait-il la charge de faire restituer à la cité les biens usurpés[2]. Ce qui marque bien que ses attributions avaient un caractère financier, c'est qu'en langue grecque on l'appelait λογιστής[3] ; il était le contrôleur des comptes de la cité.

Les inscriptions montrent encore qu'il était nommé par l'empereur. Plusieurs le disent expressément. Nous y lisons que P. Clodius Sura a été « curateur *donné* à la cité de Bergame par l'empereur Trajan et à la cité de Côme par l'empereur Hadrien[4] ». Un autre est qualifié curateur d'Æsernia, « donné par l'empereur Antonin le Pieux[5] ». Celui-ci est curateur de Tréia,

---

[1] Henzen, n° 6517 ; Wilmanns, n° 1276 : *L. Gabinio..., curatori rerum publicarum Privernatium et Interamnatium..., quod operibus publicis non solum servandis verum et augendis omnem sollicitudinem intenderit, formamque aquæductus diutina incuria conlapsam afflictis reipublicæ rebus restituerit, Interamnates patrono et curatori reipublicæ suæ.* — Cf. Wilmanns, n° 1690.

[2] *Agros reipublicæ retrahere curator civitatis debet* (Digeste, L, 8, 11 (9)).

[3] On peut remarquer dans plusieurs inscriptions que les mêmes personnages sont à la fois logistes de cités asiatiques et curateurs de villes d'Europe. Ainsi Burbuléius, dont nous avons déjà parlé, a été logiste en Syrie et curateur à Narbonne et à Ancône. Ailleurs (Wilmanns, n° 1201), Tib. Claudius Candidus a été logiste de Nicomédie et de Nicée et curateur de Téanum.

[4] Wilmanns, n° 2167 ; Orelli, n° 3898 : *P. Clodio P. f. Suræ, curatori reipublicæ Bergomatium, dato ab imperatore Trajano, curatori reipublicæ Comensium, dato ab imperatore Hadriano, collegia fabrorum et centonariorum.*

[5] Orelli, n° 2603 ; Wilmanns, n° 2479 : *Curatore reipublicæ Æserninorum, dato ab imperatore optimo Antonino Augusto Pio.*

« donné par l'empereur Antonin »; celui-là est curateur de Plestinum, « donné par les empereurs Marc-Aurèle et Commode »; cet autre, à Tifernum, est « curateur donné par l'empereur Septime Sévère[1] ». Enfin il en est un qui a été « curateur de la république des Vénètes, établi par les empereurs Septime Sévère et Caracalla[2] ». Il est vrai que ces inscriptions sont [à peu près] les seules entre plus de cent qui contiennent cette formule; mais comme presque tous les curateurs sont clairement désignés comme des hommes appartenant à la carrière des fonctions impériales, nous pouvons croire que c'est l'empereur qui les a désignés pour ces curatelles comme pour leurs autres fonctions. Cela est confirmé par une phrase du biographe de Marc-Aurèle, qui dit « qu'il donna souvent aux villes des curateurs tirés du sénat[3] ».

Faisons attention toutefois que le curateur ne doit pas être compté parmi les vrais fonctionnaires publics. Il n'est ni au-dessous ni au-dessus du gouverneur de province. Il n'a pas de rang dans la hiérarchie si bien réglée des fonctions. Tous les caractères du fonctionnaire lui manquent. Une chose qu'il faudrait savoir, c'est s'il rendait compte de sa gestion à l'empereur; or cela ne nous est signalé par aucun indice. Nous ne savons pas non plus si toutes les cités ont eu des curateurs. Nous ignorons aussi si la dignité de curateur était annuelle, permanente, ou intermittente. Enfin dans toute cette incertitude on peut se demander si

---

[1] Wilmanns, n°° 2110, 2104; Orelli, n°° 2172, 3902.

[2] *C. Decimius Sabinianus, omnibus honoribus apud suos functus, curator reipublicæ Venetum ab imperatoribus Severo et Antonino ordinatus* (Julliot, *Monuments du musée de Sens*, n° 43).

[3] Jules Capitolin, *Marcus*, 11 : *Curatores multis civitatibus a senatu dedit.*

l'établissement des curateurs n'a pas été plutôt un fait fréquent qu'une institution générale.

Ce qu'on distingue le mieux, c'est que le curateur avait une autorité très grande sur les comptes de la cité, mais n'en avait aucune sur la cité elle-même. Il ne vivait même pas au milieu d'elle. En établissant les curateurs, l'Empire n'a donc pas eu la pensée de placer un agent dans chaque cité. Le curateur n'était pas, comme serait tout fonctionnaire, chargé de faire exécuter les volontés du prince et de lui assurer l'obéissance des hommes. L'autorité impériale s'exerçait par les proconsuls et les légats, non par les curateurs.

Nous ne savons pas exactement quelles étaient les relations du curateur avec le prince; nous connaissons ses relations avec la cité. Il vérifiait ses comptes de recettes et de dépenses, il autorisait ou ordonnait ses travaux de construction, il veillait sur ses biens, lui interdisait d'aliéner ou lui faisait restituer les biens usurpés. On ne peut s'empêcher de noter la ressemblance entre ce curateur du droit municipal et le curateur du droit privé. Celui-ci était une sorte de tuteur qui était donné aux incapables, aux malades, aux absents, avec mission de veiller, non sur la personne, mais sur les biens[1]. C'est exactement le caractère du curateur de la cité[2].

Il faut rapprocher aussi cette institution de celle du patronage. On sait que c'était un usage presque universel qu'une cité eût un patron, quelquefois plusieurs, soit pour la soutenir dans ses démarches à Rome, soit

---

[1] Ulpien, au Digeste, L, 4, 1 : *Custodiendis bonis curator datus.*
[2] C'est peut-être là qu'il faut chercher l'explication de l'expression singulière *curator datus* qui est usitée dans les inscriptions. On disait aussi en droit privé *tutor datus, curator datus.*

pour veiller sur ses intérêts et sur toute sa vie intérieure[1]. Ce patron était choisi par la cité, mais choisi en dehors d'elle, et presque toujours parmi les grands personnages de Rome. Ce qui nous autorise à rapprocher la curatelle du patronage, c'est que ce rapprochement existe dans de nombreuses inscriptions. Beaucoup de personnages sont qualifiés à la fois curateurs et patrons d'une cité[2]. La curateur fut nécessairement un étranger, comme le patron ; il fut, autant que possible, un grand personnage, un sénateur, un chevalier, comme autrefois. La vraie différence avec l'ancien patron est qu'il fut désigné, accordé, « donné » par l'empereur.

La Gaule eut des curateurs comme l'Italie et les autres provinces. On en trouve à Narbonne, à Lyon, à Orange, à Avignon[3] ; on en trouve chez les Suessions, chez les Carnutes, chez les Vénètes, chez les Bituriges de Bordeaux, et enfin à Cologne[4]. Mais il y a ici une particularité à signaler. Si l'on excepte les curateurs de

---

[1] Sur le *patronatus* des cités, voir les *tabulæ patronatus* dans Wilmanns, n°° 2855 et suivants.

[2] Wilmanns, n° 1203 e : *L. Mario Maximo..., patrono et curatori coloniæ.* — N° 672 a : *Proculo, patrono et curatore Abellanorum.* — N° 684 : *C. Dissenio, curatori et patrono.* — N° 1186 : *C. Popilio..., patrono municipii, curatori.* — N° 1598 : *C. Arrio..., patrono municipii, curatori reipublicæ.* — N° 1276 : *L. Gabinio..., Interamnates patrono et curatori reipublicæ suæ.* — N° 2077 : *L. Alfio..., curatori reipublicæ Casinatium et patrono.* — N° 2110 : *M. Oppio..., patrono municipii, curatori dato.* — Dans le n° 1690, le même homme est qualifié d'abord *curator*, ensuite *patronus* ; de même dans le n° 1213.

[3] *L. Burbuleius Optatus Ligarianus, curator reipublicæ Narbonensium* (Wilmanns, n° 1181). — *Curator reipublicæ Aveniensium* (Herzog, n° 563 ; Allmer, t. I, p. 306) [Corpus, XII, n° 366]. — *Curator civitatis Arausensium* (Wilmanns, n° 637).

[4] Julliot, *Monuments du musée de Sens*, n° 43. — L. Renier, *Revue archéologique*, t. XI, p. 420. — Spon-Renier, p. 367. — *Bulletin de la Société des antiquaires*, 1881, p. 120.

Narbonne, de Lyon et de Cologne, qui étaient des colonies romaines, on remarque que, dans les cités gauloises, le curateur est un Gaulois. C'est un Poitevin qui est curateur à Bordeaux[1]; un Véromanduen l'est à Soissons, un Sénon à Vannes, un autre Sénon à Orléans[2]. Ces Gaulois, avant d'être curateurs d'une autre cité, avaient rempli toutes les magistratures dans la leur. Il semble qu'en Gaule on ait simplement obéi à ce principe de donner pour curateur à une cité l'homme le plus expérimenté et le plus recommandable d'une cité voisine.

Je ne puis partager l'opinion de quelques historiens modernes qui regardent cette institution des curateurs comme une sorte de machine de guerre que l'Empire aurait imaginée pour opprimer le régime municipal. Suivant ces historiens, l'Empire aurait prétendu tout soumettre à soi, mettre la main partout, écarter toute autre initiative et toute autre action que la sienne. Une telle politique ne m'apparaît pas dans les faits. Il est bon d'écarter ces hypothèses que la méthode subjective introduit trop facilement dans l'histoire. Ne disons donc pas que l'institution des curateurs « fut l'instrument d'une centralisation excessive[3] », ni « qu'elle fut

---

[1] *L. Lentulio Censorino, Pictavo, omnibus honoribus apud suos functo, curatori Biturigum Viviscorum, inquisitori, tres provinciæ Galliæ*, Spon-Renier, p. 367.

[2] *Numini Augusto Deo Volcano civitatis Viromanduorum C. Siccius Latinus, sacerdos Romæ et Augusti..., curator civitatis Suessionum, inquisitor Galliarum* (Héron de Villefosse, dans le *Bulletin de la Société des antiquaires*, 1881). — *C. Decimius Sabinianus, omnibus honoribus apud suos functus, curator reipublicæ Venetum ab imperatore Severo ordinatus* (Julliot, *Monuments du musée de Sens*, n° 43). — *L. Cornelius Magnus Atepomari filius, civis senonicus, curator Cenabensium* (L. Renier, dans la *Revue archéologique*, nouvelle série, t. XI, p. 420).

[3] *Revue historique de droit*, 1879, page 380.

le premier coup porté à l'indépendance municipale[1] ». La vérité se borne à ceci que les cités, pour échapper à des abus trop visibles, eurent comme des tuteurs chargés de contrôler leurs finances et de veiller sur leur fortune. C'était là une institution de vigilance plutôt qu'un instrument de despotisme. Les curateurs n'ont pas été créés avec la pensée de mettre les villes dans la main du pouvoir, mais avec la pensée toute naturelle et toute simple de protéger leur fortune. Dans nos inscriptions, les cités sont reconnaissantes à leurs curateurs et les appellent volontiers du titre de patron[2]. Les hommes ne voyaient pas qu'il y eût là une question de liberté ou d'autorité; ils n'y voyaient qu'une question d'intérêt matériel.

Les documents historiques de ces trois siècles ne portent aucun indice de conflit sérieux entre les institutions municipales et le pouvoir central. Ce serait se tromper beaucoup que de se figurer, d'une part, des populations jalouses de leurs franchises et ardentes à les conserver, et d'autre part un gouvernement ennemi de ces mêmes franchises et obstiné à les combattre. Si l'on supposait qu'il y eût durant cette époque un long antagonisme entre les libertés locales et le gouvernement impérial, on attribuerait à ces générations des pensées qui leur étaient étrangères.

Il faut ajouter que ces curateurs qui dans les premiers temps avaient été « donnés » aux villes par le pouvoir central, ne tardèrent pas trop à être nommés par les villes elles-mêmes. On ne sait pas comment ce

---

[1] Glasson, *Histoire du droit et des institutions*, t. I, p. 327.
[2] *Curatori reipublicæ..., digno patrono* (Wilmanns, n° 1690). — *Optime de re publica merito* (idem, n° 1186). — *Ob merita ejus* (idem, n° 2110). — *Ob merita ejus* (idem, n° 2077). — *Patrono optimo* (idem, n° 1213).

changement se fit. Assurément il n'y eut pas une révolte générale des cités pour conquérir ce droit. Peu à peu le pouvoir le leur abandonna. Au III° siècle, le curateur était devenu partout un magistrat municipal, élu par la cité[1].

CHAPITRE VIII

Les charges de la population; les impôts.

L'histoire des impôts que les Gaulois eurent à payer doit être partagée en trois périodes : une première, où les Gaulois payèrent l'impôt à titre de sujets ; une seconde, où ils le payèrent à titre de membres de l'Empire ; une troisième, où le système fiscal fut modifié par les empereurs du IV° siècle[2].

La Gaule vaincue et réduite « en province » paya

---

[1] Sur le curateur magistrat municipal, élu par la cité, voici les principaux textes : Papinien, au Digeste, L, 8, 5 : *Prædium publicum in quinque annos curator reipublicæ locavit..., successor qui locavit tenebitur.* Cette phrase montre que le *curator* est annuel, et, de plus, qu'il est responsable envers la cité ; de même la phrase suivante : *Filium pro patre curatore reipublicæ creato cavere cogi non oportet.* — Inscriptions dans Wilmanns, n°° 769, 770, 786, 1088, 2359. — Papinien, au Digeste, I, 22, 6 : *In consilium curatoris reipublicæ vir ejusdem civitatis assidere non prohibetur.* — [Cf. Jullian, *Transformations politiques de l'Italie*, 1884, où a été développée une thèse semblable sur le caractère des curateurs.]

[2] Il n'est pas de notre sujet de faire un exposé complet des impôts de l'Empire romain. On pourra consulter sur cette matière : les notes de Godefroi au livre XI du Code Théodosien ; Dureau de la Malle, *Économie politique des Romains* ; Baudi di Vesme, *Étude sur les impôts en Gaule à la fin de l'Empire romain* ; Marquardt, *Rœmische Staatsverwaltung*, t. II ; Cagnat, *Étude sur les impôts indirects chez les Romains*, 1882.

d'abord l'impôt de sujétion, que l'on appelait *stipendium*[1]. Nous ignorons comment fut réparti ce premier impôt établi par César; quelques peuples en furent exempts, mais ceux-là seuls qui s'étaient montrés ses alliés « et avaient bien mérité de lui pendant la guerre[2] ». Vingt-quatre ans plus tard, l'organisation de la Gaule fut faite par Auguste, et l'impôt fut remanié. Cette fois, on ne voit pas qu'aucune cité en ait été exempte. Un mot de Tacite donne bien à entendre que les Éduens eux-mêmes le payaient[3]. Un autre passage marque clairement que les Trévires et les Lingons y étaient soumis[4]. La distinction que quelques modernes ont esssayé d'établir entre les peuples stipendiaires et les peuples exempts n'est qu'une pure hypothèse[5].

Cet impôt portait sur le sol. Pour l'établir avec quelque exactitude, Auguste avait fait un cadastre des terres de la Gaule comme de tout l'Empire[6]. Cette opération fut reprise et refaite un peu plus tard par Tibère[7]. Nous pouvons donc admettre que chaque terre

---

[1] Suétone, *César*, 25 : *Galliam in provinciæ formam redegit et ei quadringenties stipendii nomine imposuit.*

[2] Ibidem : *Præter socias ac bene meritas civitates.* — Ces termes de Suétone excluent les Arvernes, les Carnutes, et presque tous les peuples, excepté les Rèmes et les Lingons. Donc la liste des peuples exemptés par César n'est pas la même liste que celle des *fœderati* et des *liberi* qui se trouve dans Pline.

[3] Tacite, *Annales*, III, 40 : *Julius Sacrovir... disserebat de continuatione tributorum.* [Cf. plus haut, p. 72.]

[4] Idem, *Histoires*, IV, 73-74. Cérialis, s'adressant aux Trévires et aux Lingons, leur parle des tributs qu'ils payent, et leur en explique la légitimité.

[5] Je retrouve encore cette hypothèse présentée comme une affirmation dans le livre de M. Glasson, page 362.

[6] Tite Live, *Epitome*, 134 : *Cum ille (Augustus) conventum Narbone ageret, census a tribus Galliis actus.*

[7] Tacite, *Annales*, I, 31 : *Germanicus agendo Galliarum censui tum intentus.* — II, 6 : *Missis ad census Galliarum P. Vitellio et C. Antio.*

fut soumise à une contribution proportionnée à son étendue et à sa valeur. L'Italie était exempte de cet impôt, ainsi que quelques cités dotées du « droit italique ». L'impôt foncier n'était donc supporté que par les provinces[1].

Il nous est impossible d'apprécier avec quelque sûreté la lourdeur de cette contribution. Si nous en croyons Suétone, elle n'aurait été, au temps de César, que de 40 millions de sesterces, moins de 10 millions de nos francs[2]. Mais le poids se serait bientôt aggravé. Velléius fait observer que la Gaule payait un peu plus que l'Égypte[3]; or il est généralement admis que l'Égypte payait 12 500 talents[4]. On peut donc évaluer les impôts de la Gaule à environ 75 millions de nos francs. Mais il y a en tout cela beaucoup de conjecture.

---

[1] La plupart des historiens modernes, et surtout ceux qui se servent avec prédilection des jurisconsultes, inclinent à regarder cette contribution moins comme un impôt foncier que comme une rente foncière. La propriété du sol provincial, suivant eux, aurait appartenu au peuple romain ou à l'empereur; les particuliers n'en auraient eu que la possession précaire sous condition de redevance. Je sais bien que cette opinion s'appuie sur un texte formel de Gaius; mais je la vois démentie par tous les faits de cette histoire; j'incline donc à penser qu'il n'y a là qu'une théorie d'école. Les jurisconsultes, voyant l'impôt foncier établi dans les provinces et l'Italie exempte de cet impôt, ont cherché l'explication de cette anomalie, et l'ont rapprochée de la vieille idée de dédition. Cela ne manquait pas d'un peu de vérité; mais ils expliquaient les faits de l'Empire d'après des principes et des idées qui avaient appartenu aux âges antérieurs.

[2] Suétone, *César*, 25 : *Ei quadringenties in annos singulos stipendii nomine imposuit.* — Mais on sait qu'il faut avoir peu de confiance dans les chiffres des manuscrits anciens. Celui-ci d'ailleurs manque dans les manuscrits de notre auteur et ne nous est donné que par Eutrope, que l'on considère comme un copiste de Suétone.

[3] Velléius Paterculus, II, 39.

[4] Cela ressort de Strabon, XVII, 1, 13, qui indique ce chiffre comme celui des revenus des derniers rois du pays.

Nous ne pouvons dire si les populations se sentaient accablées; Tacite dit seulement que deux hommes qui poussaient la Gaule à la révolte « parlaient de la continuité des tributs[1] ». D'autre part, nous voyons un général de Vespasien s'adressant aux Gaulois leur dire qu'ils ne payent d'impôts que ce qu'il en faut pour payer les armées du Rhin qui les protègent contre l'invasion; ces impôts sont le prix de la paix et de la sécurité[2].

Les produits de l'impôt étaient versés, pour la Narbonnaise, province sénatoriale, dans le trésor de l'État; pour les Trois Gaules, dans le trésor impérial qu'on appelait le fisc. Ils étaient réunis, en Narbonnaise, par le questeur; dans les Trois Gaules, par les procurateurs de César.

Plus tard, à mesure que les Gaulois devinrent citoyens romains, ils eurent à payer les contributions romaines.

En premier lieu était celle qu'on appelait *vicesima hereditatium*. C'était un impôt sur les successions. Il avait été établi par Auguste, avec l'assentiment du sénat et par une loi régulière[3]. Il frappait les successions des citoyens romains, tant en Italie que dans le reste de l'Empire. Il était de 5 pour 100 de la valeur des héritages ou des legs[4]; mais les héritiers en ligne

---

[1] Tacite, *Annales*, III, 40. — [Cf. plus haut, p. 72.]

[2] Idem, *Histoires*, IV, 74 : *Id solum vobis addidimus quo pacem tueremur; nam neque quies gentium sine armis, neque arma sine stipendiis, neque stipendia sine tributis haberi queunt.*

[3] Dion Cassius, LV, 25. Cet impôt était destiné surtout aux dépenses militaires. Suétone, *Auguste*, 49 : *Ut perpetuo sumptus ad tuendos milites suppeteret, ærarium militare cum vectigalibus novis instituit.*

[4] Ibidem : Τὴν εἰκοστὴν τῶν κλήρων καὶ τῶν δωρεῶν ἅς ἂν οἱ τελευτῶντες καταλείπωσι. Cet impôt est mentionné aussi dans une phrase du Testament de Dasumius, § 12.

directe en étaient exempts¹. Trajan étendit cette dispense au frère et à la sœur². La même exemption s'appliquait aux petites successions; l'impôt ne frappait qu'à partir d'une somme déterminée³. Chaque Gaulois riche, dès qu'il devint citoyen romain, dut payer cet impôt⁴.

Il en fut de même pour l'impôt sur les affranchissements qui avait été établi par Auguste et qui portait sur les citoyens romains. Pour tout esclave que son maître faisait citoyen il y avait à payer 5 pour 100 de la valeur de cet esclave⁵. Les inscriptions montrent cette *vicesima libertatis* payée par les Gaulois⁶.

---

¹ Dion Cassius, LV, 25 : Πλὴν τῶν πάνυ συγγενῶν. Tout un passage du Panégyrique de Trajan explique bien cela, c. 37 : *Vicesima, tributum tolerabile heredibus extraneis, domesticis grave; itaque illis irrogatum est, his remissum;* et l'auteur explique en vertu de quelles idées le fils devait recevoir la fortune intégrale du père, sans que l'impôt pût l'amoindrir.

² Pline, *Panégyrique*, 39.

³ Dion Cassius, ibidem : Πλὴν τῶν πενήτων ; Pline, *Panégyrique*, 40. Trajan paraît avoir élevé le chiffre au-dessous duquel les successions étaient exemptes.

⁴ Pline signale même une particularité digne d'être notée. D'une part, l'impôt ne devait pas frapper le fils qui héritait de son père ; d'autre part, le pérégrin qui devenait citoyen romain perdait ses liens de famille. Le fils romain d'un père pérégrin devait donc payer l'impôt. Cette règle, parfaitement conforme aux idées des anciens sur le droit de cité, parut inique à Trajan, qui la fit disparaître (Pline, *Panégyrique*, 37-39). — Les inscriptions mentionnent la *vicesima hereditatium* payée en Gaule. Henzen, n° 5480 : *Procurator Augusti vicesimæ hereditatium provinciarum Narbonensis et Aquitanicæ*; Orelli, n° 798 : *Vicesimæ hereditatium per Gallias Lugdunensem et Belgicam et utramque Germaniam*. [*Corpus*, XII, p. 920.] — La *vicesima hereditatium* est encore signalée dans quelques inscriptions comme celle-ci : *Statuam... heredes sine ulla deductione vicesimæ posuerunt* (*Corpus inscriptionum latinarum*, II, n° 1474).

⁵ Dion Cassius, LXXVII, 9 : Εἰκοστὴ ὑπὲρ τῶν ἀπελευθερουμένων. L'impôt fut porté au dixième par Caracalla, mais il ne tarda guère à être ramené à l'ancien taux (idem, LXXVIII, 12). — Voyez le Testament de Dasumius.

⁶ Herzog, n° 567 [*Corpus*, XII, n° 2396] : *C. Atisius..., publicanus* [?]

A ce système d'impôts établi par Auguste se rattachait un droit de 1 pour 100, puis de 2 1/2 pour 100 sur les ventes[1]. Caligula le supprima[2]; mais il fut rétabli et nous en trouvons la trace au Digeste[3]. La vente des esclaves était sujette à un droit de 4 pour 100[4].

L'impôt des douanes, c'est-à-dire les péages sur les ponts, sur les routes, au passage des rivières, avait existé dans la Gaule indépendante[5]. Nous les retrouvons dans la Gaule romaine comme dans tout l'Empire[6]. Les inscriptions font connaître qu'il y avait une ligne douanière entre la Gaule et l'Italie[7]; à partir des Alpes, cette ligne était portée vers Zurich et de là vers Metz, en sorte que la province dite Germanie était en dehors[8]. D'autres postes de douane étaient établis à Lyon, centre des routes de la Gaule, à Nîmes, à Arles,

---

vicesimæ libertatis provinciæ Galliæ Narbonensis; Henzen, n° 6647 : *Vicesimæ libertatis villicus;* Brambach, n° 957.

[1] Tacite, *Annales*, I, 78 : *Centesimam rerum venalium post bella civilia institutam.* Le peuple de Rome en demanda la suppression : Tibère refusa de l'accorder.

[2] Dion Cassius, LIX, 9.

[3] Ulpien, au Digeste, L, 16, 17, mentionne le *vectigal venalium rerum.*

[4] Tacite, XIII, 31 : *Vectigal quintæ et vicesimæ venalium mancipiorum.* Cet impôt est mentionné dans une inscription. Orelli, n° 3336.

[5] César, *De bello gallico*, I, 18 : *Dumnorix portoria Æduorum parvo pretio redempta habebat.* — [Cf. plus haut, p. 17.]

[6] Labéon, au Digeste, XIX, 2, 60, § 8 : *Vehiculum cum pontem transiret, redemptor pontis portorium ab eo exigebat.*

[7] Elle avait ses principales stations aux lieux nommés Pédo, Piasco, *Fines Cottii, Ad publicanos*, enfin à l'endroit qui s'appelle aujourd'hui Saint-Maurice. Cela ressort de plusieurs inscriptions citées par M. Cagnat dans son *Étude sur les impôts indirects chez les Romains*, 1882, p. 47-49.

[8] Les inscriptions signalent la station douanière de Turicum (Zurich), puis n'en signalent plus d'autre avant Divodurum (Metz) : *Præpositus stationis Turicensis quadragesimæ Galliarum, Aurelii Materni præfecti stationis quadragesimæ Galliarum civitatis Mediomatricorum* (Cagnat, p. 60). — [Cf. *Corpus*, XII, n°° 648, 717, 2252, 2348, 5362.]

Il y en avait d'autres aux débouchés des Pyrénées[1], et d'autres encore sur les côtes de la Manche[2]. Par là, les marchandises qui arrivaient en Gaule de l'Italie, de la Germanie, de l'Espagne et de la Bretagne, et celles qui en sortaient pour ces mêmes pays, payaient un droit *ad valorem* de 2 1/2 pour 100[3].

Ce qui ajoutait au poids de ces impôts, c'est qu'ils n'étaient pas perçus directement par l'État. Ils étaient affermés à des compagnies adjudicataires. Les inscriptions nous montrent des « fermiers des droits de succession[4] », des fermiers des « droits d'affranchissement[5] », des fermiers « des péages[6] ». Chacune de ces compagnies fermières[7] avait un nombreux personnel de commis, d'agents, d'esclaves[8]. Chaque grand service avait d'ailleurs

---

[1] A *Lugdunum Convenarum* et à Illiberis.

[2] Strabon, IV, 5, 3, mentionne τέλη βαρέα· τῶν εἰσαγομένων εἰς τὴν Κελτικὴν ἐκεῖθεν (de la Bretagne) καὶ τῶν ἐξαγομένων ἐνθένδε.

[3] Aussi la douane est-elle ordinairement appelée l'impôt du quarantième, *quadragesima*. Il n'en faudrait pas conclure que le taux de 2 1/2 pour 100 n'ait pas été dépassé pour quelques natures de marchandises.

[4] Orelli-Henzen, n° 6645 : *Villico vicesimæ hereditatium*. — [*Corpus*, XII, n° 1916.]

[5] Orelli-Henzen, n° 3336 : *Publici vicesimæ libertatis et XXV venalium*; n° 3334 : *Villicus vicesimæ libertatis*; n° 3339 : *Socii vicesimæ libertatis*; n° 6647 : *Publicus vicesimæ libertatis villicus*. — Allmer, n° 74 [*Corpus*, XII, n° 2396] : *Publicanus vicesimæ libertatis provinciæ Narbonensis*.

[6] Suétone, *Vespasien*, 1 : *Publicum quadragesimæ in Asia egit*. — Henzen, n° 6655 : *Conductor portorii Illyrici*; n° 6656 : *Conductor portorii Pannonici*. — Cagnat, p. 52 : *Conductori quadragesimæ Galliarum*. — [*Corpus*, XII, n° 717.]

[7] Les membres *socii* de ces compagnies étaient *mancipes* à l'égard de l'État. Orelli, n° 3347 : *Controversiæ inter mercatores et mancipes ortæ*.

[8] *Arcarius vicesimæ hereditatium* (Henzen, n° 6645). *In officio arcæ vicesimæ hereditatium* (idem, n° 6644). *Præpositus stationis quadragesimæ Galliarum* (Orelli, n° 3313). *Tabularius quadragesimæ* (idem, n° 3314). *Adjutor tabularii vicesimæ hereditatium* (Henzen, n° 6646). [*Corpus*, XII, p. 920.]

à sa tête un fonctionnaire public nommé procurateur[1].

Il faut ajouter à ces impôts une série de prestations en nature. Quand l'empereur était en voyage ou qu'un de ses fonctionnaires voyageait par son ordre, les populations devaient donner le gîte et des fournitures[2]. Il fallait héberger aussi les soldats et les fournir de vivres, de fourrages[3]. Mêmes obligations pour la poste impériale, dont les chevaux, *veredi*, étaient fournis par les habitants[4].

Il existait aussi un système de corvées pour l'entretien

---

[1] Wilmanns, n° 1242 : *Procurator quadragesimæ Galliarum* ; n° 1270 : *Procurator vicesimæ hereditatium* ; n° 1190 : *Procuratori Augusti vicesimæ hereditatium provinciarum Narbonensis et Aquitaniæ* ; n° 1290 : *Procuratori vicesimæ libertatis Bithyniæ*.

[2] Pline, *Panégyrique*, 20, loue Trajan de ce que *nullus in exigendis vehiculis tumultus, nullum circa hospitia fastidium ; annona, quæ ceteris*. Il se souvient que les voyages de Domitien étaient un vrai pillage, *populatio*. — Tacite, *Annales*, XIV, 39, représente l'affranchi Polyclète en mission, traversant la Gaule au grand dommage des habitants qui doivent le nourrir, lui et sa suite, *Galliæ ingenti agmine gravis*. — Ulpien, au Digeste, I, 16, 4 : *Observare proconsulem oportet ne in hospitiis præbendis oneret provinciales*.

[3] Siculus Flaccus, dans les *Gromatici*, p. 165 : *Quoties militi prætereunti aliive cui comitatui annona præstanda est, si ligna aut stramenta deportanda*. — Ulpien, au Digeste, L, 4, 3, § 15 : *Eos milites quibus supervenientibus hospitia præberi in civitate oportet... Munus hospitis in domo recipiendi*. — Voir dans Trébellius Pollion, *Triginta tyranni*, c. 18, cet éloge d'un fonctionnaire : *Videsne ut ille provinciales non gravet, ut illic equos contineat ubi sunt pabula, illic annonas militum mandet ubi sunt frumenta, non provincialem possessorem cogat illic frumenta ubi non habet dare*. — Voir encore au Digeste, I, 18, 6, § 5 ; L, 5, 10. Code Justinien, XII, 41.

[4] Un premier service de poste fut établi par Auguste (Suétone, *Auguste*, 49). — Dion Cassius en parle sous Néron (LXIII, 11); Hadrien l'organisa: *Statum fiscalem instituit ne hoc onere magistratus gravarentur* (Spartien, *Hadrien*, 7); Antonin en allégea les charges : *Vehicularium cursum summa diligentia sublevavit* (Jules Capitolin, *Pius*, 12). — Une inscription (Orelli, n° 3178) nous montre un *præfectus vehiculorum* pour l'Aquitaine et la Lugdunaise. — Septime Sévère voulut que l'État prît ce service à sa charge. Spartien, *Severus*, 13 : *Vehicularium munus a privatis ad fiscum traduxit*. — Il retomba à la charge des particuliers, qui devaient fournir les chevaux, Code Théodosien, VIII, 5, *De cursu publico*.

des chemins et pour des transports, qui étaient appelés *angariæ*[1].

Tous ces impôts étaient perçus au profit de l'autorité publique ; les cités avaient leurs contributions spéciales.

Ce système d'impôts indirects n'avait pas supprimé l'impôt foncier. Après l'avoir payé comme sujets, les Gaulois le payèrent comme citoyens. Au second siècle, on avait cessé de voir en lui la marque de la sujétion ; l'Italie elle-même y fut assujettie ; il fut considéré comme la part de biens que tout propriétaire doit à la communauté pour la gestion des intérêts communs.

Le gouvernement impérial mit un soin particulier à répartir équitablement la contribution foncière. Le cadastre des propriétés, commencé sous Auguste, ne cessa pas d'être tenu à jour, et fut en quelque sorte refait à chaque génération d'hommes. Un jurisconsulte nous a laissé un spécimen de la manière dont ce cadastre était rédigé. « Voici, dit Ulpien, comment les propriétés doivent être portées sur le registre du cens. On inscrit d'abord le nom de chaque propriété, en quelle cité et en quel canton elle est située, et le nom des deux propriétés contiguës ; puis on détaille : 1° la terre labourée, et le nombre d'arpents qui ont été semés dans les dix dernières années ; 2° le vignoble et le nombre de pieds qui s'y trouvent ; 3° combien d'arpents en oliviers et combien d'arbres ; 4° combien d'arpents de pré, en comptant tout ce qui a été fané dans les dix dernières années ; 5° combien d'arpents en pacage ; combien de bois en coupe[2]. » On reconnaît déjà ici la vigilance du gouvernement à répartir l'impôt, non d'après l'étendue

---

[1] Digeste, L, 5, 11 : *Viæ sternendæ angariorumve exhibitio.*
[2] Ulpien, au Digeste, L, 5, *De censibus*, 4.

du sol ou sa valeur approximative, mais d'après la valeur vraie et le revenu à peu près certain. L'estimation est faite par le propriétaire. Elle est d'ailleurs aisément contrôlée par le *censitor*.

Des cadastres de cette sorte ont été faits dans toutes les parties de l'Empire. Ceux de la Gaule ont même duré plus longtemps que la domination romaine. Nous les retrouverons au temps des Mérovingiens[1].

Comme l'impôt ne devait être qu'une part du produit réel, il était de règle que le contribuable obtînt une réduction si ses vignes ou ses arbres venaient à périr[2].

Quel était le chiffre de cet impôt, dans quelle proportion était-il avec le revenu du sol, c'est ce qu'aucun document ne nous enseigne. Nous ne trouvons rien qui nous autorise à dire qu'il fût excessif, rien qui nous autorise à dire qu'il fût léger. Nous sommes tenus de nous abstenir de toute appréciation.

Une chose est certaine, c'est que la Gaule supporta ces impôts, et même que, pendant les trois premiers siècles au moins, elle prospéra et s'enrichit, ce qui eût été impossible si les contributions eussent été excessives.

Nous noterons plus loin ce qu'on peut savoir des impôts dans les deux derniers siècles de l'Empire[3].

---

[1] [Voir *la Monarchie franque*.]
[2] Ibidem, L, 15, 4.
[3] [Dans le volume sur *l'Invasion germanique*.]

CHAPITRE IX

Les charges de la population; le service militaire.

Les sociétés anciennes n'avaient guère connu les armées distinctes de la population civile. L'homme libre ou le citoyen était en même temps le soldat. Il était soldat aussi longtemps que son corps était robuste, aussi souvent que l'État avait besoin de lui pour sa défense ou pour l'attaque de l'étranger. Le Romain, de dix-sept à quarante-six ans, était appelé chaque année devant le magistrat qui pouvait le prendre comme légionnaire. Il en était à peu près ainsi à Athènes et dans toutes les républiques anciennes. Le service militaire était également obligatoire chez les anciens Gaulois[1].

Il en fut autrement sous l'Empire romain. On a dit quelquefois qu'Auguste avait séparé l'armée des citoyens afin d'opprimer ceux-ci à l'aide de celle-là. Rien ne prouve qu'il ait fait ce calcul; aucun des historiens de l'époque ne le lui attribue, et le détail de sa vie montre, au contraire, qu'il se fiait plus aux citoyens qu'aux soldats. La séparation de l'ordre civil et de l'ordre militaire eut un autre motif. Quand on étudie cette époque de l'histoire romaine, en observant surtout les sentiments qui dominaient dans les âmes, on remarque que l'esprit militaire avait presque disparu. Poussé à l'extrême pendant les deux siècles qui avaient précédé, il était comme épuisé. Les classes élevées surtout et même les

---

[1] C'est ce que César donne à entendre quand il dit que les druides étaient exempts du service militaire : *Militiæ vacationem habent* VI, 14.

classes moyennes s'éloignaient autant qu'il leur était possible du service militaire. En Italie, on se faisait colon et même esclave pour ne pas être soldat. Par une compensation naturelle, tandis que tout ce qui était riche ou aisé fuyait l'armée, la lie de la population, qui en avait été autrefois écartée, demandait à y entrer. Être soldat devenait le métier préféré de ceux qui n'avaient rien et qui convoitaient butin ou terres.

L'empereur Auguste donna satisfaction à ce double besoin de son époque. Les classes élevées et moyennes ne voulaient plus du service militaire obligatoire; il le supprima autant qu'il fut possible[1]. Les classes pauvres souhaitaient une profession militaire qui fût lucrative; il la créa. La vieille institution de la cité armée disparut ainsi; il y eut désormais une armée distincte et séparée de la population civile. Quelques-uns furent soldats pendant 16, 20 ou 25 ans, et, à ce prix, le plus grand nombre fut, toute la vie, en paix et au travail.

Cette pensée du gouvernement impérial est clairement exprimée par les historiens du temps. « Exempter du service militaire la plupart des hommes, n'enrôler en général que ceux qui avaient besoin de ce moyen de vivre, en choisissant parmi eux les plus robustes », tel fut, suivant Dion Cassius, le principe suivi sous l'Empire[2]. De même, Hérodien affirme que, depuis le règne

---

[1] Ce n'est pas que l'obligation du service militaire ait jamais été supprimée en droit. Voir Suétone, *Auguste*, 24. Il suffit de lire le titre du Digeste, *De re militari* (XLIX, 16), pour s'en convaincre; et cela explique le recrutement, dont nous parlerons plus loin. — Il faut encore noter que, dans les trois premiers siècles, les empereurs exigèrent que les jeunes gens des familles sénatoriales qui aspiraient à la carrière des honneurs satisfissent au devoir militaire. Ils servaient en qualité de tribuns de légion et il leur suffisait quelquefois d'un séjour au camp de quelques mois.

[2] Dion Cassius, LII, 27. Ces idées sont exposées dans le discours que l'historien prête à Mécène; ce discours, qui n'est certainement pas une

d'Auguste, les Italiens ne connaissaient plus les armes ni la guerre : « Auguste, dit-il, fit cesser pour eux ce service, et, les débarrassant des armes, il employa des soldats payés¹. » C'était le système des armées permanentes et soldées substitué à celui des populations armées. Ce système assura aux cent vingt millions d'âmes qui habitaient l'Empire un repos et un travail que les peuples anciens n'avaient jamais connus.

Les armées de l'Empire romain se composaient d'environ trente légions², comprenant chacune de 5000 à 6000 soldats. En y ajoutant les corps auxiliaires ainsi que les cohortes prétoriennes et urbaines, on peut esti-

---

œuvre de pure imagination, exprime la doctrine politique qui fut suivie par les Césars. — Cf. LII, 14 : Στρατεύονται καὶ μισθοφοροῦσιν οἱ ἰσχυρότατοι καὶ πενέστατοι.

¹ Hérodien, II, 11 (38) : Οἱ κατὰ τὴν Ἰταλίαν ἄνθρωποι ὅπλων καὶ πολέμων ἀπηλλαγμένοι γεωργίᾳ καὶ εἰρήνῃ προςεῖχον. Ὁ Σεβαστὸς Ἰταλιώτας πόνων ἀνέπαυσε καὶ τῶν ὅπλων ἐγύμνωσε, μισθοφόρους στρατιώτας καταστησάμενος. On a tiré de ce texte une conclusion exagérée quand on a dit que les Italiens avaient été formellement exemptés du service ; plusieurs faits montrent qu'ils ne l'étaient pas (Velléius, II, 111 ; Tacite, *Annales*, I, 31 ; *Histoires*, III, 58 ; Suétone, *Auguste*, 24 ; *Tibère*, 9 ; Dion, LVI, 23). Ammien, XV, 12, parle d'Italiens qui se coupent le pouce pour échapper à l'obligation du service, chose que Suétone avait déjà mentionnée. Une inscription signale un personnage *missus ad juventutem per Italiam legendam* (*Corpus inscriptionum latinarum*, t. III, n° 1457 ; Henzen, n° 5478). Hérodien veut dire, non pas qu'une loi ait jamais exempté les Italiens, mais que, par le fait et sauf des cas pressants, ils n'eurent plus à servir. — On a quelquefois traduit ἐγύμνωσε ὅπλων comme si Hérodien voulait dire qu'Auguste avait interdit l'usage des armes aux Italiens pour les mieux asservir. Le texte d'Hérodien n'exprime pas cette pensée. D'ailleurs l'usage des armes ne fut jamais interdit aux Italiens ; c'étaient même eux qui formaient les corps d'élite (Tacite, *Annales*, IV, 5). Les inscriptions montrent qu'ils remplissaient un bon nombre de cohortes. Le service obligatoire ne leur fut plus imposé, sauf exceptions, mais le service volontaire leur fut toujours permis.

² Il n'y avait que vingt-cinq légions sous Tibère (Tacite, *Annales*, IV, 5). Le nombre fut peu à peu augmenté ; on en compta jusqu'à trente-trois. Les *auxilia* formaient, suivant Tacite, un nombre de soldats à peu près égal à celui des légions. Tous ces corps étaient rarement au complet. — La garde prétorienne comprenait neuf cohortes de 1000 hommes.

mer qu'elles comptaient environ 400 000 hommes. Ce chiffre suffisait à un État dix fois plus étendu que la France actuelle. C'était un soldat sur trois cents habitants.

Ces armées se recrutaient en grande partie par des engagements volontaires. Une lettre de Trajan à Pline signale une catégorie de soldats qui se sont offerts d'eux-mêmes au service[1]. Les inscriptions aussi attestent cet usage[2]. Tacite fait remarquer que ces engagements étaient la ressource des pauvres et des gens sans aveu[3]. Un jurisconsulte du IIe siècle dit formellement que la plupart des soldats sont des volontaires[4].

L'appât était grand, en effet; non seulement le soldat recevait, outre les vivres, une solde annuelle de 225 deniers, qui fut portée à 300 par Domitien; mais encore, après son temps de service, on lui donnait une somme d'argent ou une terre avec une maison et quelques esclaves pour la culture. Ce qui était plus précieux encore, c'est que, s'il n'était pas citoyen romain en entrant au service[5], le diplôme de congé lui conférait ce

---

[1] Pline, *Lettres*, X, 30 (39) : *Voluntarii se obtulerint.*
[2] Orelli-Henzen, n°° 90, 214, 3102, 3586, 5156, 6756.
[3] Tacite, *Annales*, IV, 4 : *Quia plerumque inopes ac vagi sponte militiam sumant.*
[4] Arrius Ménander, au Digeste, XLIX, 16, 4, § 10 : *Plerumque voluntario milite numeri supplentur.* Cf. Dosithée, *Sentences d'Hadrien*, § 2 ; Αἰτοῦντός τινος ἵνα στρατεύηται. Ἀδριανὸς εἶπε ποῦ· θέλεις στρατεύεσθαι..., εἰς τὴν πολιτικὴν στρατεύου (Bœcking, *Corpus juris antejustiniani*, p. 202).
[5] La règle était que les citoyens seuls fussent admis dans les légions; mais il nous paraît hors de doute que de bonne heure on imagina le biais d'introduire les *peregrini* dans les légions en leur conférant immédiatement et dès leur entrée le droit de cité. Cela est nettement expliqué par Aristide, qui écrivait au temps des Antonins. Dans son *Éloge de Rome* (édit. Dindorf, t. I, p. 252), il s'exprime ainsi : « D'une part, vos citoyens, qui sont les maîtres du monde, ne veulent pas endurer les fatigues du service; d'autre part, vous ne vous fiez pas aux étrangers. Il vous faut pourtant des soldats; que faites-vous alors? Vous vous faites une armée

titre si envié; on y ajoutait même le *connubium*, c'est-à-dire le mariage légal, qui avait pour effet que ses enfants étaient citoyens romains comme lui[1]. Ainsi l'homme qui était né *déditice* et pauvre, devenait, par le service militaire, un citoyen, un propriétaire, un chef de famille. Les empereurs ajoutèrent à tout cela des privilèges honorifiques : ils décidèrent que les vétérans et leurs fils seraient traités à l'égal des décurions[2]. Le service militaire devint ainsi, même pour le simple soldat, un moyen de s'élever.

Quoique les empereurs dussent compter beaucoup sur les engagements volontaires, ils ne pouvaient pas se priver de la ressource des appels forcés. Tantôt il fallait faire face à un danger pressant; tantôt les volontaires

---

de citoyens, sans que les anciens citoyens aient de fatigues. Comment cela? Vous envoyez dans les provinces pour faire choix des hommes qui sont propres au service ; ceux-là, vous les séparez aussitôt de leur patrie de naissance et vous leur donnez pour patrie Rome elle-même ; ils deviennent en même temps citoyens et soldats ; en entrant au service, ils sont dès ce jour vos concitoyens », ἅμα τῇ στρατείᾳ, τῆς ὑμετέρας πόλεως πολίτας, ἀπὸ ταύτης τῆς ἡμέρας. C'est ainsi que César, ayant formé la légion de l'Alouette, donna à ces Gaulois le droit de cité (Suétone, *César*, 24). Plus tard, quand le royaume de Pont fut réduit en province, Rome prit à son service l'ancienne garde du roi; elle en fit une cohorte et elle donna à tous ceux qui la composaient le droit de cité romaine (Tacite, *Histoires*, III, 47). On s'explique alors le mot de Tacite, ibidem, III, 40 : *Nihil validum in exercitibus nisi quod externum* ; et l'on explique aussi que les diplômes militaires, *missiones*, n'aient jamais à conférer le droit de cité à des légionnaires au moment de leur sortie du service ; ces légionnaires étaient citoyens de naissance ou ils l'étaient devenus en entrant dans la légion.

[1] Voir le Recueil des diplômes militaires publié par L. Renier, 1876. [Cf. *Corpus*, t. III.] Voici la formule ordinaire de l'*honesta missio* : *Imperator... veteranis... honestam missionem et civitatem dedit, ipsis liberisque eorum et connubium cum uxoribus quas tunc habuissent cum est civitas iis data, aut, si qui cælibes essent, cum iis quas postea duxissent, dumtaxat singuli singulas.* Cette formule ne s'appliquait qu'aux soldats des cohortes auxiliaires.

[2] Marcianus, au Digeste, XLIX, 18, 3 : *Veteranis et liberis eorum idem honor habetur qui et decurionibus.* Cf. Paul, ibidem, p. 4.

ne se présentaient pas en assez grand nombre ou n'étaient pas de bonne condition[1]. Il fallait suppléer à ce qui manquait par le recrutement[2].

Nous ne possédons pas de documents précis sur la manière dont ce recrutement s'opérait. Peut-être n'y eut-il jamais de règles fixes sur ce point. Aucune loi ne déterminait l'âge de la conscription ni le nombre d'hommes que chaque pays devait fournir. L'appel n'avait pas lieu chaque année régulièrement; une province restait quelquefois plusieurs années sans y être soumise. Quand le gouvernement avait besoin de soldats, il ordonnait un recrutement dans telle ou telle province et envoyait des commissaires appelés *dilectatores*[3]. Nul tirage au sort; la population comparaissait devant les commissaires qui choisissaient les hommes arbitrairement. De là venaient beaucoup d'abus[4]. L'un des vices de l'Empire romain, et l'un de ses plus grands malheurs fut de n'avoir pas fait du recrutement une institution régulière et bien ordonnée.

Aussi les populations y répugnaient-elles comme à tout ce qui est exceptionnel et arbitraire. L'historien Velléius reconnaît que le recrutement causait toujours un grand trouble[5]. Auguste dut plusieurs fois se montrer sévère pour des citoyens qui refusaient le service[6].

---

[1] C'est de ce second point que Tibère se plaint dans Tacite, *Annales*, IV, 4 : *Si voluntarius miles suppeditet, non eadem virtute ac modestia agere, quia plerumque inopes ac vagi sponte militiam sumant.*

[2] *Dilectibus supplendos exercitus* (Tacite, ibidem, IV, 4). — *Eodem anno dilectus per Galliam Narbonensem Africamque et Asiam habiti sunt supplendis Illyricis legionibus* (ibidem, XVI, 13).

[3] Voir L. Renier, *Mélanges d'épigraphie*, p. 73-96.

[4] On peut se faire une idée de ces abus par quelques phrases de Tacite : *Dilectum militarem pretio et ambitione corruptum* (*Annales*, XIV, 18). — *Rem suapte natura gravem avaritia onerabant* (*Histoires*, IV, 14).

[5] Velléius, II, 130 : *Rem perpetui præcipuique timoris supplementum.*

[6] Dion Cassius, LVI, 23.

Il paraît qu'on voyait des pères couper le pouce à leurs enfants pour leur procurer des motifs d'exemption[1], et Suétone parle de gens qui se faisaient esclaves de peur d'être soldats[2]. Ce n'est pas que nous puissions croire que le nombre des appelés fût considérable. Il est facile de calculer que, pour remplir les vides d'une armée de 400 000 soldats qui servaient vingt ans en moyenne, il suffisait d'un enrôlement annuel d'environ 30 000 conscrits pour tout l'Empire; or les engagements volontaires donnaient déjà, à tout le moins, la moitié de ce chiffre. Mais cette obligation d'être soldat pendant vingt ans était horrible pour le petit nombre qu'elle frappait[3].

On comprend sans peine la résistance que le gouvernement rencontrait et combien il lui était difficile de faire servir les citoyens malgré eux. Il fut invinciblement amené à autoriser le remplacement. Il ressort d'une lettre de Trajan à Pline que l'homme appelé au service avait le droit de donner un homme à sa place[4].

La difficulté d'obliger les citoyens au service militaire fit que le gouvernement impérial chercha une autre ressource. Il avait devant lui une vieille loi, consacrée

---

[1] Suétone, *Auguste*, 24. Ammien Marcellin, XV, 12; Code Théodosien, VII, 13, 4.

[2] Suétone, *Tibère*, 8: *Quos sacramenti metus ad hujusmodi latebras (ergastula) compulisset.*

[3] Le mal était qu'on ne faisait pas ce recrutement chaque année; Tacite, Dion, Hérodien, montrent par nombre de passages qu'en temps de paix on laissait les légions se dégarnir au point qu'il ne restait plus que *inania legionum nomina*; survenait une guerre, et il fallait alors *agere acerbissime dilectum*, c'est-à-dire appeler d'un seul coup autant de conscrits qu'on aurait pu en appeler en dix années successives.

[4] Dans les lettres de Pline, X, 30 (39). Il est question de quelques esclaves que Pline a découverts dans l'armée; Trajan lui écrit: *Refert voluntarii se obtulerint, an lecti sint, vel etiam vicarii dati.... Si vicarii dati, penes eos culpa est qui dederunt.*

par les mœurs et par le temps, qui lui interdisait de mettre les armes aux mains des esclaves et des affranchis. Mais la République lui avait déjà donné l'exemple d'enrôler ces hommes dans les dangers pressants[1]. Auguste fit de même dans deux circonstances où il avait besoin de levées plus fortes que d'habitude. A cet effet, il s'adressa aux riches propriétaires qui possédaient des esclaves et des affranchis dans leurs maisons ou sur leurs terres, et il exigea de chacun d'eux un chiffre d'hommes proportionné à sa fortune[2]. Un peu plus tard, nous voyons Néron avoir besoin de soldats; il ordonne un recrutement dans les tribus, c'est-à-dire parmi les citoyens; mais personne ne répond à l'appel. Il se décide alors à remplacer le recrutement par une réquisition d'esclaves; il enjoint à chaque maître d'en livrer un nombre déterminé et il choisit parmi eux les plus robustes[3]. Vitellius fit de même[4]. Plus tard encore, Marc-Aurèle enrôla des esclaves[5]. Il est bien entendu que ces esclaves étaient préalablement affranchis, de sorte qu'à entrer dans l'armée ils gagnaient d'être hommes libres[6].

[1] Tite Live, X, 21 ; XXII, 11 ; XL, 18 ; Epitome, 74.

[2] Velléius, II, 111 : *Viri feminæque ex censu enactæ libertinum dare militem.* — Dion Cassius, LV, 31 : Στρατιώτας οὐκ εὐγενεῖς μόνον ἀλλὰ καὶ ἐξελευθέρους· οὓς παρά τε τῶν ἀνδρῶν καὶ παρὰ γυναικῶν δούλους ἠλευθερῶσε. — Suétone, *Auguste*, 25 : *Eosque servos viris feminisque pecuniosioribus indictos ac sine mora manumissos.* Il faut ajouter que ces esclaves affranchis ne servaient pas dans les mêmes corps que les citoyens.

[3] Suétone, *Néron*, 44 : *Tribus urbanas (universas ?) ad sacramentum citavit; nullo idoneo respondente, certum dominis numerum indixit, nec nisi ex tota cujusque familia probatissimos.*

[4] Tacite, *Histoires*, III, 58 : *Vocari tribus jubet, dentes nomina sacramento adigit...; servorum numerum senatoribus indicit.*

[5] Jules Capitolin, *Marcus*, 21 : *Servos, quemadmodum bello punico factum fuerat, ad militiam paravit..., armavit etiam gladiatores..., latrones etiam milites fecit.*

[6] M. C. Jullian a remarqué que beaucoup de légionnaires du temps de

Il y a apparence que ce procédé devint d'un emploi de plus en plus fréquent. Si l'on regarde les titres des codes romains qui sont relatifs à l'armée, on est frappé de voir que les motifs d'exclusion tiennent plus de place que les motifs d'exemption. C'est qu'il s'agissait d'empêcher que les citoyens ne fournissent à leur place des hommes sans valeur. L'opération importante pour les fonctionnaires impériaux était celle qu'on appelait *probatio* et qui consistait à examiner chaque conscrit et à n'admettre que des hommes qui fussent propres au service. Il leur fallait lutter contre l'intérêt des propriétaires, qui, suivant l'expression de Végèce, « donnaient comme soldats ceux qu'ils ne se souciaient pas de garder comme esclaves[1] ».

Ce n'est pas qu'on ait aboli la loi qui défendait à l'esclave de faire partie de l'armée. On ne cessa, au contraire, de la renouveler[2]. Mais aucune loi n'interdisait d'affranchir un esclave et d'en faire le même jour un conscrit. Le gouvernement avait maintes fois donné lui-même cet exemple aux propriétaires[3]. Il existait d'ailleurs dans la société de l'Empire romain plusieurs classes de serviteurs qui n'étaient pas réputés esclaves et qui obéissaient pourtant à un maître : c'étaient les affranchis, les colons, les clients (*libertini, inquilini, coloni, clientes*)[4]. A mesure que nous avançons dans les

---

Marc-Aurèle portent le nom de Marcus Aurélius. C'étaient d'anciens esclaves affranchis par l'empereur en devenant soldats (C. Jullian, *les Transformations de l'Italie*, p. 55, n. 5).

[1] Végèce, I, 7 : *Tirones per gratiam aut dissimulationem probantur, talesque sociantur armis quales domini habere fastidiunt.*

[2] Digeste, XLIX, 16, 11 : *Servi ab omni militia prohibentur, alioquin capite puniuntur.*

[3] Suétone, *Auguste*, 25 ; *Néron*, 44. Dion Cassius, LV, 31. — [Voyez à la page précédente.]

[4] [Voir le volume sur *l'Invasion germanique*, liv. I.]

siècles de l'Empire, nous voyons le recrutement frapper de plus en plus ces classes d'hommes. Au IV⁰ siècle, si nous observons le Code Théodosien, le service militaire ne nous apparaît plus comme une obligation personnelle du citoyen. Il devient une sorte d'impôt portant sur la propriété foncière, et cet impôt se paye en serviteurs. Tout possesseur du sol est astreint, non pas à être soldat lui-même, mais à fournir des soldats parmi les hommes qui lui appartiennent. Le nombre de conscrits est proportionnel à l'étendue et à la valeur des terres[1].

Un grand propriétaire devait fournir plusieurs soldats; plusieurs petits propriétaires se réunissaient pour en fournir un[2]. Ce n'était pas ce propriétaire qui devait servir de sa personne; cela lui était au contraire interdit, pour peu qu'il fût décurion : il devait livrer des conscrits à sa place. Tantôt il achetait des hommes hors des frontières de l'Empire pour les donner comme soldats au gouvernement[3]. Tantôt il prenait dans sa maison ou sur ses terres quelques affranchis, quelques colons, ou même quelques esclaves qu'il affranchissait aussitôt, et il en faisait des conscrits[4].

[1] Code Théodosien, VII, 13, 7 : *Tironum præbitio in patrimoniorum viribus potius quam in personarum muneribus collocetur.* — Végèce, I, 7 : *Possessoribus indicti tirones.*

[2] Code Théodosien, VII, 13, 7, § 2 : *Sive senator, honoratus, principalis, decurio, vel plebeius tironem suo ac sociorum nomine oblaturus est, ita se a conjunctis accepturum solidos noverit ut integri pretii modus in triginta et sex solidis colligatur, ut, deducta portione quæ parti ipsius competit reliquum consequatur, sex tironi vestis gratia præbiturus.*

[3] C'est ce que le Code Théodosien appelle *advenarum coemptio juniorum* (VII, 13, 7).

[4] Code Théodosien, VII, 13, 7 : *Tironem ex agro ac domo propria oblaturus.* — Le gouvernement pouvait saisir le serviteur malgré la volonté du maître; dans le même code, VII, 13, 5, on remarque cette disposition singulière : si un conscrit s'est coupé le pouce pour échapper au service, que son maître soit puni, *dominus ejus puniatur.*

Le serviteur que le maître avait donné pour le service militaire cessait par cela même d'obéir au maître. Il était absolument dégagé de tout lien et de toute dépendance à son égard. Le jour où il sortait de l'armée, il ne revenait pas vers lui. Le service militaire lui prenait vingt ans de sa vie, mais, en revanche, le rendait libre et citoyen. Quant au maître, il avait perdu un de ses serviteurs; mais, en revanche, il avait été exempt de l'obligation de porter les armes.

Ces habitudes conduisirent naturellement le gouvernement impérial à remplacer l'impôt en hommes par un impôt en argent. A la fourniture des conscrits, *præbitio tironum*, se substitua peu à peu l'or de conscription, *aurum tironicum*. Lorsque l'État avait plus besoin d'hommes que d'argent, il exigeait que les propriétaires livrassent le nombre voulu de soldats; c'est ce qu'on appelait *exhibere tironum corpora*. Quand il avait plus besoin d'argent que d'hommes, il permettait et quelquefois même il prescrivait que les propriétaires payassent, pour chaque homme, une somme qu'il déterminait. Le prix fixé était ordinairement de 25 pièces d'or par homme, sans compter les frais de premier habillement et de nourriture[1].

Pour avoir quelques bons soldats, dans un temps où les hommes ne l'étaient pas volontiers, l'Empire créa une sorte d'armée héréditaire. Il donna des terres à ses vétérans, à la condition que leurs fils seraient soldats après eux. Les fils ne conservaient la possession du sol que sous la charge de continuer le service de guerre[2].

---

[1] Code Théodosien, VII, 13, 13 : *Annuimus ut pro tironibus pretia inferantur, damus optionem ut pro singulis viginti quinque solidos numerent, post initam rationem vestium et pastus.* — Ibidem, XI, 18 : *Tirones quorum pretia exhausti ærarii necessitas flagitavit.*

[2] Lampride, *Alexandre Sévère*, 58 : *Sola quæ de hostibus capta sunt, limitaneis ducibus et militibus donavit, ita ut eorum ita essent si*

Surtout l'Empire s'adressa aux étrangers. Il enrôla des barbares, principalement des Germains. Dès le temps d'Auguste, il admettait ces hommes dans ses armées[1]. Tous les empereurs en eurent à leur solde; leur nombre s'accrut sous Marc-Aurèle et ses successeurs[2]; ils formèrent peu à peu la plus grande partie de l'armée.

On voit par tous ces faits que la charge du service militaire fut fort adoucie pour la population civile. Une armée d'environ 400 000 soldats, composée en grande partie de volontaires, de fils de vétérans, ou d'étrangers, avec un recrutement peu à peu transformé en impôt, dispensait la grande majorité des citoyens de ce service de guerre qui, dans l'antiquité, leur avait pris le meilleur de leur temps et de leurs forces, et qui devait, au moyen âge, reprendre possession de leur existence. Il n'est pas douteux que les hommes n'aient considéré cet allégement comme un très grand bienfait. Les armées permanentes sont celles qui coûtent aux peuples le moins de sang, de temps et d'argent. Deux dangers toutefois s'y attachent : l'un est que ces armées, souvent exigeantes, peuvent se soulever contre le gouvernement même qui les nourrit; l'autre est que la population

---

heredes illorum militarent, nec unquam ad privatos pertinerent. — Vopiscus, *Probus*, 16 : *Veteranis loca privata donavit, addens ut eorum filii ad militiam mitterentur.* — Cf. Code Théodosien, VII, 1, *De re militari*; VII, 20, *De veteranis*; VII, 23, *De filiis veteranorum*; voir aussi Sulpice Sévère, *Vita S. Martini*, c. 2. — Nous pensons d'ailleurs [et nous aurons à démontrer] que ces concessions de terres n'ont aucun rapport avec les bénéfices et les fiefs des époques suivantes. [Voyez *les Origines du Système féodal*, c. 1.]

[1] Tacite, *Annales*, I, 24; I, 56; II, 16; IV, 73; XIII, 18; XV, 58; *Histoires*, I, 64, 93.

[2] Jules Capitolin, *Marcus*, 21 : *Emit Germanorum auxilia.* — [Ceci sera développé dans le liv. II du volume sur *l'Invasion germanique*, en particulier c. 7.]

civile, trop exclusivement vouée au travail, se trouve désarmée et impuissante contre les ennemis qui menacent toute société paisible[1].

[1] On voudrait pouvoir marquer la place des Gaulois dans les armées romaines. Il est certain que beaucoup d'entre eux, à toutes les époques, devinrent soldats de l'Empire, les uns par engagement volontaire, les autres par recrutement forcé. Ceux d'entre eux qui étaient dès l'abord citoyens romains, figurèrent dans les légions ; ceux qui étaient pérégrins servirent dans les corps auxiliaires, et devinrent citoyens à l'expiration de leur service. Mais il ne me semble pas possible d'apprécier leur nombre ni dans quelle proportion ils furent avec les soldats des autres provinces. Les inscriptions mentionnent assez fréquemment un Gaulois qui a servi ; ainsi nous voyons deux hommes nés à Béziers qui sont morts soldats à Mayence (Steiner, n°° 284 et 531). Nous trouvons des hommes de la Narbonnaise qui ont appartenu à la 4°, à la 7°, à la 15° légion (Lebègue, n°° 61, 62, 63) [cf. *Corpus*, XII, p. 921]. — Les Gaulois formaient-ils des corps spéciaux? La *legio Alaudæ* est mentionnée dans une inscription, et l'on peut admettre avec quelque vraisemblance qu'elle était restée composée de Gaulois (Henzen, n° 6945). Les inscriptions mentionnent cinq autres légions qui portaient l'épithète de *Gallica* (idem, n°° 6749, 5488, 6452, 5480, 6674, 6795) ; on admet ordinairement qu'elles avaient été formées en Gaule et qu'elles continuaient à s'y recruter ; cela ne me paraît pas démontré par les textes. — Pour les corps auxiliaires, les inscriptions et les diplômes militaires nous font connaître des *cohortes Gallorum*, des cohortes d'Aquitains, de Bituriges, d'Éduens, de Lingons, de Séquanes, de Nerviens, de Vangions, de Belges, de Morins (L. Renier, *Diplômes militaires*, n°° 23, 25, 26, 32, 44, etc.) [les découvertes épigraphiques augmentent chaque jour le nombre des corps]. Il y a apparence que les Gaulois étaient appréciés comme soldats ; Ammien Marcellin, qui était un militaire, fait d'eux un brillant éloge, et il les montre combattant vaillamment pour l'Empire sur sa frontière orientale. — [Voyez les statistiques données par M. Mommsen, *Ephemeris epigraphica*, t. V, et son travail sur la Conscription, *Hermes*, 1886, analysé par Allmer, *Revue épigraphique*, t. II.]

CHAPITRE X

De la législation romaine.

Nous n'avons ni à expliquer ni à juger la législation romaine : mais nous devons chercher comment elle fut accueillie par les hommes de la Gaule, et sous quel aspect elle leur apparut quand ils la comparèrent aux législations qui les avaient régis auparavant.

Les sociétés primitives n'avaient connu que deux sortes de lois, celles qui dérivaient de la « coutume des ancêtres », et celles qui découlaient de la religion. Elles n'avaient pas même la pensée que la loi pût être le résultat d'une convention libre; elles ne concevaient pas qu'elle dût s'inspirer d'un principe de la raison et se régler sur l'intérêt des hommes. La loi ne s'imposait à elles que parce qu'elle venait des ancêtres ou parce qu'elle venait des dieux[1].

Sur l'antique droit des ancêtres; la science historique ne se fait plus illusion. Elle ne croit plus à l'égalité primitive des hommes, au partage du sol à l'amiable, à l'indépendance et à toutes les vertus qu'on attribuait autrefois à l'état de nature. Le droit des ancêtres, dans ces vieilles sociétés, n'est autre chose que le droit patriarcal, c'est-à-dire celui où la plupart des hommes sont

---

[1] Nous devons faire remarquer qu'il n'y a rien de commun entre ce qu'on a appelé coutume au moyen âge, et ce que les antiques sociétés appelaient la coutume des ancêtres, *mos majorum*. La coutume du moyen âge était un ensemble d'habitudes et surtout de conventions qui formaient comme un code un peu flottant ; le *mos majorum* des sociétés antiques était une législation très arrêtée, très rigoureuse, qui avait sa source dans des croyances et des usages sacrés, et qui était liée à la religion.

assujettis à une autorité domestique toujours présente et cent fois plus absolue que ne saurait l'être l'autorité de l'État, car elle pèse sur tous les intérêts et sur les moindres actions de la vie. C'est un droit qui est constitué de telle sorte que la femme et les enfants sont sous la puissance absolue du chef, et que les cadets obéissent à l'aîné. Dans ce droit, la propriété foncière est attachée à perpétuité à la famille; l'acquisition du sol est par conséquent presque impossible et la richesse se trouve ainsi inaccessible au pauvre. Dans ce droit, enfin, les dettes entraînent forcément l'esclavage; le nombre des esclaves va toujours en croissant, et ils sont absolument assujettis à leur maître, sans protection et sans recours.

Quant au droit qui vient des dieux, il est plus rigoureux encore. Ici, l'homme est asservi à celui qui dirige sa conscience ou qui représente pour lui la divinité; la vie privée est surveillée et réglée dans toutes ses parties; la loi civile est dictée par l'intérêt religieux; la loi pénale est telle, qu'on y châtie non seulement les actes qui blessent la société, mais encore ceux qui portent atteinte au culte; les délits d'irréligion y sont punis comme des crimes.

Les renseignements qui nous sont parvenus sur l'ancien droit [gaulois] ne sont pas bien nombreux[1]. Il en ressort au moins cette vérité que les Gaulois ne possédaient pas une législation qui fût l'œuvre de l'État et qui émanât de l'autorité politique. Les seuls éléments de leur droit étaient la coutume patriarcale qui dérivait

[1] Nous n'osons pas, en effet, nous servir des renseignements qu'on a cru pouvoir tirer des lois du pays de Galles et de l'Irlande. Ces codes, rédigés plusieurs siècles après l'ère chrétienne, ne sauraient montrer ce qu'était la législation gauloise au temps des druides. [Cf. plus haut, p. 120.]

de l'ancien régime du clan, et les prescriptions religieuses qui étaient l'œuvre des druides[1].

Aussi n'avaient-ils pas de lois écrites. Leurs règles de droit se perpétuaient par la mémoire ; or il faut bien entendre que cette mémoire était celle des chefs de clan et des druides ; car il n'existait pas d'autres juges que ces deux classes de personnes. La famille était sévèrement soumise à son chef, qui avait le droit de vie et de mort sur sa femme, sur ses enfants, sur ses serviteurs[2]. L'esclave était à tel point la propriété du maître, qu'on l'immolait sur sa tombe. Les emprunts faisaient tomber l'homme en servitude. Le droit pénal était d'une rigueur inouïe ; le vol et les moindres délits étaient punis du dernier supplice[3]. Les condamnations à mort étaient aimées des dieux ; elles étaient prononcées par les druides, et ceux-ci « croyaient, nous dit un ancien, que quand il y avait un grand nombre de condamnations, c'était l'annonce d'une bonne récolte pour le pays[4] ».

Les sociétés de la Grèce et de l'Italie avaient eu un droit semblable, mais dans un âge très reculé ; depuis plusieurs siècles, elles étaient en possession d'un système législatif tout à fait différent. Chez elles la cité s'était constituée avec une force singulière ; aussi était-il arrivé que leur ancien droit patriarcal et religieux,

---

[1] M. Ch. Giraud, dans son *Histoire du droit français au moyen âge*, a bien marqué le caractère théocratique du droit gaulois, « droit pontifical, mystérieux et caché ».—Voir c. 2, art. 2.

[2] César, VI, 19 : *Viri in uxores, sicut in liberos, vitæ necisque habent potestatem.*

[3] Idem, VI, 16 : *Supplicia eorum qui in furto aut aliqua noxa sunt comprehensi.*

[4] Strabon, IV, 4 : Τὰς φονικὰς δίκας μάλιστα ἐπετέτραπτο δικάζειν, ὅταντε φορὰ τούτων ᾖ, φορὰν καὶ τῆς χώρας νομίζουσιν ὑπάρχειν. Il faut lire ce texte dans l'édition C. Müller, avec la note, page 964, tome II. Comparer César, VI, 16, et Diodore, V, 32.

celui de la *gens* et du patriciat, avait fait place insensiblement à un droit civil qui était l'œuvre de la cité même et qui s'était inspiré de l'équité naturelle et de l'intérêt général. Telle était la voie dans laquelle le droit romain était entré depuis le temps des décemvirs, et dans laquelle il n'avait cessé d'avancer, d'un pas lent, mais sûr. Le principe était que l'autorité publique, représentant la communauté des hommes, eût seule l'autorité législative, et que sa volonté, exprimée suivant certaines formes régulières, fût l'unique source de la loi[1].

C'est ce principe que la domination romaine fit prévaloir en Gaule. A partir de là, le Droit fut conçu comme étant l'œuvre des pouvoirs publics agissant dans l'intérêt de tous. Le Droit cessa d'être une religion ou une coutume. Il devint laïque et modifiable.

Il faut noter un second point. Le droit romain que la Gaule reçut ne fut pas le « droit civil », le *jus civile*, le droit propre à la cité romaine. Ce fut le « droit honoraire », le *jus honorarium*, le droit exprimé par les édits successifs des magistrats agissant comme représentants de l'autorité publique[2]. Pendant le premier siècle qui suivit la conquête, le gouverneur de province, en vertu de son *imperium*, promulguait son édit, c'est-à-dire la série des règles suivant lesquelles il jugerait les procès et les délits. C'est sous cette forme que les Gaulois virent d'abord apparaître le droit romain. Plus tard tous ces édits individuels furent rem-

---

[1] *Ut quodcunque populus jussisset, id jus ratumque esset.* C'est le principe déjà exprimé par Tite Live, VII, 17. Il l'est ensuite par Cicéron, par Gaius, par Pomponius.

[2] Pomponius, *Digeste*, I, 2, § 10 : *Magistratus, ut scirent cives quod jus in quaque re quisque dicturus esset, edicta proponebant; quæ edicta jus honorarium constituerunt.*

placés par un édit général et permanent, qu'on appela l'Édit perpétuel; œuvre de Salvius Julianus, il fut constitué par Hadrien. Ainsi se forma une sorte de code auquel dix générations de magistrats et de jurisconsultes avaient travaillé.

Ce droit alla toujours se complétant ou se modifiant. D'une part, l'État romain continua à légiférer, ayant pour organe en ce point, non plus les comices populaires, mais le sénat. Ce corps ne cessa pas, durant les cinq siècles de la période impériale, de travailler à l'œuvre législative. Les sénatus-consultes furent comme autant de lois ayant vigueur dans tout l'Empire[1].

D'autre part, l'empereur avait, comme tous les magistrats de l'ancienne République[2], le droit de publier des édits. L'édit d'un consul ou d'un préteur avait eu force de loi aussi longtemps que ce magistrat restait en fonction; l'édit du prince avait la même valeur aussi longtemps que le prince vivait. La loi, œuvre du sénat, gardait sa force pour tout l'avenir; l'édit, œuvre du prince, perdait la sienne à la mort de celui-ci. Seulement, il arrivait qu'à la mort de chaque empereur le sénat s'assemblait, délibérait sur le règne qui venait de finir et discutait s'il y avait lieu d'en laisser les actes tomber

---

[1] Gaius, I, 4 : *Senatusconsultum est quod senatus jubet atque constituit, idque legis vicem obtinet.* Digeste, V, 3, 20 : *Q. Julius Balbus et P. Juventius Celsus consules verba fecerunt* (in senatu) *de his quæ imperator Cæsar Hadrianus Augustus proposuit, quid fieri placet, de ea re ita censuerunt.* — Les historiens citent plusieurs exemples de lois proposées au sénat par l'empereur ou par un magistrat, et discutées par ce corps (Tacite, *Annales*, XI, 24 ; XVI, 7; cf. Ulpien, au Digeste, XI, 4, 3; XVII, 2, 52). L'autorité législative du sénat subsista au moins en théorie; on sait que les codes mêmes de Théodose et de Justinien furent présentés au sénat et reçurent de lui la sanction légale. — [Cf. plus haut, p. 164.]

[2] Cicéron, *In Verrem*, II, 1, 42-45. Tite Live, II, 24; VI, 28 ; XXIII, 32; XXIV, 2. Aulu-Gelle, XV, 11. Gaius, I, 6.

dans le néant ou s'il convenait de les ratifier, de les consacrer pour l'avenir[1]. Cette ratification, acte sérieux et grave qui s'accomplissait sous la forme de l'apothéose, faisait de tous les édits du prince mort autant de lois à jamais respectables. Comme elle ne fut refusée qu'à un petit nombre d'empereurs, il arriva que les édits, décrets, rescrits du prince, se confondirent peu à peu avec les lois, et l'on peut dire sans exagération que les empereurs possédèrent l'autorité législative.

Les jurisconsultes purent énoncer cet axiome : « Tout ce que le prince a décidé a la même force que si c'était une loi. » Ils donnèrent la raison et l'explication de cette règle en ajoutant : « parce que l'État lui délègue et place en sa personne toute sa souveraineté et tous ses droits[2] ».

Quand on se représente la série de ces empereurs, parmi lesquels il y en eut bien peu qui fussent, par l'intelligence et par le cœur, au-dessus du niveau moyen de l'humanité, et dont plusieurs furent fort au-dessous de ce niveau, on est d'abord tenté de croire qu'ils ne durent faire qu'une législation mauvaise. Il n'en est rien. Leurs lois nous ont été conservées et elles ont mérité de traverser les siècles. Il faut même remarquer que l'admiration universelle que les sociétés

---

[1] Le biographe d'Hadrien dit qu'il s'en fallut de très peu que le sénat ne prononçât l'annulation de tous ses actes. *Acta ejus irrita fieri senatus volebat, nec appellatus esset divus* (Spartien, *Hadrianus*, 27). — Il ne ratifia pas les actes de Tibère, de Caligula, de Néron, de Domitien (Dion Cassius, LX, 4). Il en fut de même de Commode (Lampride, *Commode*, 17). Il faut ajouter à cette liste les princes qui n'ont fait que passer sur le trône, Galba, Othon, Vitellius; plus tard, Géta, Caracalla, Macrin. — [Cf. p. 164, n. 3.]

[2] *Quod principi placuit legis habet vigorem, utpote quum lege regia populus ei et in eum omne suum imperium et potestatem conferat* (Ulpien, au Digeste, I, 4, 1; Gaius, I, 5; Institutes de Justinien, I, 2, 6).

modernes ont professée pour le droit romain s'applique surtout à l'œuvre des empereurs et de leurs jurisconsultes. Lorsqu'on a dit que le droit romain était la raison écrite, c'était de ce droit impérial qu'on voulait parler[1].

Cela tient à ce que les empereurs ont maintenu le Droit dans la voie où les siècles précédents l'avaient placé. Il a continué à être l'œuvre de l'État ou de l'autorité politique. Qu'il fût promulgué par un seul homme ou qu'il le fût par des comices, son caractère essentiel est resté le même. Il a été l'expression de l'intérêt général associé aux principes de l'équité naturelle. Pour comprendre et apprécier avec justesse ce droit romain, il le faut comparer à ce qui a existé dans le monde avant lui et après lui : avant lui, c'était le droit religieux; après lui, ce fut le droit féodal.

A mesure que les Gaulois reçurent cette législation, ils ne purent manquer de la mettre en regard des vieilles lois qu'ils tenaient de la tradition du clan ou de la volonté des druides. Ils y virent que la propriété individuelle était assurée, que les enfants étaient égaux entre eux, que la femme n'était plus soumise au droit de vie et de mort de son mari, que le fils avait quelques droits

---

[1] C'est qu'il faut bien entendre que ces milliers de rescrits ou d'édits impériaux que nous trouvons au Digeste et dans les Codes sous le nom de tel ou tel empereur ont été étudiés et préparés par les jurisconsultes qui formaient le conseil du prince. On sait en effet que les empereurs étaient entourés de jurisconsultes, avec lesquels ils travaillaient presque continuellement. *Multa de jure sanxit Antoninus ususque est juris peritis Salvio, Valente, Mæciano, Javoleno* (Capitolin, *Antoninus*, 12). — *Cum Mæciano et aliis amicis nostris juris peritis adhibitis plenius tractaremus* (Digeste, XXXVII, 14, 17). — *Nullam constitutionem sacravit sine viginti juris peritis et doctissimis ac sapientibus viris non minus quam quinquaginta... ita ut iretur per sententias singulorum ac scriberetur quid quisque dixisset* (Lampride, *Alexander Severus*, 17).

vis-à-vis de son père lui-même, que le testament était permis. Ils y virent aussi que les contrats étaient libres, que la servitude pour dettes était abolie, que l'esclavage enfin était adouci. Une chose surtout dut les frapper : c'est que l'autorité politique protégeait tous les hommes et toutes les classes, que chacun trouvait dans le pouvoir suprême de l'État un appui, que les faibles avaient une protection contre les forts, et qu'enfin ils n'étaient plus contraints, comme au temps de l'indépendance, à implorer le patronage des grands et à se faire leurs serviteurs.

Il est vrai que le droit pénal était sévère : tout crime, tout délit qui portait atteinte à la société ou au gouvernement qui la représentait[1], était puni sans pitié; la peine de mort sous ses formes les plus horribles, la confiscation des biens et la prison frappaient des fautes relativement légères. Si la législation privée était incontestablement inspirée par le respect des droits de l'individu humain, la législation criminelle l'était surtout par la pensée des droits de l'État, et elle exagérait peut-être ce qui est dû à l'intérêt public. Mais les contemporains ne remarquaient pas cette rigueur, parce qu'ils jugeaient par comparaison; ils songeaient plutôt que le nouveau droit était moins sévère que celui auquel ils avaient obéi auparavant. Les peines que la législation romaine prononçait n'étaient certainement pas plus dures que les supplices qu'avaient infligés les druides.

Il y avait surtout cet avantage que les délits purement moraux ou religieux disparaissaient à peu près de la loi. Ce qui est le plus digne de remarque dans la législ-

---

[1] [Cf. plus haut, p. 166.]

lation qui fut élaborée depuis Auguste jusqu'à Constantin, c'est qu'on n'y voit plus figurer les minutieuses et tyranniques prescriptions dont les législations antiques de tous les peuples avaient enchaîné la vie privée et la conscience. Le vieux droit de la Gaule, comme celui de l'Inde antique et de la Grèce primitive, comme celui de Rome dans son premier âge, avait été un faisceau indivisible de lois civiles et de lois religieuses et morales. Il avait assujetti à la fois le corps et l'âme et n'avait laissé dans l'être humain rien qui fût libre[1]. Le grand bienfait de Rome fut de séparer le Droit de la religion; c'est par là surtout qu'elle fut libérale. Sa législation ne s'occupa que des intérêts individuels et des intérêts sociaux; elle ne frappa plus que les fautes par lesquelles la société était blessée. La conscience, les mœurs, la vie privée, se trouvèrent affranchies.

Les inscriptions, où se révèlent les habitudes de la vie pratique, nous montrent que les Gaulois adoptèrent le droit romain. On y voit l'hérédité des biens soumise aux mêmes règles qu'à Rome, et le partage égal entre enfants. On y voit l'affranchissement opéré comme à Rome et produisant les mêmes effets[2]. On y trouve enfin la pratique fréquente du testament romain[3]. L'une de ces inscriptions nous donne le testament d'un

---

[1] [Voir *la Cité antique*.]

[2] Nous trouvons des affranchis dans toute la Gaule, à Trèves, à Xanten (Brambach, n°ˢ 203, 366, 767, etc.); à Avenches et à Genève (*Inscriptiones helveticæ*, n°ˢ 99, 201). [Cf. *Corpus*, XII, n°ˢ 3702, 4299, 4422, 4632, etc.; p. 963; p. 966.]

[3] Beaucoup de monuments funéraires portent les mots *heres ex testamento posuit*. Voir *Inscriptiones helveticæ*, n°ˢ 102, 192, 251, 254; Herzog, n° 422; Allmer, n°ˢ 165, 166, 184; *testamentarii heredes*, à Nîmes, Herzog, n° 167. Cf. Julliot, *Monuments du musée de Sens*, n° 41. [Cf. *Corpus*, XII, n°ˢ 1115 et 3538; 599, 2365, 2928, 3599, 3564, 4580, 5273.]

homme du pays de Langres; on y reconnaît l'esprit et les formes du testament romain[1]. Il n'est pas impossible que quelques coutumes gauloises aient subsisté; mais ni les inscriptions ni les écrivains n'en signalent aucune[2].

Quinze générations de Gaulois ont obéi au droit romain, et, parmi tant de documents de toute nature qui nous révèlent leurs pensées, il n'y a pas un signe qui marque qu'elles se soient plaintes de cette législation. Plus tard, les générations qui ont vu tomber l'Empire ont fait d'unanimes efforts pour en conserver les lois. Plus tard encore, celles qui ont trouvé ces lois abolies n'ont pas cessé de les regretter et ont travaillé de siècle en siècle à les faire renaître.

CHAPITRE XI

De la justice

1° A QUI APPARTENAIT LE POUVOIR DE JUGER.

La société gauloise, au temps de l'indépendance, avait été jugée surtout par ses druides. Le prêtre avait possédé, outre son pouvoir d'excommunication, le droit de vie et de mort. Il lui avait appartenu, comme au représentant de la divinité, de punir les crimes et les fautes. Les contestations, même entre les particuliers, lui avaient été soumises, et il avait jugé les contesta-

---

[1] On en trouvera le texte dans le *Bulletin épigraphique de la Gaule*, t. I, p. 22. — Cf. le testament d'un Nîmois, *Corpus*, XII, n° 3861.]
[2] [Cf. plus haut, la note de la p. 124.]

tions relatives « aux limites des biens ou à l'héritage[1] ». Cette société avait cru que la meilleure justice était celle qui émanait des dieux et qui était administrée par leurs prêtres[2].

Les Romains pensaient autrement. Ils avaient pour principe que le droit de punir et de juger n'appartenait qu'à l'État. La puissance publique seule avait qualité pour frapper la personne humaine ou même pour trancher les débats des particuliers. Chez eux la justice, au lieu d'être une partie de la religion, était une partie de l'autorité politique. C'est ce principe que la domination romaine fit prévaloir en Gaule.

A Rome, quiconque était revêtu de l'*imperium*, c'est-à-dire d'une part de la puissance publique, avait le droit et le devoir de juger. Les consuls, les préteurs, les tribuns eux-mêmes possédaient l'autorité judiciaire[3]. Tout magistrat avait un pouvoir sur la personne humaine, *jus coercendi*[4]; tout magistrat était un organe du droit, *dicebat jus*. Les proconsuls et les légats de l'empereur dans les provinces avaient les mêmes attributions[5].

---

[1] César, *De bello gallico*, VI, 15 : *Fere de omnibus controversiis publicis privatisque constituunt; si quod admissum facinus, si cædes facta, si de hereditate, si de finibus controversia est, decernunt.* — Cf. Strabon, IV, 4, 4. — [Cf. plus haut, p. 18 et 19.]

[2] Nous n'avons pas besoin de répéter ce que nous avons dit plus haut, [p. 19], que dès le temps de César une justice publique commençait à se former chez les Gaulois, dans la *civitas*. Mais César assure que la plus grande partie de la justice était aux mains des druides, *fere de omnibus*.

[3] Cicéron, *De legibus*, III, 3 : *Omnes magistratus judicium habento.* — Aulu-Gelle, XIII, 12 et 13. — Pomponius, au Digeste, I, 2, 2, § 10 : *Eo tempore magistratus jura reddebant, et ut scirent cives quod jus de quaque re quisque dicturus esset, edicta proponebant.*

[4] Ulpien, au Digeste, II, 4, 2 : *Magistratus... imperium habent et coercere aliquem possunt et jubere in carcerem duci.*

[5] C'est de la Gaule que nous nous occupons, non de Rome; nous n'avons donc pas à insister sur la juridiction du sénat : elle était l'héri-

Ce que les modernes appellent la séparation des pouvoirs était incompatible avec les idées politiques des Romains. Les lieutenants de l'empereur ou gouverneurs de provinces réunissaient dans leurs mains, comme l'empereur lui-même, tous les genres d'autorité. Ils étaient à la fois des administrateurs, des chefs militaires et des juges[1].

« Le gouverneur de province, disent les jurisconsultes, possède l'*imperium* sur tous les hommes qui habitent sa province. » Or l'*imperium* « comprend le droit de glaive, c'est-à-dire le pouvoir de frapper les criminels, la juridiction qui consiste dans la faculté d'adjuger la possession de biens[2] ».

Il avait donc, d'une part, la juridiction criminelle : « Il devait purger sa province de tous malfaiteurs, faire rechercher les sacrilèges, les brigands, les voleurs d'hommes, tous voleurs en général et punir chacun

---

tière de celle des comices; ni sur le tribunal des centumvirs, qui se rattachait à d'antiques traditions; ni sur les *quæstiones*, qui ne furent pas étendues aux provinces. — Nous devons toutefois signaler que les provinciaux qui étaient citoyens romains pouvaient être appelés à faire partie de la grande liste des 5000 jurés qu'on appelait *judices ex quinque decuriis*. Pline, *Histoire naturelle*, XXIX, 8, 18 : *Qui de nummo judicet a Gadibus arcessitur*. Ibidem, XXXIII, 7, 3 : *Quatuor decuriæ fuere primo, vixque singula millia in decuriis inventa sunt, nondum provinciis ad hoc munus admissis*. C'était un grand honneur, et on ne manquait pas de l'inscrire sur les titres funéraires; Henzen, n° 6487 : *Allecto in quinque decurias Romæ judicantium*. Ibidem, n° 6469 : *Allectus Romæ in quinque decurias*. Ibidem, n° 6956, etc. [*Corpus*, XII, n°ˢ 1114, 1358, 3183, 3184.]

[1] Aussi les appelait-on indifféremment *præsides, rectores, judices*. C'est même ce dernier terme qui a prévalu dans la langue du quatrième siècle. [Cf. plus haut, p. 197, n. 2.]

[2] Paul, au Digeste, I, 18, 3 : *Præses provinciæ in suæ provinciæ homines imperium habet*. — Ulpien, au Digeste, I, 18, 6, § 8 : *Qui provincias regunt jus gladii habent*. — Ibidem, II, 1, 3 : *Imperium aut merum aut mixtum est : merum est imperium habere gladii potestatem ad animadvertendum in facinorosos homines; mixtum est imperium cui etiam jurisdictio inest quod in danda bonorum possessione consistit*.

suivant son délit[1]. » Il avait à sa disposition toute l'échelle des peines : la mort, les travaux forcés dans les mines, la prison, l'amende[2]. Il devait réprimer toute violence, toute usurpation de propriété, tout contrat frauduleux[3].

Il possédait, d'autre part, ce que nous appelons la juridiction civile, ce que les Romains appelaient plus particulièrement *jurisdictio*. Toute contestation relative à la propriété, à la succession, au testament, à l'état des personnes, c'est-à-dire à l'ingénuité, à la libertinité ou à la servitude, était portée devant lui. Il avait aussi la juridiction gracieuse : devant lui se faisaient les adoptions, les émancipations, les affranchissements ; il donnait des tuteurs[4].

Le gouverneur de province était donc le juge unique au civil comme au criminel. C'était lui qui punissait les fautes, et c'était encore lui qui décidait des intérêts individuels. Tous les pouvoirs judiciaires, qui à Rome se partageaient entre plusieurs magistrats, étaient réunis, dans les provinces, entre les mains du gouverneur[5].

---

[1] Paul, au Digeste, I, 18, 3 : *In mandatis principum est ut curet malis hominibus provinciam purgare.* — Ulpien, ibidem, I, 18, 3 : *Sacrilegos, latrones, plagiarios, fures conquirere debet, et prout quisque deliquerit in eum animadvertere.*

[2] Ulpien, au Digeste, I, 18, 6, § 8 : *Jus gladii habent, et in metallum dandi potestas eis permissa est.* — II, 4, 2 : *Jubere in carcerem duci.* — I, 18, 6 : *Si multam irrogavit.*

[3] [Cf. plus haut, p. 197 et suiv.]

[4] Marcien, au Digeste, I, 16, 2 : *Jurisdictionem voluntariam, ut ecce manumitti apud eos possunt tam liberi quam servi et adoptiones fieri.* — Ulpien, ibidem, I, 18, 2 : *Præses apud se adoptare potest, et emancipare filium, et manumittere servum.* — Ibidem, II, 1, 1 : *Pupillis non habentibus tutores constituere.*

[5] Ibidem, I, 16, 7, § 2 : *Cum plenissimam jurisdictionem proconsul habeat, omnium partes qui Romæ vel quasi magistratus vel extra*

Les chefs des cités étaient aussi des magistrats. Ils possédaient donc un droit de juger. Leur titre était *duumviri jure dicundo*. Mais pour eux le principe était moins net et moins arrêté que pour les gouverneurs de provinces. Si vous regardez les jurisconsultes du Digeste, vous n'y trouvez pas clairement exprimé le droit de juridiction des magistrats municipaux. On y voit au contraire qu'un esclave même ne peut être frappé par eux, ce qui implique qu'ils n'ont pas la juridiction criminelle, à plus forte raison, sur les hommes libres[1]. Nous lisons ailleurs que les duumvirs n'ont pas le droit d'infliger une peine[2]. Plus tard encore, la loi interdit aux chefs des cités de prononcer des amendes, et, en matière criminelle, les charge seulement d'arrêter les coupables et de les conduire aux magistrats[3]. Même en matière civile, nous voyons dans un fragment d'Ulpien que le débat était porté devant le gouverneur, qui renvoyait seulement l'enquête aux magistrats municipaux[4]. Il semble donc bien qu'ils ne prennent part à

---

ordinem jus dicunt, ad ipsum pertinent. — Ibidem, I, 18, 11 : *Omnia provincialia desideria, quæ Romæ varios judices habent, ad officium præsidum pertinent.* — I, 18, 2 : *Qui provinciæ præest omnium Romæ magistratuum vice et officio fungi debet.*

[1] Ulpien, au Digeste, II, 1, 12 : *Magistratibus municipalibus supplicium a servo sumere non licet; modica autem castigatio eis non deneganda.*

[2] Ibidem, II, 3, 1 : *Omnibus magistratibus, non tamen duumviris, concessum est jurisdictionem suam defendere pœnali judicio.*

[3] Code Justinien, I, 55, 5 : *Defensores (civitatum) nullas infligant mulctas, severiores non exerceant quæstiones.* — Ibidem, 7 : *Defensores civitatum oblatos sibi reos in ipso latrocinio aut perpetrato homicidio vel stupro..., expresso crimine cum his a quibus fuerint accusati, ad judicium dirigant.*

[4] Ulpien, au Digeste, XXXIX, 2, 4 : *Dies cautioni præstitutus si finietur, præsidis officium erit vel reum notare vel protelare eum, et, si hoc localem exigit inquisitionem, ad magistratus municipales hoc remittere. Si intra diem non caveatur, in possessionem ejus rei mit-*

l'œuvre judiciaire que d'une façon très subordonnée[1].

Si nous regardons d'autres écrivains en dehors du droit, le pouvoir des magistrats municipaux paraît plus grand. Suétone nous montre un édile municipal rendant la justice du haut d'un tribunal[2]. Siculus Flaccus signale comme une règle générale que « les magistrats municipaux ont le pouvoir de coercition et de juridiction[3] ».

La rareté des documents, on peut même dire leur absence complète en ce qui concerne la Gaule, fait que cette question de la justice municipale est fort obscure. Voici ce que nous croyons probable : 1° Le rapport entre la justice municipale et la justice du gouverneur ne fut jamais réglé d'une façon précise; d'où il résulta que le gouverneur put ce qu'il voulut. 2° En droit, la justice municipale ne fut pas (sauf dans les colonies romaines) formellement reconnue; les magistrats des cités n'ayant aucun *imperium*, le jurisconsulte ne pouvait voir en eux de véritables juges. 3° En pratique, beaucoup d'affaires s'arrêtèrent à eux; d'autres furent jugées par eux, quitte à ce que leur jugement fût revisé par le gouverneur. 4° Pour les crimes, il arriva souvent que les magistrats municipaux poursuivirent, firent l'enquête, jugèrent, mais, en cas de condamnation, soumirent leur jugement

---

tendus est... Duas ergo res magistratibus municipalibus præses injunxit, cautionem et possessionem, cetera suæ juridictioni reservavit.

[1] La Loi Rubria, faite pour les municipes de droit romain de la Gaule cisalpine, mentionne formellement la juridiction des duumvirs en matière civile, *De damno infecto, De familia erciscunda, De pecunia certa credita*, mais seulement jusqu'au chiffre assez faible de 15 000 sesterces (voir XIX-XXIII). — Mais cette loi ne s'appliquait pas à la Gaule.

[2] Suétone, *De claris oratoribus*, 6 : *Albutius Silus, Novariensis, quum ædilitate in patria fungeretur, quum forte jus diceret..., a tribunali detractus est.*

[3] Siculus Flaccus, dans les *Gromatici veteres*, édit. Lachmann, p. 135 : *Municipiorum magistratibus jus dicendi coercendique est libera potestas.*

au gouverneur, qui prononça seul la sentence de mort[1]. En résumé, la justice municipale exista dans la pratique, mais ne fut qu'une justice inférieure et comme précaire. Le pouvoir de juger n'appartenait, certain et complet, qu'au gouverneur romain. « Il n'y a aucune affaire dans sa province, dit Ulpien, qui ne soit décidée par lui[2]. »

Le gouverneur jugeait souvent par mandataires. Il ne pouvait examiner et décider personnellement toutes les affaires d'un ressort aussi étendu que la Narbonnaise ou la Belgique ; il déléguait donc, s'il le voulait, ses pouvoirs à des hommes qui jugeaient en son nom. Il avait d'abord un ou plusieurs lieutenants, *legatos proconsulis*, qui à sa place jugeaient les procès et les crimes, et qui le représentaient en vertu de son mandat[3]. Il

---

[1] Ainsi s'explique l'affaire de Pilate dans les Évangiles ; l'arrestation et le jugement ont été faits par les chefs du peuple ; mais la sentence n'est prononcée que par lui. De même dans les Actes des Apôtres, c. 24 et 25, les Juifs sont forcés de porter au gouverneur leur accusation contre Paul. — Mais il faut toujours faire cette réserve, quand on parle de l'Empire romain, que les usages et les règles variaient d'une province à l'autre.

[2] Ulpien, au Digeste, I, 16, 9 : *Nec quisquam est in provincia quod non per ipsum expediatur.* — Ulpien fait exception pour les *causæ fiscales* qui appartiennent au prince ou à ses agents financiers, les procurateurs.

[3] Le *legatus proconsulis* n'était qu'un mandataire du proconsul. Il n'exerçait qu'en vertu d'un mandat personnel : *Mandare jurisdictionem vel non mandare est in arbitrio proconsulis ; adimere mandatam jurisdictionem licet proconsuli ; non autem debet inconsulto principe hoc facere* (Ulpien, au Digeste, I, 16, 6). Le mandat expirait à la mort du proconsul (Digeste, II, 1, 5-6). Le légat ne dépendait pas du prince, mais du proconsul ; aussi le jurisconsulte pose-t-il cette règle qu'il doit consulter, en cas d'hésitation, son proconsul et non pas le prince, et que le proconsul doit répondre aux consultations de ses légats (Ulpien, au Digeste, I, 16, 6, § 2). Les légats du proconsul, dit Pomponius (I, 16, 13), n'ont aucun pouvoir propre, ils n'ont que la juridiction que le proconsul leur a déléguée. Ils ne pouvaient pas condamner à la peine capitale : *Si quid erit quod majorem animadversionem exigat, reicere legatus apud proconsulem debet, neque enim animadvertendi, coercendi vel atrociter verberandi jus habet* (Digeste, I, 16, 11).

pouvait aussi établir, quand il le voulait, des juges inférieurs, que l'on appelait *judices pedanei*. Leurs attributions nous sont assez mal connues. Une chose certaine est que c'était le gouverneur qui les nommait[1], en sorte qu'ils n'étaient pas des fonctionnaires de l'État, mais des délégués du gouverneur. Une chose probable est qu'ils n'étaient pas des juges établis dans un ressort particulier pour en juger les affaires, mais plutôt des juges chargés de certaines sortes d'affaires[2]. La loi leur interdisait de prononcer dans les affaires de grande importance, par exemple dans les procès sur l'ingénuité[3]. Enfin le gouverneur pouvait, dans chaque procès particulier, donner un juge aux parties[4]. Ce procédé, après avoir été fort en usage et presque en règle dans l'ancienne Rome, était passé dans les provinces. Les parties comparaissaient devant le gouverneur, présentaient l'objet du litige ; le gouverneur chargeait un juge désigné par lui de procéder à l'examen des faits, et lui donnait d'avance une formule qui lui dictait, suivant les faits constatés, la sentence à prononcer. On a comparé ce procédé au jury moderne ; il ne lui ressemble

---

[1] Code Justinien, III, 3, 2 : *Præsides provinciarum... pedaneos judices dant.* — Ibidem, III, 3, 5 : *Pedaneos judices constituendi damus præsidibus potestatem.* Ces deux constitutions sont de Dioclétien et de Julien ; mais les *judices pedanei* sont plus anciens ; Ulpien en parle : *Si quis ad pedaneum judicem vocatus* (Digeste, II, 7, 3).

[2] Cela me paraît résulter des termes de la constitution de Julien : *Pedaneos judices, hoc est qui negotia humiliora disceptent*; et aussi de la constitution de Dioclétien : *De his causis in quibus pedaneos judices dabant.*

[3] *De ingenuitate præsides ipsi judicent* (loi de Dioclétien, au Code Justinien, III, 5, 2).

[4] Digeste, I, 18, 8 : *Non imponi necessitatem proconsuli, vel legato ejus, vel præsidi suscipiendæ cognitionis, sed eum æstimare debere utrum ipse cognoscere an judicem dare debeat.* — II, 1, 1 : *Judices litigantibus dare.* — Code Justinien, III, 3, 2 : *Præsidibus... dandi judices licentia credatur.*

en rien. Ce *judex* ne faisait qu'exécuter un mandat personnel qui lui était donné par le gouverneur de province. Ce gouverneur pouvait toujours juger lui-même; c'était pour diminuer son propre travail que pour telle ou telle affaire il « donnait un juge » aux parties[1].

En résumé, dans la Gaule romaine, le pouvoir de juger n'appartenait ni à une classe de juges nommés à vie comme dans les sociétés modernes, ni à des jurys, ni à des assemblées populaires; il appartenait, entièrement et uniquement, à l'homme qui seul était légale-

[1] C'est la distinction du *jus* et du *judicium*, si bien établie dans les habitudes des jurisconsultes romains. Le *jus* était proprement le droit, e c'était le magistrat seul qui le prononçait, donnant d'avance l'arrêt dans une formule écrite. Le *judicium* était le prononcé sur les faits, et donnait lieu à la sentence. — Dans la langue ordinaire on disait *in jus ire*, aller au tribunal du magistrat, *in judicio esse*, comparaître devant le *judex*. Mais il faut bien entendre qu'en tout temps ce *judex* n'avait agi que par mandat du magistrat, prononçant ce qu'il avait écrit d'avance. La procédure par *judex* s'appelait dans la langue des juristes *ordo judiciorum*, *judicia ordinaria*, quelquefois *jus ordinarium*. L'autre procédé s'appelait *cognitio*; quand le magistrat jugeait lui-même, on disait *præses cognoscit*. Suétone, *Claude*, 15 : *Negabat eam rem cognitionis esse, sed ordinarii juris*; Code Justinien, III, 3, 2 : *Cognoscere... judices dare*. — Les historiens modernes du droit, particulièrement F. de Keller, ont fait une théorie sur l'opposition des deux procédés, le premier seul usité, disent-ils, sous la République, le second substitué au premier sous Dioclétien. Je crois que cette théorie aurait besoin d'être scrupuleusement vérifiée, on y trouverait quelque exagération. — Les deux procédés ont été également usités sous l'Empire, et toujours au choix du magistrat : *Præses æstimare debet utrum ipse cognoscere an judicem dare debeat* (Julianus, au Digeste, I, 18, 8). — La *cognitio*, dit-on, l'emporta à la fin de l'Empire; cela est vrai, mais on explique cela très inexactement. M. Glasson dit, page 515, qu'une constitution de Dioclétien de 294 supprima le *judicium*, le *jus dare*, l'instance *in judicio*. Or cette constitution (Code Justinien, III, 3, 2) dit au contraire : *Si præsides propter causarum multitudinem non potuerint judicare, judices dandi habeant potestatem*. Soixante-huit ans plus tard, une constitution impériale dit la même chose (ibidem, III, 3, 5). — Quant à la raison qu'on donne, à savoir que le jugement direct ou *cognitio* était « plus conforme au régime impérial qui tendait à mettre tout dans les mains de ses fonctionnaires », elle est absolument fausse et n'a pu venir que d'une idée erronée qu'on se fait du *judex*. Il n'y avait en tout cela aucune question de liberté ou de despotisme.

ment un magistrat, c'est-à-dire à l'homme en possession de l'*imperium*, au gouverneur de province, proconsul ou légat de l'empereur.

3° LE CONSILIUM.

Ce magistrat tout-puissant, qui était seul investi du pouvoir de juger, n'était jamais seul dans l'exercice réel de ce pouvoir. On va voir ici que les Romains, très absolus en théorie, l'étaient moins en pratique. Ils avaient, en justice comme en toutes choses, des tempéraments et des biais qui, sans amoindrir l'autorité, en adoucissaient l'action.

L'empereur lui-même, lorsqu'il rendait la justice, était entouré d'un Conseil[1]. Sans doute ce Conseil ne lui était imposé par aucune constitution; il en choisissait lui-même les membres. Mais il ne pouvait guère les choisir que dans les classes les plus élevées et les plus instruites. C'étaient des sénateurs ou des chevaliers. C'étaient des jurisconsultes[2]. C'étaient aussi les plus hauts employés des bureaux du palais[3]. Ces hommes, réunis auprès du prince et siégeant sur le même tribunal que lui, n'étaient pas sans action. Ils écoutaient les témoignages et les plaidoiries; puis, les débats terminés, le prince, avant de prononcer son arrêt, leur demandait

---

[1] Pline, *Lettres*, IV, 22 : *Interfui principis cognitioni, in consilium assumptus.* — Spartien, *Hadrien*, 8 : *Erat tunc mos ut, cum princeps causas cognosceret, senatores et equites romanos in consilium vocaret.* Ibidem, 18 : *Cum judicaret, in consilio habuit....*

[2] Ibidem, 8 : *Senatores et equites romanos.* — Ibidem, 18 : *Cum judicaret, in consilio habuit non amicos suos solum, sed jurisconsultos, præcipue Julium Celsum, Salvium Julianum, Neratium Priscum, aliosque.*

[3] Exemple dans Dion Cassius, LX, 33.

leur avis¹. Quelquefois il les faisait voter au scrutin secret²; d'autres fois il leur faisait exprimer leur opinion à haute voix l'un après l'autre³. L'empereur était libre de ne pas suivre leur avis; c'était lui seul qui décidait, mais en général il décidait suivant la pluralité des voix⁴. Quelquefois le Conseil jugeait sans lui, en son nom, et comme s'il eût été présent⁵.

Le gouverneur de province, lorsqu'il jugeait, avait aussi son conseil autour de lui. Les hommes qui le composaient étaient appelés conseillers ou assesseurs⁶. Le gouverneur les choisissait lui-même; ils ne lui étaient imposés ni par le pouvoir central ni par le peuple de la province. Ce conseil était ordinairement composé de trois éléments: il y avait quelques amis, ou *comites*, du gou-

---

[1] Cela résulte bien de la lettre de Pline, IV, 22 : *Quum sententiæ perrogarentur, dixit Junius Mauricus....* — Idem, VI, 22 : *Recepta cognitio est, fui in consilio... Cæsar perrogavit.*

[2] Cela résulte d'un passage de la Vie d'Auguste, de Suétone : *Dixit jus summa lenitate... Quum de falso testimonio ageretur, non tantum duas tabellas, damnatoriam et absolutoriam, simul cognoscentibus dedit, sed tertiam quoque qua ignosceretur iis quos fraude et errore inductos constitisset.* — Les *simul cognoscentes* sont les assesseurs; les *tabellæ* sont ce que nous appellerions des bulletins de vote et indiquent toujours à Rome le vote secret (Suétone, *Auguste*, 33).

[3] Par exemple, dans l'affaire rapportée par Pline, IV, 22.

[4] Spartien, *Hadrien*, 8 : *Erat mos ut... sententiam ex omnium deliberatione proferret.*

[5] Cela n'apparaît pas dans les documents; mais comme les affaires portées au Conseil étaient innombrables, venant de tout l'Empire, il est clair que l'empereur ne pouvait pas assister à toutes les séances, ne fût-ce que quand il faisait des expéditions militaires. — Telle est aussi l'opinion de M. Cuq, *Le conseil des empereurs*, p. 357, note 3. — En cas d'absence de l'empereur, nous ne savons à qui la présidence du Conseil appartenait. Mommsen, *Staatsrecht*, t. II, p. 1066, l'attribue au préfet du prétoire.

[6] La synonymie des deux termes résulte de plusieurs textes. Suétone, *Tibère*, 33 : *Magistratibus pro tribunali cognoscentibus se offerebat consiliarium, assidebatque juxtim.* — Idem, *Claude*, 12 : *Cognitionibus magistratuum ut unus e consiliariis interfuit.* — Paul, au Digeste, I, 22, 2 : *Consiliarius eo tempore quo assidet.* — Voir tout le titre du Digeste *De assessoribus.*

verneur, venus avec lui de Rome; il y avait aussi quelques jurisconsultes[1]; il y avait enfin les notables du pays. Ils assistaient aux débats; il semble même, à quelques indices, qu'ils pouvaient y prendre part et poser des questions. Le magistrat, avant de prononcer la sentence, leur demandait leur avis. Tout arrêt était précédé d'une courte conférence entre lui et son conseil. Probablement il comptait les voix. Aucune loi ne l'obligeait à se conformer à la majorité. Il pouvait toujours se décider contrairement à l'avis de son conseil; mais il fallait toujours qu'il l'eût consulté et entendu[2].

Lorsque le magistrat « donnait un juge », c'est-à-dire se déchargeait de l'examen des faits de la cause, ce juge unique pouvait aussi se donner des assesseurs[3].

Il faut bien entendre que le conseil qui entourait le magistrat dans ses fonctions de juge, ne ressemblait en

---

[1] Paul, au Digeste, I, 22, 1 : *Officium assessoris, quo juris studiosi funguntur*. — [Mention d'un *juris studiosus* à Nîmes, *Corpus*, XII, n°° 3339, 5900.]

[2] Dès le troisième siècle, nous voyons des assesseurs qui reçoivent des honoraires; c'est, je crois, le sens du fragment de Paul, au Digeste, L, 13, 4 : *Divus Antoninus Pius rescripsit juris studiosos, qui salaria petebant, hæc exigere posse*. Lampride, *Alexander Severus*, 46 : *Adsessoribus salaria instituit*. Il y eut dès lors, auprès de chaque *præses*, quelques assesseurs attitrés. — Lactance signale comme une violation des règles habituelles de son temps que Galérius ait envoyé des magistrats dans les provinces sans les faire accompagner d'assesseurs (*De mortibus persecutorum*, 22). — Ils étaient de véritables fonctionnaires d'État placés à côté du *præses* pour l'aider à juger. Un fragment de Paul, I, 22, 4, assimile cet *assesseur* à un *comes* du légat. Cette nouvelle catégorie d'assesseurs attitrés fit-elle disparaître les assesseurs ordinaires, c'est-à-dire ces notables que le magistrat appelait auprès de lui pour chaque affaire, c'est ce que rien n'indique et ce qui n'est guère probable. Le conseil a pu se composer des deux éléments à la fois, assesseurs envoyés de Rome, et notables du pays. C'est à la première catégorie, visiblement, que s'applique la règle qui défend de *assidere in sua provincia* (Digeste, I, 22, 3).

[3] C'était au moins l'usage à Rome ; Cicéron, *Topiques*, 9; Aulu-Gelle, XIV, 2, 3.

rien à nos jurys modernes. Il n'avait aucun pouvoir par lui-même. Il n'existait que par le magistrat et ne pouvait que faire acte de conseiller. Il ne partageait pas le pouvoir judiciaire avec le magistrat : celui-ci l'avait tout entier en sa personne.

Il y a pourtant une disposition législative qui marque l'importance de ce conseil. Il est dit que « s'il a été fait mauvais jugement par l'ignorance ou la négligence de l'assesseur, c'est l'assesseur et non le magistrat qui aura à en souffrir[1] ».

5° LE CONVENTUS.

Le proconsul ou le légat impérial, chargé de juger un quart de la Gaule, n'attendait pas les justiciables dans sa capitale de Lyon, de Trèves ou de Narbonne. Il devait parcourir sa province, pénétrer dans les villes. Avec lui la justice se déplaçait. C'était une sorte de justicier ambulant ; non pas qu'il pût juger en passant sur les routes, mais il transportait son tribunal d'un lieu à un autre lieu indiqué d'avance. A chaque endroit convenu, il établissait ses assemblées, *forum agebat*, et la langue appelait cette opération un *conventus*[2].

---

[1] Paul, au Digeste, II, 2, 2 : *Si assessoris imprudentia jus aliter dictum sit quam oportuit, non debet hoc magistratui officere, sed ipsi adsessori.*

[2] Tite Live, XXXI, 29 ; XXXIV, 48 et 50. Cicéron, *Brutus*, 62 ; *Pro Sextio*, 56 ; *In Verrem*, V, 11 ; IV, 48 ; *Ad familiares*, XV, 4, 2 ; *Ad Atticum*, V, 14, 2 ; V, 21, 9 ; VI, 2, 4. Pline, *Lettres*, X, 66. — Festus, v° *forum*, édit. Müller, p. 84 : *Is qui provinciæ præest forum agere dicitur cum civitates vocat et controversias earum cognoscit.* — Le caractère du *conventus* romain est bien marqué dans Tite Live, XXXI, 29, où un député oppose les *conventus* présidés par les magistrats romains aux *concilia* des peuples grecs : *Excelso in suggestu, superba jura reddentem, stipatum lictoribus*, etc. — Par extension, le mot *conventus* a désigné aussi un ressort judiciaire. Pline, *Histoire naturelle*, III, 3 et 4.

Le *conventus* est l'assemblée d'une population. [Cette assemblée se réunit] par l'ordre du gouverneur, à son commandement, au jour fixé par lui, en sa présence et naturellement sous sa présidence. Ne croyons pas [qu'il s'agisse de] toute la population. [Il est] visible qu'il n'y a pas eu un déplacement universel.

Le gouverneur peut y traiter d'affaires politiques ou administratives; en aucun cas l'assemblée ne délibère et, si elle exprime des vœux, elle n'émet aucun désir; elle n'est pas là comme un pouvoir vis-à-vis du gouverneur; elle est subordonnée et doit être docile; le gouverneur lui adresse la parole du haut d'un tribunal; il lui donne ses ordres, peut, par exemple, lui faire savoir le chiffre d'impôt qu'elle payera, le chiffre de soldats qu'elle livrera; il peut aussi lui transmettre une instruction particulière de l'empereur; il n'est pas impossible que les *edicta ad provinciales, edicta ad Gallos*, fussent lus dans des réunions de cette nature.

En matière judiciaire, c'est là que se jugent les crimes et les procès. Avant de procéder aux différents jugements, le gouverneur appelle à lui les hommes du pays qui doivent l'aider à juger, ceux qui seront ses assesseurs, ceux qui seront les juges du fait dans chaque affaire. Pour les provinciaux c'est un honneur d'être appelé, c'est une charge aussi et un devoir à remplir. Après ce premier travail, les débats commencent. Il peut y avoir des contestations entre les cités : le gouverneur les décide en personne. Il y a les crimes à punir : chaque cité amène en sa présence les criminels qu'elle a arrêtés, indique leurs fautes, donne les résultats de son enquête préalable, et laisse le gouverneur prononcer sa sentence. Il y a les procès entre particuliers : les deux parties se présentent au magistrat, expliquent l'affaire en deux mots; le magistrat la renvoie à un *judex*, et, si elle est importante, la juge lui-même.

Tout cela se fait en public, dans un grand concours de population; mais il est clair que s'il y a ici une population réunie, il n'y a guère une assemblée nationale. Qu'il s'agisse de politique, d'administration ou de justice, la foule est aux pieds du magistrat qui ordonne et décide toujours[1].

[Toutefois], si le vrai pouvoir judiciaire n'appartient qu'à un seul homme et [lui appartient] pour toute une province, il y avait cependant un grand nombre d'hommes qui prenaient part à l'exercice de la justice. On peut admettre que beaucoup de Gaulois furent conseillers, furent juges donnés, furent juges pédanés, assistaient [aux travaux] du *conventus*, et, par délégation du gouverneur, jugeaient les crimes et les procès. En théorie et en droit, les Gaulois furent jugés par un magistrat étranger; en fait, ils se jugèrent souvent entre eux.

4° L'APPEL.

Il s'introduisit en ce temps-là dans la justice une heureuse innovation : ce fut le droit d'appel. Il avait été à peu près inconnu dans l'antiquité. Il n'y a pas appa-

---

[1] César, *De bello gallico*, I, 54; V, 1; VI, 44; VIII, 46. Suétone, *César*, 7 et 56. Gaius, I, 20. Spartien, *Hadrien*, I, 12. — Du *conventus* que tint Auguste en Narbonnaise en 27 av. J.-C., nous ne savons que ce qui est dans l'abrégé de Tite-Live, 134 : *Quum conventum Narbone ageret, census a tribus Galliis actus.* Cf. Dion, LIII, 22. Vraisemblablement il réunit les députés de la Gaule, non pas pour les faire délibérer, un peu peut-être pour connaître leurs besoins et leurs vœux, mais surtout pour leur donner ses ordres. C'est là qu'il leur marque le chiffre du tribut suivant le cadastre ; c'est là aussi qu'il leur donne ses instructions. C'est enfin là qu'il établit la *Lex provinciæ*.

rence que les Gaulois pussent appeler des arrêts que les druides avaient prononcés au nom des dieux. A Athènes, on n'avait eu aucun recours contre les sentences les plus aveuglément rendues par les jurys populaires. La République romaine elle-même n'avait pas connu le véritable appel d'une justice inférieure à une justice supérieure. La *provocatio ad populum*, l'*appellatio* d'un magistrat à son collègue ou au tribun n'était pas proprement l'appel.

L'appel s'établit d'une façon régulière au temps de l'Empire romain et par une voie toute naturelle. Comme le pouvoir judiciaire ne s'exerçait qu'en vertu d'une série de délégations, il sembla juste et il fut inévitable qu'on pût appeler du juge délégué au vrai juge.

Ainsi il eut appel du juge pédané au *præses* qui l'avait institué; il y eut appel du *judex datus* à celui qui l'avait donné [1]; il y eut appel du *legatus proconsulis* à son proconsul [2], des magistrats municipaux qui n'avaient qu'une juridiction par tolérance au *præses* qui avait le vrai pouvoir de juger.

Grâce à la centralisation administrative, le gouverneur de province était lui-même responsable. Les puissants personnages qui gouvernaient la Lugdunaise, la Belgique, l'Aquitaine, n'étaient que des lieutenants de César, c'est-à-dire des délégués. L'empereur, véritable proconsul, es avait chargés d'administrer et de juger en son nom, au point qu'ils devaient dans les cas douteux se référer au prince qui envoyait de Rome sa sentence. Naturellement, il y eut appel de ces mandataires au mandant. La règle s'étendit, par imitation, aux provinces séna-

---

[1] Digeste, XLIX, 3; XLIX, 1, 21.
[2] Ibidem, XLIX, 3, 2.

toriales. De ces provinces on appela au sénat, des provinces impériales on appela à l'empereur. Encore ce partage fut-il plus théorique que réel. Nous avons au Digeste plusieurs rescrits impériaux qui marquent que les proconsuls et les particuliers des provinces sénatoriales s'adressent à l'empereur. Plus tard, dans les Codes, la distinction a disparu, et tout va au prince. Le tribunal du prince devint bientôt la cour suprême[1].

Les historiens nous représentent [souvent] les empereurs rendant eux-mêmes la justice. Assis sur un tribunal, en public, ils écoutent les plaideurs et les avocats; ils punissent les crimes et vident les procès. Quand ils ne font pas la guerre, la plupart de leurs journées sont employées à ce travail. De tous les juges de l'Empire, le plus occupé est certainement l'empereur[2].

[1] Dion Cassius, LII, 33. Suétone, *Auguste*, 33; Digeste, XLIX, 2, 1, et 3, 2; Suétone, *Néron*, 17; Tacite, XIV, 28. — Nous n'avons pas à parler ici des deux modes d'appel qui existaient sous la République, la *provocatio ad populum* et l'*appellatio ad tribunum*. Ils subsistèrent sous l'Empire, mais en faveur des seuls citoyens romains ; l'*appellatio ad tribunum* s'adressa à l'empereur qui possédait la *potestas tribunitia* ; la *provocatio* se porta aussi vers lui, sans doute à titre de représentant du peuple romain (Ulpien, au Digeste, XLVIII, 6, 7-8 ; XLIX, 2 ; cf. Actes des Apôtres, c. 25). — Quant aux provinciaux, ceux des provinces sénatoriales adressaient leurs appels au sénat, ceux des provinces impériales à l'empereur, dont les gouverneurs n'étaient que les délégués (Pline, *Lettres*, VI, 22, 31 ; VII, 6 ; Suétone, *Néron*, 17 ; Tacite, *Annales*, XIV, 28 ; Capitolin, *Marcus*, 10). C'est cette dernière voie d'appel qui, avec le temps, a pris le plus d'importance, les précédentes tombant peu à peu en désuétude. Elle a été régularisée par les princes du Bas-Empire, et l'on en peut voir les règles au Code Théodosien, XI, 30, et au Code Justinien, VII, 62.

[2] Suétone, *Auguste*, 33 : *Jus dixit assidue, et in noctem nonnunquam.* — Tacite, *Annales*, IV, 13, 22 et 31. — Pline, *Lettres*, IV, 22 ; VI, 22. — Spartien, *Hadrien*, 8 et 18. — Dion Cassius, LXIX, 7 ; LXXI, 6 : « Marc-Aurèle rendait la justice ; il informait et interrogeait longuement, et restait même parfois une partie de la nuit sur son tribunal. » L'historien dit à peu près la même chose de Septime Sévère, et même de Caracalla LXXVI, 17 ; LXXVII, 8. — Jules Capitolin, *Marcus*, 24. —

Le droit d'appel fut ainsi la conséquence de la centralisation. Il n'est pas douteux que ce nouveau droit n'ait été accueilli avec une grande faveur par les peuples. Les historiens, les lois, les inscriptions, tout montre que les empereurs recevaient un très grand nombre d'appels de toutes les provinces. Il se passa alors quelque chose d'analogue à ce qu'on devait voir dans la France du xiv° siècle, quand tout le monde voulut être jugé par le roi. Les hommes ont d'autant plus de confiance dans le juge qu'il est plus éloigné et plus élevé en puissance. L'histoire ne montre pas qu'en général la justice monarchique ait été détestée des peuples.

Cette organisation judiciaire de l'Empire romain présente d'abord à l'esprit l'idée du despotisme. Un homme du xix° siècle est naturellement porté à penser qu'elle n'a été imaginée que dans l'intérêt des princes. Il est probable que les contemporains l'appréciaient autrement. Ils la comparaient aux divers systèmes de justice que leurs ancêtres avaient connus, et tout porte à croire qu'ils la préféraient.

Ce n'est pas qu'ils n'eussent parfois à en souffrir. Le fonctionnaire public pouvait avoir toutes les passions de l'humanité; il pouvait être cupide, et alors il arrivait ce qu'un historien raconte d'un juge du iv° siècle : « Dans sa province, tout prévenu qui n'avait rien à donner était condamné, tout prévenu riche était acquitté à prix d'argent[1]. » De tels faits, bien qu'ils ne fussent

---

Ammien Marcellin, XVIII, 1, montre Julien rendant la justice en personne au milieu de la foule. — [Cf. plus haut, p. 161.]

[1] Ammien Marcellin, XV, 13.

que des exceptions, ne devaient pas être absolument rares, et la surveillance du pouvoir central ne les empêchait pas toujours de se produire. Il pouvait encore arriver que le gouverneur fût honnête homme, mais que ses subalternes ne le fussent pas ; ses greffiers, ses secrétaires, ses appariteurs avaient mille moyens de faire absoudre un coupable et condamner un innocent. C'est contre ces hommes que le législateur romain s'écriait : « Que les appariteurs et employés retiennent leurs mains rapaces, ou le glaive de la loi les tranchera ; nous ne souffrirons pas qu'ils vendent à prix d'argent la vue du juge, l'entrée du tribunal, l'oreille du magistrat ; ils ne doivent rien recevoir des plaideurs[1]. »

Le vice le plus grave de cette justice qui, à tous les degrés, était dans les mains des fonctionnaires publics, était que, dans beaucoup de causes, l'État se trouvait à la fois juge et partie. S'agissait-il, par exemple, d'une terre dont la propriété était contestée entre l'État et un particulier, c'était l'État qui décidait[2]. S'agissait-il d'un délit de lèse-majesté, c'est-à-dire d'une faute commise contre la sûreté de l'État ou celle du prince, c'étaient les représentants de l'État et les agents du prince qui jugeaient. L'accusé ne pouvait appeler que d'un fonctionnaire à un autre fonctionnaire ; contre l'arrêt du prince il n'avait plus aucun recours. Il n'existait aucune garantie contre l'autorité publique ; la vie et la fortune de l'homme dépendaient d'elle. Il faut ajouter que l'usage de la confiscation faisait que l'État avait toujours intérêt à condamner[3].

---

[1] Code Théodosien, I, 16, 7.
[2] Ce cas était fréquent (voir Code Théodosien, X, 10, 3).
[3] Voir Naudet, *Changements survenus dans l'administration de l'Empire romain*, t. I, p. 195-197.

Toutefois, en compensation de ces vices, les contemporains trouvaient dans cette justice un mérite inappréciable. Ce n'était pas une justice qui fût rendue par une caste sacerdotale à une population inférieure, ni par une aristocratie à des classes asservies, ni par un patron à des clients, ni par un seigneur à des vassaux : c'était la justice de l'État. Elle n'était pas constituée de façon à assurer l'empire d'une caste ou d'une classe; elle était égale pour tous. On était sûr qu'elle n'avait d'autre préoccupation, en dehors de l'intérêt public, que celle des droits de chacun. Si elle ne laissait à l'individu humain aucune sûreté contre la puissance de l'État, elle lui offrait en revanche une protection sûre contre toute autre supériorité que celle de l'État[1]. Il est vrai qu'elle soumettait les hommes à un monarque; mais lorsqu'elle disparut, les hommes ne tardèrent guère à être soumis à la féodalité.

[1] Les fonctionnaires avaient ordre de protéger particulièrement les faibles : *Ne potentiores viri humiliores injuriis afficiant, ad religionem præsidis pertinet* (Digeste, I, 18, 6; cf. Code Justinien, I, 40, 11). — [Cf. plus haut, p. 198.]

[CONCLUSION]

[On a étudié, dans ce volume, l'état de la Gaule au moment de la conquête, la manière dont elle a été soumise, les transformations politiques qu'elle a subies sous le gouvernement des empereurs. On a essayé de définir le caractère de ce gouvernement, la nature de l'autorité du prince et de ses délégués; on a recherché les règles de l'organisation provinciale et municipale, en insistant sur la part qui était laissée aux Gaulois dans l'administration de leur pays et de leurs villes. Les derniers chapitres ont été consacrés aux charges militaires et financières de la population ; on a terminé ces recherches en examinant la manière dont les Gaulois furent jugés, le droit de justice étant chez les Romains l'essence de l'autorité politique. Il nous restera à nous demander quel fut, sous la domination impériale, l'état social de la Gaule, à quel régime la propriété était soumise, quel était le droit des personnes et le caractère de la société. C'est ce que nous aurons à rechercher au début du prochain volume, en nous plaçant par la pensée dans les derniers temps de l'Empire[1].

L'étude que nous venons de faire nous permet de constater que la Gaule était arrivée, sous les lois de Rome, à une organisation politique radicalement opposée à celle qu'elle avait connue au temps de son indépendance.

[1] Voir *l'Invasion germanique,* liv. I.

Ce qui caractérisait l'état de la Gaule au moment où César en commença la conquête, c'était la faiblesse des pouvoirs politiques. Dans chacun des peuples qui habitaient ce vaste territoire, l'autorité publique semble avoir été très incertaine, et la puissance des particuliers très grande. A côté de l'ordre régulier, il y avait la coutume de la clientèle et du patronage ; en face du sénat et des magistrats, il y avait des associations privées, qui tenaient en échec les droits des chefs de la cité. Les hommes les plus faibles se plaçaient sous la protection des hommes les plus riches et les plus puissants. L'aristocratie, maîtresse du sol et de milliers de serviteurs et de soldats, avait plus de force que les lois et que les dépositaires du pouvoir.

D'autre part, il n'y avait, entre le Rhin et les Pyrénées, ni unité politique, ni unité de races, ni sans doute unité de religion. La Gaule ne possédait point d'institutions communes. On ne saurait même dire que ces peuples eussent nettement l'idée d'une patrie gauloise. La guerre contre César ne peut être uniquement regardée comme une lutte patriotique. Des peuples importants furent les alliés du proconsul romain, et dans les autres il trouva presque toujours des partisans. L'homme qui dirigea la résistance suprême, Vercingétorix, avait été un instant l'ami de César ; et il ne parvint jamais, même au nom de l'indépendance de la patrie, à faire l'union complète des cœurs.

A ce régime essentiellement aristocratique, à ce morcellement extrême des forces morales et politiques du pays, Rome a substitué le régime monarchique avec toute sa sévérité, la centralisation la plus complète que le monde eût encore connue. L'autorité de l'État devint aussi incontestée que l'aristocratie avait été envahissante, et les populations de la Gaule jouirent, sous ce régime, d'autant de liberté et d'équité que le permettaient les sociétés anciennes. En même temps, Rome a fait connaître aux vaincus un droit, une langue, une religion, des habitudes nouvelles, sans d'ailleurs les imposer par la force ni les insinuer par des alliances; le sang des Latins ne s'est pas mêlé à celui des peuples soumis, et les cœurs n'ont pas été violentés : il n'en est pas moins né dans le pays toute une civilisation nouvelle.

C'est surtout dans le domaine politique que la transformation a été complète.

1° Rome a d'abord donné à la Gaule l'unité politique et religieuse. De ces races diverses et de ces peuples ennemis elle a fait un seul corps de nation. Il y avait certainement, sinon plus de patriotisme, au moins plus d'unanimité et de conscience nationale chez les Gaulois groupés autour des autels de Lyon et de Narbonne que chez ceux qui entouraient Vercingétorix. Ces conseils généraux que la Gaule indépendante n'avait point connus, l'Empire les créa auprès des temples de Rome et d'Auguste. Ces assemblées établirent peu à peu une communauté de prières, de vœux et de pensées, qui demeurera peut-être, pendant les troubles de l'invasion, le plus solide garant de l'unité gauloise.

2° Au-dessus de ces assemblées se plaça l'autorité du prince. Le gouvernement des empereurs romains était la monarchie la plus absolue qui eût encore régné sur les hommes de nos pays. L'empereur concentre dans ses mains tous les pouvoirs, en sa qualité de délégué suprême du peuple souverain. Il est le chef de l'armée et le maître des citoyens; il lève les impôts et juge les hommes, il fait des lois et gouverne les provinces. Ce n'est pas seulement un souverain politique : c'est une personne religieuse, inviolable et sainte; on lui obéit et on l'adore. L'essence de son autorité est telle, que, si mauvais que soit le prince, la puissance impériale demeure divine. On put détester le maître : on eut la religion du pouvoir. L'idée monarchique allait être le principal et plus durable héritage légué par Rome aux générations de l'avenir.

3° L'autorité impériale est exercée en Gaule par des fonctionnaires qui la reçoivent par délégation. Ces fonctionnaires, comme le prince dont ils émanent, possèdent tous les pouvoirs. Ils sont administrateurs, juges, chefs militaires. Mais ils dépendent du souverain qui les a envoyés. Contre leurs actes, les Gaulois ont recours à lui; de leurs jugements, ils peuvent appeler à l'empereur. Si les hommes sentent près d'eux les représentants du pouvoir, ils peuvent toujours s'adresser, au loin, à celui qui les nomme. C'est au nom d'un seul, en définitive, que tout se fait. La centralisation administrative a été la règle fondamentale de la monarchie romaine. Ajoutons qu'elle est la plus contraire aux anciennes habitudes de la Gaule, et celle qui se conservera le plus difficilement pendant les luttes de la décadence impériale.

4° Cependant ce régime a été, plus que l'indépendance, favorable au développement de l'égalité et de certaines libertés. Il y a des conseils qui contrôlent les actes des légats et des proconsuls. Si les cités dépendent du gouverneur, on les laisse, pour beaucoup de choses, s'administrer elles-mêmes : elles ont un sénat, elles nomment leurs chefs; elles jouissent de revenus. Elles vivent d'une vie régulière : les associations des particuliers n'y gênent plus l'autorité des magistrats, et les représentants du prince n'interviennent dans leur existence que pour les protéger. D'autre part, il y eut le plus d'équité possible dans la répartition des charges, l'exercice de la justice, les règles de la législation. Les impôts indirects et l'impôt foncier pesaient à peu près sur tous les hommes et sur toutes les terres. En principe, le service militaire était obligatoire; le plus souvent, il était volontaire, et l'enrôlement des étrangers vint diminuer ce qu'il pouvait avoir d'onéreux. Nul n'échappait à la justice du prince. L'autorité publique s'élevait au-dessus de toutes les classes. Les faibles n'avaient plus besoin de se mettre dans la clientèle des forts, et le pouvoir de l'État, de même qu'il commandait à tous, protégeait aussi tout le monde.

Jamais deux régimes politiques ne furent donc plus différents l'un de l'autre que celui de la Gaule avant la conquête et celui qu'elle reçut de Rome. Est-ce à dire que la société fut transformée sur toutes ses faces, et qu'il ne resta rien des habitudes primitives? Nous ne le pensons pas. L'aristocratie avait été réduite et comprimée par l'Empire, et soumise à l'État; mais elle n'avait point disparu. Quand nous étudierons, dans le prochain volume, l'état social de la Gaule, nous constaterons qu'elle avait maintenu sa prépondérance dans la société, et nous verrons même sa puissance grandir dans les dernières années de l'Empire, en même temps que l'autorité de l'État commencera à décliner.]

TABLE DES MATIÈRES

	Pages
Préface.	v
Introduction.	xi

LIVRE I

La conquête romaine.

Chapitre I. Qu'il n'existait pas d'unité nationale chez les Gaulois.   1
    II. Du régime politique des Gaulois.   8
    III. Des diverses classes de personnes chez les Gaulois.   22
    IV. De la clientèle chez les Gaulois.   35
    V. D'un parti démocratique chez les Gaulois.   40
    VI. Comment la Gaule fut conquise par César.   44
    VII. Des premiers effets de la domination romaine.   65
    VIII. Si la Gaule a cherché à s'affranchir.   71
    IX. Que les Gaulois devinrent citoyens romains.   85
    X. De la transformation de la Gaule sous les Romains.   96
        1° Si une population latine est entrée en Gaule.   96
        2° Que les Gaulois ont renoncé à leurs noms gaulois   100
        3° Que le druidisme gaulois a disparu.   110
        4° De la disparition du droit gaulois.   119
        5° De la disparition de la langue chez les Gaulois.   125
        6° Changement d'habitudes et d'esprit.   134

LIVRE II

L'Empire romain.

(Du règne d'Auguste à la fin du IIIe siècle.)

	Pages
INTRODUCTION. Les documents	141
CHAPITRE I. La monarchie romaine.	147
II. Comment le régime impérial fut envisagé par les populations	168
III. De l'administration romaine et de la centralisation administrative.	193
IV. De quelques libertés provinciales sous l'Empire romain ; les assemblées et les députations	210
V. La cité gauloise sous l'Empire romain.	224
VI. De quelques règles de ce régime municipal.	247
VII. De la surveillance exercée sur les cités.	260
VIII. Les charges de la population ; les impôts.	273
IX. Les charges de la population ; le service militaire. .	283
X. De la législation romaine.	296
XI. De la justice	305
1° A qui appartenait le pouvoir de juger	305
2° Le *consilium*.	314
3° Le *conventus*.	317
4° L'appel.	319
[CONCLUSION]	325

PARIS. — IMPRIMERIE GÉNÉRALE LAHURE
9, rue de Fleurus, 9

www.ingramcontent.com/pod-product-compliance
Lightning Source LLC
Chambersburg PA
CBHW072005150426
43194CB00008B/998